뉴로다르마

일러두기

-. 이 책은 릭 핸슨(Rick Hanson)의 『Neurodharma: New Science, Ancient Wisdom, and Seven Practices of the Highest Happiness』(2020)을 우리말로 옮긴 것이다.

-. 본문 중 별색으로 처리된 굵은 글씨는 저자의 강조다.

-. 원서에 있는 단어나 문장을 괄호 안에 병기한 경우가 있다. 중요한 단어, 저자의 의도가 엿보이는 단어, 이중으로 해석이 가능한 단어들이다.

-. 미주에는 본문에 등장하는 내용에 대한 부연 설명 및 최신 연구 성과에 대한 정보가 담겨 있다. 좀 더 많은 정보가 필요한 사람들은 해당 장이 끝나기 전에 참고해서 읽기를 권한다.

-. 본문에 등장하는 책 제목 중 국내에 출간된 것은 국내 출간 제목을 달고 원서 제목을 병기하였다.

-. 국내에 출간되지 않은 책 제목 중 본문에 등장하는 것은 우리말로 옮겼으며 서찬, 미주, 더 읽어볼 만한 책들 등에는 원서 제목만을 달았다.

-. 인명과 지명은 외래어 표기법을 따랐으나 이미 국내에 출간된 책이나 사전을 통해 통용되고 있는 이름이 있을 경우 그에 따랐다.

『뉴로다르마』에 대한 서찬

"요즘 같이 점점 더 복잡해지는 세상에서 이 책은 나날의 내면의
평화를 만들어 내기 위한 따르기 쉬운 로드맵을 제공한다.
깊이 연구된 연민어린 안내서가 아닐 수 없다."

－ **로리 고틀립**(Lori Gottlieb), 결혼 및 가정 전문 상담치료사, 〈뉴욕 타임스〉
베스트셀러『마음을 치료하는 법(Maybe You Should Talk to Someone)』의 작가

"『뉴로다르마』는 희귀한 책이다. 아마도 고대의 지혜와 현대 과학의
만남에 있어 역사상 가장 충격적인 책일지도 모른다.
핵심적인 불교 문헌과 최신 신경과학을 하나로 합쳐 흠잡을 데 없는
학문적 완성도를 이루어 낼 수 있는 이는 릭 핸슨밖에 없을 듯하다.
행복에 이르는 이 길은 게다가 쉽게 따라할 만큼 실용적이면서도
재미있다. 언젠가 달라이 라마께서 나에게, 자신은 신경과학을
좋아하지만, 서구 심리학은 아직도 유치원 수준에 머물고
있다고 말했었다. 이 훌륭한 저작으로, 심리학은 방금
커다란 발전을 이룬 셈이다!"

－ **조앤 보리센코**(Joan Z. Borysenko), Ph.D.,
『Minding the body, Mending the mind』의 저자

"이 책은 야심만만하다. 세상에서 오직 소수의 사람들만이 이 같은
일을 시도할 수 있다. 그리고 릭 핸슨이 바로 이들 중 하나이다.
지혜와 과학의 탁월하고 실용적인 융합이며, 깊은 개인적 성장과
세상을 더 좋은 곳으로 만드는 데 관심이 있는 사람이라면 반드시
읽어야 할 책이다. 부디 모든 이들이 이 책을 읽어 보길."

－ **숀 아처**(Shawn Achor),
행복 연구가이자 〈뉴욕 타임스〉 베스트셀러『빅 포텐셜(Big Potential)』의 작가

"릭 핸슨은 괄목할 만한 업적을 이루었다. 붓다의 가르침과, 신경과학의 통찰들, 그리고 다년간 그의 수행에서 얻은 지혜들을 모아 하나의 책으로 엮어 낸 것이다. 대단히 명석하고 인상적인 이 작품은 우리의 가장 높은 열망을 알아차리게 도울 광범위한 수단을 제공한다."

조셉 골드스타인(Joseph Goldstein),
『마인드풀니스(Mindfulness : A Practical Guide to Awakening)』의 저자

"진정한 행복과 사랑이 넘치는 가슴으로 이끌 실용적이고, 강력하고, 과학에 기반을 둔 실습 방법을 제공할 수 있는 능력은 릭 핸슨의 탁월함에서 비롯된다. 이 책은 당신을 밝혀 완전한 탈바꿈에 이르도록 이끈다!"

– 타라 브랙(Tara Brach). Ph.D., 『받아들임(Radical Acceptance)』, 『끌어안음(Radical Compassion)』의 저자

"릭 핸슨의 깨어남의 일곱 단계는 뇌, 마음챙김, 명상이 서로 어떻게 연관되어 있는지 탁월하게 보여 준다. 열반에 대한 그의 견해가 어쩌면 어떤 이에게 놀라움일 수도 있겠다. 하지만 그것이 무엇인지 알아 내기 위해서는 반드시 직접 이 책을 읽어 보아야 한다!"

– 샤론 셀즈버그(Sharon Salzberg), 『행복을 위한 혁명적 기술, 자애(Lovingkindness and Real Change : Mindfulness to Heal Ourselves and the World)』의 저자

"신경과학과 불교적 수행법 및 철학 양쪽에 대한 깊은 이해를 바탕으로, 릭 핸슨은 이 매혹적인 작품을 멋지게 창조해 내었다. 이 책은 마음을 단련하여 뇌를 변형시키고 건강과 번영으로 이끄는 방법을 보여 준다."

– 대니얼 J. 시겔(Daniel J. Siegel), MD, 〈뉴욕 타임스〉 베스트셀러 『알아차림(Aware)』의 저자

"릭 핸슨 박사는 우리 시대 선구적인 사상가 중 한 명이다.
그런 그가 핵심적인 수행법들을 간추려서 지고의 행복에 이르는
단순하지만 강력한 로드맵을 만들어 내었다."

"심장과 마음을 단련하는 지혜로 가득한 아름다운 길."

"전례 없이 뛰어난 책이다. 『뉴로다르마』는 인간으로서 더 많은
잠재력에 도달할 수 있게끔 당신을 이끌어 줄 것이다."

"뛰어난 솜씨와 명료함으로, 릭 핸슨은 고대 명상법이라는
날실과 현대 뇌과학이라는 씨실을 전체로 엮어 흠결 없는 하나로
만들어 내었다. 이는 수행자이자 선생으로서 그의 오랜 경험이
뒷받침되었기 때문이다. 쉽게 접근할 수 있고 친절하지만,
모든 사람에게 이로운 깊은 지혜가 들어 있다."

"지난 수십 년간 릭 핸슨은 인간 잠재력의 최고봉에 이르는
깨달음의 신경과학을 연구하고 기술을 연마하였다.
그 결과물 ―『뉴로다르마』― 은 실로 놀랍다. 또한 네 명의 자녀를
둔 워킹 맘인 나에게는 엄청난 안도감을 준다. 이제 나는 카풀을
하려 기다릴 때, 또는 사무실, 침실, 부엌 그 어디서든 나의 영적인
성장과 풍요로움을 위해 실천할 방법을 갖게 되었다. 오 예!"

"『뉴로다르마』에서 릭 핸슨은 자신이 선생으로서 통달했음을 보여준다. 자신의 사적 여정을 공유하며, 이는 개인적인 도전과 변모의 경험들로 가득하다. 이를 통해 독자들로 하여금 어떻게 하면 현 시대의 주된 문화적 흐름을 좌지우지하는 에고, 경쟁, 그리고 소유욕이라는 유혹적인 위험들로부터 자유로워지고 벗어날 수 있는지 확연히 보여 준다."

– 스티븐 W. 포지스(Stephen W. Porges), Ph.D.,
인디애나 대학교 킨제이 연구소 외상 스트레스 연구 및 우수 대학 과학자 협력단의
설립 이사, 노스캐롤라이나 대학 정신과 교수

"릭 핸슨은 희귀한 능력의 소유자이다. 그는 우리가 잠재력을 최대로 이끌어 내도록 고취함과 동시에 실제적이어서 일상에서 즉시 적용할 수 있는 도구들을 제공한다."

– 마리 폴레오(Marie Forleo), 『Everything Is Figureoutable』의 저자

"고무적인 동시에 현실적이다. 이 책은 붓다의 가르침을 삶에 생생하게 가져온다. 깨달음에 이르는 단계별 안내를 제공하면서 말이다. 현대 신경과학, 다년간에 걸친 임상 경험, 그리고 개인적인 깊이 있는 수행의 경험을 한데 엮어, 핸슨 박사는 여정의 전체에 걸쳐 우리를 인도한다. 초보적인 마음챙김 방법들에서부터 자아라는 우리의 관습적인 느낌을 초월하는 단계에 이르기까지 말이다. 이 책은 초심자는 물론 숙련된 수행자에 이르기까지 모두에게 필독서이다."

– 로날드 D. 시겔(Ronald D. Siegel), Psy D, 하버드 의대 심리학 조교수,
『The Mindfulness Solution : Everyday Practices for Everyday Problems』의 저자

"릭 핸슨은 스스로 만족하고 친절할 수 있는 인간 고유의 자질에
대한 고무적인 여행으로 우리를 데리고 간다.
이 책에는 바로 실천에 옮길 수 있는 연습들, 큰 즐거움을 주는
과학적 소견들, 그리고 지고의 행복이란 과연 무엇인가라는 깊고
핵심적인 성찰이 별처럼 박혀 있다. 『뉴로다르마』를 읽는다면
당신의 삶에 지속적인 변화가 올 것이다."

"『뉴로다르마』를 읽으며, 나는 안도와 평화로 세례를 받은 듯
심오한 느낌이었다. 이 책은 우리의 뇌가 어떻게 기능하는지,
그리고 극단적인 역경을 마주한 순간에조차 좀 더 고유하고
이 순간에 깨어 있으며, 감정적으로 균형을 유지할 수 있게끔
이 이해를 어떻게 지렛대로 이용할 수 있는지 대단한 경지로
설명한다. 매혹적인 동시에 현실적인 책 『뉴로다르마』는 복잡한
신경생물학적 과정들을 일거에 뛰어넘어 정신적인 자유에
이르는 하나의 단순한 길을 개략적으로 보여 준다."

"이 매혹적이고, 눈을 뗄 수 없고, 매우 실제적인 책에서,
릭 핸슨은 지금 여기에 존재하기의 물리학, 심리학,
그리고 신경과학적 비밀을 들추어 낸다. 그리고 가장 인기 있고
삶을 증진시키는 이 마음의 상태를 지금 당장 성취할 수 있는
방법들을 보여 준다."

"『뉴로다르마』는 가장 도움이 되는 명상 실습들과 최근 밝혀진 마음과 뇌과학의 멋진 융합이다. 책 속에서 당신은 소중한 경험적 가르침, 최고의 삶을 영위하는데 필요한 모종의 독특하면서도 실천 가능한 지침을 얻을 수 있다."

— 엘리사 에펠(Elissa Epel), Ph.D., 샌프란시스코 캘리포니아 대학 교수, 〈뉴욕 타임스〉 베스트셀러『늙지 않는 비밀(The Telomere Effect : A Revolutionary Approach to Living Younger, Healthier, Longer)』의 공동 저자

"이 책은 유려하면서도 선구자적이어서 마치 보석 같다. 지혜롭고, 실용적이면서도 뛰어나고, 유머로 가득 차 있고, 길잡이 역할을 하는 동시에 따뜻한 마음이 느껴진다. 가히 평생의 동반자로 삼아도 될 만한 책이다."

— 수잔 폴락(Susan Pollak), MTS, EdD, 케임브리지 헬스 얼라이언스 및 하버드 의대, 마음챙김 명상과 자비 센터의 공동 설립자

"가볍지만 꾸준한 손길로, 핸슨 박사는 고대 지혜로의 길로 우리를 안내한다. 단순하고, 분명하고 실제적인(그리고 즐거운) 언어로, 그는 깨어 있고, 자비로우면서도 기쁨이 가득한 삶을 사는 법을 보여 준다. 이따금 길이 험해지면, 서두를 필요 없다고, 우리에게 필요한 모든 것이 이미 주어져 있다고 안심시킨다. 나는 이 책에 너무나 감사한다."

— 앤드류 드레이서(Andrew Dreitcer), Ph.D., 영성학 교수, 윌래메트 대학 클레어몬트 신학교 자비실천 센터 공동 이사

"지혜롭고, 실제적이며, 굳건한 과학적 기반 위에 있다.
우리가 어떤 존재가 될 수 있는가에 대한 빼어난 안내서이다.
『뉴로다르마』는 무시무시한 책이다. 릭 핸슨은 곁에 두고 고난이
닥치면 당신을 격려하고, 경험을 있는 그대로 품을 수 있을 때
그것을 축하해 주었으면 할 만한 인물이다."

— 제임스 S. 고든(James S. Gordon), MD, 『The Transformation : Discovering
Wholeness and Healing After Trauma』의 저자, 마음-몸 의학 센터 설립자이자
대표이사

"몸, 가슴, 마음. 그의 체계적인 접근은 지혜롭고, 자비로우며,
인간적이고 아름답다. 그리고 그 모든 것에 쉽게 접근토록 한다.
이 책은 일상의 광경에 숨겨져, 발견되기만을 기다리는
자유로의 안내서이다."

— 프랭크 오스타세스키(Frank Ostaseski), 『다섯 개의 초대장: 죽음이 가르쳐 주는
온전한 삶의 의미(The Five Invitations)』의 저자

"릭 핸슨은 당신이 불가능하리라 생각했던 무언가를 해 내었다.
바로 영적인 길 전부를 완전하게 처음부터 끝까지 한 권의 책에
펼쳐 보인 것이다. 뛰어나고, 재밌고, 심오하고, 쉽게 이해할 수 있고,
효과적이기까지 하니 그야말로 금상첨화다. 또한 '뉴로다르마'라는
관점 자체가 경이롭다. 이 강력한 책을 적극 추천한다."

— 마이클 W. 타프트(Michael W. Taft), 작가이자 교사

"핸슨 박사는 희귀하고 괄목할 만한 능력의 소유자이다.
위대한 영적 교사들의 깊은 지혜와 현대 신경과학의 명확한 이해를
하나로 버무려 낼 수 있는 능력자인 것이다. 이로써 우리에게 삶을 더
평화롭고, 자애롭고, 전일하게 만들 실제적인 도구들을 제공한다."

— 로버트 D. 트루그(Robert D. Truog),
MD, 하버드 의대 생명윤리 센터 이사 및 교수

"핸슨 박사는 수천 년의 지혜를 갈무리하여 만든 일곱 가지 방법을
제시한다. 그것들은 너무나 명료하고 직설적으로, 깨달음은
바로 우리 각자의 손아귀 안에 있음을 자각하도록 이끈다."

– 제임스 R. 도티(James R. Doty), MD, 스탠포드 대학 자비와 이타주의 연구 및
교육 센터 설립자이자 이사, 〈뉴욕 타임스〉 베스트셀러 『닥터 도티의 삶을 바꾸는
마술가게(Into the Magic Shop)』의 작가

"인간의 삶에서 가장 핵심적이면서도 모호한 질문들에 대한
릭 핸슨의 이 대담한 탐험에 동참하라. 오랜 세월 전해져 온 지혜의
말씀들을 자신의 귀로 직접 듣는 것 같은 경험을 할 수 있다."

– 크리스토퍼 거머(Christopher Germer), Ph.D., 하버드 의대 임원,
『Teaching The Mindful Self-Compassion Program』의 공동 저자

"고대의 지혜와 현대 과학을 합쳐, 깨달음을 향한
명확하고 실현가능한 길을 펼쳐 내었다."

– 크리스틴 네프(Kristin Neff), Ph.D., 오스틴 텍사스 대학 부교수

"전통적 불교와 현대 신경과학의 이 흥미로운 통합은
우리 모두가 갈망하는 방식으로 가슴과 마음 모두를 함양할 수 있는
방법과 통찰을 실현 가능한 방법으로 제공한다."

– 로져 월쉬(Roger Walsh), MD, Ph.D., 캘리포니아 대학, 『Essential Spirituality :
The Seven Central Practices to Awaken Heart and Mind』의 저자

"릭 핸슨이 다시 한번 해냈다! 이번에는 자신의 통찰력을 붓다의
가르침에 쏟아부어 그것들이 어떻게 우리의 삶을 바꿀 수 있는지,
심오하고 실제적인 통찰을 제공한다. 명상법들, 실제적인 적용법들,
그리고 물론 그 모든 것들의 배후에 있는 과학적 사실들까지,
책에 꽉 차게 담겨 있다. 그야말로 보물 상자이다!"

– 다이애나 윈스턴(Diana Winston), UCLA 마음챙김 각성 연구 센터 마음챙김
명상 교육 이사, 『The Little Book of Being』의 저자

"이 참신한 작품에서 핸슨은, 더 깊지만 때로 모호한 의식의 차원으로 들어갈 수 있는 일곱 가지의 핵심적인 방법들을 독특하고 솜씨 좋게 이야기한다. 이 작품은 영감의 풍부한 원천이기에, 깨달음을 추구하는 모든 이에게 적극 추천한다."

– 마크 콜먼(Mark Coleman), 『From Suffering to Peace』의 저자

"재미있고 쉽지만 심오한 이 작품에서, 릭 핸슨은 마음을 고통으로부터 해방하고 최상의 행복을 깨닫게 해 줄 로드맵을 만들었다. 그는 평화가 단지 오랜 기간 수행한 사람들뿐만 아니라 이들 원칙을 진지하게 적용하고 연습하면 누구나 가능하다는 점을 보여 준다. 멋진 작품이다!"

– 제임스 바라즈(James Baraz),
『Awakening Joy: 10 steps to Happiness』의 공동 저자, 스피릿 록 명상센터 공동설립자

"이 책은 자아-초월에 대한 영감어리면서도 탄탄한 서술이다. 또한 심오한 경험과 동시에 활기찬 일상을 이루어 내기 위한 어렵지 않은 안내서이다."

– 데이비드 브라이스 예이든(David Bryce Yaden),
Ph.D., 펜실베이니아 대학 심리학 교실

"가장 높은 가능성을 탐사하는 데 있어 이 책은 보물이자 이정표이다. 핸슨 박사는 독자들로 하여금 진정한 행복에 이르는 길을 걷게 한다. 독자들을 잠재적으로 더 심오하고 더 높은 궁극의 영적 깨달음으로 이끌어 감에 있어 대단한 솜씨를 발휘한다. 이처럼 분명하고 군더더기 없으면서도 이해하기 쉬운 접근법을 본 적이 없다. 서구적인 사고방식에 익숙한 마음에, 내가 수년간 읽었던 그 어떤 문헌보다 더 실용적이다. 여기 진실된 경험의 맛이 있다. 이 업적에 대해 깊은 감사와 존경을 표한다."

– 리처드 멘디우스(Richard Mendius), MD, 신경학자

"개인적으로나 공공의 선을 위해서나, 마음과 뇌를 단련하는 데 실로 경이롭고, 즐거우며, 읽기 쉽고, 정보로 가득한 안내서이다. 행복과 지혜로 이끌 안내가 필요하다면, 이 책이 바로 그것이다."

– 폴 길버트(Paul Gilbert), Ph.D., OBE,
『The Compassionate Mind and Living Like Crazy』의 저자

"릭은 마음을 마치 처음 보는 이방인인 양 우리에게 소개한다. 놀라운 명료함으로, 그는 뇌 안에서 그 모든 단추와 레버들이 어디에 있는지 보여 준다. 우리의 마음을 어떻게 집중시키는지, 어떻게 진정시키는지, 어떻게 치유하는지 배우는 것이다. 그리하여 행복으로 가는 고속도로 위에 나타나는 부정적인 막다른 길과 장애물들을 피해 갈 수 있는 방법을 알게 되는 것이다. 그는 우리가 스스로를 해방하는 것을 돕는다."

– 루비 왁스(Ruby Wax), MA, OBE,
베스트셀러 『How to Be Human: The Manual』의 저자.

"『뉴로다르마』와 사랑에 빠졌다. 이 진심어린, 똑똑한, 그리고 지혜로운 책은 매우 쉽고 실제적인 방식으로 최신 정동 신경과학을 이용해 불교 심리학의 핵심을 밝힌다. 또한 몇 가지 실천하기 편한 명상법을 가르쳐주어 지혜와 자비심을 함양할 수 있게끔 당신을 지지한다."

– 밥 스탈(Bob Stahl), Ph.D., 『MBSR 워크북(A Mindfulness-Based Stress Reduction Workbook)』, 『Living with Your Heart Wide Open, Calming the Rush of Panic』,
『A Mindfulness-Based Stress Reduction Workbook for Anxiety』,
『MBSR Everyday』의 공동 저자

N E U R O D H A R M A

뉴로다르마

릭 핸슨Rick Hanson Ph.D. 지음 | 김윤종 옮김

뇌과학으로 풀어낸 마음챙김의 비밀
그리고 깨달음에 이르는 일곱 가지 명상 수행

불광출판사

나의 스승님들을 위하여

선행은 행복을 가져와 지속시키니 스스로 선행에 힘쓰라.

관대함, 평화로운 삶,

그리고 한계 없는 사랑의 마음을 가꾸라.

『이띠웃따까(여시어경, Itivuttaka)』 1.22

차례

Part 1

연습의 체화

01

삶에서의 마음

만일 작은 행복을 포기하면
더 큰 행복을 경험하리라.
지혜로운 이는 큰 것을 위해
작은 것을 포기한다.

—

『법구경(Dhammapada)』290

나는 산행을 자주 한다. 때로 앞서 가던 친구가 뒤돌아보며 힘내라고 격려한다. 이런 다정한 몸짓으로 말이다. '어서 올라와서 나랑 같이 가자….여기 미끄러운 부분을 조심해…. 너는 할 수 있어!' 책을 쓰는 동안 그러한 순간들을 종종 떠올리고는 했다. 이 책은 인간의 잠재력이 어디까지인가 가늠해 보는 내용이다. 인간이 어디까지 지혜롭고 강인해질 수 있는가, 얼마나 행복하고 사랑이 넘칠 수 있는가에 대한 글이다. 만일 그 한계가 거대한 산봉우리 같다면, 깨어남은 그 정상까지 당신을 데려가는 장엄한 여정일 터이다. 실제로 많은 사람들이 매우 높은 곳까지 갔다. 나는 그들이 – 역사 속의 위대한 현자들과 스승들은 물론, 알려지지 않은 많은 이들까지 – 환한 미소로 뒤돌아보며 어서 와서 함께하자고 손짓하는 상상을 한다.

이 산봉우리에 올랐던 이들은 문화적 배경과 성격이 저마다 다르지만, 나에게는 그들 모두가 일곱 가지 면에서 비슷하게 보인다. 그들은 의식적이다(mindful). 그들은 친절하다. 그들은 가장 힘든 시기에조차 자족하고 감정적으로 균형 잡힌 삶을 산다. 그들은 전일하고 고유하다. 그들은 지금 여기에 현존한다. 그들은 일체 모든 것과 연결된 느낌에 대해 이야기한다. 그리고 전혀 개인의 것으로 보이지 않는 어떤 빛이 그들을 통해 뿜어져 나온다.

당신도 자신만의 예들을 갖고 있을는지 모르겠다. 영적이고 감동적인 사람들, 또는 읽거나 들었던 그들의 말씀, 아니면 어쩌면 직접 만나 보았을 수도 있겠다. 이들 각각은 우리에게 어떤 일이 가능한지 보여주는 예이다. 나도 그런 이들을 몇 명 알고 있다. 그들은 실질적이고, 유머 있고, 현실적이고, 우호적이다. – 동굴에 살며 모호한 말들이나 지껄이는 이국적인 인물처럼, 만화 같은 편견과는 딴판이다. 그들은 유명인이 되는 것에는 전혀 관심을 두지 않는다. 어떤 이들은 영적인 접근을 취하는 반면, 또 어떤 이들은 세속적이다. 그들의 깨달음은 진짜배기이고, 이는 그들이 걸었던 길(path)의 결과이지, 평범한 사람들이 해 낼 수 없는 어떤 독특한 변용이 아니다. 자신들이라는 예를 통해, 깨달음 이후 펼쳐질 경이로운 존재 방식, 그렇게 되는 방법, 그리고 자신들의 경우와 같이 우리 또한 그렇게 될 수 있음을, 결코 헛되지 않음을 보여 준다.

놀랍게도, 당신 또한 자신 안 깊은 곳에 이미 갖추고 있는 그들의 특질을 직접 확인할 수 있다. 비록 때로 스트레스와 산만함에 가려져 있을지라도 말이다. 이러한 존재 방식은 소수를 위한 것이 아니다. 그것은 우리 모두에게 열려 있는 기회이다. ─그리고 이제 이를 개발하는 방법을 아래 일곱 가지 깨어남의 연습을 통해 탐구해 볼 것이다.

- ○ 마음을 견실하게 하기
- ○ 가슴을 따듯하게 하기
- ○ 충만함 속에서 쉬기
- ○ 온전함으로 존재하기
- ○ 지금 이 순간을 받아들이기
- ○ 모든 것을 향해 열려 있기
- ○ 무시간성을 찾아내기

많은 전통들이 존재한다. 마치 깨달음의 산봉우리로 올라가는 여러 개의 등산로가 있는 것과 같다. 그럼에도 불구하고, 각각의 길 위에서, 반복해서 취해지는 같은 단계들을 발견할 수 있다. 견실함·사랑·충만·일체성·현재성·전체성, 그리고 무시간성이다. 이는 가장 심오한, 어쩌면 신성한 영역에 속한다. 궁극적으로 과학과 논리를 초월하기에, 언어는 설 자리를 잃어, 어쩔 수 없이 느슨하고, 은유적이고, 시적으로 묘사될 수밖에 없다.

이들 일곱 가지 존재 방식은 인간 가능성의 정점이다. 이른바 깨달음 또는 완전한 각성이라고 부를 수도 있겠다. 한편, 그것들 중 최초 간단한 감각만 갖출지라도 일상에서 매우 유용하다. 예를 들어, 스트레스 받는 일을 처리할 때, 이미 평화롭고, 행복하고, 사랑받고 있다는 느낌으로, 충만한 상태로 이완할 수 있다면 더 이상 좋을 수 없다. 그리고 그것이 일어남이 길의 처음이든 끝이든 상관없이, 오늘 우리는 살아 있는 몸에 단단히 근거를 둔 깨달음의 기전을 역이용하는, 일종의 공학 기술을 탐구할 전례 없는 기회를 갖는 셈이다.

목표는 높게

신경과학은 젊은 과학이다. 그럼에도, 우리는 산봉우리 까마득히 높이 올라간 사람들에 대해 연구하고 질문할 수 있다. 어떻게 그리할 수 있는 가? 주위 상황이 전부 무너지는 와중에도 흔들림 없이 중심을 잡고 있을 때 몸에서는 어떤 일이 일어나는가? 타인이 자신을 아프게 하고 위협할 때 뇌 안에서 어떤 변화가 있기에 여전히 자비롭고 강인할 수 있는 가? 탐욕, 증오, 또는 망상 없이, 어떤 갈급함도 없이 삶을 영위할 때 그 이면에 있는 신경학적 기반은 무엇인가?

이들 질문에 대해 신경학적으로 확실한 답은 아직 없다. 우리가 모든 것을 알고 있는 것은 아니다. 하지만 아무것도 모르는 것 또한 아니어서, 최신 과학은 제법 효과적인 연습들의 기전을 설명해 내고 있다. 그리고 과학이 석연치 않다 해도, 여전히 현대 심리학과 전통적 명상들로부터 합당한 개념과 방법들을 끌어다 쓸 수 있다.

역사 속의 위대한 스승들이 우리를 자극하는 바는 그들이 늘 완전한 깨달음으로의 초대를 하고 있다는 점이다. 그들이 그려 내는 지도상의 길은 먼지투성이 들판에서 출발해 나지막한 언덕과 산을 지나 깨달음이라는 가장 높은 정상에 이른다. 여정을 시작한 지 얼마 되지 않았을지라도, 일상의 풍요와 효율에 정말 도움이 되는 것들을 얼마든지 찾을 수 있다. 나는 (수도승이 아닌) 나와 같은 '일반인'을 위해 책을 쓰고 있다. 온전히 형식을 갖춘 연습을 하기에는 시간이 부족하고 그래서 지금 당장 쓸 수 있는 도구가 필요한 사람들 말이다. 1974년부터, 더 높은 곳을 갈망하며 명상을 지속해 온 세월 동안 수많은 사람들이 나를 앞서 갔고, 그들 중 일부를 이 책에 언급하는 것을 당신도 보게 될 것이다. 내가 초점을 두는 것은 종국의 목적지가 아닌 연습의 과정이다. 이는 당신도 자신만의 길에서 이것들이 유용하다는 점을 알게 되리라 희망하기 때문이다. 하지만 궁극의 가능성은 마음과 가슴의 완전한 해방이고, 이때 지고의 행복과 평화가 함께할 터이다.

오솔길을 따라 올라간다. 길은 점점 가팔라지고 공기는 점점 옅어진다. 그러니 안내서를 갖고 있다면 도움이 될 것이다. 이를 위해, 때때로 붓다께서 제공한 마음에 대한 마치 꿰뚫는 듯한 설명을 인용할 것이다. 나 자신의 지식의 배경은 주로 동남아시아에서 널리 수행되고, 이제 서양에 점차로 퍼지는 남방불교에 뿌리를 두고 있다. 이는 때로 통찰 —또는 위파사나— 위주의 수행이라 불린다. 이 전통은 붓다의 가르침에 대한 가장 초기 기록인 빨리어 경전(빨리어는 산스크리트어와 관련된 고대 언어이다.)에 기반을 둔다. 하지만 나는 또한 어떻게 불교가 티베트, 중국 등지에서 발전하여 선불교와 정토불교라는 흐름이 만들어졌는지에 대해서도 관심이 많으며, 그에 대해 깊은 존경을 표하고 있다.

불교 전체를 다 말하려는 것은 아니다. 그렇게 하기에는 불교는 너무 풍성하고 복잡한 전통으로 오랜 세월 동안 변천되어 왔다. 그보다는 여기서 추구하는 실용적인 목적에 부합하도록 핵심 개념과 방법들을 적절히 다듬고 적용시키려 한다. 이런 점에서 직접 붓다께서 주신 아름다운 충고가 있다. 무엇이 진실의 울림이 있는지 그리고 실제로 유용한지 **와서 직접 체험해 보라.**

뉴로다르마라는 관점

붓다께서 깨닫기 위해 MRI를 사용했을 리는 없다. 다른 많은 깨달은 이들 역시 자신들의 고유한 여정에서 진보된 기술을 사용한 것이 아니다. 하지만, 붓다께서 북인도의 먼지 나는 길을 걸은 지 2500년이 지난 지금은, 과학자들이 발견해 낸 몸과 뇌에 대한 수많은 사실들이 있다. 붓다를 비롯한 깨달은 이들은 고통과 행복의 **정신적** 요소들을 탐구했다. 지난 수십 년간, 우리는 정신적 요소들의 **신경학적** 기반들에 대해 많은 것을 알아냈다. 이 새로운 이해들을 무시한다면 과학과 불교 모두를 욕되게 하는 것이 아닐까.

다르마 – 실재 본성을 이해함, 또는 꿰뚫어 봄 – 는 불교에 국한된 것이 아니다. 다르마는 진리를 의미한다. 그리고 우리가 정말로 갖고 있는 유일한 선택지는 진리에 맞게 살아갈지 아니면 그것을 무시한 채 살지, 단 두 개뿐이다.

_엔젤 쿄도 윌리엄스(Angel Kyodo Williams)

내가 **다르마**라는 단어를 쓸 때, 이는 단지 어떤 것의 진정한 실재를 의미한다. 이는 실제 그것의 오직 그러한 바와 그 정확한 묘사 둘 다이다. 진리가 무엇이든, 그 어떤 전통의 전유물이 될 수 없다. 그것은 모든 이들을 위한 것이다. **뉴로다르마**라는 용어는 내가 마음의 실재를 몸의 실재, 특히 신경계에 기초해 표현할 때 쓴다. 물론 뉴로다르마가 불교 전체를 말하는 것은 아니다. 당연히 불교(또는 그 어떤 전통의) 수행에 필수적인 것도 아니다. 단지 그것이 도움이 되리라 생각할 뿐이다. 우리는 이 접근법을 다음의 목적으로 사용할 것이다.

- ○ 깨달음의 핵심인 일곱 가지 존재 방식을 탐구하기 위해
- ○ 뇌 안에서 그것들의 근거가 되는 구조와 기능들을 배우기 위해
- ○ 그에 따른 이해를 사용하여 자신 안의 그 기능들을 강화하기 위해

뇌에 관한 조그마한 지식조차 매우 유용할 수 있다. 조금 바보 같은 비유일 수 있겠지만, 이런 상상을 해 본다. 차를 몰고 가다가 갑자기 차에서 연기가 풀풀 나고 계기판에서는 빨간 경고등이 번쩍여 하는 수 없이 길가에 차를 멈춘다. 만일 내가 차가 어떻게 만들어지며 어떻게 움직이는지 아는 바가 없다면, 매우 난처한 상황일 것이다. 하지만 만일 내가 라디에이터가 무엇인지, 그리고 엔진의 과열을 방지하기 위해서 어떤 용액을 넣어야 하는지 안다면, 내가 할 수 있는 부분이 있을 것이고, 다시 차를 움직이게 할 수도, 앞으로 그런 일이 다시 생기지 않게 할 수도 있을 터이다. 여기서 차는 몸과 같다. 수천 년 전에는, 누구도 그에 대해 잘 알지 못했다. 하지만 오늘날에는 수세기에 걸쳐 알아낸 신경계라는 '엔진'에 대한 지식을 꺼내 쓸 수 있다.

초심자에게는, 이 지식이 동기를 부여한다. 연습이 실제로 당신의 뇌에 변화를 만든다는 것을 안다면, 지속해서 연습할 가능성이 높아진

다. 또한 실제로 몸을 고려하기 시작하면 의식의 지금 이 순간을 있게 해 주는 육체적 과정들에 고마운 느낌이 들 수도 있다. 마음을 통해 경험들이 스쳐지나갈 때 뇌 안에서 어떤 일이 일어나는지 이해한다면, 마음챙김이 좀 더 날카로워지고 통찰력을 함양할 수 있다. 그것이 세포와 분자 수준의 수많은 티끌 같고 재빠른 처리과정에 의해 만들어진다는 사실을 알아차린다면, 의식 속 흘러가는 광경들을 조금 더 가볍게 취급할 수 있다. 그에 관한 배경지식들에 대해 대가의 수준으로 알 필요도, 그 모든 올바른 단추를 끊임없이 눌러 댈 필요도 없는 것이다.

그 기본적인 구조상, 우리 모두는 똑같은 뇌를 갖는다. 뉴로다르마라는 관점은 임상심리학, 자기계발(기타 세속적인 접근에 대한 통칭으로), 그리고 지혜 전통 모두에서 사용하는 도구와 개념을 이해할 공통적인 뼈대를 제공한다. 이는 우리가 이미 갖고 있는 핵심적인 도구를 우선적으로 사용할 수 있도록 돕는다. 일례로, 뇌에서 진화된 **부정편향**(negativity bias)에 대한 연구는 ─ 이는 3장에서 자세히 다룰 예정이다 ─ 그것이 기쁨, 친절함 같은 긍정적 감정 경험을 두드러지게 함을 알려준다. 신경학적 '하드웨어'에 대한 이해가 커질수록 우리 정신적 '소프트웨어' 가령, 뉴로피드백 같은 개념에 대한 좀 더 새로운 접근이 가능해진다. 또한 개인적인 맞춤형 연습에도 도움이 된다. 자신의 기질이 ─ 가령 신경질적이거나, 산만하다 해도 ─ 인간 뇌구조상 전혀 이상하지 않은 정상 범주에 속함을 이해한다면, 스스로 받아들이기도 쉽고 자신에게 가장 맞는 연습을 찾기도 쉬워질 터이다.

이 접근법은 행복감과 만족감 같은 중요한 경험들로부터 시작해 거꾸로 그 배경이 되는 뇌 속의 기능으로 작업해 들어가기를 권유한다.

우리는 자신을 주관적인 동시에 객관적으로 – 안에서 밖으로 그리고 밖에서 안으로 – 알 수 있게 된다. 여기서 이들 두 방향의 접점이 바로 뉴로다르마이다. 동시에 단지 머리로만 하는 연습은 피하고 우리가 모르는 것에 대해서는 존중할 수 있게 된다. 나는, 단지 이론일 뿐인 문제들에 대한 '무성한 덤불 같은 견해들'을 주의 깊게 피하고, 고통을 끝내고 지금 여기라는 진정한 행복을 찾는 실질적인 방법에 초점을 맞추라는 붓다의 조언을 잊지 않으려 노력한다.

늘 발전 중인 구도의 방법

이 책의 일곱 가지 주제는 - 마음을 견실하게, 가슴을 따듯하게 등등 - 수많은 방법으로 수많은 전통들 속에서 수많은 사람들에 의해 탐구되어 왔다. 그들의 경험은 비밀스러운 어떤 것이 아니라 만천하에 드러나 있는 것이었다. 우리는 좀 더 주의 깊고 자애로울 수 있고, 좀 덜 갈구할 수 있고, 천부적으로 온전하며(whole), 실재하는 시간은 오직 이 순간뿐이고, 각각의 개인은 다른 모든 것과 얽혀 상호의존적으로 존재한다.

이들 존재의 방식은 우리 모두에게 열려 있고, 그 정수는 여러 해 동안의 대단한 수련 없이도 얼마든지 이용 가능한 것이다. 나는, 일상에서도 좀 더 그런 삶을 살 수 있다는 것, 거기에 더해 그 경험들이 점차로 깊어지게 만들어 주는 잘 만들어진 명상 방법들도 있다는 사실을 당신에게 가르쳐 주려 한다. 당신이 이미 하고 있는 활동들, 가령 산책 등에 이것들을 가미할 수도 있다. 친절함이나 충만함을 늘리기 위해, 또는 앞으로 탐구할 또 다른 존재 방식을 계발하는 데 과학이나 명상에 대한 배경지식이 필요한 것도 아니다. 장소에 상관없이 하루에 단 10분만 투자해도 - 매일 같이 꾸준히 한다면 - 어떤 차이를 만들어 낼 수 있다. 언제나 그렇듯, 더 많이 투자하면, 더 많이 얻을 것이다. 이 길 (path)은 마법처럼 순식간에 결과를 보는 것이 아닌, 스스로의 노력으로 한걸음씩 나아가는 길이다. 바로 그 점이 내가 신뢰하고 희망을 갖는 이유이기도 하다.

깨달음의 산봉우리 정상에 이미 살고 있지 않는 이상 – 물론 나 역시 그렇지 않다 – 우리에게는 여전히 뭔가 할 일이 있다. 어떻게 하면 좋을까?

돈오이자 점수(GOING WHILE BEING)

이 질문에는 두 가지 접근법이 있다. 하나는 **점진적인**(gradual) 과정을 강조한다. 자비심, 통찰, 평정심의 배양과 불행을 줄이는 것을 포함한다. 다른 하나는 **천부적인**(innate) 완전함, 따라서 그 어떤 갖추어야 할 것도 없음을 알아차리는 것에 초점을 둔다. 이들 두 가지 접근법 모두 유효하며, 각각은 서로를 보완한다. 우리에게는 성장과 치유가 필요하지만, 동시에 그 여정에서 자신의 심오하고 진정한 본성 안에 머무를 수 있다.

마음속에서, 우리의 진면목이 드러나려면 약간의 시간이 필요하다. 이런 말씀이 있다. "점차적인 수행… 갑작스런 깨달음… 점차적인 수행… 갑작스런 깨달음…" 티베트의 성자 밀라레빠(Milarepa)는 자신의 전 생애에 걸친 수행을 이렇게 묘사했다. **처음에는 아무 일도 일어나지 않았고**(nothing came), **중간에는 어떤 것도 머물지 않았으며**(nothing stayed), **마지막엔 그 무엇도 남지 않았다**(nothing left). 한편, 당신이 이미 깨어나 있고 선한 존재임을 자각함은 고무적이고 용기를 북돋는 것이어서, 연습이 따분하고 어려울 때 계속 나아가게 해 준다.

멀고도 험한 길이지만,
해님과 달님은
변함없이 빛나리라.

_ 틱낫한(Thich Nhat Hanh)

뇌 안에서, 평범한 신경증적 찌꺼기들과 트라우마일지라도 신경
회로에 배어 들면, 이를 바꾸는 데 시간이 필요하다. 행복, 감정적인 영
민함, 연민어린 가슴을 계발하는 것 또한 점진적인 육체적 변화를 요구
한다. 동시에, 당장 스트레스를 받거나 난처한 상황이 아닌 이상, 당신
의 뇌는 천부적인 이완 상태로 들어간다. 그럼 뇌는 그 폭발적인 활동에
서 회복하고 세로토닌과 옥시토신 같은 신경화학물질을 분비한다. 이
들 물질은 타인에 대한 친절함과 긍정적인 기분을 만들어 낸다. 이를 우
리의 신경생리학적인 고향이라고 할 수 있다. 고요하고, 충만하며, 상냥
한 상태. 스트레스와 슬픔이 아무리 심난해도, 언제든 되돌아올 고향이
있는 거다.

있는 그대로 존재하고, 흘려보내고, 받아들이기

충만함, 온전함, 그리고 깨달음의 다른 일면들에 있어 보다 예민한 감
각을 키우는 데 세 가지 종류의 연습이 있다. 첫째, 경험하는 것이 무
엇이든 단순히 그와 **함께 있는 그대로**(be with) 존재할 수 있다. 그것을

받아들이고, 그것을 느끼고, 혹은 그것을 탐구한다. 그것과 함께 존재할 때, 당신의 경험에 변화가 있을 수 있지만, 이런저런 방법으로 그것을 주무르려 하지 않는다. 둘째, 아프거나 해로운 어떤 것을 **놓아 보낼** (release) 수 있다. 가령 몸의 긴장을 풀거나, 느낌을 환기시키거나, 진실이 아니거나 도움이 되지 않는 생각들을 눈치채거나, 자신 또는 타인을 해코지하려는 욕망으로부터 한발 물러난다. 셋째, 유용하거나 즐거운 무언가를 **키울**(grow) 수 있다. 미덕과 솜씨를 계발하고, 좀 더 탄력적이고, 감사하는 마음을 갖고, 동정심을 키운다. 간단히 말하면, 있는 그대로 존재하고, 흘려보내고, 받아들인다(let be, let go, let in). 마음이 정원과 같다면, 당신은 그것을 관찰하고, 잡초를 뽑고, 꽃을 심을 수 있는 것이다.

이들 중, 있는 그대로 존재함(letting be)이 가장 핵심이다. 이는 우리의 시작점이고, 종종 우리가 할 수 있는 유일한 것이다. 두려움과 분노의 폭풍에서 단지 벗어나기만 해도 일을 악화시키지 않는다. 그리고 연습이 무르익으면, 점점 더 다음 순간이 일어날 때마다 그와 함께 단순히 존재한다. 그럼 그것은 지나가고, 이내 다른 어딘가로 진행한다. 하지만 이것이 연습의 전부가 아니다. 마음과 함께 단지 존재만 할 수는 없다. 마음을 다룰 줄도 알아야만 하는 것이다. 예를 들어, 불교의 팔정도(八正道, Eightfold Path) 대부분은 흘려보내고 받아들이는 것에 관한 것이다. 가령 '현명하지 못한' 말을 흘려보내고 그것을 현명한 언사로 대체하는 것이다. 마음을 다루는 과정에서 자신을 '고쳐야 한다.'에 집착하는 것도 함정이지만, 마음을 다루지 **말아야** 한다는 것 또한 함정이다. 예를 들어 나는, 스스로의 마음을 관찰하는 데 매우 뛰어남에도 불구하고 만성적으로 불행하고 다른 사람과의 관계에 서툰 이들을 많이 보아 왔다. 마음과 함께 존재함을 회피하기 위해 마음을 다루어서는 안 되며, 동시에 마음을 다루는 것을 회피할 목적으로 마음과 함께 존재하려 해서도 안 된다.

있는 그대로 존재하고, 흘려보내고, 받아들임은 전체로 어떤 자연스러운 흐름이다. 당신이 어떤 것에 대해 후회하고 있음을 알아차렸다고 해 보자. 그럼 당신은 이를 탐구하고 그 경험을 있는 그대로 두고 볼 수 있다. 어느 시점에서 기꺼이 흘려보내는 단계로 넘어가는 것이 자연스럽게 느껴진다. 당신은 몸을 이완시키고, 감정이 흐르도록 유도하고, 골칫거리로부터 한발 물러선다. 그러면 자신이 방금 청소한 바로 그 마음의 공간에, 뭔가 유익한, 가령 자기연민 같은 것을 들어오게 할 수 있다. 시간을 들여 내면에 계발한 힘들이 당신으로 하여금 더 완전하게 그냥 존재하고, 흘려보내게 돕는다. 이에 대해 좀 더 탐구하면 아래 상자에 소개하는 명상을 해 보고 싶을지도 모르겠다. 이는 일반적으로 경험적인 연습들을 소개하는 내용이다.

있는 그대로 존재하고, 흘려보내고, 받아들이기

이 명상과 책에 나오는 다른 연습들에서, 나는 당신이 자신의 경험들과 색다르게 관계 맺고 이를 더 유익한 것으로 만드는 요령을 제공할 것이다. 내가 소개하는 방법들이 모두 당신에게 들어맞지는 않을 터

이니, 스스로 자신에게 효과 있는 접근법을 찾아내길 바란다. 예를 들면, 어떤 특정한 느낌을 유발시키기 위해 특정한 방식으로 몸을 움직이길 좋아할 수도, 아니면 어떤 이미지에 집중하거나, 내가 즐겨 쓰는 것과는 다른 단어들을 쓸 수도 있다. 중요한 것은 우리가 갖는 경험일 뿐, 그것에 도달할 길을 찾기 위해 우리가 사용하는 방법이 아니다. 모종의 실제적인 느낌 ─ 가령 흘려보낸다는 느낌 ─ 을 갖는 데에 어려움을 느낀다면 이는 지극히 정상이다. 나 자신도 줄곧 그런 어려움을 겪어왔다. 좌절감을 느끼거나 자기-비판적이 된다면, 그 또한 정상이다. 그것을 단순히 자각하기만 하라. 가령 '이게 안 되어 좌절함' 또는 '자기-비판적이 됨'을 자각하라. 그러고는 연습하던 그 것으로 돌아오라.

감을 잡는 데 어려움을 느낀다면, 그냥 표시해 놓고, 나중에 내킬 때 다시 되돌아오라. 단순히 존재하기를 경험해 보기 위해서는 시간을 들여 반복이 필요하다. 이에 대해서 ─ 특히 그 깊이에 대해 ─ 추후 탐구할 것이다. 이는 정말로 산봉우리를 오르는 것과 같다. 때로 속도가 더디어지는데, 당연히 가파른 구간이 있기 때문이다! 이는 당신이 '틀리게' 해서도, 계속 갈 수 없어서도 아니다. 부디 자신만의 속도로 가길 바라며, 오래 전 스승님이 나에게 말씀했듯, 계속 가라.

아래 연습을 일종의 명상으로 할 수 있다. 또는 흘러가는 인생 속에서 뭔가 스트레스 받거나 화나는 일 ─ 그것을 '문제(issue)'라고 부르겠다 ─ 이 있을 때만, 가끔 할 수도 있다. 필요에 맞추어 사용하고, 원하는 만큼 시간을 쓰라.

_ 있는 그대로 존재하라(let be)

지금 이 순간에 머물기에 도움이 될 만한 뭔가 단순한 것을 찾으세요. 가령 숨쉬는 느낌이 있습니다. 잠시 시간을 들여 그것이 점차적으로 중심에 안착하는 것을 느껴보세요. 각성된 의식 위에 지나쳐가는 소리, 느낌, 생각들, 감정들을 그냥 두세요. 저항하거나, 붙잡거나 하지 않고 있는 그대로 경험과 함께하는 것이 어떤 느낌인지 알아보세요.

준비가 되었다면, 문제(issue)에 집중하세요. 특히 그것과 관련된 경험들에 집중합니다. 그에 대한 당신의 생각… 당신의 감정… 거기에 이름을 붙여 자신에게 부드럽게 중얼거릴 수도 있습니다. 가령 '답답함… 걱정… 짜증… 부드러워짐….' 이들 생각, 느낌들을 받아들이고, 놓아 주고, 그냥 존재하게 허용하세요….

그것이 즐거운 것이든 아픈 것이든, 경험을 있는 그대로 받아들여 보세요. 뭔가 압도적이라면, 호흡에, 또는 고요하게 진정시키는 무엇인가에 집중하세요…. 당신은 다른 어떤 곳도 아닌 바로 여기에 여전히 있습니다. 아무 문제도 없습니다….

문제(issue)와 관련된 육체의 느낌들을 자각하세요…. 그와 관련된 소망, 원하는 바, 계획… 있는 그대로 두고, 놓아 주세요….

더 깊은 층을 탐구해 볼 수도 있습니다. 분노 아래 숨겨진 아픔이나 두려움… 당신 안에 숨어 있는 당신의 좀 더 어린 부분들… 그 모두를 느껴보세요…. 그리고 있는 그대로 존재하게끔 허용하세요….

_ 있는 그대로 흘려보내라(let go)

적절한 순간이라 느껴질 때, 이완으로 넘어갑니다. 문제(issue)와 관련된 긴장이 육체에 조금이라도 남아 있지는 않은지 살핍니다. 있다면 털어 버리고 부드럽게 이완합니다. 느낌이 흘러가도록 허용하세요…. 당신이 숨을 내뱉을 때마다 마치 작은 구름들처럼 그것들이 당신을 떠나가는 상상을 할 수도 있습니다…. 분명치 않거나, 과장되거

나, 제약적인 어떤 생각이든 자각해 봅니다. 그것들로부터 떨어져 나
갑니다…. 흘려보내세요….

문제(issue)와 관련된 욕망들을 자각해 봅니다. 가령 비현실적인 목표
이거나 수긍할 만한 바람이었지만 단지 채워지지 않은 것들… 숨을
쉴 때마다, 이 모든 욕망들이 놓아집니다…. 도움이 되지 않는 언사
나 행동들 또한 놓아 보낼 수 있습니다…. 숨을 쉴 때마다, 그것들을
풀어주세요. 흘려보냅니다….

_ 있는 그대로 받아들이라(let in)

이제 유용하고, 지혜롭고, 즐거운 것에 집중합니다. 어쩌면 거기에
는 기분 좋게 받아들일 수 있는 어떤 편안함이나 안정감이 있을 것입
니다…. 또는 고마움, 사랑, 자기연민…. 숨을 들이쉴 때 그것을 받아
들이세요…. 무엇이든 좋은 것을 당신 내면으로 받아들입니다….

어쩌면 폭풍이 지나간 뒤의 하늘처럼, 마음속에 빈 공간이 생겼을 수
도 있습니다…. 몸이 편안해졌을 수도 있습니다…. 이러한 경험들에
머물러 봅니다…. 그것들에 스스로를 내맡깁니다….

힘이 넘치거나 확신에 찬 느낌이 들 수도 있습니다…. 문제(issue)에
대한 진실되고 도움이 될 만한 관점이나 생각들이 떠오를 수도 있습
니다…. 내면의 지혜의 목소리, 직감에 귀 기울여 보세요…. 앞으로
펼쳐질 나날들에 당신이 어떻게 행동하면 좋을지 점점 더 명료해질
수도 있습니다….

도움이 될 만한 것이면 무엇이든 마음 깊숙이 가라앉도록 허용합니
다…. 이 모든 좋은 것들이 당신의 내면에 확립되는 중입니다…. 내
면에 그것들이 널리 퍼지도록 허용하세요…. 이 모든 좋은 것들이 당
신 안에 가라앉고 있습니다….

이 책을 사용하는 방법

이 책은 깨달음에 필수적인 일곱 가지 존재 방법을 함양하는 것에 관한 책이다. 우리는 **연습함으로써** 그것들을 길러 낸다. 그저 맛보기에서 시작해서 완전히 푹 절여진 상태까지, 반복적으로 그것들을 경험함으로써 말이다. 그것들은 손에 닿지 않거나 별스러운 어떤 것이 아니다. 그것들은 당신의 육체에 단단한 기반을 갖고 있으며, 우리들 각자 모두의 천부적 권리이다.

◆

음악을 듣듯,
가르침이 당신 안으로 들어오게 허용하라,
마치 비가 오면 빗물이 자신에게 스며들도록 허용하는 대지처럼.
_틱낫한

◆

이 장과 다음 장은 일반적으로 연습에 어떻게 접근하는지와 뇌에 대한 정보의 기초를 제공한다. 그런 후, 우리는 처음 세 가지 존재 방법 －견실함, 연민어림, 충만함－ 에 대해 탐구하려 한다. 이것들은 일종의 본성이며 깨달음에 있어 근본적인 면면들이다. 이는 이미 익숙하게 보일지라도, 앞으로 나아가는 데 있어 필수적이다. 예를 들어, 충만함 속에 존재함은 뼛속 깊이 각인된 평화로움, 만족, 그리고 사랑의 느낌 －자체로도 결코 작은 것들이 아니다－ 에 관한 것이어서, 자신과 타인 모두에게 너무나 많은 고통과 해를 끼치는 대부분의 '갈망(craving)'을 감소시킨다.

그다음 세 가지 존재 방법 – 일체성(wholeness)·현재성(nowness)·전체성(allness) – 도 하나로 잘 어울린다. 이것들은 우리의 모든 경험들의 깊은 본성에 대한 통찰을 강조한다. 그리고 이는 놀랍게도, 우주 안 낱낱의 원자의 깊은 본성이기도 하다. 이들 통찰은 대개 개념적으로 시작하지만, 괜찮다. 수많은 가르침들이 마음에 대한 꿰뚫는 듯한 이해를 포함한다. 분명하게 이해되지 않는 개념을 맞닥뜨린다면, 잠시 멈추어 그것이 당신 고유의 경험에 어떻게 적용될 수 있을지 곰곰 생각해 보라. 이들 개념을 곱씹으면 그것들이 점차로 당신의 일부가 될 것이다. 그리고 만일 이후의 주제, 가령 전체성(allness)이 너무 추상적으로 보인다면, 그냥 이전 장으로 되돌아가서 다시 한번 자신의 기반을 다진다.

마지막 존재 방법 – 무시간성(timelessness, 영원) – 은 **조건 지어지지 않음**(unconditioned)에 대한 탐구이다. 이는 그 원인에 의해 '조건 지어진' 사건이나 감정 같은 현상들과 분명히 대비된다. 예를 들어, 폭풍우는 대기의 조건에 따라 나타나고, 성냄이라는 폭풍은 마음의 조건에 따라 나타난다. 이는 큰 주제여서, 세 갈래 방법으로 접근할 수 있다. 첫째, 사물에 대한 우리의 습관적인 – 그에 따라 고통스럽고 해로운 – 반응들을 점진적으로 '탈조건화(unconditioning)'시킴에 관한 것일 수 있다. 둘째, 일상의 현실 속에서 마음의 비범한 상태로 들어가는 것에 관한 것일 수 있다. 그 상태가 되면 일상적인 경험의 조건화된 구조들이 멈춘 듯 보인다. 셋째, 조건화된 일상적 현실 너머, 진정으로 초월적인 어떤 것에 관한 것일 수 있다. 무시간성 탐구에 대한 장은 이 세 가지 접근 모두를 포함한다. 이는 모든 연습 중 가장 심오한 것이며, 원하는 어떤 방법으로든 시도해 볼 것을 권장한다.

이들 주제 각각은 자체로 책 한 권으로 만들 만하다. 때문에 개인적 연습을 위한 핵심적인 면들이라 생각되는 것에 초점을 맞추었다. 특히 비교적 신경과학적인 근거가 밝혀진 부분에 집중하였으며, 미주와 참고문헌에 많은 논평과 인용을 명기해 놓았다. 이들 주제에 대한 광대한 문헌이 존재하며, 거기에는 주요 단어들에 대해 어떤 것이 올바른 번역인가 등과 같은 기세등등한 주장들로 가득하다. 본문에서 당신은 내가 걸어온 길을 보게 될 것이고, 다른 접근법을 알고 싶다면 이들 부록 편에서 찾아볼 수 있다.

나는 중년의, 중산층의, 백인 미국 남자라는 제한된 관점에서 책을 쓰고 있고, 이 주제에 대해 이야기 될 만한 많은 다른 방법들과 연습들이 있을 터이다. 연습에 대한 다른 중요한 접근법들 중 불가피하게 누락시킨 부분이 분명히 존재할 터이지만, 그렇다고 그것이 내가 그 가치를 평가 절하한다는 뜻은 아니다. 만약 다른 책에서 내가 언급한 내용을 다시금 이 책에 쓴 것이 발견되더라도 너그러이 넘어가 주길 바란다. 핵심적인 용어는 처음 언급될 때 굵은 글씨로 썼다. 인용구의 출처로 영어가 아닌 단어를 보게 된다면 – 가령 『법구경』이나 『이띠웃따까』 – 이는 빨리어 경전에서 나온 것이다. 각 장은 좋은 연습(Good Practice)이라고 부르는 부분으로 마무리되는데, 이는 일상의 삶을 위한 추가적인 제안들을 제공한다. 단 예외는 마지막 장인데, 거기에는 당신이 탐구했던 내용들을 앞으로 어떻게 적용할지에 관한 내용이 담겨 있다.

이 책은 수련회 같은 구조로 만들어졌다. 즉, 개념을 제시하고 관련된 명상을 안내한다. 개념들이 중요한 이유는 우리 자신을 더 잘 이해하게 도움을 주고, 불필요한 고통과 충돌로부터 우리를 해방시켜 줄 통찰을 가져다주기 때문이다. 이 이해는 심오한 문제들에 관한 것이기에, 시간과 노력이 요구된다. 이들 가르침 중 많은 부분을 처음 들었던 것이 40년도 전이다. 그럼에도 나에게는 아직도 당혹스러우면서도 매력적이다. 나는 지금도 여전히 이들 가르침을 곱씹고 다닌다.

명상 부분도 마찬가지로 매우 중요하다. 부디 직접 해 보기를 권한다. 해당 부분을 천천히 읽고 그에 대한 느낌을 충분한 시간을 갖고 느껴본다. 또는 자신의 목소리로 녹음해서 들을 수도 있다. 아니면 이 책의 오디오 판에서 내가 읽어 주는 것을 들어도 좋다. 뒤쪽에 나오는 명상들에서, 앞쪽에서 주어진 기본적인 설명은 대개 반복하지 않았다. 만일 어려움을 느낀다면, 그냥 첫 장으로 돌아가 다시 보라. 유익한 경험을 갖고 그것들이 더 길어지고 깊어질수록, 행복, 사랑, 내면의 힘에 대한 신경학적 기질들은 점점 공고히 될 터이다.

더 읽어볼 만한 책들

『붓다 브레인(Buddha's Brain)』(릭 핸슨, 리처드 멘디우스)
『The Hidden Lamp』(플로렌스 카플로우, 수잔 문 등)
『Mind in Life』(에반 톰슨)
『Realizing Awakened Consciousness』(리처드 P. 보일)
『텐진 빠모의 마음공부(Reflections on a Mountain Lake)』(텐진 빠모)

연습 중에, 실제로 어떤 일이 벌어지는지 단지 관찰하지 않고 때로 마음속에 뭔가 -가령 주의를 계속 집중함- 를 유지하려 애쓴다. 이처럼 가끔 애쓰는 모습은 정상이다. 이는 우리에게 연습이 필요한 이유이기도 하다. 이제껏 자신의 학생들을 과소평가하는 선생님들을 제법 보아왔다. 나는 그러고 싶지 않다. 이제껏 많은 친구들을 산 높은 곳까지 이끌어 보았지만, 그 핵심은 유사하다. **한 번 살펴보렴, 지금 향하는 곳은 정말 굉장한 데야…. 여기 우리가 가야할 길이 있고, 이는 이로운 길이야…. 여기는 스스로의 힘으로 올라야만 해. 그러니 어서 움직이자.** 발걸음이 점차 경쾌해진다. 이 길은 앞서 다른 많은 이들이 걸었던 길이다. 스스로의 힘으로 걸어갈 수 있다는 자신감을 가져도 좋다. 나 자신 또한 그 길을 걸어왔고 -그리고 때로 굴러 떨어지기도 했다!- 내가 얻은 정보와 요령을 당신과 나눌 것이다. 때로는 속도를 조금 늦추고 숨을 고르고 싶을 터이다. 이때 곰곰 생각하고 반추하고 길에서 얻은 경험이 내면에 가라앉도록 한다. 나에게도 이런 똑같은 일들이 벌어져 왔음을 확신한다. 여기저기 가파른 부분이 있음은 그 길의 끝이 멋진 정상이리라는 사실을 말해 준다.

이 길을 걸으며, 부디 자신을 잘 돌보기를 바란다. 지금 이 순간의 경험이라는 즉시성에 열려 있는 상태를 유지하면, 때로 고통스러운 생각이나 느낌들이 올라올 수 있다. 연습이 깊어지고 당신과 그 외 모든 것 사이의 간격이 모호해짐에 따라, 길을 잃고 헤매는 느낌이 들 수도 있다. 탐험의 영역으로 더 깊숙이 강도 높게 들어갈수록, 내면에 깊이 뿌리박고 거기서 힘을 얻는 것이 중요해진다. 속도를 늦추고 뒤로 물러서서, 안정감을 주거나 편안하거나 힘을 북돋는 어떤 것에 집중해도 괜찮다. 어떤 이들은 마음챙김 같은 심리학적 연습들에서 스트레스 받고 동요하는데, 특히 우울, 심리적 상처, 해리 같은 정신적 과정에 관련된 문제들이 내면에 숨겨져 있는 경우 그렇다. 이 책에 있는 마음챙김, 명상, 그 외에 다른 연습들이 모두에게 적절하다고 볼 수는 없으며, 어떤 질환에 대한 치료법도 아니고, 전문적인 진료를 대체하는 것도 아니다.

여기에는 어떤 과정이 있으며, 당신은 이에 대해 시간을 충분히 갖고 살펴볼 수 있다. 그것이 자연스럽게 당신에게 작용하게끔 허용하라…. 그것이 당신과 **함께** 작동하게끔, 당신을 일으켜 세워 나아갈 수 있게끔 허용하라. 깨어남의 과정은 고유의 리듬을 갖고 진행된다. 때로는 천천히 자라고, 때로 고점에 머물며, 때로 내려가기도 하고, 때로 한계를 돌파한다. 그것이 점진적으로 드러나건 돌발적인 깨침이든 상관없이, 우리 개개인 모두의 내면에는 깊고 진정한 본성이 내재한다. 깨어 있고, 지혜롭고, 사랑이 넘치고, 순수한 그 무엇. 이것이 당신의 진정한 고향이고, 이에 대해서는 신뢰를 가져도 좋으리라.

좋은 연습

여기 개념과 방법들을 일상에 적용할 수 있는 몇 가지 제안이 있다.('좋은 연습'의 의미는 말 그대로 일상적이다. – 당연히 오직 이것만이 최고라는 뜻이 아니다.) 이 주제를 탐구하는 데 있어 이들 방법이 유일한 것은 아니다. 그러니 스스로 다른 연습들을 더하는 것은 언제든 환영한다. 특히 내가 포함시키지 않은 방법들, 가령 육체적인 활동들, 영적이거나 종교적인 수행법들, 세계 각지의 토착적인 가르침과 도구들, 미술, 자연에서 지내기, 음악, 봉사 등을 어떤 식으로 추가할 수 있을지 생각해 보길 바란다.

하루하루를 일종의 **연습**의 기회로 보고 접근해 보라. 그것은 당신 자신에 대해 배우는 기회이고, 당신의 반응들을 조절하는 기회이며, 치유와 성장의 기회이다. 아침에 일어났을 때, 오늘을 연습의 날로 삼으리라는 의도를 품을 수도 있다. 그러면 그날 밤 자기 전에, 오늘 하루 어떻게 연습하며 지냈는지 감사하는 마음을 갖게 될 수도 있다.

존경하는 누군가를 마음속에 떠올려 보라. 어쩌면 개인적으로 아는 사람일 수도 있고, 그 말씀을 듣거나 읽은 누군가일 수도 있다. 그 인물에 대해 존경할 만한 점을 골라 본다. 그러고는 그 특질의 약간이라도 이미 **당신 자신** 안에 존재하지는 않는지 느껴 보라. 비록 희미할지라도, 그것은 자신 안에 분명 존재할 것이며, 따라서 그것을 개발할 수 있다. 하루 또는 그 이상 동안, 자신의 경험과 행동에 이 특질을 녹여 내는데 집중해 보라. 그리고 그것이 어떻게 느껴지는지 보라. 그럼 이는 당신이 존경하는 사람들을 이용한 연습이 되고, 이렇게 자신이 계발하고 싶은 자질들을 길러 낼 수 있다.

가끔은 속도를 늦추고, 일반적으로는 삶이, 그리고 특히 육체와 뇌가 듣고, 보고, 생각하고, 느끼는 이 순간의 경험들을 어떻게 만들어 내는지 알아차려 보라. 대단하지 않은가!

내쉴 때, 몇 분간 자신의 경험들과 어떤 의도도 없이 함께 해 보라. 이것은 근본이 되는 연습이다. 느낌과 감정과 생각들을 있는 그대로 받아들이고, 거기에 가능한 적게 판단을 붙이고, 그것들이 마음대로 흘러가 흩어지도록 허용한다. 대체로, 단순히 있는 그대로 존재하는 그 느낌이 점차로 커져 자신의 하루를 꽉 채우리라.

02

마법의 베틀

선함을 가벼이 생각지 말지니, "내가 그렇게 될 리가 없다." 말하지 말라.

한 방울씩 떨어지는 물이 주전자를 채운다.

이와 같이, 지혜로운 자는 티끌만큼씩 모아,

자신을 선함으로 채운다.

—

『법구경』122

내 집 바깥 숲에는 다람쥐 두 마리가 산다. 나는 가지 사이를 서로 쫓아다니는 그 녀석들을 즐겨 지켜본다. 그 녀석들이 무엇을 느끼는지 우리에게 말해 줄 순 없지만, 그들도 듣고 볼 수 있다는 것은 분명하다. 새끼 다람쥐는 어미의 냄새를 구별할 것이고, 나중에 어미가 되면 자신의 새끼를 최선을 다해 보호할 것이다. 인간과 다르지 않다. 다만 자신들의 방식으로, 이들 아름다운 생물은 많은 경험을 할 것이다. 별로 놀라울 것도 없지만, 우리 인간이 듣고, 보고, 배우고, 무엇인가 원함을 가능케 하는 신경계적 하드웨어는 다람쥐의 콩알만 한 뇌에도 비슷한 형태로 갖추어져 있다.

물론 우리의 뇌는 그보다 훨씬 크고 더 복잡하다. 그것은 약 850억 개의 뉴런을 포함하고, 서로 그물망처럼 연결되어 있으며 그 연결점은 수백조 개에 달한다. 그럼에도 불구하고, 창밖을 내다보는 것이 다람쥐이든 인간이든 상관없이 우리가 갖는 경험들은 뇌가 무엇을 하는가에 좌우된다. 전형적인 뉴런은 1초에 여러 번 발화하며, 시냅스라고 불리는 자그마한 연결점에 신경화학물질들을 분비한다. 시냅스 수천 개의 지름을 합쳐도 머리카락 한 올밖에 되지 않는다. 당신이 이 단어들을 읽을 때, 머릿속 뉴런 수백만 개가 리듬에 맞추어 함께 맥동하고, 이는 활동 전위라는 파동을 만들어 낸다. 신경과학자 찰스 쉐링턴(Charles Sherrington)이 말했듯, 우리의 경험이라는 옷감은 마법의 베틀로 짜여진다. 종종 우리는 몸에 대해 마음을 쓴다(mindful of the body). 하지만 온종일 마음을 위해 몸이 쓰이고 있음(body-full of mind)은 모른다.

고통 그리고 행복

이 마음속에는 무엇이 있으며, 그에 대해 우리가 할 수 있는 것이 무엇일까? 나는 미국 교외의 화목한 가정에서 자랐다. 다른 많은 사람들과 비교할 때, 나는 매우 운이 좋았다. 그럼에도 불구하고 어린아이였을 적 나의 기억들의 대부분은 매우 불필요한 불행이 나를 둘러싸고 있었다는 것이다. 이것은 청소년기나 성인이 되었을 때도 마찬가지였다. 끔찍할 정도는 아니었지만, 늘 많은 긴장, 말다툼, 걱정, 초조함이 있었다. 나이를 먹고 집을 떠나면서, 1970년대의 인간 잠재력 운동의 조류에 올라탔고, 결국 심리학자가 되었다. 그 과정에서, 나만의 개인적인 불행으로 보였던 것이 실은 매우 흔하다는 사실을 알게 되었다. 정신적 상처로 인한 극심한 고통에서 충족되지 못했다는 미묘한 느낌에 이르기까지 그 형태는 다양했지만 말이다. 그리고 이들 양극단 사이에는 상당한 불안, 상처받음, 슬픔, 좌절, 분노가 놓여 있었다.

한마디로, 여기 고통이 있고, 이는 붓다께서 말씀하신 인간 존재의 첫 번째 고귀한 진실에 해당한다. 물론 이것이 인생의 전부는 아니다. 거기에는 사랑과 즐거움, 친구들과의 담소, 그리고 추운 어느 날 느낄 수 있는 따뜻한 스웨터의 편안함도 있다. 하지만 우리들 각자 어느 시점에는 고통이라는 진실을 마주보아야만 하고, 심지어 우리들 중 많은 이들은 이를 늘 겪는다.

삶에서 우리가 겪는 고통의 많은 부분이 **불필요한**(added) 것임을 사무치게 느낀다. 쓸데없는 걱정, 아무런 목적 없는 자기비판, 또는 똑같은 대화를 계속해서 반복하기. 이러한 때 우리는 무의미한 고통을 첨가하는 셈이다. 권위적인 모습에 얼어붙을 때, 별것 아닌 실수에도 부끄러움을 느낄 때, 우리는 고통을 첨가한다. 삶에는 피할 수 없는 육체적이고 감정적인 고통(pain)이 이미 포함되어 있고, 이제 우리가 거기에 스스로 고통(suffering)을 첨가한다. 그리하여, "통증(pain)은 피할 수 없지만, 고통(suffering)은 선택이다."라고 일컬어진다. 예를 들면, 우리는 어떤 병을 앓고 있다는 사실이 드러날 때 부끄러워하고, 빛바랜 상처들을 잊기 위해 술독에 빠지기도 하는 것이다.

이 부가적인 고통들은 우연이 아니다. 거기에는 원천이 있다. '갈망', 뭔가 잃어버린, 뭔가 잘못된, 뭔가 획득해야만 할 것 같은 그 느낌. 대부분의 갈망은 치료 방법을 찾아다녀야 할 중독처럼 보이지는 않는다. 자신의 관점에 집착함도, 그럴 만한 가치가 없는 목표를 향해 내달리는 것도 거기에 포함된다. 타인에 대한 불평을 계속해 대는 것 또한 포함된다. 그것은 즐거움을 좇고, 괴로움을 밀쳐 내고, 관계에 매달리는 것이다. 이것이 붓다의 두 번째 고귀한 진실이다. ─하지만 다행스럽게도 거기가 막다른 골목은 아니다. 고통의 많은 부분을 지어낸 것은 바로 자기 자신이기에, 그것을 끝낼 수 있는 자 또한 자기 자신이다. 이 희망적인 가능성이 세 번째 고귀한 진실이고, 네 번째 고귀한 진실은 이 약속을 실현시키기 위한 수행 방법을 기술한다.

이들 네 가지 진실은 삶을 명료한 눈으로 바라봄으로부터 시작한다. 이는 수천 년 전 인도 시골이든 오늘날의 첨단 기술 도시든 동일하다. 나는 로스앤젤레스에서 자랐다. 그곳은 유흥문화가 발달했고, 후에는 자립성을 강조하는 세상의 일부였기에, 실제 현실로 될 때까지 이루어진 듯 행동하라는 모토 아래, 행복해 보이는 웃음을 가장하고 다니는 경우를 충분히 많이 목격했다. 하지만 우리 경험의 진실을 직시할 만큼 충분히 솔직하고 강해질 필요가 있다. 불만족, 외로움, 불편함, 그리고 믿음직하고 깊은 풍요에 대한 채워지지 않는 바람 등을 비롯한 그 모든 진실 말이다. 언젠가 길 프론스달(Gil Fronsdal) 선생님께 어떤 수행을 하시는지 물은 적이 있다. 그는 잠깐 살피고는 이내 웃으며 말했다. "나는 고통을 멈추는 연습을 하네." 연습이 시작되는 자리는 이곳이다. 자신과 타인 안의 고통을 정면으로 마주볼 것.

하지만 그곳이 연습이 끝나는 자리는 아니다. 붓다는 '행복한 자(the happy one)'라고 묘사된다. 앞으로 보게 될 것이지만, 가령 친절함 같은 유익하고 즐거운 경험들은 일상에서의 기능과 완전한 깨달음 모두를 위한 효과적인 방책이다. 고통이 떨어져 나갈 때, 거기 드러나는 것은 커다란 빈 공간이 아니다. 거기에는 감사, 타인에게 행복을 기원함, 자유, 편안함 같은 자연스러운 느낌이 자리한다. 내가 알고 지내는, 확실히 멀리까지 도달했다고 여겨지는 사람들은 모두 솔직하고, 담대하며, 끝없는 인내심을 보여 주고, 열린 가슴을 갖고 있었다. 그들의 말씀이 유머 있든 진지하든, 부드럽든 불같든 상관없이, 그 말씀 이면에서는 결코 흔들리지 않는 고요함을 느낄 수 있다. 그들은 세상과의 관계를 유지하면서 그곳을 더 좋게 만들려 노력하며, 동시에 존재의 중심에서는 언제나 평온함을 간직한다.

자연스러운 마음

그들은 어떻게 그렇게 할 수 있을까? 더 단도직입적으로, 어떻게 하면 **우리가** 그리 될 수 있을까? 약간의 해답을 찾기 위해 육체를 들여다보자.

인간의 육체는 수십억 년에 걸친 생물학적 진화의 결과이다. 약 6억 5천만 년 전, 원시 바다에 다세포 생물이 보이기 시작했다. 6억 년 전 즈음에 이르러, 이들 초창기 동물은 충분히 복잡해져서 감각기관과 운동기관이 서로 빠르게 소통해야 할 필요가 생겼다. "음식으로 삼을 수 있겠어… 헤엄쳐 가볼까." 그리하여 신경계라는 것이 진화를 시작했다. 고대 해파리이든 오늘날 우리 인간이든 상관없이, 신경계는 **정보를** 처리하기 위해 고안되었다.

이 책에서 '마음'이라 함은, 어떤 신경계에 의해 대변되는 경험과 정보의 덩어리를 의미한다. 처음 이는 당혹스러울 수도 있겠지만, 실은 지금 이 순간에도 우리는 뭔가 물질적인 어떤 것이라 일컫는 정보들에 둘러싸여 있다. 가령, 지금 이 순간 당신의 눈이 훑고 있는 구불거리는 모양들의 의미 같은 것 말이다(또는 오디오북을 듣고 있다면 소리들의 의미가 되겠다.). 노벨상 수상자인 에릭 캔들(Eric Kandel)이 이런 말을 했다.

뇌세포들은 고유한 방식으로 정보를 처리하고 상호 소통한다…

… 전기적 신호 교환은 마음의 언어를 대변하며, 이를 통해 신경 세포들은… 서로 간에 소통한다….

… 모든 동물은 모종의 형태로 정신적 삶을 영위하며, 이는 그들 신

경계의 구조를 반영한다.

커피 냄새를 맡거나 열쇠를 어디 두었는지 기억해 내려 할 때, 이들 경험을 만들어 내는 데는 당신의 몸 전체가 관여한다. 그와 동시에, 이는 보다 넓은 세상과 연결되어 있다. 그럼에도, 우리 생각과 느낌의 가장 직접적인 물리적 기반은 신경계이다. ─그 중에 특히 사령부라 할 수 있는 것이 뇌이다.

이런 과정이 정확히 어떻게 일어나는지 ─어떻게 망막에 쏟아지는 빛의 패턴들이 신경 활동의 패턴이 되고 다시 이것이 정보의 패턴들로 해석되어 결국 앞에 있는 친구의 얼굴로 파악되는지─ 아직은 모른다. 하지만, 인간과 다른 동물들에 대한 수천 개가 넘는 연구를 통해 우리가 느끼는 바와 뇌가 작동하는 것 사이의 밀접한 연결이 확증되고 있다. 일상 현실에서의 **자연스러운** 과정이라는 면에서, 우리 경험의 모든 것은 신경 활동에 달려 있다.

모든 감각, 모든 생각과 욕망, 그리고 모든 각성의 순간들이 머릿속 1350그램짜리 두부 같은 조직에 의해 빚어진다. 의식의 흐름은 정보의 흐름이고 그것은 결국 신경 활동의 흐름이다. 마음은 생명에 근거한 자연 현상인 것이다. 고통과 고통의 종말 모두 그 뿌리를 육체에 둔다.

마음은 뇌를 바꾸고 뇌는 마음을 바꾼다

그간 과학자들은 유용하고, 심지어 변용을 일으킬 정도의 경험들과 그 내재된 신경 활동 사이의 관계에 대해 조사해 왔다. ─그리고 우리는 몸과 마음 간의 이들 연결점들을 실용적인 방법으로 이용 가능하다. 예를 들어 뒤에 나올 장들에서, 지금 이 순간 깨어 있음, 고요하면서도 강인함, 그리고 자비 등에 관련된 신경학적 요소들을 어떻게 활성화시킬 수 있는지 설명할 것이다. 어느 정도 시간이 지나면, 이들 유용한 정신적 **상태**(states)는 점진적으로 신경계라는 하드웨어에 내장되어 자신의 긍정적인 **특성**(traits)이 되리라.

이 육체적 변화 과정이 일어나는 이유는 우리 모든 경험들은 신경 활동의 패턴이기 때문이다. 이들 신경 활동의 패턴은 ─특히 그것이 반복될 때─ 지속되는 물질적 흔적을 남길 수 있다. 이를 **신경가소성**(neuroplasticity)이라 하며, 신경계가 그곳을 통해 흐르는 정보에 의해 변할 수 있는 능력을 말한다(이 과정의 주요 원리가 궁금하다면, 옆의 상자를 참고하라.). 심리학자 도널드 헵(Donald Hebb)의 연구에서 인용하자면, **함께 엮여 함께 발화하는 뉴런들**(neurons that fire together wire together)**이다**. 이는 마음을 써서 뇌를 바꿀 수 있고 뇌가 바뀜으로써 다시 마음을 더 좋게 바꿀 수 있다는 의미가 된다.

신경가소성의 원리

어떤 종류의 배움이든 – 어린아이가 걷는 법을 배울 때이든 성인이 좀 더 참을성을 키울 때이든 – 뇌의 변화를 동반한다는 사실이 알려진 지는 꽤 오래되었다. 신경가소성 자체는 최신 지견이 아니다. 하지만 이 신경의 재배치가 얼마나 빠르고 광범위하며 지속적인지에 대한 최근 발견들은 놀라울 정도이다. 다음은 그것이 일어나는 주요 과정들이다.

○ 뉴런들 사이에 존재하는 시냅스 연결들을 감작(또는 탈감작)시킴

○ 개별 뉴런들의 흥분감도를 증가(또는 감소)시킴

○ 뉴런들의 핵 안에 있는 유전자들의 발현을 바꿈(후생적 효과)

○ 뉴런들 간에 새로운 연결들 생성

○ 새로운 뉴런들이 탄생하여(신경 발생) 그것들이 기존의 네트워크에 엮여 들어감

○ 특정 영역들의 활동도를 증가(또는 감소)시킴

○ 특정 신경 네트워크들을 재형성시킴

○ 신경 네트워크들을 지지하는 뇌 안의 **신경교세포**(glial cells)들을 바꿈

○ 세로토닌과 같은 신경화학물질들의 분비량을 바꿈

○ 뉴런의 생존, 성장, 그리고 서로 간의 연결을 돕는 **향신경** (neurotrophic) 인자들의 증가

○ 새로운 학습의 첫 단계에서 **해마체**(hippocampus)와 **두정엽** (parietal) 피질 안에서 급격한 변화가 일어남

○ 해마체 내에서 '사건을 반복함'이 최초 입력된 코딩을 강화시킴

- 해마체로부터 받은 정보를 피질(cortex) 내의 장기 저장소로 옮김
- 해마체와 피질의 배열조화가 증가함
- 피질 내에서 학습의 전반적 '시스템-수준' **고착화**(consolidation) 가 일어남
- 서파수면 및 렘수면 중에도 고착화가 일어남

마음이 생명의 기반 위에 있다는 ―즉 배후에 생물학적 근거를 갖는다는― 사실을 알아차린다고 당신 또는 다른 이들을 일종의 태엽 달린 로봇으로 본다는 의미는 아니다. 그렇다, 마음은 실재하는 신경계에 의해 발현되어야만 한다. ―하지만 단지 그들 세포와 끈적거리는 전기화학적 과정뿐이라고 의미가 축소되지도 않는다. 마음은 그것을 만들어 내는 고깃덩이 그 이상이다.

애완견과 있었던 재밌는 일에 대해 오늘 친구와 대화를 나눈다는 상상을 해 보자. 당신이 말할 때, 고유의 종속관계를 따르는 논리를 갖춘 정보의 흐름이 당신의 신경계를 통해 나타난다. 그리고 그 순간순간, 신경계는 각각의 의미를 대변하는 이면에 숨어 있는 신경 활동을 호출하는 것이다. 다음날, 같은 사건에 대해 다시 얘기한다고 쳐 보자. 오늘과 똑같은 어떤 정보라도 오늘과는 다른 신경 활동의 패턴으로 표현될 것이다. 심지어 2+2=4만큼 단순한 개념일지라도 내일은 오늘 알려진 것과는 다른 뉴런을 통해 알려지리라. 이는 경험의 많은 부분이 그것을 대변하는 이면의 물리적 기질과 인과적으로 독립된 길로 진행된다는 의미이다. 마음은 그 고유의 인과적 힘을 갖는다.

결론적으로 정신 활동과 신경 활동은 상호간 영향을 끼친다. 마음에서 뇌로… 그리고 뇌에서 마음으로, 원인은 양방향으로 흐른다. 뇌와 마음은 단일한, 통합계(single, integrated system)의 명확히 구분되는 두 가지 면이다. 대인관계 신경생물학자인 댄 시겔(Dan Siegel)이 요약하였듯, 마음은 마음을 만들어 가기 위해 뇌를 쓴다.

더 읽어볼 만한 책들

『After Buddhism』(스티븐 배철러)
『The First Free Women』(매티 와인개스트)
『기억을 찾아서(In Search of Memory)』(에릭 캔델)
『마음의 숲을 거닐다(A Path with Heart)』(잭 콘필드)
『Saltwater Buddha: A Surfer's Quest to Find Zen on the Sea』(자말 요기스)
『달라이 라마, 마음이 뇌에게 묻다(Train Your Mind, Change Your Brain)』(샤론 베글리)

명상으로 뇌를 바꾸기

이제 명상과 마음챙김이 뇌를 바꾸는 어떤 효과를 보이는지 알아보자. 훈련한 지 단 3일이 지나면, 이마 뒤 **전전두엽**(prefrontal) 영역은 (뒤쪽의) **후 대상피질**(posterior cingulate cortex PCC)에 대한 하향식(top-down) 지배력을 강화한다. 이것이 중요한 이유는 PCC가 **기저상태회로**(default mode network)의 핵심 부분이기 때문이다. 그리고 기저상태회로란 우리가 생각 속을 헤매고 있을 때 또는 '자기-언급 과정(self-referential processing)'(예를 들어, 저 사람들 왜 나를 그런 식으로 쳐다보지? 내가 뭐 잘못한 게 있나? 다음번에는 뭐라고 말하는 게 좋을까?) 중일 때 활성화된다. 따라서 PCC에 대한 지배력의 강화란 마음이 더 적게 습관적으로 헤매고 더 적게 자아에 사로잡힘을 의미한다.

'가령 마음챙김에 기초한 스트레스 감소(Mindfulness-Based Stress Reduction MBSR) 같은, 두세 달 가량의 좀 더 긴 훈련을 소화한 사람들은 **편도체**(amygdala)에 대한 더 강력한 하향식 지배력을 계발시킨다. 이 아몬드처럼 생긴 부위는 뇌의 중심에 가까우며, 경험이 당신과 관련하여 적절한지 지속적으로 감시한다. 편도체는 마치 알람처럼 반응한다. 아프거나 위협적인 것이면 무엇이든 - 화가 난 얼굴에서 건강검진 상의 나쁜 소식에 이르기까지 - 경고등을 켜고 신경/호르몬의 스트레스 반응을 촉발시킨다. 그러므로 이것에 대한 더 큰 지배력을 갖게 되면 그만큼 과잉반응을 줄일 수 있다. 또한 근처에는 작은 해마(seahorse)같이 생긴 해마체(hippocampus)라는 부분이 있는데, 이들 훈련에 참가한 사람들은 해마 조직이 늘어난다. 이는 경험으로부터 배움을 얻는 데 도움을 주는 부위이다. 해마체 내의 활동이 증가하면 이는 편도체를 진정시킬 수 있다. 그러므로 마음챙김 수련에 참가했던 사람들이 자극을 받았을 때, 스트레스 호르몬인 **코티솔**(cortisol)이 더 적게 분비된다는 사실은 그리 놀랍지 않다. 그들은 좀 더 탄력적으로 변하는 것이다.

전형적이라면 한결 같은 수련을 수년 동안 이어왔을, 좀 더 경험이 쌓인 마음챙김 명상가에서는 전전두엽 피질의 신경조직이 점점 더 두꺼워진다. 그리고 이 부위는 계획이나 자기-통제 등의 **실행 기능**(executive functions)을 지원한다. 또한 **뇌섬엽**(insula)이라는 부위의 조직도 증가하는데, 이는 자기-인식과 타인의 느낌에 공감하는 기능에 관여한다. (앞쪽의) **전 대상피질**(anterior cingulate cortex) 또한 강화된다. 이는 당신이 정한 목표를 지속적으로 추구하고 집중력을 유지하는데 중요한 부위이다. 그리고 **뇌량**(corpus callosum) ─뇌의 좌우 반구를 연결하는─ 또한 조직이 증가하는데, 이는 언어와 이미지, 논리와 직감 사이의 통합이 더 잘 일어나리라는 예상을 가능케 한다.

마지막으로, 평생에 걸쳐 수천 시간의 수행을 한 명상가의 경우가 있다. 예를 들어, 노련한 티베트 불교 수행자들은 ─명상을 이제껏 2만 시간 이상 해왔던 사람들─ 이미 예상되는 통증 앞에서도 놀라운 평정심을 보여 주며, 통증 뒤에도 대개 빠른 회복을 보인다. 또한 그들의 뇌파 활동을 측정해 보면 비범한 수준의 높은 감마파를 보인다. 이는 학습 능력 강화의 물질적 실체인 대뇌피질에서 광범위한 영역에 걸쳐 초당 25내지 100회 가량의 빠른 주파수로 동기화가 일어난다는 의미이다. 종합해 보면, 명상과 일상생활 양쪽에서 의도적인 자기-규율의 상태로부터 자연스러운 현존감과 평온함 쪽으로 점진적인 전이가 일어난다.

또한 초월명상, 기독교 및 이슬람 기도 수행자, 자비 및 친절 명상 등등의 수련을 하는 사람들의 뇌에 대해서도 과학자들은 연구해왔다. 다른 떠오르는 분야와 마찬가지로, 이들 연구도 시간이 지남에 따라 개선을 보일 것이다. 하지만 그간의 많은 연구 결과만 보더라도 굉장히 희망적이다. 누가 봐도 간단해 보이는 연습조차도 주의력, 몸에 대한 각성, 감정 조절, 그리고 자기 감지에 관여하는 뇌의 영역을 바꿀 수 있다. 지속적인 장기간의 수행은 뇌에 괄목할 만한 변화를 가져온다. 뇌에서의 이들 변화는 마음의 변화를 촉진하여, 보다 큰 탄력성과 풍요를 가져온다.

마음챙김과 명상에 대한 이들 소견은 다른 종류의 정신훈련들에 대한 연구와도 공명하는 바가 있다. 정신치료와 탄력성 프로그램 같은 공식적인 수단들 또한 지속가능한 방식으로 뇌에 변화를 줄 수 있다. 감사, 이완, 친절, 그리고 긍정적 감정 같은 비공식적인 연습들 또한 그러하다. 마음은 스스로 믿는 바에 따라 그 형태를 취한다는 말이 있다. 과연? 최신 과학은 당신이 주의를 두는 바에 따라 당신의 뇌가 **스스로의** 형태를 취함을 분명히 밝힌다. 견실함, 사랑, 충만, 온전함, 현재성, 전체성, 그리고 무시간성의 느낌을 끊임없이 반복하면, 이들 특질은 신경계에 녹아들어 당신의 것이 되리라.

즐겨 찾을 만한 웹 사이트들

남방불교 통찰명상에 대한 정보
https://www.accesstoinsight.org/

명상 관련 정보
https://deconstructingyourself.com/

불교 수행 관련 정보
https://www.dharmaseed.org/

위빠사나 수행에 대한 정보
https://pariyatti.org/

깨달음의 일곱 단계

앞으로 이들 존재 방식에 대해 심도 있게 다룰 예정이지만, 각각에 대한 느낌을 여기 하나의 명상에서 맛볼 수 있다. 경험적 연습들에 – 충분한 시간을 들여 꽤 깊고 때로 미묘한 주제들을 탐구해 나가는 것까지 포함해서 – 어떻게 접근할지에 대해 전반적인 정보가 필요하다면 1장 39 페이지, 있는 그대로 존재하고, 흘려보내고, 받아들이기 연습 부분을 보기 바란다. 이 명상을 위해, 방해받지 않고 적어도 20분 이상 충분한 시간을 보낼 수 있는 편안한 장소를 마련하길 추천한다. 뒤쪽 단계에서 이해가 어렵다면, 단지 앞쪽으로 되돌아오면 된다.

명상

편안하면서도 깨어 있을 수 있는 자세를 고른다. 자신의 몸을 주시한 채, 스스로를 있는 그대로의 상태로 허용하라. 이 명상의 주제 각각에 초점을 맞출 때, 관련 없는 소리나 생각 같은 것들은 좇아가거나 밀쳐내지 말고 그대로 의식을 통과해 흘러 지나가도록 허용한다.

견실함 주의를 둘 대상을 고릅니다. 가령 숨쉬는 느낌이나 '평화' 같은 단어가 있습니다. 대상에 주의를 유지하세요. 예를 들어, 호흡을 택했다면, 들이마심의 시작부터 주의를 두고 흡기의 전 과정에 걸쳐 유지합니다. 각각의 내쉼에 대해서도 똑같이 합니다. 모든 호흡에 대해 마찬가지입니다. 몸이 이완하도록 허용하세요…. 가슴이 열립니다…. 더 고요하고, 안정되고, 견실해짐을 느낍니다…. 주의의 대상에 머무세요…. 지금 이 순간 현존의 어떤 안정된 느낌을 찾아봅니다…. 열려 있는 텅 빔의 의식… 그 어떤 것이든 그곳을 단지 흘러 지나가도록 허용합니다…. 이때 당신은 모종의 안정된 중심 안에서 쉴 뿐입니다.

연민어림 눈에 띄게 견실해진 마음으로, 주의의 대상을 볼 때 가슴이 따뜻해지는 느낌에 집중합니다. 당신이 돌보는 애완동물이나 사람들을 떠올려 봅니다…. 그들에 대한 자비와 친절의 느낌에 집중하세요…. 단순히 머물며, 그들을 느끼는 데 집중합니다…. 당신을 보살피는 존재들을 떠올려 봅니다…. 감사… 호의… 사랑받음… 느껴 봅니다…. 관계없는 생각이나 느낌들이 떠오른다면, 단지 지나가게끔 허용하고 가슴이 따뜻해지는 이 단순한 느낌에 집중을 유지합니다…. 숨을 쉴 때, 당신의 가슴과 심장을 통해 사랑의 느낌이 흘러들어 가고 나가는 느낌이 있을 수도 있습니다. 꾸준히 가슴 따뜻함을 유지하며… 사랑 속에 거하세요…. 사랑이 당신 깊이 가라앉을 때 당신도 사랑 속으로 깊이 가라앉습니다.

충만함 열린 가슴으로 현존하며, 지금 있는 그대로 충분하다는 느낌에 집중해 보세요…. 숨 쉴 공기는 충분합니다…. 고통과 걱정 또한 있을지라도, 단순히 살아 숨쉬어 봅니다…. 가능한 최대로 안전함을 느껴 봅니다…. 이 순간 충분히 안전합니다…. 불안… 짜증…
조금이라도 느껴지면 흘려보냅니다…. 평화로운 느낌이 점점 더
커짐을 알아차리세요. 또한 이제껏 당신에게 허락되었던 모든 것
에 대해 고마움을 느껴 봅니다…. 기쁨과 다른 긍정적 감정들의 단
순한 느낌들에 집중합니다…. 실망과 좌절… 조금이라도 있다면
흘려보냅니다…. 스트레스 받거나 강제되는 느낌들이 흩어져 사
라집니다…. 점점 커지는 만족감 속에서 쉬어 보세요…. 그러고는
가슴 따뜻한 느낌을 다시 한번 가볍게 떠올려 봅니다…. 사랑과 연
민이 안팎으로 흐릅니다…. 내쉴 때, 어떤 아픔이든 수그러들고 놓
여지게끔 허용하세요…. 어떤 후회도… 떠나간 다른 이에게 매달
림도… 편해지고 풀어집니다…. 커져가는 연민의 느낌 안에서 쉽
니다…. 더 일반적인 충만한 느낌 안에서… 평화롭고 충족되고 사
랑의 느낌 안에서… 좀 더 긴 시간 동안 머물러 봅니다.

온전함 충만함 속에서 편히 쉬며, 가슴속 숨쉬는 느낌에 주의를 기
울여 봅니다. 왼편… 오른편… 그리고 왼쪽과 오른쪽을 함께… 전
체를 하나로서 가슴속 느낌을 주시합니다…. 많은 느낌들을 하나
의 단일한 경험으로 인식해 봅니다…. 호흡에 대한 당신의 주의를
천천히 넓혀 명치와 등으로까지 확장합니다…. 이어서 머리와 엉
치… 이제 팔과 다리가 포함되었습니다…. 당신의 몸 전체를 하나
의 단일한 경험의 장(field)으로 인식합니다…. 몸 전체로서 숨을 쉼
에 머물러 봅니다…. 몸 전체에 주의를 기울임을 유지하며, 이제 거
기에 소리들을 포함합니다…. 이제 귀 기울임과 숨쉼이 함께 합니

다. 그러고는 지켜봄… 느낌들… 그리고 의식 안 어떤 것이든 포함시켜 봅니다…. 지금 경험하는 모든 것을 받아들이세요…. 당신의 전 존재에 열려 있으세요…. 당신의 모든 부분을 받아들입니다…. 그 모든 부분들을 하나의 단일한 전체로 인식합니다…. 범위를 더 넓혀 의식 자체까지 포함합니다…. 당신의 모든 것을 온전한 하나로… 나누어지지 않은 채(undivided) 머물러 봅니다.

현재성 온전한 하나로서, 현재에 머무세요…. 호흡의 매 순간 느낌이 시시각각 변화함을 봅니다…. 현재에 머물며 흘려보냅니다…. 또렷이 각성을 유지하고, 경험은 변화하고, 일은 일어납니다…. 그것들을 좇을 필요도… 무슨 일인지 파악할 필요도 없이… 단순히 존재합니다…. 지금… 이 순간 어떤 편안함을 발견해 보세요…. 끊임없이 변하지만 거기에는 지속되는 존재감이 있습니다. 그것을 느껴 봅니다…. 바로 다음 순간이 끝없이 솟아오름을 자각해 봅니다…. 편안히 계세요, 아무 문제도 없습니다…. 변화하는 지금 여기서… 이 순간을 받아들입니다…. 지금을 받아들입니다…. 칼날 같은 지금 위에 쉬어봅니다…. 바로 지금.

전체성 이 순간에 온전히 하나로 존재합니다… 숨이 흘러들어 오고 흘러 나가며… 푸른 초목들로부터 산소를 들이마십니다…. 그들에게 이산화탄소를 내뱉어 줍니다…. 각각의 호흡을 받아들이고 내어 줍니다…. 받아들인 것은 당신의 일부가 되고, 내어 준 것은 그들의 일부가 됩니다…. 식물과… 그리고 동물과… 사람들과…그리고 바람과 물과… 그리고 산들 그리고 이 땅 모든 것들과… 상호 교차되는 존재성… 만물과 연결됨… 이들 앎을 느낌으로 받아 봅니다. 이 모든 것이 당신 안으로 흘러들어 오고 당신은 모든 것으로 흘러 나갑니다. 해와 달 그리고 수많은 별들… 당신은 우주의 모든 것과 연결되어 있음을 아십시오…. 몸과 마음에 지금 일어난 것은 다른 모든 것과 연결되어 있습니다…. 낱낱의 생각과 사물은 일체성이라는 바다에 일어난 파도입니다…. 당신과 다른 모든 것들 사이의 경계가 누그러지도록 허용합니다…. 만물의 전체성을 느껴보세요…. 모든 경험은 전체성 안에서 나타났다 사라지는 물결입니다…. 전체성은 변함없고… 너무나 평화롭게… 오직 하나일 뿐.

무시간성 오직 현존합니다…. 이 순간… 언제나 아무 조건 없이 있음이 어떨지, 직감에 문을 열어 둡니다…. 언제나 지금 이 순간의 바로 전… 아직 형태를 갖추기 전… 구체적인 개념이 나타나려 하면, 그냥 흘려보냅니다…. 모든 분명하고, 근본적으로 조건 지어진 마음과 물질로부터, 아직 조건 지어지지 않은 무엇이라는 언어로 표현할 수 없는 느낌 속으로 되돌아가 머무릅니다…. 모종의 직감, 모종의 암시, 어쩌면 가능성의 느낌… 텅빈 공간감… 적막함… 조건 지어짐과 조건 지어지지 않음이 만나는 바로 그 자리에 머무릅니다…. 조건 지어진 것은 끊임없이 변하지만, 조건 지어지지 않음은 일어나지도 사라지지도 않아, 영원하고 시간에 속박되지 않을지니… 생각이 사라지게 놓아 주세요, 어떤 일이 일어나게끔 애쓰지 않습니다…. 시간은 그냥 존재할 뿐… 무시간적 영원 속에서 시간은 단지 지나갈 뿐.

충분하다 느껴지면, 이 순간이라는 단단한 느낌 속으로 되돌아옵니다…. 이 육체… 이 장소… 손발을 꼼지락거려 볼 수도 있습니다…. 눈을 떠 봅니다…. 숨을 더 깊게 쉬어 볼 수도 있습니다. 충만함의 느낌에 살짝 닿아 봅니다…. 가슴이 따듯해집니다…. 그 느낌들로부터 삶을 사세요. 당신은 여기, 살아 숨쉬고 있고 문제될 것은 아무것도 없습니다…. 평온하게 그냥 존재합니다.

좋은 연습

아프거나, 스트레스 받거나, 또는 화가 날 경우, 속도를 늦추고 이 고통에 대한 자신의 반응을 관찰해 보라. 인생에서 당신이 힘들어하는 부분들에 대해 우습게 보거나 부정하고 있지는 않은지 자문해 보라. 스스로에게 자신의 반응을 단순히 이름 붙여 볼 때 어떤 일이 일어나는지 보라. 예를 들어, '이것 정말 피곤하군… 꽤 아프네… 조금 슬퍼졌어… 아야야.' 이 기본적인 알아차림을 시작으로, 스스로에 대한 지지와 연민의 느낌을 갖도록 시도해 보라.

삶에서 어떤 식으로 불필요한 고통을 더하고 있는지 눈치채 보라. 어쩌면 억울함을 마음속에서 곱씹고 있을 수도, 정말 사소한 일에 스트레스 받고 있을 수도 있겠다. 스스로의 고통을 자신이 어떻게 만들어 내고 있는지에 관심을 두면 정말 유용하다. 그래서 스스로 이 짓거리를 하고 있음을 보게 될 때면, 속도를 늦추고 이 쓸데없는 고통에 연료를 공급하고 강화하는 짓을 기꺼이 멈추겠다고 선택할 수 있는지 보는 거다. 오래된 습관이 바뀌기에 어느 정도 시간이 필요할지는 몰라도, 이 선택을 반복해서 하다 보면, 이는 점차로 어떤 새로운 좋은 습관으로 자리 잡을 것이다.

때로, 좋든 나쁘든, 어떤 특정 경험이 자신의 뇌에 아주 조금씩이나마 변화를 만들 수 있음을 기억하라. 이것이 실제로 일어나고 있음을 알 때, 자신이 택한 길로 인해 얼마나 완전히 다른 상황으로 인도될 수 있을지 상상할 수 있겠는가?

일곱 개의 존재 방법 ─ 견실함·연민어림·충만함·온전함·현재성·전체성, 그리고 무시간성 ─ 을 탐구하고 각각에 대해 분명한 느낌을 갖게끔 노력해 보라. 그것들이 이미 당신에게 자연스러운 듯, 이미 당신의 일부인 듯 상상하고 느껴 보는 거다.

Part 2

흔들림 없는 중심

03

마음을 견실하게 하다

소용돌이치며 넘쳐흐르는 강을 따라 내려갈 때,

만약 급류에 휩쓸려 가는 신세라면 –

어떻게 남들이 강을 건너게 도울 수 있겠는가?

—

『숫타니파타(Sutta Nipata)』 2.8

나는 대학시절의 끝자락에 명상을 시작했다. 때로 남부 캘리포니아의 언덕들에 올라, 금테 안경을 쓰고 대나무 피리를 지닌 채 긴 머리를 휘날리며 앉아 있곤 했다. 어쩌면 조금은 바보 같지만, 그럼에도 정말로 뭔가 일어날 것만 같아서, 숨죽이고 고요히 앉아 있노라면, 지나온 나의 온갖 문제들을 뚫고 흠결 없는 각성의 느낌이 생길 것만 같았다.

이후 20여 년간, 나의 명상은 비록 간헐적이기는 해도, 힘들 때면 일종의 피난처가 되어 주곤 했다. 결혼을 하고, 대학원에 진학하고, 아빠가 되었다. 그리고 그때서야 비로소 크리스티나 펠트먼(Christina Feldman) 선생님을 모신 제대로 된 명상 워크숍에 참가하게 되었다. 그녀는 우리에게 각자 개인적으로 어떤 수련을 했는지 물어보았고, 대답을 듣고는 모두를 당황케 하는 질문을 하셨다. "좋아요, 그런데 우선은 집중(concentration) 훈련부터 해 보는 게 어떨까요?"

집중의 힘

크리스티나 선생님은 마음에 견실함이 너무나 필요하다고 늘 언급하셨다. 이를 맥락에 맞게 고쳐 보자면, 불교 수행에는 세 개의 기둥이 있다. 미덕, 지혜, 그리고 집중이다. 집중은 주의를 안정시키고 거기에 레이저 같은 초점을 만들어 해방의 통찰을 기른다. 어떤 명상 수련회에서 내가 들었던 우화가 있다. 우리가 고통의 숲을 헤매고 있고 멀리 보이는 평화로운 행복의 산을 힐끗 보고 있다는 이야기였다. 숲을 통과하기 위해 길만 내면 되었지 숲의 나무 전체를 잘라낼 필요는 없다는 사실은 일견 안심이 된다. 하지만 어떻게 하면 되는 것일까? 칼로도 가능이야 하겠지만, 그러면 영원의 시간이 필요하리라. 몽둥이를 쓴다 하면, 나무들에 튕겨져 나올 뿐이다. 아니면 칼과 몽둥이의 최상 조합인 날선 도끼를 만들어 낼 수 있다. 그리고 이 도구라면 산까지 이르는 길을 무난히 만들어 낼 것이다. 이 비유에서, 예리한 칼은 통찰이고 튼튼한 몽둥이가 집중이다.

그 워크숍에 참가했던 많은 이들처럼, 나 또한 집중에 대한 가르침은 들어 본 적이 없었다. 하지만 그것 없이는, 이런저런 것들에 쉽게 방해 받을 터였다. 그래서 이제껏 나의 명상은 즐겁고 편안한 것이었지만… 흐릿하고 피상적이었던 거다. 거기에 더해 나는, 붓다께서 말씀하신 것이 **지혜로운 집중**(wise concentration)이었음을 망각하고 있었다. 이는 **선정**(jhanas)이라고 부르는 네 가지 비일상적 경험들로 이루어진다.

감각적 욕망을 멀리하고 마음의 온전하지 못한 상태를 멀리하면, 그는 첫 번째 선정에 들어가 머문다. 이는 주의를 일으켜 유지함으로써 이루어지며, 위의 두 가지를 멀리한 결과로 지복(bliss and happiness)을 느낀다.

주의가 점차 순수해짐에 따라, 그는 두 번째 선정에 들어 머문다. 그러면 집중의 결과인 지복과 함께, 주의 없이도 유지되는 일점으로 모아진 마음과 내면의 명료함이 생긴다.

지복의 느낌이 점차 사라지면서, 그는 평온한 상태에 머문다. 이때 여전히 몸에서 행복한 느낌이 존재하지만, 마음은 사려 깊고 완전한 각성 상태로 유지된다. 이는 세 번째 선정에 들어 머무는 것이며, 그에 대해 고귀한 자들은 선언한다. "이 평온하고 사려 깊은 자가 영원한 즐거움을 얻었도다."

고통도 쾌락도 포기하고, 괴로워함도 즐거워함도 지나갈 때, 그는 네 번째 선정에 들어 머문다. 그에게는 고통도 쾌락도 없고, 평온함에 기인한 각성된 마음의 순수함만이 존재한다.

당신도 보았듯, 선정은 신비적이라기보다 심리학적인 용어로 묘사된다. 확신을 갖기에는 너무 비일상적인 경험인 것은 맞지만, 이는 팔정도(Eightfold Path)의 표준 단계들 중 하나이다. 실제로 빨리어 경전을 살펴보면, 위에 묘사한 네 개의 '형태가 있는(form)' 선정으로 시작하는 깨어남의 과정에 대해 자주 반복해서 기술하고 있다. 그러고 나면, 과정은 네 가지 **매우** 비일상적인 상태 – '형태가 없는(formless)' 선정 – 를 거쳐 모든 종류의 일상적 의식의 '정지(cessation)'로 들어간다. 이것이 **열반**

(nibbana)이라는 깨어남을 가능케 한다(산스크리트어인 **니르바나**(nirvana)보다 이 빨리어를 쓰려고 한다. 니르바나의 경우 좀 더 일반적으로 언급되는 경향이 있다. 가령, '와우, 마사지가 끝내줬어(that massage was nirvana).'처럼 말이다.). 이 모두가 딴 세상 얘기처럼 들릴 수도 있다. 하지만 나는, 이들 명상을 지속해 오면서 정말로 이런 경험들을 했던 실제 사람들을 여럿 알고 있으며, 그들에게 깊이 감명을 받기도 했다.

크리스티나 선생님의 질문과 가르침은 내 수행을 한 단계 높은 수준으로 끌어올렸다. 나의 명상은 더 집중되고, 힘 있고, 생산적이게 되었다. 수련회 동안, 나는 처음 세 가지 선정에 진입하기 시작했으며, 그 비범한 몰입과 강렬함을 맛보았다. 집중을 강화하려는 과정에 장애들이 있다. - 가령 진전이 없어 좌절감을 느끼기도 한다. 하지만 수행의 세 기둥들 중 하나라도 얕본다면 이 또한 장애에 부딪힐 것이다.

선정은 대개 정통한 스승의 인도와 수많은 수련의 날들이 있은 뒤라야 경험된다. 그런데 선정에 들어감 없이도, 일상생활에서 보다 큰 마음의 견실함을 기를 수 있다. 이 장의 초점은 거기에 맞추어져 있다.

불안정한 주의력

마음의 견실함은 비단 명상뿐만 아니라 일상생활에서도 중요하다. 우리는 유용한 어떤 것에 계속 주의를 두고 그렇지 않은 것으로부터는 주의를 거둘 수 있어야 한다. 주의는 마치 스포트라이트와 진공청소기의 조합과 같다. 주의가 머무는 곳은 밝아지면서 동시에 밝아진 부분이 뇌 속으로 빨아 당겨진다.

하지만 주의를 다루는 일은 쉽지 않다. 한 가지 이유로 선천적인 기질의 다양함이 있다. 이 범위의 한쪽 끝에는 집중을 잘하고 신중한 '거북이들'이 있고, 다른 한쪽 끝에는 산만하고 활달한 '토끼들'이 있으며, 그 중간에 수많은 조합이 존재한다. 인간과 그 조상들이 작은 수렵-채집 집단을 이루어 살아가던 수백만 년간, 변화하는 조건들에 대처하고 다른 집단과 경쟁하기 위해서는 집단 내 온갖 다양한 기질들이 모두 필요했다. 그렇기에 이들 기질은 모두 정상이다. 어떤 장애가 아니다. ─ 하지만 오늘날, 거북이들에 맞춘 커리큘럼 속에서 토끼 같은 아이들은 학교생활에 어려움을 느낀다. 또한 토끼 같은 명상가가, 좀 더 거북이다움을 증진하기 위해 수도승 같은 거북이들이 개발한 방법을 사용하려 하면 괴로울 수밖에 없다.

───────────── ◆ ─────────────

우리는 건망증의 시대를 살고 있다. 하지만 온전한 삶을 영위할 기회는 언제나 열려 있다. 물을 마실 때, 물을 마시고 있음을 자각할 수 있다. 걸을 때, 걷고 있음을 자각할 수 있다. 삶의 매 순간 마음챙김이 가능하다.

_틱낫한

◆

한편, 현대 문명은 주의를 흐트러트리는 것들로 우리를 폭격하다시피하고, 언제나 새롭고 반짝이는 물건들을 좇도록 훈련시킨다. 우리는 자극의 홍수에 어느덧 익숙해져, 무엇이든 모자람은 마치 빨대로 숨쉬는 것 같은 느낌을 준다. 물론 이해할 수 있다. 긴장되고, 고통스럽고, 심지어 충격적인 경험의 역사가 새로운 위협을 끊임없이 감시하도록 우리를 내모는 것이다. 그리고 우리 환경 - 구직이나 건강 문제 등 - 또한 주의를 낚아채 갈 수 있다. 우리 마음이 이른바 '원숭이의 마음'이라는 사실이 별반 놀랍지 않다. - 놀이 탑 위 여기서 저기로 쉴 새 없이 타넘고 다니는 원숭이 같은 주의력. 광경! 소리! 맛! 감촉! 냄새! 생각!

이들 경향성을 다룰 때, 집중력을 향상시키는 특정 정신/신경 인자를 **기르면**(cultivate) 매우 쓸모 있다. 하지만 그런 특정 인자들에 대해 알아보기 전에, 길러 내기(cultivation) 자체의 일반적인 기술들에 대해 먼저 언급하고자 한다. 이들 기술은 이후의 장에서 탐구할 깨달음의 다른 일면들을 개발하는 데에도 유용하기 때문이다.

길러 내기

열다섯이 되던 해, 내 인생의 전환점이 있었다. 수년간 나는 꽤나 비참했다. 예민하고, 어설프고, 내성적이고, 불행했다. 도저히 가망이 없어 보였다. 하지만 어느 순간 불현듯 깨닫기 시작한 것이 있었으니 바로, 이제껏 얼마나 나쁜 일만 있었는지 상관없이, 마음만 먹으면 자신 속에 뭔가 좋은 것을 매일같이, 언제든 길러 낼 수 있었으리라는 점이었다. 그때부터 다른 아이들과 조금 더 대화를 할 수 있게 되었고, 조금 덜 두려워하게 되었다. 부모님과 다투지 않고 지내는 시간도 늘어났다. 조금씩, 조금씩, 더 행복해지고 더 강해질 수 있었다. 지나간 일을 바꿀 수는 없고, 현재는 있는 그대로 현재지만, 지금 여기로부터 나는 언제나 자랄 수 있었다. 이는 정말이지 희망적인 사실이었다! 내가 할 수 있는 무엇인가가 있었던 것이다. 각각의 날에 개발된 것이 무엇이든 대개는 작은 것이겠지만, 그것은 시간에 걸쳐 쌓인다. 배움(learning)은 힘 중의 힘이다. 나머지 다른 힘 모두를 키우는 힘이기 때문이다.

과거로부터 치유됨, 나쁜 습관에서 떨어져 나와 좋은 습관을 얻음, 새로운 관점으로 사물을 바라보기, 그리고 단순히 자신에 대해 더 좋게 느끼기. 이 모든 것이 배움에 포함된다. 이는 내면의 끊임없는(lasting) 변화에 관한 것이며, 그렇게 함으로서 외부 조건에 너무 의존하거나 내면의 반응에 의해 흔들리지 않게 된다. 관계와 상황은 왔다가 가는 것이고, 생각과 느낌 또한 왔다가 가는 것이지만, 어떤 일이 생기든 당신은 내면에 길러진 소양에 의지할 수 있다.

마음은 체계적인 훈련이 - 행복을 기르고, 긍정적인 정신 상태를 의
도적으로 선택해 그에 집중하며 부정적인 정신상태를 거부하는 - 가
능하다. 그것이 바로 뇌의 기능과 구조가 갖는 목적이기 때문이다.

_ 달라이 라마(Dalai Lama) 그리고 하워드 커틀러(Howard Cutler)

뇌 안에서의 배움

자, 그러면 자신 안에 지속되는 좋은 것들을 어떻게 기를 수 있는가?
핵심은 간단하다. 유용한 배움은 어떤 종류이든 두 단계의 과정을 수
반한다.

1. 개발하고 싶은 것을 경험한다.
2. 그 경험을 뇌 안에 지속되는 변환으로 바꾼다.

나는 첫 번째 단계를 활성화(activation) 그리고 두 번째 단계를 설치
(installation)라고 부른다. 이것이 긍정적 신경가소성(positive neuroplasticity)
이다. 지나가 버리는 상태들을 지속되는 특성(traits)으로 바꾸는 것. 두
번째 단계는 절대적으로 필요하다. 경험은 배움과 같지 않다. 신경 구조
나 기능상의 변화가 없이, 지속되는 더 좋은 쪽으로의 정신적 변화는 불
가능하다. 불행하게도, 우리는 하나의 경험에서 다른 하나의 경험으로
너무 빨리 옮겨가는 경우가 전형적이다. 이렇게 되면 현재 경험하는 생

각과 느낌이 지속되는 각인을 남기기가 거의 불가능하다. 다른 이들을 돕고 이끌어 줄 때, 그들에게 어느 정도는 뭔가 좋은 영향을 끼치겠거니 생각한다. 어쩌면 몇몇 이들에게는 그럴 수도 있겠지만 그다지 효율적이지도 못하고, 많은 이들에게는 지속되는 얻는 바가 거의 없다.

결과적으로, 뇌를 통과하는 유익한 경험들 대부분은 도랑을 흐르는 물과 같아서, 아무런 가치도 남기지 않는다. 친구와 유익한 대화를 갖거나 명상 중 좀 더 고요해짐을 느낄 수도 있다. ─그런데 한 시간쯤 지나면 마치 그런 적이 없었던 듯 예전과 똑같다. 깨달음이 산봉우리라면, 어느 순간 경사로를 따라 꽤 많이 오른 자신을 발견하는 거다. ─그런데 거기 굳건히 딛고 **머물**(stay) 수 있는가? 아니면 자꾸만 아래로 미끄러짐을 반복하는가?

부정편향

반면, 스트레스 받는 경험들은 정말 쉽게도 기억에 각인되는 경향이 있다. 이를 뇌의 **부정편향**(negativity bias)이라고 하는데, 이는 가혹한 환경에 적응하기 위한 진화의 산물이다. 간단히 말해, 우리 선조들이 식량과 같은 '당근'을 얻고, 포식자들과 같은 '채찍'을 피해야만 했다는 얘기다. 양쪽 모두 중요하다만, 백만 년 전 삶을 한번 상상해 보라. 오늘 당근을 구하지 못했다면, 까짓거 내일 구하면 된다. 하지만 오늘 당장 채찍을 피하지 못했다면, 아뿔싸, 당근은 영원히 없는 거다.

그렇기 때문에 뇌는 나쁜 소식을 우선 살피고, 거기에 과도하게 집중하고, 거기에 과도하게 반응하며, 남겨진 감정적·신체적 흔적들까지 그 전체 묶음을 기억 속으로 급속처리한다. 코티솔은 스트레스 받거나 화나는 경험과 동반되는 호르몬이다. 이것은 편도체를 자극하고 해마체를 약화시킨다. 그러면 뇌에 울린 경고음은 더 커지고 그것을 진정시킬 해마체는 힘이 빠지는 것이다. 결과적으로 더해지는 부정적 경험들과 그에 따른 더욱 커진 과도한 반응이 어우러져 악순환이 만들어진다.

효율 면에서 볼 때 뇌는, 고통스럽고 해로운 경험에는 끈끈이같이 쉽게 붙고, 즐겁고 유용한 경험에는 비단처럼 미끄럽게 놓친다. 이는 수백만 년간 생존에 유리했으나, 오늘날 많은 불필요한 고통과 분쟁을 야기한다.

다행스럽게도, 부정편향은 감쇠시킬 수 있다. ―또한 마음의 견실함과 다른 중요한 내면의 힘들을 보다 크게 만들 수도 있다. 바로 두 번째 배움의 단계. 설치에 초점을 맞춤으로써 말이다. 이는 단지 긍정적인 생각을 하라는 따위가 아니다. 아무리 해도 여전히 문제들과 불의와 고통을 보게 될 것이다. 당신은 단순히, 경험 중에 무엇이든 유익한 것에 마음을 열고 그것을 자신의 것으로 만들면 된다. 사실, 이 방법을 통해 내면의 자질이 커지면, 인생에서 어려운 일들에 대해 좀 더 유연하게 대처할 수 있게 된다. 그리고 점차로 내면을 채워가는 동안, 갈망과 그것이 일으키는 고통의 토대 또한 약해진다(이에 대해 5장에서 다룬다.). 시간이 지나면 배움이 결실을 맺게 되고, 그럼 의식적으로 길러 내야만 하는 상황은 점차로 사라진다. 마치 강 건너 저편에 도달하면 이제 뗏목은 필요치 않듯.

자신을 치유하기

의도적인 노력 없이 경험으로부터 '우연한 배움'이 있을 수 있다. 하지만 경험이 신경계에 더 많은 흔적을 남기게끔 하는 간단한 방법들을 써서 의도적으로 경험에 든다면, 당신의 성장 곡선 — 치유하고 발전하는 속도 — 은 정말 가파르게 올라갈 수 있다. 여기 치유(HEAL)의 첫 글자들을 따 그 방법을 요약한 것이 있다.

＿ 활성화 단계

1. 유익한 경험을 갖는다(Have) : 유익하거나 즐거운 경험이 이미 일어나고 있음을 자각하라. 또는/그리고 새로 만들어 보라. 가령 연민어린 느낌을 불러와 본다.

＿ 설치 단계

2. 경험을 풍성하게 만든다(Enrich) : 호흡을 한두 번 더할 만큼만 경험을 지속시킨다. 그것을 강화한다. 몸 안에서 그것을 느껴 본다. 거기에 신선하거나 기발한 점이 있는지 본다. 또는/그리고 거기에 개인적으로 의미 있는 것이 있는지 찾는다.

3. 경험을 흡수한다(Absorb) : 경험이 자신 안으로 가라앉도록 의도하고 느낀다. 그리고 그에 대해 즐겁거나 의미 있는 부분에 초점을 맞춘다.

4. 긍정적인 것과 부정적인 것을 서로 연결(Link)한다(선택 사항) : 의식에 뭔가 유익한 것을 띄워 거기에 집중하는 한편 고통스럽

거나 해로운 것은 작아져 구석으로 치워진다. 만약 부정적인 것에 사로잡힌다면, 떨쳐버리고 오직 긍정적인 것에 집중한다. 이 단계는 강력하지만, 두 가지 이유에서 선택 사항이다. 처음 세 가지 단계만으로도 심리학적 자질을 충분히 계발할 수 있고, 때로 부정적인 것이 압도적으로 느껴질 수 있기 때문이다.

위의 단계들에서, 당신은 사회적, 감정적, 그리고 신체적 배움이라는 서로 다른 신경 요인들을 끌어다 쓰는 중이다. 그 중 세 가지를 강조해 보자면.

○ **호흡을 한두 번 더 할 만큼만 경험을 지속시킴** : 경험이 작동기억(working memory) 속에 더 오래 머물수록, 장기기억으로 전환될 가능성이 높아진다.

○ **몸 안에서 그것을 느껴봄** : 편도체와 해마체는 서로 밀접하게 작동한다. 신체적, 감정적으로 풍부한 경험들은 편도체를 자극한다. 이는 해마체와 뇌의 기타 부분들로 보내지는 신호를 증강시키며 신경 기능 및 구조 속에서 그 경험이 중요하고 장기적으로 각인될 가치가 있다고 주장하는 셈이다.

○ **그에 대해 즐겁거나 의미 있는 부분에 초점을 맞춤** : 어떤 경험에서 보상받는 느낌이 증가함에 따라, 두 가지 신경화학물질의 활동도도 증가한다. 바로, **도파민** 그리고 **노르에피네프린**이다. 이는 그 경험이 장기기억으로 옮겨갈 때, 특별히 보호되고 우선시되어야 한다는 표식을 달아 준다.

당신은 가꾸기를 원하는 어떤 것에든 치유(HEAL) 단계들을 사용할 수 있다. 예를 들어 명상 중에, 고요한 느낌이 당신 안에서 퍼져나가는 것에 집중하고 있다고 해 보자. 관련된 내적 특성이 개발되는 것과는 별도로 이것은, 당신의 뇌가 일반적으로 유익한 것에 더욱 민감해지도록 돕는다. 다시 말해 좋은 경험들에 끈끈이 같아지고, 나쁜 것에 비단 같아진다. 그리고 내면에 선함(good)이 점차 자람에 따라, 당신의 일과 관계에 선순환을 만들어 내는 것이다. 속담에서 말하듯, "가슴에 가지를 늘 푸르게 유지하라, 그리하면 새들이 날아와 지저귈 터이니."

온전한 방식으로 생각하기를 지속하라,
그러면 온전한 것을 향하는 마음의 경향성도 세어질 터이니.

_비구 아날라요(Bhikkhu Anālayo)

제자리 찾기

유익한 경험을 의도적으로 내면화하는 시간 대부분은 비교적 간결할 것이다. 이는 이 책에 있는 연습들도 마찬가지이다. 또한 치유(HEAL) 단계들을 통해 좀 더 체계적으로 연습할 수도 있는데, 이 경우도 수분 안팎 정도의 시간이다. 이 접근법을 안정되고 뿌리박힌 느낌을 기르는 데 적용시켜 보자. – 이는 자연스럽게 마음을 견실하게 하는 데 도움이 된다.

이 단단히 뿌리내린 느낌을 강화하기 위해서 신경학적으로 매우 오래된 – 그렇기에 근본적이고 강력한 – 과정으로 들어가는 방법이 있다. 자신을 어떤 특정한 장소에 두는 것이다. 약 2억 년 전, 초기 포유류는 해마체를 진화시키기 시작했고, 이는 **장소 기억**(place memory)이 가능해졌다는 의미였다. 그리고 이는 오늘날 학습의 대부분에 기초를 제공한다. 오늘날이든 고대이든, 어디에 좋은 냄새가 나는 식량이 있고 어디서 나쁜 냄새가 나는지, 친구를 찾으려면 어디로 가야하고 적을 피하려면 어디로 가야하는지 알아야 할 필요가 있다. 만일 우리가 어떤 관계나 상황에서 어디쯤 위치하는지 모른다면, 주의는 당연히 그 근처를 맴돌 뿐이고, 당연히 마음을 견실히 하기도 힘들 것이다. 반대로 당신이 제자리에 견고히 자리 잡고 있다 느낀다면, 그로부터 지지를 이끌어 낼 수 있다. – 깨달음을 얻었던 그날 밤, 붓다께서도 팔을 뻗어 땅을 만졌다는 말이 전해진다. 내면에서 단단히 뿌리내린 느낌을 갖는다면, 이 안전한 곳을 기반으로 삶에 뛰어들 수 있다.

이에 대한 경험적 연습을 위해, 아래 상자 속 글을 보기 바란다.

단단히 뿌리내림 느끼기

이 명상은 치유(HEAL)의 네 단계에 맞춰 만들어졌다. 각 단계의 세부 사항에 이르기까지 살펴볼 터이고, 각자 자신의 필요에 맞게 변형시켜 적용할 수 있다. 이것은 단순히 자신의 마음을 관찰하는 것(이 또한 가치 있는 명상이지만 지금 여기서 하려는 것과는 다르다.)이 아닌, 일종의 길러내기 연습이다. 연습을 시도하면서 서로 다른 경험들을 갖게 될 터인데, 어떤 때는 잘 되고 또 어떤 때는 그렇지 않을 것이다. 이는 매우 정상적이며, 연습을 반복함에 따라, 특정 경험들을 점점 더 쉽게 촉발시킬 수 있게 될 것이다.

1. 갖기(Have)

편안한 장소를 찾아 거기 있을 때 어떤 느낌인지 의식해 봅니다. 호흡의 내적인 느낌에 주의를 두어 보세요…. 공기가 코를 통해 움직이고 목구멍을 타고 내려와 폐로 들어갑니다…. 가슴이 오르락내리락 합니다…. 지금 여기서 숨쉬고 있음을 인식하세요…. 이 몸으로… 이 장소에서… 자신의 아래 대지가 받쳐 주고 있음을 알아차려 봅니다…. 어떤 안정된 느낌… 모종의 굳건히 뿌리박은 느낌을 찾을 수 있습니까? 전반적인 명상의 주제로, 굳건히 뿌리박은 느낌의 면면들에 집중합니다.

2. 풍성하게 만들기(Enrich)

이어지는 호흡과 함께, 뿌리박은 느낌과 할 수 있는 최대한 함께 해봅니다…. 원한다면, 특정 장소에 단단히 뿌리박은 느낌을 의도적으로 강화하고, 그것이 당신의 의식을 채우도록 허용합니다…. 뿌리박은 느낌의 서로 다른 면들을 탐구해 보세요. 주위를 둘러보고 이 정경에서 자신의 위치를 잡아 봅니다…. 바닥에 발을 비벼 보거나, 혹은 그 아래 대지를 느끼며… '이곳은 나의 장소이다, 내가 여기 있음에 어떤 문제도 없다.' 같은 생각을 떠올려 봅니다…. 뿌리박은 느낌과 관련된 감정을 의식해 봅니다. 차분함, 안심, 확고함… 뿌리박은 느낌과 관련된 욕망들을 의식해 봅니다. 그것을 좋아함 또는 그것을 더 자주 느끼고 싶은 의도… 뿌리를 박는 느낌의 새로운 면도 알아차려 봅니다. 열려 있는, 오직 모를 뿐이라는 느낌을 갖고 이 경험에 접근합니다….

뿌리박은 느낌이 당신에게 어떻게 의미 있고 중요한지 의식해 봅니다….

3. 흡수하기(Absorb)

의식적으로 뿌리박은 느낌을 자신 안으로 받아들입니다. 그것이 당신 안으로 가라앉을 때 당신 또한 그것 안으로 가라앉습니다…. 따듯한 물이 스펀지 안으로 퍼지듯 이 경험이 당신 내면으로 퍼져나가는 것을 느끼세요…. 그것을 허용하고, 그것에 내맡기고, 그것이 들어오게끔 그냥 두십시오…. 뿌리박고 있음에 무엇이 좋은 느낌인지… 무엇이 즐겁거나 의미 있는지 의식해 봅니다….

4. 연결하기(Link)

원한다면, 이 선택적 단계에서, 당신의 마음속에 뿌리박은 강한 느낌을 유지한 채 불안정하거나 길을 잃은 느낌 또는 기억을 의식해 봅니다. 의식을 확장하여 이 두 개를 동시에 포함시켜 봅니다…. 뿌리박음의 강한 느낌을 견지하고, 불안정하거나 길을 잃은 느낌에 사로잡히지 않습니다…. 어쩌면 거기에 뿌리박은 느낌이 어떤 불안 또는 불확실함의 감각 속으로 퍼져나가, 그것을 덜어 주고 이완시키는 듯한 느낌일 수도 있습니다…. 생각과 이야기들에 사로잡히지 말고, 단순히 두 가지를 동시에 의식하는 상태를 유지합니다…. 그럼 허용하는, 심지어 부드럽게 돕는 듯한, 뿌리박은 어떤 느낌이 불안 또는 잃어버린 느낌을 완화시켜 주거나 어쩌면 결국 그 자리를 대체할 수도 있습니다….

이 연습의 끝에 도달하면, 자신이 이 자리에 뿌리박고 견실하게, 숨쉬고 있음을 느끼면서 오직 그 느낌 속에 쉽니다…. 지금 그리고 여기….

견실한 마음의 다섯 요소

이 단원에서 마음을 견실하게 하는 다섯 가지 다른 방법에 대해 탐구하고자 한다. 각각에 있어 그 신경계적 토대를 설명하고 이어 경험적 연습을 얘기하는 형태로 구성된다. 하나씩 차례로 연습을 한 후, 다시 앞으로 돌아가 다섯 개 전부를 이어서 해 볼 수도 있다. 이들 요소에 익숙해짐에 따라, 명상할 때뿐 아니라 내키면 언제든 그것들을 꺼내 쓸 수 있다. 이 단원은 요소 전부를 통합하는 요약 연습과 연속해서 5분간 지속적으로 호흡에 초점을 유지하는 도전 과제를 제시하며 끝을 맺는다.

더 읽어볼 만한 책들

『Buddha's Map』(덕 크래프트)
『The Experience of Insight』(조셉 골드스타인)
『The Little Book of Being』(다이애나 윈스턴)
『놓아버리기(Mindfulness, Bliss, and Beyond)』(아잔 브람)
『마인드풀니스(Mindfulness)』(조셉 골드스타인)
『The Mindful Geek』(마이클 타프트)
『비추는 마음 비추인 마음(The Mind Illuminated)』(쿨라다사)
『Practicing the Jhanas』(스티븐 스나이더, 티나 라스무센)
『깨달음에 이르는 알아차림 명상 수행(Satipatthana)』(비구 아날라요)

연습의 토대

어떤 연습이든, 시작 전에 왜 그것을 하는지 알면 도움이 된다. 예를 들어, 마음의 견실함이 왜 중요한가? 또는 더 많은 자비심을 갖는 것에 어째서 신경을 써야 하는가? 그 이유에 이름을 붙여 보거나 그에 대해 단순히 말 없는 느낌만 갖는 수도 있다. 더 넓게는, 결국 그렇게 함으로써 왜 연습을 해야 하는지 당위성을 준다. 다음 질문에 주목해 주기 바란다. 자신을 치유함으로써 무엇을 기대하는가? 어떤 것을 흘려보내고 싶은가? 자신의 내면에서 어떤 것이 자라나길 바라는가? 자신은 물론 다른 이들의 이로움을 위해 연습할 수도 있다. 연습 중에 그들을 가슴에 품으면 그야말로 달콤하게 느낄 수 있다. 어떻게 자신의 치유와 성장이 함께 일하거나 생활하는 사람들에게 선물이 될 수 있을까?

명상 중에, 주의를 집중할 특정 대상을 만드는 것이 대개 도움이 된다. 나는 그것이 마치 열대 바다에 띄운 부표 같다고 생각한다. 당신이 팔을 얹고 쉴 수 있는 자리, 경험의 파도가 오고갈 때 머물며 의지할 수 있는 곳. 때로 아름답고 신기한 생물체가 그 아래 지나가지만, 당신은 그것에 현혹되지 않는다. **주의 집중**(focused attention) 연습에서, 대상은 특정 감각, 감정, 그리고 호흡, 자비심, '평화' 같은 단어 또는 이미지, 혹은 언덕의 푸른 들판 같은 기억 등, 그 어떤 것도 가능하다. 여기서는 주의의 대상으로 대개 호흡의 느낌들을 언급할 것이다. 코와 윗입술 주위, 목구멍과 폐, 가슴이나 배, 또는 몸 전체로 호흡에 주의를 둘 수 있다. **열린 의식**(open awareness) 속에서, 경험들의 지속적인 흐름을 주의의 대상으로 삼는다. 그것들이 오고 가도록 허용하되 어떤 경험이든 그에 휩쓸리지 않도록 한다. 심지어 **의식 자체로서 머물 수도**(abide as awareness) 있는데, 그리하면 주로 의식 자체를 경험하는 셈이다.

이들 세 종류의 명상 – 주의 집중, 열린 의식, 의식 자체로서 머물기 – 은 일종의 자연스런 흐름인 듯 차례로 이어진다. 이러한 진전을 한 번의 명상에 경험할 수도, 아니면 몇 달 또는 수년 간의 더 긴 연습에 걸쳐 경험할 수도 있다. 나는 대개 주의 집중 연습으로 시작하길 권한다. 그리고 이는 꼭 초심자라서 그런 것이 아니다. 주의 집중 연습은 종종 무아지경의 깊은 상태로 들어가는 수단이 된다. 특정 대상에 집중함은 너무나 간단하다. 그것에 완전히 집중하고 마치 그것에 흡수되듯 점차로 하나가 되라. – 그리고 기타 모든 것은 의미를 상실한다. 만일 마음이 방황하면, 이를 알아채자마자 다시 대상으로 돌린다. 다른 생각, 감각, 이미지들이 의식 위로 거품처럼 자연스럽게 터져 나올 것이다. 하지만 그것들로부터 재빨리 떨어져 나온다. 그것들을 좇아가거나 먹이를 주지 않는다. 나는 일전에 유진 캐쉬(Eugene Cash) 선생님의 수련회에서 들었던 주의 집중 지침을 좋아한다. "오직 호흡에 헌신하라. 그 외에 모든 것은 포기한다."

주의를 붙잡아두기 충분한 대상을 고르면 도움이 된다. 특히 자신의 기질이 거북이라기보다 토끼 타입이라면 말이다. 몸통 전체로 호흡을 의식하는 편이 윗입술에 집중하는 것보다 낫다. 걸으며 하는 명상이 조용히 앉아 하는 것보다 더 자극적이다. 감정적으로 풍부하고 의미 있는 경험들, 가령 감사 또는 친절함 등을 주제로 삼는 것 또한 주의를 붙잡아 두는 데 도움이 된다. 특정 대상은 단지 자신에게 유익한 어떤 명상을 끝까지 해 내기 위한 도구일 뿐이다. 그러므로 명상의 대상에 대해 너무 엄격할 필요는 없다. 원하는 결과를 충족시킬 만한 것으로 선택하면 그만이다. 마음이 점차 견실해짐에 따라, 갈수록 덜 자극적인 대상을 골라도 무리 없어지며, 이는 다시 주의력의 '근육'을 더욱 강화시킨다.

선택한 대상이 무엇이든, 그것을 견실하고 지속적으로 마음에 품도록 노력하라. 무엇인가에 스포트라이트를 비추듯, 대상에 주의를 두는(applying) 느낌에 다시 주의를 두어 보라. 또한 대상에 주의를 유지하고(sustaining) 있는 그 자체를 알아차려 보라. — 계속해서 그 느낌을 유지한 채 있어 본다. 예를 들어, 처음 숨을 들이마실 때 주의를 두기 시작해서 들이마시기 전 과정에 걸쳐 주의를 유지하고, 이어 내쉴 때도 똑같이 주의를 두고 유지할 수 있다. 매 호흡마다 말이다. 특히 명상의 목표가 견실함과 집중이라면, 대상으로의 주의를 흐트러뜨리는 어떤 것이든 그 시작 순간에 바로 알아차릴 수 있게끔 감시하고 있으면 좋다. 눈치채는 순간 재빠르게 그것에서 떨어져 나와 다시금 집중 대상으로 돌아온다. 실제로, 주의에 주의를 두는 것이 가능하다. — 이는 일종의 메타인지(metacognition)로 볼 수 있다.

뇌 안에서, 주의를 두고, 유지하고, 감시하는 이들 과정 — 이는 명상뿐 아니라 일상에도 유용하다! — 은 전대상피질 그리고 그와 연관된 이마 뒤 전전두엽 영역을 기반으로 한다. 연습을 통해, 주의력은 점점 더 견실해지고 의도적인 통제가 점점 더 필요 없어지며, 따라서 이들 영역의 신경 활동 또한 줄어든다. 하면 할수록 집중이 쉬워지는 것이다.

부언 하건대, 어떤 연습이든 내가 제시한 것들을 당신에게 가장 잘 맞게끔 만들어 쓰기 바란다.

의도의 확립

편안하면서도 초롱초롱하게 느껴지는 자세를 찾아봅니다. 몸을
의식하며, 주의를 둘 대상을 선택합니다(여기서는 호흡으로 하겠습니
다.). 탐구 중인 견실한 마음의 요소들에 주의를 집중할 때 대상이
의식의 배경으로 빠져나가 버리는 게 자연스러운 일이긴 하지만,
그래도 그것과의 접촉을 유지하려 애써 봅니다. 희미하게라도 말
입니다…. 숨을 들이쉴 때는 들이쉬는 것에 마음을 두고, 숨을 내쉴
때는 내쉬는 것에 마음을 둡니다.

이제 마음을 견실하게 하리라는 의도를 확립합니다. 먼저, 자신에
게 어떤 지침을 준다는 느낌을 갖습니다. 가령 '주의를 집중하고…
유지해 보자….'라고 생각으로 되뇌어 보는 것입니다. 어떤 목표나
목적을 세우는 당신 속 확고한 부분이 느껴질 수도 있습니다…. 이러
한 '하향식' 의도가 어떤 느낌으로 다가오는지 알아차려 봅니다….

다음으로 자신이, 마음이 매우 견실하고 차분한 사람이 된 듯 상상
합니다…. 이미 지금 이 순간에 존재하고 매우 의식적이라는 느낌
을 가져 봅니다…. 이러한 존재 방식이 당신을 이끌어가게 허용하
세요…. 주의의 대상에 견실하게 의식을 유지하려는 이 의도에 자
신을 맡기세요…. 이러한 '상향식' 의도가 어떤 느낌인지 알아차려
봅니다….

이제 이들 두 가지 의도가 서로 뒤섞이게 허용합니다. 이완과 해소
를 동반한 채, 계속되는 호흡을 온 마음을 다해 견실하게 의식합니
다….

하향식 의도는 이마 뒤 전전두엽이 관여한다. 뇌의 이 부분은 실행 기능을 위한 주요 신경 기반이다. 실행 기능에는 주의, 감정, 행동의 의도적인 통제가 포함된다. 이런 종류의 의도는 매우 유용하지만, 애를 써야만 하기에 **의지력 피로**(willpower fatigue)에 취약하다. 뭔가를 하기 위해 스스로 계속 다짐해야만 한다면 피곤할 수밖에 없다. 게다가 의도를 달성함에 따른 보상이 미래의 일이다 보니, 동기가 약해질 수 있다. 한편, **상향식** 의도는 감정과 감각에 관여하기에, 더 오래된, 그렇기에 피질 아래 더 원초적인 신경 구조를 끌어다 쓴다. 이런 형태의 의도에서는, 그것이 충족 되었을 때 어떤 느낌일지를 마치 **이미 경험한 듯 느끼기**에, 별다른 어려움 없이 당신이 의도에 헌신하게끔 만든다. 이는 마치 이미 보상이 이루어진 듯 느껴지며, 그리하여 좀 더 동기부여가 쉽다. 조류를 거슬러 분투하기보다, 조류를 따라 편안하게 흘러가는 듯 느껴진다.

몸을 편안히 하기

자신의 몸에 의식을 둡니다…. 호흡을 의식합니다…. 몸이 쉬도록 허용합니다…. 편안하게… 들이마심보다 내쉼이 더 길게끔 몇 번의 호흡을 갖습니다…. 호흡이 자연스럽게 흐르도록 놓아둡니다…. 그것이 점점 더 부드럽고 가벼워집니다….

필요하면, 편안하고 이완되는 장면을 상상하거나 기억해 내도 좋습니다. 어느 아름다운 해변… 안락한 의자… 편히 함께 할 수 있는 친구들….

자신의 몸이 편안해지도록 놓아 줍니다…. 고요하게… 휴식합니다…. 숨을 들이마시며, 몸이 평온해지도록 놓아 줍니다…. 숨을 내쉬며, 몸이 평온해지도록 놓아 줍니다…. 호흡마다, 평온하고 현존합니다…. 몸은 편안하고 고요한 채, 이 순간 여기에 견실하게 머물러 봅니다…. 고요한 몸이 견실한 마음에 얼마나 도움이 되는지 의식해 보세요….

이완은 **교감신경계**(sympathetic nervous system SNS)를 진정시키고 코티솔과 **아드레날린**(adrenaline) 같은 관련 스트레스 호르몬들의 수치를 낮춘다. 몸 안의 이들 시스템(코디솔과 아드레날린 등)은 위협에 맞서거나 도주하고 기회를 뒤쫓기 위해 발달했다. 이것들이 활성화되면, 주의가 산만하게 여기저기 움직이는 경향을 보이며, 이는 견실한 마음과 불협화음을 만든다. 이는, 명상 전통들에서 어째서 스트레스를 멀리하고 평화로움을 강조하는지에 대한 이유 중 하나다.

내쉬는 숨을 길게 가져가는 것이 도움이 된다. '휴식과 소화' 담당인 **부교감신경계**(parasympathetic nervous system PNS)가 내쉬는 숨을 다루면서 동시에 심박수를 낮추기 때문이다. 따라서 내쉼을 길게 할수록 자연스럽게 이완이 뒤따른다. PNS와 SNS는 마치 시소처럼 연결되어, 하나가 올라가면 다른 하나가 떨어지게 되어 있다. 대략 원칙적으로, 부교감신경 활동이 증가하면 마음을 어지럽히는 교감신경의 흥분을 낮춘다.

정성을 다하는 마음으로 존재하기

당신이 마음을 쓰는 하나 또는 그 이상의 존재를 떠올려 봅니다….
관계에 있어 문제점보다는 그들에게 마음 쓰는 느낌에 초점을 맞
추어 봅니다…. 아마도 연민의 느낌, 우호적인 느낌, 사랑의 느
낌….

당신이 마음을 쓰는 누군가와 함께 있는 느낌을 떠올려 봅니다….
어쩌면 친구, 애완동물, 혹은 가족이겠지요…. 그것을 단순하게 유
지하면서, 이번에는 보살핌을 받는 느낌에 집중합니다…. 감사 받
는 느낌… 누군가가 나를 좋아하는 느낌… 사랑 받는 느낌….

공기 대신 마치 따뜻한 느낌을 숨쉬고 있는 듯한 감각을 찾아봅니
다. 느낌이 심장 부분에서 나가고 들어옵니다…. 들이쉬며 사랑이
흘러들어 옵니다…. 내쉬며 사랑이 흘러 나갑니다…. 열린 가슴을
느끼며… 정성을 다하는 느낌이 견실한 마음에 어떻게 도움이 되
는지 의식해 봅니다….

따뜻한 마음의 느낌은 자연스럽게 누그러뜨리고 안정시키는 힘
이 있다. 이에 대한 원천의 하나로 신경화학물질인 **옥시토신**(oxytocin)
이 있다. 이는 다른 이들 또는 사랑하는 사람과 친밀한 느낌을 가질 때
시상하부(hypothalamus)에서 분비된다. 옥시토신이 활성화되면 일종의
억제효과로 편도체를 진정시킨다. 전전두엽에서 옥시토신이 증가하면
일반적으로 불안한 느낌이 감소하며, 그로 인해 주의력이 크게 안정된
다.

타인에게 마음을 쓰는 것은 이른바 **보살피고 친구 되기**(tend-and-befriend) 반응의 일부분으로, 스트레스를 줄여 주고 궁극적으로 마음을 견실하게 만든다. 반대로 보살핌을 받는 느낌은 대개 충실함과 보호받음의 잣대가 된다. 인류와 그 조상들이 작은 집단을 이루어 살았던 오랜 기간 동안, 홀로 내버려진다는 것은 중대한 위협이었다. – 따라서 오늘날, 누군가의 돌봄을 받고 있다는 느낌은 안전하다는 느낌을 증가시켜 주며, 이는 이어서 소개될 연습에 영향을 더하게 된다.

좀 더 안전하다 느끼기

지금 이 순간… 실제로 그렇듯 최대한 안전하다 느껴 봅니다…. 지금 이 순간… 당신에게 제공된 보호 장치들을 의식해 봅니다. 가령 튼튼한 벽이나 주위에 있는 선한 사람들… 불필요한 두려움을 놓아 버린다 할지라도 여전히 안전 장치들이 건재함을 알아차려 보세요…. 자신의 내면의 힘도 의식해 봅니다…. 더 고요하고 더 강해지는 느낌을 가져 봅니다….

불편감이 있다면… 불필요한 불안이 있다면… 의식해 봅니다…. 그리고 그것들을 놓아 버릴 수 있는지 봅니다…. 내쉬며, 두려움을 풀어 줍니다…. 걱정이 사라지게 둡니다…. 좀 더 안전하다는 느낌이 어떤 것인지 알아차려 봅니다…. 완벽한 안전을 추구하는 것이 아니라, 단순히 실제로 그렇듯 안전하다 느껴 봅니다…. 지킴… 버팀… 밀쳐냄을 흘려보내세요…. 안심… 안도… 더 고요한 느낌…

더 평화로움에 마음을 열어 봅니다…. 두려움을 흘려보내는 것이 견실한 마음에 어떻게 도움이 되는지 의식해 봅니다….

진짜 위험하다면 해결할 필요가 있겠지만, 많은 경우 우리는 위협을 과대평가하며 –일종의 부정편향의 일면이다– 실제만큼 안전하다 느끼지 못한다. 이는 기분을 좋지 않게 만들며, 시간이 지남에 따라 육체적·정신적 건강을 갉아먹는다. 게다가 늘 불안감을 느낀다면, 주의가 사방으로 흩어지면서, 세상에 –인간관계까지 포함하여– 몸에, 그리고 마음에 잘못되어 가는 것은 없는지 훑기 시작한다. 충분히 안전하다 느낀다면 스트레스 반응체계를 진정시키고 주의 대상에 잘 머물 수 있게끔 도움이 된다. 갑자기 호랑이가 튀어나올까 두리번거릴 필요는 없는 거다.

감사와 기쁨 느끼기

고마움을 느끼는 하나 또는 그 이상의 것들을 마음에 떠올립니다…. 살아오며 자신을 도와 오던 친구들과 사랑하는 이들… 당신이 받았던 것들… 아름다운 자연… 어쩌면 삶이라는 선물 그 자체….

감사의 느낌에 마음을 열어 봅니다…. 그와 연관된 기쁨, 편안함, 행복의 느낌들… 슬픔이나 좌절의 느낌이 든다면, 괜찮습니다…. 단순히 그것들을 알아차리세요. –그러고는 당신이 고마움을 느끼는 것들에게로 주의를 돌립니다….

감사와 기쁨의 느낌에 집중하여 주의의 대상으로 삼습니다….

느낌으로 흡수되어 들어가며 동시에 느낌이 당신에게 흡수됩니다…. 다른 이들과 함께하는 행복… 다른 이들을 위하는 행복… 가슴 따듯한 행복… 부드럽게 마음을 열고 받아들일 뿐… 긍정적인 느낌을 붙잡거나 뒤좇지 않습니다…. 평화로운 풍요가 견실한 마음에 어떻게 도움이 되는지 의식해 봅니다….

뇌에서, 마음의 견실함은 작동 기억에 쓰이는 신경물질의 안정적인(stable) 활동에 관여한다. 여기에 전전두엽 피질의 상-외측 영역들이 포함된다. 이들 영역에는 일종의 관문이 있어 영역 안에서 어떤 일이 벌어질지에 영향을 미친다. 문이 닫히면, 하나의 대상에 초점이 맞춰진다. 문이 열릴 때, 거기 있었던 것을 몰아내고 새로운 경험들이 작동 기억으로 쏟아져 들어온다. 마음이 견실하다 함은 뇌 속에서 관문이 통제되고 있는 것을 의미한다.

이 관문은 도파민에 의해 조절되며, 이는 보상에 대한 예상 또는 보상의 경험들을 추적하는 신경화학물질이다. 도파민 활성이 일어났다 함은 주목할 만한 가치가 있는 무엇인가를 의미한다. ―그러면 관문은 닫힌 채 유지되고, 그에 따라 당신은 주의의 대상에 초점을 유지한다. 대상에 의한 보상이 적어지면 도파민 활동은 줄어들고, 이에 다른 흥미로운 자극에 대해 관문이 열린다. 결국, 관문이 열리는 것을 막고 계속 닫아 놓으려면 보상이 충분한 경험을 유지해야 한다는 얘기다. 한편 새로운 보상의 가능성과 관련된 도파민의 급격한 상승은 오히려 관문을 열어 버린다. 따라서 감사 혹은 다른 긍정적 감정들을 최대한 **강렬하게** (strong) 느껴 보면 특히 유용하다. 그렇게 되면 도파민 농도가 이미 최대치에 도달해 버려 – 도파민의 급격한 상승에 의해 관문이 열릴 가능성도 줄어들기 때문이다.

다섯 요소 모두 한꺼번에

편안하면서도 초롱초롱한 자세를 찾습니다…. 마음을 견실하게 한다는 의도를 세웁니다…. 몸을 편안히 하고… 정성을 다하는 마음에 머뭅니다…. 더 안전하다 느끼고… 기쁨과 감사를 느낍니다….

호흡의 느낌에 집중합니다(혹은 다른 주의의 대상)…. 각각의 호흡에 주의를 두고 유지합니다…. 호흡을 의식하며 견실하게 머물러 있습니다…. 주의가 방황한다면, 단순히 그것을 되돌립니다…. 호흡의 느낌에 점차적으로 녹아 듭니다….

그리고 이제 연속해서 5분간 호흡의 느낌을 가볍게 유지하며 견실하게 머무릅니다….

이 연습을 끝내며, 지금보다 더 견실한 마음이 어떤 느낌일지 의식해 보세요…. 그 견실함의 느낌에 마음을 열고… 이어지는 호흡과 함께… 견실함….

좋은 연습

집중하려는 대상에 관계없이 때로 한 시간 정도, 무엇이 집중을 흐트러뜨리는지 관찰해 보라. 그리고 산만하게 만드는 외부적인 것들을 바꾸기 위해 무엇을 할 수 있을지 생각해 보라. 가령 당신이 작업할 때 정말 중요한 문제가 아닌 이상 방해하지 말아달라고 부탁할 수 있다. 또한 덜 산만해지기 위해 마음속에서 무엇을 할 수 있는지 궁리한다. 예를 들어 주의를 끌기 위해 안간힘을 쓰는 많은 것들 중에 '황철광(fool's gold)' – 겉만 그럴싸한 보상 – 을 구별해 낼 수 있다.

자신에게서 그리고 다른 이들에게서 어떤 식으로 부정편향이 나타나는지 주의 깊게 볼 필요가 있다. 부정적인 것들에 얼마나 과도하게 초점을 두는 경향이 있는지 발견하고 재빨리 긍정적인 것들로 돌아간다. 그것이 적절할 때야 확실히 부정적인 것에 주의하겠지만, 그렇지 않은 때 또한 언제나 당신 내면과 주위의 좋은 것들에 확실히 의식을 머물게 해야 한다.

속도를 늦추고 유익한 경험을 내면화할 기회를 매일같이 찾아 보라. 이는 단순히 장미 냄새 맡아 보기 같은 게 아니다. – 장미 냄새는 그냥 있는 그대로 좋다! 여기에는 운동을 더 열심히 하겠다는 단호하고 헌신적인 마음을 먹었을 때, 또는 자신의 배우자와 소통하는 더 좋은 방법에 대해 분명한 생각이 떠올랐을 때가 포함된다. 숨 한두 번 쉴 정도의 시간 동안 그 경험과 함께 머무른다. 몸에서 그것을 감지하고, 그에 대해 좋게 느껴지는 것에 집중한다. 이는 마치 자신의 하루라는 사막 여행을 하며 작은 오아시스에 들러 기력을 채우는 것 같다.

매일 적어도 1분 이상 명상에 전념한다. 잠들기 전에 마지막으로 해도 좋다. 하지만 그 1분 남짓은 진지한 시간이어야 하며, 그것이 매일 지속되어야 한다.

명상할 때, 호흡이나 다른 대상에 주의를 유지함을 열 번 또는 그 이상의 호흡까지 연속으로 진행한다. 마음속으로 부드럽게 1에서 10까지 또는 10에서 1까지 셀 수 있다. 욕심을 낸다면, 연속 백 번 호흡에 도전해 본다. 관성을 유지하기 위해, 열 번마다 하나씩 손가락을 펼 수도 있다.

명상 중에는 감정적으로 긍정적인 경험들을 위해 마음에 여지를 둔다. 가령 평화로운, 사랑의, 혹은 행복한 느낌들 말이다. 이들 경험을 뒤쫓거나 매달리지 말며, 단지 경험을 환영하고 자신 안에 받아들인다. 이렇게 하면 마음을 견실하게 유지하면서도 그 경험들이 자신의 신경계로 동화되는 데 도움이 된다.

04

가슴을 따듯하게 하다

온 우주를 위한 선의를 지닌 채,
한계 없는 가슴을 기른다. 위, 아래, 그리고 사방으로,
막혀 있지 않고, 증오나 적대감 없이.

—

『숫타니파타』1.8

약 20년 전 나는 스피릿 록 명상센터(Spirit Rock Meditation Center)의 이사회에 합류하는 행운을 얻었다. 그리고 얼마 지나지 않아 그곳에서 열린 어느 학회에서 달라이 라마의 연설을 들을 수 있는 초대를 받았다. 달라이 라마는 티베트의 수장이었기에 주변에 높은 수준의 보안이 적용되었는데, 총을 휴대한 경호원들이 마치 축제 같은 분위기 속에서 농담을 나누거나 웃고 있었다. 수백 명은 되는 사람들이 ─티베트인들은 물론 유럽과 미국 출신의 교사와 수도승들─ 거기 서로 뒤섞여 있었다. 이에 우리 대부분은 만일의 사태를 우려하며 아찔한 느낌이었다. 다른 많은 이들과 함께, 달라이 라마를 기다리기 위해 어떤 커다란 방으로 우르르 모여들어 갔다. 몇 분 후, 통역사와 또 다른 한 사람과 함께 그가 입장했다. 그는 주로 영어로 이야기했는데 다정함, 직설적임, 그리고 고요한 지성이 조합된 그의 언변은 여전했다. 어느 순간, 나는 그가 굉장한 말씀을 한다 생각했지만, 내용은 기억나지 않는다. 내가 기억하는 것은 그와 함께 들어왔던 또 다른 사람이다. 그 사람은 회색 양복을 입고 있었고 겸손해 보였지만, 연단의 한쪽 편에 물러서서 모든 사람들을 쳐다보며 웃고 있었다.

잠시 후 나는 점점 더 자세히 그 사람을 쳐다보기 시작했다. 그는 마치 무용수처럼 편안한 자세로 서 있었는데, 양복 안에 숨겨진 몸이 어느 작은 대학 미식축구 팀의 라인배커(linebacker, 라인맨의 바로 뒤에서 수비하는 선수-편집자) 출신인 듯 우람했다. 계속 미소를 띠고 있었지만, 그의 눈은 방 전체를 끊임없이 감시하고 있었다. 그때서야 비로소 그가 최종 방어를 담당하는 달라이 라마의 경호원임을 깨달았다. 그에게서는 어떤 위협적인 느낌도 감지할 수 없었다. 오히려 모종의 행복과 사랑의 느낌을 발산하는 듯했다. 한편 그가 자신의 임무에 완벽하다는 사실은 분명해 보였다. 거기 서서 모든 사람들이 행복하길 기원하듯 두 손을 양옆에 편히 내리고 있었지만, 눈은 한 번도 멈추는 법이 없이 방안을 감시하고 있었기 때문이다.

이후 그 사람에 대해 여러 번 생각이 났다. 나에게는, 그가 따뜻한 가슴을 위한 수행을 완전히 체화한 사람으로 보였다. 그에게는 해야 할 일이 있고, 거기에는 필요하면 언제든 강력하고 재빠르게 대응해야 할 준비가 포함된다. 그럼에도 그에게는 적대적이거나 난폭한 느낌이 전혀 없었다. 아래의 말씀이 그를 잘 묘사한다.

◆

말 많은 자 지혜롭다 할 수 없다.
비폭력적이고, 다정하면서도, 두려움을 모르는 자, 지혜롭다 하리니.
__『법구경』19.258

◆

깨달음이 개인 단독의 내면세계에 초점이 맞추어진 듯 보일 수 있지만, 그 가장 중요한 요소들 중 많은 것들이 대인관계와 관련이 있다. 예를 들면, 불교적 삶의 방식에서 이야기하는 지혜로운 말, 지혜로운 행동, 그리고 지혜로운 생계수단은 주로 우리의 대인관계에 적용된다. 이는 연민, 친절함, 그리고 타인의 행복에 높은 가치를 두는 것이다. 또한 불교의 세 가지 보물 중 하나가 공동체(승가)이다(다른 두 개는 붓다와 다르마이다.). 그리고 보살(Bodhisattva)의 서원(ideal)에는 타인의 안녕을 위하는 수행이 포함된다. 나는 다른 전통들에서도 사랑과 봉사에 대해 비슷하

게 강조하는 것을 숱하게 보아 왔으며, 이는 세속적이라 할 인본주의에서도 마찬가지다.

해서 본인과 타인의 안녕을 위해, 어떻게 하면 가슴을 따듯하게 하고 자비와 친절을 함양할 수 있을까? 마음챙김이 필요하지만, 그것으로 충분치 않다.

마음챙김 그리고 관련 명상들의 연구결과, 이들은 주의(attention), 자기-각성, 자기-통제를 위한 신경망에 변화를 줄 수 있는 것으로 드러났다. 이는 정말이지 훌륭하지만, 자비와 친절의 신경 토대에 있어 핵심 부분들을 직접적으로 강화시키지 않는다. 연관은 있으나 뚜렷이 구분되는 신경망(networks)이 이것들을 다룬다. 예를 들어, 즐거운 사회적 경험들이 육체적 즐거움의 경험들을 만들어 내는 데 도움을 주는 뇌의 영역들을 활성화한다. 관대함, 협조적임, 그리고 공정함은 신경 보상 센터를 자극할 수 있다. 그리고 사회적 아픔 ─외로움이나 거절 같은─ 은 육체적 아픔과 관련된 동일한 신경망을 건드린다.

따듯한 마음(warmheartedness) 자체에 초점을 맞출 때에야 비로소 그런 미덕들이 강화된다. 마음속에서 따듯한 마음의 면면들이 충분히 경험되고 그것이 신경계에 각인되어야 한다. 자비-집중 명상은 연결된 느낌, 긍정적 감정의 느낌, 보상의 느낌에 관여하는 특정 뇌 부위를 자극한다. 눈썹이 만나는 부위 뒤에 존재하는 중(middle) **안와 전두 피질**(orbitofrontal cortex)이 여기에 포함된다. 자애명상을 오랜 기간 수행한 경우, 낯선 사람의 얼굴을 쳐다볼 때 자신의 얼굴을 볼 때와 흡사한 신경학적 반응을 보여준다. 마치 '당신도 나와 같군요.'라는 느낌을 키워 온 듯 말이다. 또한 그들은 해마체의 핵심 부위에 신경조직이 늘어나는

데 이는 타인에 대한 공감에 관련된다.

　더 나아가, 자비롭고 친절하지 **못한** - 가령 억울해 하거나, 남을 해 치려거나, 경멸하는- 경우, 그것이 그 사람의 마음속에서 점점 더 커지고 지속될 수 있다. 뇌는 우리 경험들에 의해 빚어지게끔 설계되었다. - 그리고 특히 어릴 적 경험이 그러하다. 그 중에서도 특히 그 경험이 고통스러웠고 다른 사람들이 관여한 경우 그러하다. 상흔은 오래 가고 앞날에 그림자를 드리운다. 뇌에 생긴 이들 물질적 변화는 단지 마음을 지켜보기만 한다고 되돌려지지 않는다. 타인과 지내는 새로운 방법을 찾고 상처를 치유하기 위해서는 의도적인 연습이 필요하다.

　그러하니 타인 -그리고 우리 자신- 을 위한 자비와 친절을 함양 하기 위해 우리가 무엇을 할 수 있는지 한번 알아보자.

자비와 친절

최대한 간략하게 말한다면, 자비란 존재가 고통 받지 않기를, 친절은 그들이 행복하기를 바라는 것이다. 바람이기에, 이들 또한 욕망의 한 형태다. 따라서 우선적으로 짚고 넘어가야 할 중요한 질문이 떠오른다. **욕망이어도 괜찮은가**(Is desire okay)?

선의(Good Will)

붓다께서는 두 가지 욕망에 대해 유용한 구분을 만들었다. 첫째, 건전한 욕망이 있다. 가령 더 참을성 있고 사랑이 넘치도록 노력하는 것이다. 둘째, 불건전한 욕망 −2장에서 언급한 '갈망' − 이다. 이는 너무나 많은 고통을 유발한다. 예를 들어, 고통을 주는 것에 대항해 싸우거나 피할 때, 즐거움을 주는 것에 중독되거나 집착할 때, 다른 사람들을 의식해 뭔가 대단해 보이려 애쓸 때 이런 종류의 욕망이 생긴다.

따라서 문제는 욕망 자체라기보다 차라리

○ 자신과 타인을 위해 **유익한**(beneficial) 것을 욕망할 수 있는가?
○ 그것을 **능숙한 방법**(skillful means)으로 추구할 수 있는가? 예를 들어, 어린이에게 읽는 법을 가르친다든가 하는 긍정적인 목표가 있을 수 있다. 하지만 그 부모가 소리 지르며 가르친다면, 이

는 능숙하지 못한 것이다.

○ 일어난 일에 대해 평정을 유지(be at peace with what happens)할
수 있는가? 좋아함(liking) – 무엇인가를 즐기거나 선호함 – 과
원함(wanting) – 여기서는 갈망의 느낌으로 – 은 뇌에서 다루
는 부위가 각기 다르다. 이는 압박과 내몰림(이에 대해 다음 장에서
더 다룬다.)에 잠식되지 않고도 얼마든지 목표를 높게 잡고 야심
을 갖는 것이 가능하다는 의미이다. 물론 목표를 달성하지 못
하면 실망이 뒤따를 수 있다. 하지만 또한 거기에는 받아들임
이 있다. – 그리고 다음 기회를 향한 열정이 있다.

간단명료하게 이것이 건강한 욕망이다. 능숙한 방법으로 유익한
결과를 추구하면서도 어떤 일이 일어나도 평정심을 유지하는 것. 이런
방식을 통해 확실히, 우리는 모든 존재들 – 고양이와 개, 거리의 낯선
이들, 친구들과 가족, 그리고 우리 자신 – 의 안녕을 욕망할 수 있다.

달콤한 헌신

건강한 욕망에 대한 아름다운 표현은 아래 소개하는 『자애경(Metta
Sutta)』에서 발견된다. 나는 메타(metta)를 주로 친절함으로 번역하며, 이
단어의 어원은 빨리어 '친구'이다.

일체중생이 행복하고 안전하길.

일체중생이 가슴 깊이 행복하길!

한 명도 빠짐없이, 약하거나 강하거나,
보이거나 보이지 않거나, 가깝거나 멀거나, 태어났거나 아직 태어
나지 않았거나
일체중생이 행복하길.

남을 속이거나,
어디의 누구든 멸시하거나,
성냄이나 악의로 남의 고통을 바라길 삼가라.

마치 자식을 위하는 어미처럼,
오직 하나뿐인 자식인 듯, 자신의 생명을 다해,
그렇게 일체중생을 위한
한없는 마음을 기르라.

친절함을 기르라
한계 없는 마음으로 온 세상을 위해.
위, 아래, 그리고 사방으로,
막힘없이, 원한도 증오도 없이.

앉거나, 서거나, 걷거나, 눕거나,
깨어 있는 한,

단호한 결기로 이 마음 챙김에 임하라.

이야말로 지고의 지금 여기에 머묾일지니.

이토록 아름다운 서원(aspiration)이라니! 수행을 지속하고 성장하기에 강렬한 격려가 아닐 수 없다. 이는 친절함, 자비, 그리고 사랑을 한없이 기르는 평생에 걸친 과정이다.

고귀하게 만듦 기르기

붓다께서는 네 가지 고귀한(noble) – '고귀하다' 함은 명예롭고 뛰어나다는 의미다 – 진실을 말씀하셨다 전해진다. 하지만 실은 고귀한 자들의 진실(Truths of the Noble Ones)이라고 번역하는 것이 좀 더 정확하다. 이 차이는 중요한데, 특히 오늘날 우리에게 의미 있고 고무적이다. 그 당시로서는 극단적으로, 붓다께서는 진정으로 고귀한 자란 그의 생각, 말, 그리고 행함의 의도에 의해 만들어지지 출신에 의해 결정되지 않는다 하였다. 이것이 고귀한 자들의 진실이다. 왜냐하면 이것들은 우리 안에 있는 고귀함으로 인해 이끌려 내어지는 것들이기 때문이다. 그리고 더 많은 고귀한 자질들을 연습을 통해 기를 수 있다. 그래서 나는 이 말씀을 네 가지 고귀하게 만드는(Ennobling) 진실들이라 부르길 좋아한다.

이런 정신으로, 당신 안의 최고를 기리고 그것을 더욱 발전시킬 한 가지 방법은 자비와 친절함의 함양이다. 이를 약식으로 할 수도 있다. 심지어 당신이 모르는 사람일지라도, 옆을 스쳐 지나갈 때 조용히 그들의 안녕을 기원하면 된다. 좀 더 정식으로라면, 명상 전체 또는 일부를 따뜻한 마음 집중에 할애할 수 있다. 이전 장에서 보았듯, 반복적으로 이들 경험에 '마음을 두고 쉬면(resting your mind upon)' – 한두 번의 호흡 길이만큼 경험들과 함께 머물고, 몸으로 그것들을 느끼고, 그에 대해 어떤 즐겁고 의미 있는 점이 있는지 의식해 보면 – 사랑이 자신의 신경계로 점차 스며들어 하나가 될 것이다.

　　자비와 친절함을 기르는 일은 때로 유용한 생각, 느낌, 의도의 자발적 창조일 때가 있다. 선한 목적을 위해서라면 자신의 마음을 슬쩍 유도하는 것도 괜찮다. – 이는 탄력성, 건강한 인간관계, 그리고 영적인 수행의 핵심적 일면이다. 그리고 어떤 경험을 만들어 내려 애씀이 마치 젖은 나무로 불을 피우려는 것과 같다면, 그냥 단순히 호흡에 의식을 두고 지금 이 순간에 머물러 본다. – 그리고 나서 내키면 잠시 후 다시 해 보는 거다.

모든 이를 위한 선한 소망

남방불교 전통에는 아름다운 명상법이 하나 있다. 그것은 다섯 유형의 사람들에게 네 종류의 따뜻한 소망을 빌어 주는 내용인데, 내가 적절히 변형한 아래 상자에 소개된 것을 한번 해보길 권한다. 이 접근법을 일상에도 적용시킬 수 있다.

　　네 가지 서원은 타인과 자신을 위해 모두가 "**안전하고, 건강하고, 행복하고, 편안하기를**(safe, healthy, happy, and at ease)" 바라는 것이다. 이는 부드러운 생각으로, 어쩌면 숨쉬는 운율에 맞추어 표현될 수 있다. 또는 단순히 말 없는 느낌으로, 태도로 표현될 수도 있다. 자신의 가슴에 와 닿는 말을 찾는 데 주저하지 말라. 이는 특정한 내용이라도 좋다. 가령 "당신의 고통이 줄어들길⋯ 당신이 조속히 직장을 찾길⋯ 이 상실의 아픔에서 벗어나 부디 안식을 찾길⋯." 이라고 기도해도 된다.

다섯 유형이라 함은 **후견인, 친구, 중립적인 사람, 자기 자신, 그리고 당신에 반하는 적**(benefactor, friend, neutral person, oneself, and someone who is challenging for you)을 말한다. 보통 처음 셋은 뻔하다. 특히 후견인 –감사를 느끼고 배려하지 않을 수 없다. 당신에게 반하는 이에 대한 자비와 친절은 어렵다. 이는 충분히 이해가 가는 대목이다. 그렇다면, 원할 때 다른 사람들과 이 연습을 시도해 볼 수 있다.

◆

적들 한가운데에서조차 우호적이라면, 진정 삶은 행복하리.
적대적인 사람들 틈에서도, 증오로부터 해방된 삶을 살기에.
_『법구경』197

◆

자기 자신을 위해 기도하는 것 또한 어려울 수 있다. 이 연습을 지속하면 어떤 자기-비판으로부터든 벗어나는 효과를 본다. 시간이 지나면, 반복되는 경구가 자신에게 점점 더 실제적으로 느껴질 수 있다. 그리고 아주 조금씩, 시냅스 한 개씩, 이들 경험은 내면화되어 스스로를 받아들이고 응원하는 특성을 길러 낸다.

일상에서 점차적으로, 다정함과 배려의 느낌 속에서 안식하는 자신을 발견한다…. 사랑 속에 쉰다…. 사랑이 흘러들어 오고 사랑이 넘쳐 흐른다…. 사랑으로 산다.

자비와 친절에 관한 명상

몸을 의식합니다…. 여기에 뿌리박습니다…. 가슴에서 숨쉬는 느낌에 주의를 둡니다…. 심장으로 숨이 흘러들어 오고 심장에서 흘러 나가는 것을 상상해 보세요…. 한 손을 가슴 위에 놓아 볼 수도 있습니다….

주변에 좋은 느낌을 주는 하나 또는 그 이상의 존재를 마음에 떠올려봅니다…. 친구, 가족, 애완동물… 당신을 고마워하는, 좋아하는, 어쩌면 사랑하는… 그들에게서 받는 좋은 느낌에 집중합니다…. 만일 주의가 어떤 상황이나 문제들로 옮겨간다면, 주의를 돌려 당신을 염려하는 이들과 함께하는 단순한 느낌에 맞춥니다…. 이들 느낌에 마음을 열고, 자신 안으로 받아들이세요….

후견인, 당신이 고마워하는 누군가를 고릅니다. 이 존재를 가슴에 품고, 스스로에게 다음 경구들을 말해 봅니다. "당신이 안전하길… 당신이 건강하길… 당신이 행복하길… 당신이 편안하길." 따뜻한 느낌을 의식합니다…. 다른 말들을 해 볼 수도 있습니다…. 또는 단순히 말없는 배려와 선한 소망 속에 안식합니다….

친구, 당신이 좋아하는 또는 사랑하는 누군가에게 이것을 해 봅니다…. "당신이 안전하길… 당신이 건강하길… 당신이 행복하길… 당신이 편안하길." 자비와 친절의 느낌이 자신의 의식을 채우도록 놓아 둡니다…. 그것들이 당신 안으로 퍼져나가는 것을 느낍니다….

중립적인 사람, 이웃이나 직장 동료, 또는 거리에서 지나치는 낯선 이에게 이것을 해 봅니다…. 이 사람을 위한 자비와 친절함을 찾아보세요…. "당신이 안전하길… 당신이 건강하길… 당신이 행복하길… 당신이 편안하길."

자신에게 이것을 해 봅니다…. "내가 안전하길… 내가 건강하길… 내가 행복하길… 내가 편안하길." 원한다면, 자신의 이름을 써도 좋습니다. 어쩌면 앞에 당신 자신이 서 있는 상상을 해 볼 수도 있습니다…. 이들 따뜻한 소망이 당신 안으로 가라앉는 느낌을 가져 보세요, 마치 소망을 자신 안으로 받는 것처럼 말입니다.

당신에게 반하는 어떤 사람에게 이것을 해 봅니다. 우선 단지 약간만 그런 사람부터 시작합니다. 당신에게 반하는 그의 성격들 아래, 반짝이는 그의 본성을 상상하면 도움이 될 수 있습니다. 또는 그가 어린아이라고 상상하세요. 갓난아기도 좋습니다. 우리는 의견이 다르거나 반대하는 사람들을 위해서도 자비와 선한 소망을 가질 수 있습니다…. 이것을 소망해 봅니다. "당신이 안전하길… 당신이 건강하길… 당신이 진심으로 행복하길… 당신이 편안하길."

그러고는 자비와 친절함 속에서 단순히 쉽니다…. 당신으로부터 바깥으로, 특정한 누구를 향한 것이 아닌 동심원을 그리는 어떤 물결이 퍼져나갑니다…. 따뜻함과 선한 마음속에서 쉽니다…. 그리고 사랑… 사랑이 당신 속에 가라앉고 당신은 사랑 안으로 가라앉습니다….

떳떳함의 축복

붓다께서도 부모였다. 그리고 당신의 아들 라훌라도 어느덧 어린 승려로서 수행에 참가하기 시작했다. 경에 이르길, 어느 날 붓다께서 라훌라가 얘기하는 것을 들었다. 아마도 일곱 또는 여덟 살이었던 그가 의도적으로 거짓말을 했던 것이다. 붓다께서는 당신의 아들에게 자신의 행위가 능숙하고 좋은 결과로 이어지는지 늘 살펴야 한다고 설하셨다. 또한 이와 같은 방법으로 모든 생각과, 말과, 행동을 전·중간·후에 되돌아보라 말씀하셨다. 만일 행위가 능숙하고 유익했다면, 좋다. 그렇지 않다면 하지 말라(내 마음속에 급조한 영화 속에서, 이 장면은 긴박한 연속극의 한 장면인데, 약간의 코믹한 효과를 위해 붓다 역을 로버트 드니로가 하면 어떨까 상상해 본다.).

---◆---

…깊은 통찰을 얻으려면, 고요한 동시에 유연한 마음을 가져야만 한다. 이러한 마음 상태를 성취하기 위해서는 우선 자신의 몸과 말을 조절하는 능력을 길러야 한다. 그렇게 해야만 갈등을 일으키지 않는다.

_ 텐진 빠모(Tenzin Palmo)

---◆---

이 수행의 기둥 ─ 빨리어로 실라(sila, 戒)이며 대개 구속 또는 도덕률로 번역되고, 나는 이를 미덕이라 부른다 ─ 은 고작해야 입문 단계의 전제조건처럼 보일 수 있다. 우선 내용물을 확인한 후에라야 '진짜' 깨달음으로 넘어간다는 식으로 말이다. 하지만 실제로, 행위 속에서 따뜻

한 마음을 견지함은 내면의 최악을 마주보고 내면의 최선을 격려하는 심오하고도 필수적인 수행이다. 옳은 일을 행함 −비록 힘들지라도− 은 성실한 마음과 지혜를 기르며, '떳떳함의 축복'을 가져다 준다. 그것은 할 수 있는 모든 것을 이미 다하였다는 앎이다.

---◆---

지금 이 순간 사랑하고, 열려 있고, 깨어 있기를.
이 순간, 만일 사랑하고, 열려 있고, 깨어 있지 못한다면, 친절하기를.
만일 친절할 수 없다면, 판단하지 않기를.
만일 판단하지 않을 수 없다면, 해를 끼치지 않기를.
만일 해를 끼치지 않을 수 없다면, 가능한 최소한의 해를 끼치기를.
_ 래리 양(Larry Yang)

---◆---

하지만 이어지는 순간순간, 이는 언제나 쉬운 것만은 아니다. −특히 충동이나 좋지 못한 의도에 휩쓸려 있는 경우라면 말이다. 이 시점에서 **미주 신경 복합체**(vagus nerve complex)에 대해 조금 알아 두면 도움이 된다. 그 두 개의 가지는 **뇌간**(brain stem)에서 시작하고, 그 중 진화적으로 더 오래된 가지가 아래로 향해 심장과 폐를 포함한 장기들을 통제한다. 이 가지는 이완과 회복을 유도하는 부교감 신경계에 속한다. 따라서 숨을 내쉴 때 심박수를 늦춘다. 비교적 최근에 진화된 가지는 귀, 눈, 그리고 얼굴로 올라가 섞이는데, 뇌의 **사교 체계**(social engagement system)에서 핵심적인 부분이다. 이 둘은 단일한 신경망에서 나온 가지들이기에, 한쪽의 활성화로 인한 파문이 다른 쪽으로 전파된다. 이 사실이 의

미하는 바는 첫째, 몸을 편히 하고 가라앉히면 타인을 더 고요하고 친절하게 대하게끔 도움을 준다. 둘째, 더 자비롭고 사랑이 넘치는 느낌은 좀 더 중심을 잡고 균형을 유지하게끔 도우며, 따라서 더 쉽게 자신을 통제할 수 있게 된다. 확고하게 뿌리박고 따듯한 마음을 견지함을 동시에 가져오는 연습이 있다. 아래 상자 글을 보기 바란다.

확고해진 따듯한 마음

몇 번의 심호흡으로 몸이 차분해짐을 느껴 봅니다…. 어디에 있든, 이 자리에 단단히 내딛고 있음을 스스로 느껴 보세요. 의자 또는 바닥에 앉아 있을 수도 있습니다. 지금 이곳에서 아무 문제도 없음을 상기해 봅니다. 이완된 안정감… 현존감… 존엄의 느낌. 그런 느낌을 주는 자세를 찾아봅니다…. 편안함을 느끼며, 지구의 중심에서 당신을 관통하여 하늘에까지 뻗어 있는 가상의 선을 상상합니다. 그렇게 당신은 중심에 깊이 뿌리내림과 동시에 하늘 높이 들어 올려집니다…. 숨을 쉴 때마다, 점점 더 뿌리내리는 듯 느낍니다.

자신의 심장 부근에서 느껴지는 호흡의 감각을 의식합니다…. 따듯한 마음의 단순한 느낌을 찾아봅니다. 당신이 돌보는 누군가를 마음속에 떠올리는 것도 좋습니다…. 심장 부근의 계속되는 숨쉬는 감각과 더불어 따듯한 느낌들을 의식해 봅니다. 자비… 우정… 행복… 신뢰… 사랑… 이 모든 것이 따듯한 마음의 느낌에 포함됩니다. 어쩌면 그것이 당신으로부터 사방으로 햇살처럼 퍼져나가는 듯합니다….

확고함과 사랑의 느낌을 동시에 의식합니다…. 열린 가슴으로 뿌리

내립니다… 확고한 뿌리내림이 어떻게 사랑을 자유롭게 흐르게 만드는지… 그리고 어떻게 사랑이 곧 고요함과 강인함인지… 의식해 봅니다. 계속 되는 호흡마다, 확고함과 사랑….'

◆

언젠가 우리 모두 죽는다는 사실을
깨닫지 못하는 이들이 있다.
하지만 이를 깨달은 자는 헛된 말싸움으로 인생을 낭비하지 않는다.

_『법구경』6

◆

타인을 해치지 않기 – 그리고 당신도

따뜻한 가슴으로 사는 것에는 분명 타인을 해치지 않으려는 노력이 포함된다. 이를 위한, 팔정도에서 얘기하는 아래 실질적인 지침이 나를 포함한 많은 이들에게 도움이 되어왔다.

○ **지혜로운 말**이란 선의의, 진실한, 유익한, 냉혹하지 않은, 시의 적절한, 이상적인, 그리고 상대방에게 필요한 말이다.
○ **지혜로운 행위**란 살생, 도둑질, 부당한 성적 행위, 그리고 술과 마약을 피하는 것이다.
○ **지혜로운 생계**란 무기거래, 인신매매, 육류판매, 술과 마약 판

매, 독약 판매를 피하는 것이다

　해하지 않음에는 <u>스스로를</u> 괴롭히지 않는 것 또한 포함된다. – 하지만 이는 눈치채기도 쉽지 않고, 우선순위에서도 아래쪽이다. 그럼에도 불구하고 세상 모든 존재 중에, 당신이 얼마나 고통 받고 있는지 가장 잘 알고 가장 잘 풀어 낼 수 있는 사람은 자기 자신이다. 타인을 해치지 않기 위한 지침은 자기 자신을 해치지 않고자 할 때에도 똑같은 명료함과 도덕적 힘을 갖는다. 예를 들면, 계속해서 당신을 방해하는 어떤 사람에게 "이제 그만."이라고 말할 수 있듯, 나중에 분명 후회할 어떤 것을 마시기 전 스스로에게 "이제 그만."이라고 말할 수 있는 것이다. 이에 대한 체계적인 연습을 위해, 아래 상자 글을 보아 주길 바란다.

우리는 어떤 식으로 스스로에게 상처 주는가

이 연습은 그냥 마음속으로, 혹은 글로 쓰면서, 혹은 다른 사람과 대화를 나누는 형태로 모두 가능하다. 사랑하는 이나 연약한 친구를 걱정할 때 같은 부드러운 배려를 자기 자신에게 한다는 느낌을 상상한다. 그리고 아래 첫 번째 질문을 자신에게 던진다. 어떤 대답이 떠오르면, 다시 스스로 질문한다. "만일 그렇다면, 이런 짓을 멈출 때 어떤 모습이 될까?" 그러고는 다음번 질문으로 진행한다.

○　내 안에 살아 숨쉬던 어떤 것을 죽인 적이 있었던가? – 가령 열정, 느낌, 소망, 또는 창조성?

○ 내가 진정으로 원하는 바에 반하여, 타인 또는 나 스스로의 습관이 소중한 나의 시간, 주의, 또는 에너지를 앗아가도록 허락한 적이 있었던가?

○ 나에게 해가 되거나 나를 약화시키는 쪽으로 성적 욕망을 쓴 적이 있었던가?

○ 어떤 것이든 내 자신을 속인 적이 있었던가? 가령 누군가와 함께할 때 정말로 좋은 느낌인지? 실제로 나의 직업에서 얼마나 성취감을 느끼는지? 꿈을 다음 달로, 다음 해로 미루는 삶이 나에게 얼마나 낭비인지?

○ 나의 몸과 마음에 독이 되는 것들이 들어오도록 허락한 적이 있었던가? 가령 약물이나 술, 그다지 좋지 못한 음식들, 또는 타인을 무시하는 판단들?

베푸는 마음

따뜻한 마음으로 하는 행위에는, 비단 악행을 멀리하는 것뿐 아니라 당연히 선행을 실천하는 것도 포함된다. 많은 윤리적 원칙들은 부정문으로 표현되지만 ─ 가령, 살생하지 말라(thou shalt not kill) ─ 그것들을 긍정문으로 바꾸어 생각해 보는 것도 가치 있다. 예를 들어, 나무를 심거나 어린이를 보호하는 행위를 통해 생명 존중을 배우거나, 냉혹한 말투를 격려하고 칭찬하는 것으로 바꿀 수도 있다.

동물의 왕국에서 관대함은 매우 드문데, 이는 대부분의 종에 있어 관대함이 개체의 생존 확률을 떨어뜨리기 때문이다. 하지만 우리 조상들의 경우 작은 집단을 이루어 진화하고 살아가기 시작함으로써, 서로 간 유전자의 공유가 늘어나며 타인을 돕는 이타주의가 생겨났다. 그리고 뇌가 점차 커짐에 따라 ─지난 수백만 년에 걸쳐 세 배로─ 우리 조상들은 점점 더, 베풂에는 감사와 보답을, 그리고 무임승차에는 비판과 응징을 할 수 있게끔 되었다. 이는 사회 도덕적 진화의 선순환을 가져왔고 오늘날까지 그 흔적이 우리 유전자에 각인되어 있다.

───────◆───────

베풂과 나눔의 결과를 내가 알 듯,
사람들도 안다면,
먼저 베풀기 전에는 먹지 않으며,
인색함이라는 얼룩에 물들어
집착하고 마음에 뿌리박게 허락하지 않으리라.

_『이띠웃따까』26

───────◆───────

대부분의 관대함의 표현은 돈에 관한 것이 아니다. 사람들은 하루에도 몇 번씩 타인에게 관심을 주고, 격려를 주고, 인내심을 보여 준다. 그럼에도 불구하고, 때로 우리는 인색하게 군다. 사실, 1분만 더 조용히 얘기 들어 주는 것이, 감사의 말 한마디 하는 것이, 또는 '난 네 편이야.' 하는 느낌으로 그냥 마주보는 것이 그리 어려운 것도 아닌데도 말이다. 가장 중요한 관계라고 생각되는 사람을 골라 딱 하루만 조금만 더 관대하게 대한다. 그리고 어떤 일이 일어나는지 지켜보라.

자신을 살펴, 얼마나 칭찬에 인색할 수 있는지, 타인을 불편하게 만들 수 있는지, 인정사정 보지 않을 수 있는지 생각해 보라. 우리는 어릴 적 **사회학습**(social learning) 과정을 통해, 타인의 오만과 멸시를 내면화하고는 이후 이를 스스로에게 하는 경향이 있다. 비정상이라 할 수는 없지만 – 그럼에도 슬픈 일임은 어쩔 수 없다. 이에 특정한 방법으로 전기를 마련하기 위해서는, 매일 자신만을 위해 일정 시간을 내거나 중압감이나 스트레스를 받는다 느껴질 때 의식적으로 속도를 늦춰볼 수 있다. 좀 더 일반적으로, 자기-연민을 기르는 것이다.

자기-연민

연민이란 고통을 민감하게 느낌, 신중한 반응, 그리고 가능한 돕고 싶다는 소망으로 구성된다. 자기-연민은 단순히 이 모든 것을 **자기 자신에게**(yourself) 적용한다. 자기-연민에는 여러 이점이 있다는 연구결과들이 많다. 자기-비판을 줄이고 탄력성이 증가하며, 스스로 가치가 있다 느끼고, 새로운 것을 의욕적으로 시도하고 자신만만해진다. 자신에 대한 연민을 확장시킨다고 자기-중심적이 되는 것이 아니다. 실제로는, 대개 그 반대의 효과가 관찰된다. 예를 들면, 우리는 고통을 느낄 때 자연스럽게 더 자기중심적이 되는 경향을 보인다. 이는 특히 타인에 의해 그렇게 되었을 경우 심하다. 이에, 연민이라는 연고는 아픔과 상실을 진정시키고 종종 거기에 따라붙는 고조된 자아의 느낌, 가령 사사건건 너무 사적인 것으로 받아들인다거나 함을 가라앉힌다. 이는 자기-동정에 빠져 나뒹구는 것과는 다르다. 자기-연민은 대개 찰나의 순간만 나타나고, 자신은 상황에 대처하는 좀 더 적극적인 모습으로 즉각 옮겨 간다. 일이 어려울 때, 자신에 대한 연민으로 시작하는 것은 맞지만, 그곳에 멈추는 것은 아니라는 얘기다.

　타인에게 연민을 느끼는 것은 쉽지만 오히려 자신에게는 어렵다. 이 대목에서 **보편적 인간성**(common humanity)이라는 느낌이 상당히 도움이 된다. 우리 모두는 실수를 하고, 우리 모두는 스트레스와 걱정과 아픔을 느끼며, 우리 모두는 연민을 필요로 한다. 레너드 코헨(Leonard Cohen)이 썼듯, 삶은 모든 이에게 예외 없이 상처를 준다.

균열은 모든 것에 존재한다
하지만 그렇기에 빛이 들어올 수 있는 법

달콤 쌉싸름한

자비는 달콤 쌉싸름하다. 고통의 쓴맛과 보살핌의 단맛이 있다. 자신의 것이든 타인의 것이든 고통에 압도당하면, 그때부터는 보살핌을 유지하기가 힘들다. 허니 마음속에 단맛이 쓴맛보다 커지도록 노력하라. 이는 부드러운 염려, 따뜻한 마음, 충직함, 그리고 그 모든 것을 지켜보는 의식의 든든한 지지라는 느낌에 초점을 맞춤으로써 가능하다. 고통스러운 느낌일랑 그 무엇이 되었든 한쪽 편에 치워 놓고 말이다.

만일 고통, 그리고 거기 관련된 생각과 느낌에 정신이 팔린다면, 잠시 거기서 떨어져 나올 수 있는지 노력해 본다. 단순히 거기 확고히 존재하는 이로운 경험들, 가령 딛고 서 있는 발의 느낌이나 창밖의 무심한 전경으로 주의를 돌린다. 그러고는 다시 한번 자기 고유의 강인함과 따뜻한 마음의 느낌을 찾는다. 준비가 되면, 돌아와서 고통을 정면으로 마주한다. 자비로운 마음과 함께.

더 읽어볼 만한 책들

『끌어안음(Radical Compassion)』(타라 브랙)
『선의 탄생(Born to Be Good)』(대커 켈트너)

『오늘부터 나에게 친절하기로 했다(The Mindful Path to Self-Compassion)』(크리스 토퍼 거머)

『Real Love』(샤론 샐즈버그)

『마음챙김과 비폭력대화(Say What You Mean)』(오렌 제이 소퍼)

『Self-Compassion』(크리스틴 네프)

『그래도 당신을 이해하고 싶다(You Just Don't Understand)』(데보라 태넌)

자기-연민의 연습

이따금씩 약식으로 자기-연민을 연습할 수도 있지만, 좀 더 정식 수행을 통해 그것을 길러 일종의 특성으로 만들 수 있다. 예를 들어, 크리스틴 네프(Kristin Neff)와 크리스토퍼 거머(Chris Germer)가 만들어 놓은 풍성하고 효과적인 마음챙김 자기-연민 프로그램이 있다. 자기-연민을 주제로 명상을 할 수도 있다. 또 다른 접근법이 있다. 여기 내가 찾은 상당히 강력한 연습이 있다.

호흡을 의식하며, 편안하고 확고한 느낌을 가져 봅니다… 스스로를 위해 존재한다는 단순한 느낌을 가져 봅니다….

당신을 염려하는 누군가와 함께하는 느낌을 마음에 가져 봅니다…. 그 보살핌이 실제적으로 느껴지도록 해 보세요. 그러고는 보살핌을 받는 느낌에 마음을 여세요…. 당신을 염려하는 다른 이들을 마음에 떠올려 봅니다…. 보살핌 받는 느낌을 자신 안으로 받아들입니다….

당신이 염려하는 누군가를 떠올려 봅니다. 의식해 보세요. 그들이 짊어진 부담, 상실, 혹은 부당함… 그들의 스트레스와 아픔, 고통… 그러고는 그들에 대한 연민을 느껴 봅니다…. 어쩌면 다음과 같은 부드러운 생각들일 수 있습니다. '당신이 고통 받지 않기를… 직장을 구하기를… 치료가 잘 되기를….' 가슴에 손을 올려놓아도 좋습니다. 다른 느낌들이 함께 해도 좋습니다. 가령 친절함이나 사랑… 혹은 다른 사람들을 마음에 떠올리고 그들에게 연민을 느껴 보세요…. 느껴 보세요. 연민이 자신 안으로 가라앉을 때 당신은 연민 안으로 가라앉습니다….

연민의 경험이 어떤 것인지 알고, 그것을 자신에게 적용합니다. 자신이 겪는 부담, 상실, 부당함… 스트레스와 아픔과 고통… 그러고는 자신을 향한 연민을 느껴 봅니다. 자신을 위한 선한 바람과 따뜻함과 지지의 느낌들에 집중합니다. 동시에 고통의 느낌이 존재하지만 의식의 가장자리로 밀려납니다…. 어쩌면 다음과 같은 부드러운 생각들도 떠오릅니다. '내가 고통 받지 않기를' 또는 좀 더 구체적으로 '너무 많은 걱정을 하지 않기를… 내 짝을 찾기를… 이 상실을 극복하고 안식에 이르기를….' 가슴이나 볼에 손을 올려놓아 볼 수도 있습니다…. 내면에서 멍들고, 아리고, 아프고, 갈망하는 자리를 어루만지는 연민의 느낌을 가질 수도 있습니다…. 연민이 당신 안으로 가라앉습니다…. 안으로 연민을 받아들입니다….

원한다면, 어릴 적 당신을 상상해 볼 수도 있습니다. 특히 힘들었던 시절의 당신일 수도 있습니다. 어릴 적 당신에게 닥쳤던 고난들을 의식해 보세요…. 그것들이 어떻게 들이닥쳤는지, 그리고 어떤 느낌이었는지… 그러고는 그 어린 것을 위한 연민을 가져 봅니다. 자신이 '저 앞에' 서 있는 듯 시각화할 수도 있습니다…. 선한 바람과 이해, 따듯함, 그리고 지지를 보냅니다…. 그 때 들었더라면 너무나 좋았을 구체적인 말들을 생각해 볼 수도 있습니다. 가령 '이것 또한 지나가리라… 네 잘못이 아니야… 너는 아무 문제도 없을 거야.' 내면의 어린 층에 이 연민이 받아들여지는 걸 느낄 수도 있습니다…. 오래된 아픔이 편안해집니다.

이제 초점을 맞추었던 고통을 전부 흘려보내고 따듯함과 사랑의 느낌 안에 단순히 쉽니다…. 호흡을 의식하세요…. 마음속에 자리 잡게끔 허용합니다…. 편안히 느낍니다….

한 명도 빠짐없이

대략 만 년 전 농경생활이 점차 퍼지기 전까지, 도구를 제작할 줄 알았던 우리 조상들은 작은 집단을 이루고 살았으며, 대개 그 구성원은 수십 명 정도였다. 이들 집단은 희박한 자원을 두고 서로 자주 경쟁을 벌였다. 더 잘 협조가 되고 더 잘 '우리들'을 돌보는 ─ 연민, 유대감, 언어, 팀워크, 신뢰, 이타주의, 그리고 사랑이라는 측면 ─ 쪽이 자신들의 유전자를 후대로 물려 줄 수 있었다. 하지만 '그들'에 맞서 더 무섭고 더 잘 싸우는 ─ 불신, 멸시, 악의, 그리고 복수라는 측면 ─ 집단 또한 유전자를 물려줄 가능성이 높았다. 이 두 가지 상반되는 능력의 이점은 지난 수백만 년에 걸쳐 뇌의 진화에 주요 동인이 되었다.

두 마리 늑대

따라서 우화에 빗대어 말해 보자면, 모든 이의 마음속에 늑대가 두 마리 있다. 한 마리는 사랑의 늑대이고, 다른 하나는 증오의 늑대이다. 그리고 모든 것은 매일 어느 녀석을 먹이느냐에 달려 있다. 증오의 늑대 또한 우리 본성의 일부이다. 따라서 녀석을 죽일 방법은 없으며, 녀석을 증오함은 먹이를 주는 것과 같다. 게다가, 그 녀석은 때로 유용한 면도 있다. 화는 기운을 돋고, 부당한 대우와 불공정함을 밝게 비추어 드러낸다. 많은 사람들의 경우 충분히 낼 만한 자격이 있는 화조차 억제하고 단죄한다. 여기에는 사회 체제적 권력에 의한 것도 포함된다. 우리는 내면에 화를 낼 수도 있는 여지를 두고, 왜 화를 내는지 이해할 필요가 있다. 똑같이 다른 사람 또한 화를 낼 수도 있다는 여지를 두고, 그들이 왜 화가 났는지 – 아마도 우리 때문이겠지만 – 이해할 필요가 있다.

여전히 화는 유혹적이고 잠재적인 힘이다. 대부분 불안, 슬픔, 또는 아픔의 느낌은 싫어하면서도, 뜨겁게 폭발하는 분노의 경우 좋은 기분을 느낀다. '네 잘못이야… 나로선 **당연히**(of course) 화가 나지… 넌 당해도 싸!' 뇌 안에서, 화는 도파민과 노르에피네프린을 이끌어 내어 보상받는 느낌을 준다. 하지만 어떤 경우 부적절한 행동과 결정으로 지울 수 없는 결과를 낳기도 한다. 타인에게 화를 내는 것은 뜨겁게 달구어진 석탄을 맨손으로 집어던지는 것과 같아서 양쪽 모두 화상을 입는다. 관계에 있어 내가 저질렀던 대부분의 실수들은 나의 화에서 시작된 것이었다.

그럼에도 불구하고, 화 자체는 악의 – 해치고, 부수고, 제거하려는 의지 – 가 아니다. 화를 옐로카드라고 하면, 악의는 완전히 빨간 레드카드이다. 증오의 늑대에 있어 이 일면은 교활하고 강력하다. 억울하다 느끼고는 앙심을 품고 복수심에 불타기란 너무나 쉽다. 또는 타인을 쓰고 버리는 소모품 취급하기도 한다. 저들은 중요하지 않아, 저들을 이용해도 아무 문제없어, 저들을 고려할 필요 따윈 없어. 마틴 부버(Martin Buber)는 관계에 두 가지 근본적인 형태가 있다고 했다. 나-너와 나-그것이다. 우리의 '나'에 대비해 사람들을 '그것'으로 여길 때, 가벼이 보고, 쓰고 버리고, 약탈하기란 쉽다. 다른 사람들이 나를 '그것' –사소하고, 목적을 위한 수단일 뿐 – 으로 취급한다면 어떻게 느껴질지 생각해 보라. 우리가 저들을 그것으로 볼 때 똑같은 느낌을 그들도 느낀다. 역사를 통틀어 그리고 오늘날 세상에서도, 개인 간의 관계든 집단이나 국가 사이의 관계든 증오의 늑대가 갖는 파괴적인 잠재력은 명확하다.

우리 내면의 이 부분을 없애는 것은 불가능하다. 하지만 그 기원과 힘을 정확히 보고, 그것이 타인을 얼마나 쉽게 킁킁거리다가 덥석 물 수 있는지 조심할 수 있다. 사랑의 늑대는 잘 먹이고 이 녀석은 목줄을 채워 지혜롭게 데리고 다닐 수 있는 것이다.

'우리'라는 동그라미 넓히기

하나의 집단과 다른 하나를 구분 짓자마자, '우리'를 선호하고 '저들'을 멸시하는 것은 순식간이다. 실제로, '우리'를 향한 고조된 따듯함과 충성심의 느낌은 뇌에서 옥시토신 활성을 증가시키는데, 같은 호르몬임에도 불구하고 '저들'을 향해서는 의심과 적개심을 유발한다. 극단적일 경우, '우리'라는 동그라미는 겨우 일개 개인의 크기까지 쪼그라들 수도 있다. 예를 들면, 나는 각자 외딴섬에 서 있는 듯한 부부와 일해 본 적도 있다. 반면, '우리'라는 동그라미는 세상 전부를 품에 넣을 정도로 확대될 수도 있다.

--- ◆ ---

대지가 우리에게 먹을 음식과 숨쉴 공기 그리고 필요한 모든 것을 주었듯, 나 또한 다른 이들이 모두 깨달음을 얻을 때까지 온 마음을 다해

보살피리라. 지각 있는 일체 존재의 선을 위해, 내 안에 사랑과 친절함
이 피어나기를.

_모린 코너(Maureen Connor)

---◈---

연습 −아래 상자 안의 명상 같은− 을 통해 일체 존재가 어떤 면에
서는 '나와 같음'을 볼 수 있다. '나처럼, 당신도 아픔을 느낀다. 나처럼,
당신도 희망을 갖는다. 나처럼, 당신도 언젠가 죽음을 맞는다.' 연결되
어 있는 느낌이 확장됨에 따라, 타인과의 상호작용은 신경 보상 활동을
더 자극한다. 상호작용의 보상 느낌이 더 커짐에 따라, 타인을 더 잘 대
우한다. '우리'라는 동그라미는 인류 전체(원한다면, 모든 생명체)에까지 확
장 가능하고, 이 급속도로 더워지는 행성 위 80억에 금방 다다를 것이
다. 만일 충분히 많은 사람들이 이런 식으로 느낀다면, 비록 여전히 경
쟁과 갈등이 존재하겠지만 적어도 서로를 부숴 버리려 하지는 않을 터
이다. 그리고 어쩌면 한없는 가슴으로 단 한 명도 빠짐없이, 세상 전부
를 포용하는 삶을 살 수 있을지도.

우리 모두

자신이 속해 있다 느끼기 쉬운 모임을 마음속에 하나 떠올려 봅니다.
가령 친구들이나 직장에서 같이 일하는 팀이 있습니다. '우리'라는
느낌을 주의 깊게 느껴 봅니다…. 몸에서 일어나는 모임의 일부가 된
느낌…. '우리'가 어떤 느낌인지 알았다면, 그 동그라미를 확장시키

기 시작합니다. 쉬운 것부터 시작해서, 점차로 넓혀 나갑니다. 후견인, 사랑하는 이들, 친구들… 더 넓혀 쉽게 '우리'라는 느낌을 가질 수 있는 사람들을 점점 더 많이 포함시킵니다.

동그라미를 계속 넓혀 이제 중립적인 사람들까지 포함시킵니다. 그들과 당신이 공통적으로 갖고 있는 것들에 주의를 기울여 봅니다…. 이런 생각이 떠오를 수도 있겠지요. '나처럼, 당신도 자식들을 사랑한다… 나처럼, 당신도 목마를 때 물을 찾는다… 나처럼, 당신도 살길 원한다….' 점점 더 많은 이들을 포함하는 '우리'라는 단순한 느낌에 초점을 유지합니다.

이제 당신에게 반하는 사람들을 포함시키기 시작합니다…. 당신과 의견을 달리하는 사람들과 어떤 점을 공유하는지 찾아봅니다. 싫어하는 사람들… 반대하는 사람들… 그들과의 공통점이 있다고 당신의 관점이나 권리를 포기하라는 소리는 아닙니다…. 우리라는 느낌을 확장하여 당신에게 반하는 사람들까지 포함하면 자신이 더 고요해지는 데 도움이 됨을 눈치채 봅니다…. 또는 당신이 취하는 어떤 행위든 그에 대해 더욱 명료해집니다….

넓어지는 동그라미 안에서 우리라는 느낌을 점차로 확장시킵니다…. 주위의 모든 사람들을 포함합니다…. 수십 킬로미터 안의 모든 이들… 이 나라의 모든 이들… 더 넓혀 인류라는 하나의 동그라미 안에 지구상 모든 인간을 포함합니다…. 우리가 공유하는 공통된 인간성….

점차 모든 생명체를 포함합니다…. 동물… 식물… 거대하거나 미세하거나… 모든 살아 있는 것들을 함께… 거대하고 단일한 생명의 동그라미…. 우리 모두라는 편안함 속에서 안식합니다….

좋은 연습

하루를 시작하며, 다른 이들에게 도움이 되리라는 진심어린 의도를 가질 수 있다. 자신은 물론 타인의 안녕을 바라며 연습하는 것이다. 예를 들어, 스스로 이렇게 생각할 수도 있다. '오늘 하루 늘 사랑만 하는 거야.' 또는 '나의 연습이 다른 이들을 섬기게 하소서.' 또는 '일체 모든 존재의 안녕을 위해, 이생에서 깨달음에 이르도록 하소서.'

언제나 배경처럼 깔려 있는 사랑을 느낄는지도 모르겠다. 그것은 당신 안의 본성이다(또한 마찬가지로 타인의 본성이다.). 이와 같은 천부적인 친절함과 보살핌 안에서 쉬는 것이 어떤 느낌일까? 사랑의 여러 측면들, 가령 연민을 경험할 때, 이들 느낌이 자신 속으로 가라앉도록 놓아둔다. 어느 추운 날의 난로의 열기처럼 사랑이 당신으로부터 흘러 나가는 느낌을 가져 보라. 사람들이 온기를 느끼고 모여든다. 타인에게 영향을 받는 것은 자연스럽다. 하지만 근본적으로 당신의 사랑은 **당신 것**이어서, 독립적으로 햇살처럼 밖으로 뻗친다.

삶에서 어떤 영역을 하나 고른다. 가령 일, 또는 더 구체적으로 어떤 프로젝트. 그러고는 자문해 본다. 나의 노력이 나와 타인에게 진실로 **이로운**(beneficial) 것을 향하는가? 나는 이들 목표를 **능숙하게**(skillfully) 추구하는가? 어떤 일이 벌어져도 나는 **평화로울**(at peace) 수 있는가? 그러고는 이루어 내고 싶은 변화들을 떠올려 본다.

명상 중에는, 자비와 친절 연습을 어느 정도 포함시킨다. 타인을 위한 따뜻한 느낌을 의도적으로 일으키고 주의의 대상으로 삼아 집중한다.『자애경』을 조용히 읊조릴 수도 있다. 아니면 어떤 단어나 구절을 반추해 보는 것도 좋다.

하루 동안, 아니면 적어도 한 시간이라도 오직 지혜로운 말만 해 본다(즉 선의의, 진실한, 이로운, 매정하지 않은, 시의 적절한, 그리고 – 가능하다면 – 반기는 말). 특히, 말투에 마음을 두고 살핀다. 그리고 괜찮다면, 당신에 반하는 어떤 사람에게 이를 시도해 보라.

가령 상점 앞에 줄을 서 있는 사람들 같이, 모르는 사람들을 골라 본다. 그리고 마음속으로 그들에게 자비와 친절을 보내는 시간을 잠시나마 갖는다.

자기-연민도 잊지 말라. 부담을 느끼거나 스트레스를 받을 때, 속도를 늦춰 스스로에게 지지와 보살핌을 기울인다. 자기-연민을 가장 우선시한다.

학대받는 것이 당연한 사람은 우리 중에 아무도 없다. 그럼에도 우리 모두는 언제든 학대받을 수 있다. 학대에 면역일 정도로 특별한 사람은 아무도 없다. 이는 학대를 가볍게 본다는 의미가 아니고 다만 보다 큰 관점에서 그것을 보자는 얘기이다. – 그것을 사사로이 보지 말고, 학대받아 왔던 너무나 많은 다른 존재들을 포함해 공통된 인간성의 느낌을 갖고 살펴 보자는 말이다. 그런 후 적절한 행동을 취한다면, 이 모든 것을 마음속에 간직하는 데 도움이 되리라.

당신이 다른 사람을 느낄 때 나와 너(Thou to you)인지 – 아니면 나와 그것(It)인지 – 주의 깊게 살핀다. 누군가를 그것(It)으로 여긴다면, 그들을 온전한 개인으로 느끼려고 노력해 본다. 딱 당신만큼 중요한 누군가로 말이다. 그리고 누군가가 당신을 '그것으로 여기려(It-ing)' 한다고 느껴지면, 어떻게 응답해야 할지 곰곰 생각해 보라. – 평화롭고, 다정하고, 두려움 없는 상태를 견지하면서 말이다.

05

충만함 속에 거하다

여러 가지 세속의 길에 닿을 때,

어떤 마음은 흔들리지 않고, 때 묻지 않고, 슬픔도 없고, 안전하다.

이것이야말로 최상의 보호.

—

『숫타니파타』2.4

이 장에서 우리는, 내가 개인적으로 붓다의 깨달음의 핵심이라고 느끼는 부분에 대해 탐구할 것이다. 포괄적으로 정의하자면 갈망으로부터의 해방이다. 갈망은 고통 대부분의 깊은 원천이다. 깨달음으로부터, 붓다는 네 가지 진실이라기보다 네 가지 **과제**(tasks)라고 함이 좋을 가르침을 주었다.

○ 고통을 이해하기
○ 갈망을 흘려보내기
○ 갈망과 고통의 멈춤을 경험하기
○ 깨달음의 길을 계발하기

위의 네 가지는 그야말로 일생 동안의 연습이다! 이 책 내내 그것들과 마주칠 것이다. 우선 여기서는 앞의 두 가지에 초점을 맞추고자 한다.

마음의 지하실에서

고통을 이해한다는 말은 단순히 그 개념을 갖는다는 것보다 훨씬 더 많은 의미를 갖는다. 이는 고통이 당신 것이든 타인의 것이든, 그것이 미묘하든 비통에 가깝든, 존중과 열린 마음으로 인지함을 의미한다. 때로 그것은 드러나 있어 쉽게 눈에 띈다. 편두통 때문에 머리가 지끈거리거나, 병원에 입원한 어머니에 대해 걱정하는 등, 걱정이나 우울의 익숙한 그림자가 드리우는 정도이다. 하지만 우리가 겪는 고통의 많은 부분은 깊숙이 묻혀 있다. 정신의 보다 어린 층에 간직되어 있는 것이다.

당신이 어렸을 적

모든 아이들은 처음 수년간 특히 취약하다. 첫 번째 이유는 스트레스 경험을 촉발시키는 주된 신경 부위 ―편도체― 가 대부분의 아기들의 경우 태어나기 전에 이미 완전히 자라 있기 때문이다. 뇌 속의 이 '알람'은 당신이 인생 최초의 숨을 쉬기도 전에 이미 커다랗게 울릴 준비가 되어 있는 것이다. 둘째, 뇌 속 가까운 곳에 위치하며 편도체를 진정시키는 부위 ―해마체― 가 만 세 살이 되어야 발달을 마친다는 사실이다. 해마체는 **일화 기억**(episodic memories) ―개인적인 경험들을 특정한 덩어리로 기억하는 것― 을 만들어 내는 데 핵심적인 역할을 하기에 그것이 천천히 성숙한다는 사실은 우리가 왜 아주 어릴 적 기억을 못하는지에 대한 해답이다. 또한 해마체는 시상하부에서 스트레스 호르몬을 더 이상 분비하지 않도록 신호를 보낸다('이미 충분하다고!'). 언제든 준비가 되어 있는 편도체와 준비가 끝나려면 수년을 더 기다려야 하는 해마체의 조합은 마치 첫 번째 두 번째 주먹(one-two punch) 같다. 어린 아이들이 쉽게 화를 내는 이유는 이를 진정시키고 사건을 균형 있는 시각으로 보는 내적인 장치가 부족하기 때문이다. 셋째, 뇌의 **우측 반구**(right hemisphere)는 첫 18개월 동안 발달상의 도약을 시작한다. 이것이 문제가 되는 이유는, 뇌의 우측 편이 위협의 감지, 두려움 같은 아픈 감정, 그리고 도망가거나 얼어붙어 버리는 등의 **회피 행위**(avoidance behaviors)를 강조하는 경향이 있기 때문이다…. 그리고 이는 편도체-해마체 조합의 부정적 효과를 강화한다.

그렇기에 다른 모든 어린아이들과 같이, 당신도 완화, 안락함, 그리고 돌봄과 같은 **외부적**(external) 자원들이 필요했었다. 하지만 초기 아동기는 대부분의 부모들 역시 스트레스를 받는 시기이다. 따라서 많은 경우 지원이 빈약하고 때로 우울증에 빠지기도 한다. 그렇게 하필 당신의 신경계가 특히 취약한 첫 몇 년 간에 매 시간, 하루하루의 사건들이 벌어지는 것이다. 그리고 이때야말로 정신(psyche)의 기초 층이 쌓이는 시기다.

유아기 경험 속의 느낌, 감각, 그리고 갈망들은 **암묵 기억**(implicit memory) 저장소에 내면화 되지만 그것이 일어났던 상황에 대한 드러난(explicit) 기억들과는 단절되어 있다. 이 숨겨진 정보들은 현재에도 계속 살아 있다. 그리고 이는 과거 상황에 발생했던 모종의 암시(cue), 가령 누구도 들어 주지 않는, 누구도 봐 주지 않는, 누구도 돌보지 않는 느낌 같은 계기에 의해 다시 활성화될 수 있다. 후기 아동기와 이후의 성인기에, 다소 충격적인 경험들을 지날 때 뭔가 유사한 일이 일어날 수 있다. 옛 사건들의 아픈 상흔은 감정적 기억의 그물에 걸릴 수 있지만, 이는 도무지 맥락도 관점도 없이 나타난다. 바베트 로스차일드(Babette Rothschild)가 썼듯, 의식적인 마음은 잊었는지 몰라도, 몸이 기억한다.

고통은 정말이지 깊숙이도 가라앉는다. 마음챙김과 명상만으로도 숨겨진 정보들을 제거할 수 있으리라는 생각은 존 웰우드(John Welwood)가 **영적 우회**(spiritual bypass)라고 불렀던 곳으로 우리를 잘못 인도할 수 있다. - 그리하여 가장 깊은 곳에 남아 있는 것을 포함하여, 고통을 이해하자는 과제를 완수할 수 없게 된다. 정보들은 물리적 기억 체계에 각인되어 있고, 기억 체계는 그 내용물들을 보관하기 위한 장치이다. 이를 드러내고 풀어 내고자 하면 집중된 노력이 필요하고, 집중된 노력은 자기-연민과 마음챙김 - 견실한 마음과 따뜻한 가슴 - 으로부터 분명 이끌어 낼 수 있다. 하지만 동시에 특화된 기술적인 방법들도 적절히 사용되어야 한다. 여기에는 서로 다른 종류의 정신치료와 자립형 연습들이 포함된다. 그 예들은 미주 부분을 보기 바란다. 마음의 지하실로 등불을 가지고 내려가는 좋은 방법들이 있다. 만일 우리가 고통을 완전히 이해한다면, 그것들을 이용하는 것도 괜찮다.

고통의 완화와 치환

스스로 탐구해 볼 만한 방법 중 하나가 HEAL 과정에 나오는 연결(Link)

단계이다(150페이지). 거기서 당신은 긍정적 경험들을 부정적 정보들에 연결시켜 그것을 완화하고 심지어 치환할 수도 있다. 하나의 예로, 어릴 때 홀로 남겨졌던 슬픈 느낌을 의식의 한쪽 편으로 치워버리고 일단의 친구들에 둘러싸인 느낌에 집중해 볼 수 있다. 뇌에서는, 긍정적인 것이 부정적인 것과 연관되는 경향을 보일 것이며, 이 연관성은 후에 기억 망으로 되돌아가 저장될 때 해당 부정적 정보들과 함께 따라 들어가 저장된다. 실제로, 부정적인 정보들이 의식에서 사라진 후 적어도 한 시간 동안, **재통합의 구간**(window of reconsolidation)이 나타나며, 이때 신경학적으로 불안정해진다. 이 구간에서, 오직 긍정적인 정보들에만 이따금 다시 집중함으로써 부정적인 것이 뇌 안으로 '다시 접속(rewiring)'되는 것을 방해할 수 있다. 연결(linking) 작업을 하는 시간은 매번 고작해야 십여 초이지만, 이를 반복하면 마음의 정원에서 잡초들을 꽃들로 바꿀 수 있는 거다.

부정적 정보들은 생각, 감정일 수도, 느낌, 욕망일 수도, 이미지, 기억일 수도, 또는 이들의 조합일 수도 있다. 연결(linking)을 이용함으로써 당신은 더 이상 이 정보들에 저항하거나 부정하지 않는다. 그것을 있는 그대로 받아들이면서도 동시에 편안함, 적절한 시각, 격려 등이 그것을 –그리고 당신을– 응원해 준다. 마치 고통 받는 친구가 있다면 당신도 응당 그렇게 하듯 말이다.

부정적인 정보는 두 가지로부터 온다. 하나는 어린아이로서 또는 어른으로서 당신이 **잃어버렸던**(missing) 무엇인가로부터, 다른 하나는 상처받았던 무엇인가로부터이다. 선함의 부재는 악함의 존재만큼이나 상처를 줄 수 있다. 예를 들면 나는 학교에서 다른 아이들한테 그다지 괴롭힘을 당한 편은 아니었다. 하지만 학년에 비해 어리고, 조용하고, 아플 정도로 자기-의식적인 아이였기에, 많은 시간 동급생들에게 따돌림 당하고 받아들여지지 못한다고 느꼈다. 이는 나의 가슴에 쓰라린 구멍을 남겼고 나는 이를 친구를 사귀고 가치를 인정받는 많은 - 대부분 사소했지만 엄연히 사실이었던 - 경험들을 통해 천천히 메꿔 나갔다. 또 다른 상황에서 누군가는, 수호자이자 동맹군 같아야 할 부모 또는 다른 이들에게 방치되어 충분히 실망할 만하다 느꼈을 수도 있다. 그렇기에 자신에게 어떤 상실이 있었는지 - 또는 있는지 - 살펴 스스로의 고통을 이해함에 있어 확실히 해야 한다.

연결(linking)은 다음과 같이 한다. 우선 부정적 정보의 느낌을 갖는 것으로 시작한다. 거기에 이름을 붙여 볼 수도 있는데, 가령 '직장 상사가 나에게 고함지르던 그 기억'이라든가 '이 아픔의 느낌'이라는 식이다. 그런 다음 그것을 덜어 주고 완화시킬 - 그리고 시간이 지나면서 어쩌면 그것과 치환될 - 수 있는 몇몇 긍정적 정보들을 떠올린다. 예를 들면, 차분하면서도 강한 느낌은 불안이나 무력감을 없앨 자산이다. 삶에서 좋은 것들에 대한 감사는 슬픔이나 상실감에 도움이 된다. 다른 이들이 자신을 좋아하거나 고마워하는 느낌은 버려짐이나 수치심에 유용하다. 연결 중에, 부정적 정보는 계속 작게 의식의 가장자리로 치워진 채 유지하고 긍정적인 것은 전경의 중심에 놓고 크게 유지한다. 어떤 경우 주의가 그 둘 사이를 빠른 속도로 왔다 갔다 할 수도 있다. 만일 주의가 부정적인 쪽에 끌려가면, 바로 놓아 버리고 오직 긍정적인 정보에만 집중한다.

하루 동안, 뭔가 긍정적인 경험을 했다면 그것이 그와 잘 맞는 부정적인 정보를 어루만지고, 부드럽게 하고, 덜어 준다고 상상해 볼 수 있다(이 장에서 나중에 어떤 종류의 긍정적인 경험이 특정 부정적 정보와 가장 잘 맞는지 더 자세히 알게 될 것이다.). 유익한 생각과 느낌들이 내면의 아리고 갈망하는 자리로 가라앉는 상상을 할 수도 있다. 아니면 자신의 현명하고 사랑스런 부분이 더 어린 부분들과 소통하는 상상을 한다. 의도적으로 유익한 경험들을 창조해서 부정적 정보들에 연관시키는 것 또한 가능한데, 아래 상자 글과 같다.

연결 단계 사용하기

시작 전에, 어떤 부정적 정보가 있는지 그리고 그것에 적합한 긍정적 정보는 어떤 것이 있는지 감을 잡아 보자. 긍정적인 정보를 경험할 때, 천천히 여유 있게 풍성하게 하기와 흡수 단계를 진행한다. 이는 배움을 지속하기 위한 필수적인 '설치' 단계이다.

부정적 정보가 극심하거나 충격적일수록, 더 천천히 진행하고 자신을 잘 돌보는 것이 중요하다. 또한 필요하다면 전문가의 도움을 받으라. 내가 여기서 제안하는 것들은 끌려가거나 압도됨 없이 고통스런 정보들을 스스로 탐구할 수 있음을 전제한다. 그럼에도 그것이 당신을 사로잡는다면, 연습을 멈추고 중심 잡고 편안하게 느끼게끔 하는 다른 것에 단순히 초점을 둔다. 긍정적인 것을 부정적 정보에 연결하는 과정에 대해 더 알고 싶다면, 나의 다른 책 『행복 뇌 접속 (Hardwiring Happiness)』을 보아 주기 바란다.

1. 긍정적 정보를 경험한다. 이미 그것을 느껴 보았다면 다시 불러온다. 아니면 그 경험을 창조한다. 가령 그것을 느꼈던 장소와 때를 마음속에 떠올린다. 마음속에서 마치 그것이 지금 이 순간의 일인 양 느껴본다.
2. 경험과 함께 머무름으로써 풍성하게 만든다…. 그리고 몸으로 느껴본다.
3. 긍정적 정보가 마치 따뜻한, 완화시키는 연고인 듯 자신 안으로 가라앉는다고 의도적으로 느껴 흡수한다.
4. 긍정적인 정보를 크게 그리고 의식의 한가운데 유지함과 동시에 부정적인 것을 단지 **개념**(idea)으로만 의식함으로써 둘을 연결한다…. 그다음, 긍정적인 것을 크게 전면에 둔 채 부정적인 것을 조금씩 더 느끼되 계속 가장자리에 둔다…. 그러고는 부정적인 것에 긍정적인 것을 맞닿게 함이 무엇을 의미하는지 본다. 이는 마치 내면의 상처 난 자리에 완화 연고를 바르는 것과 같다. 긍정적인 것을 더욱 확연하고 강력하게 유지한다. 몇 번의 호흡 후, 부정적인 것이 흘러가도록 두고 오직 긍정적인 것 안에서 쉰다.

삶은 고통인가?

붓다의 가르침의 핵심은 대개 **모든 조건 지어진 것들은 고통이다**(All conditioned things are suffering)라고 번역된다. '조건 지어진'이란 다양한 원인들에 의거하여 존재하는 무엇인가를 간결하게 표현한 것이다. 난데없이 펑 하고 나타나는 존재는 없다는 얘기다. 예를 들면, 나무 의자는 많은 요소들의 결과이다. 거기에는 그 원재료인 나무들과 그것을 만든 사람들이 포함된다. 호흡의 느낌 또한 많은 요소들의 결과인데, 신경계의 전기회로와 당신이 심호흡을 함 등의 원인이 있겠다. 이어서 차례로, 이들 원인들은 자체로 또 _그것들의_ 원인들에 의해 조건 지어진다⋯. 이는 궁극적으로 전 우주로 그리고 태초의 시간으로 거슬러 올라가게 된다.

진실로 모든 조건 지어진 것들이 고통일까? 나는 그렇게 생각하지 않는다. 고통의 이해라는 과제 – 그리고 기회 – 를 충족시키려면, 우리는 이 가르침을 샅샅이 파헤쳐서 실제로 진실인지 확인해 보아야 한다. 그래서 나는 내가 마주쳤던 그것의 또 다른 형태(versions)를 살펴보고자 한다.

문자 그대로 – '모든 조건 지어진 것들은 고통이다' – 받아들이면 이 선언은 사실일 리가 없다. 조건 지어진 **모든**(all) 것이 고통일 수는 없다. 고통이란 일종의 **경험**(experience)이다. 의자는 조건 지어진 것 – 어떤 물리적 대상 – 이다. 그것은 어떤 경험을 가질 수 없고, 어떤 경험이 될 수도 없다. 따라서 '모든 의자는 고통이다.'라고 한다면 틀리다.

'삶은 고통이다.'라는 말도 이와 유사한 형태라고 볼 수 있다. 글쎄, 과연 그럴까? 경험들 —적어도 이 단어가 정상적으로 쓰이는 한— 은 신경계를 필요로 한다. 식물과 미생물은 신경계를 갖지 않는다. 따라서 그들은 경험을 갖지 못하며, 그러므로 고통을 겪을 수도 없다. 뼈, 피, 그리고 뉴런들도 마찬가지 이유로 고통을 겪지 않는다. 이는 단지 의미론적인 얘기가 아니다. 고통은 '저 밖에' 어떤 물리적 실체로 존재하지도 않고, 온전한 모습으로 삶 속에 존재하는 것도 아니다. 대부분의 조건 지어진 것들은 고통이 **아니다**. 고통이 모든 것 중에 어떤 작은 일부일 뿐임을 알면 놀라면서도 안심하는 느낌이 들지도 모르겠다.

조건 지어진 것들(conditioned things)이라는 용어가 단지 우리의 경험들을 지칭하기 위해 쓰였다고 가정해 보자. 의자와 같은 물질적 대상은 포함시키지 않는다. 그럼 진술은 다음과 같은 형태가 된다. '인간의 모든 경험은 고통이다.' 이것이 실제로 진실인가?

살다 보면 육체적 통증, 슬픔, 두려움, 분노, 우울, 또는 고통의 다른 압도적인 형태들로 마음이 가득 차기도 한다. 나도 그런 때가 있었고, 그럼 마치 고통이 그 순간 모든 것이라 느껴진다. 또한 셀 수 없이 많은 이들이 매일같이 통증, 질병, 상실, 장애, 가난, 배고픔, 또는 불의를 참고 살아야만 한다. 때로 눈 깜짝할 사이에 뭔가 일어날 수도 —고속도로에서 옆 차가 갑자기 방향을 틀어 당신 차로 돌진할 수도, 믿었던 누군가가 충격적인 배신을 할 수도— 있다. 그럼 남은 인생은 완전히 바뀐다. 고통은 분명 우리 주위에 있고, 항상은 아니라도 종종 우리 안에 있다. 연민은 그런 사건에 대해 그럼에도 불구하고 가능한 최선을 다하라는 소명을 준다. 그렇다고 해도 —우리의 경험들이 **전부**(all) 고통일까?

고통이 문제인 이유는 그것이 특별한 종류의 −즐겁지 않은− 경험이기 때문이다. 그러니 모두가 알다시피 또 다른 종류의 경험도 틀림없이 있다. 달콤한 복숭아를 먹는 즐거움은 자체로 고통이라 볼 수 없다. 미덕, 지혜, 또는 집중도 마찬가지다. **의식 자체**(Awareness itself)는 고통이 아니다. 인간의 경험에 분명 두려움과 슬픔이 포함되지만, 그것이 다는 아니다. 게다가, 어떤 경험이든, 심지어 고통스런 것이라 해도, 마치 그림 속 각각의 붓놀림이 다르듯 수많은 요소(elements)로 고도로 세분화된 차이를 보인다. 이들 요소의 대부분은 자체로는 고통이라 볼 수 없다. 빨간색이 빨갛다는 사실, 공이 둥글다는 앎… 이들 중 어느 것도 자체로 고통이라 할 수 없다.

이런 점들이 단지 기술적인 것으로 보일는지도 모르지만, 무엇이 고통이 **아닌지**(not) 간과한다면 진실로 무엇이 고통이 **맞는지**(is) 이해할 수 없다. 그렇게 되면 건강과 풍요를 늘리고 고통을 줄이는 데 쓸 수도 있었을 경험과 자원을 놓치는 셈이다. 자신과 타인 안에 있는 고통을 알아차리면 가슴이 열리고 연습에 동기가 부여된다. 하지만 이들 좋은 결과는 그것을 과장해서 얻어지는 것이 아니다.

이제 여기서 더욱 좁혀 들어가 다음 서술을 따져 보자. '인간의 경험들은 −그것이 사랑스럽고, 아름답고, 영감을 주는 어떤 것이라 할지라도− 언제나 그 안에 어느 정도의 고통을 내포한다.' 이는 진실에 훨씬 더 근접해 보인다. −하지만 도대체 어째서 고통이라는 화소(pixels)가 의식이라는 영화 안 어딘가에 **항상**(always) 존재하는가?

이 시점에서 고통에 대해 좀 더 넓고 느슨한 방법으로 생각해 보면 도움이 된다. 고통은 '만족스럽지 못함 또는 **만족을 주지 못하는**

(unsatisfying) 어떤 것'이다. 하지만 아직도 좀 더 분명하게 해야 할 필요가 있다. 어떤 경험의 바로 그 순간 - 계피 냄새가 나거나 어떤 일이 되었음을 인식하는 순간 - 냄새나 인식은 그저 있는 그대로일 뿐, **그 자체**(itself)로는 만족을 주지 못하는 어떤 것이 아니다. 누군가는, 언제나 만족스럽지 못한 이유가 모든 경험의 피할 수 없는 종말 - 덧없음 - 때문이라 말할는지도 모르겠다. 하지만 **덧없음만으로는 문제가 될 수 없다**(impermanence alone can't be the problem). 어떤 종류의 덧없음은 환영받기도 하기 때문이다. 통증에 한계가 있기에 즐거움의 여지가 생긴다. 그리고 심지어 경험의 순간순간 언제나 끝이 있다는 사실이 일종의 상실이라 할지라도, 끝남마다 언제나 새로운 순간이 솟아오르기에 결국 균형이 맞추어져 있는 셈이다.

그렇다. 모든 경험은 일시적이기에, 영원히, 끊임없이 만족스러울 수 없다. 하지만 이것이 문제가 되는 것은 **오직 우리가 경험을 붙잡으려 애쓸 때뿐이다**(only when we try to hold on to them). 고통, 스트레스, 또는 불만족은 경험 그 자체에 내재하지 않으며 경험의 덧없음과도 무관하다. 그것은 오직 경험을 **붙잡는 짓**(holding)에 내재한다. 잠시 속도를 늦추어 이것이 함축하는 의미를 음미해 보라. 여전히 삶에서 피할 수 없는 물리적 감정적 통증을 마주해야 하고, 모든 경험의 피할 수 없는 무상함을 대면해야만 하지만, 붙잡지 않고 놓아 주는 한 이것들이 **고통**(suffer)일 필요는 없다.

이를 어떻게 해낼까?

두 종류의 집착(HOLDING)

집착에는 두 종류가 있다. 첫째, 우리는 붓다께서 집착의 네 가지 대상이라 불렀던 것에 매달리는 경향을 보인다.

- 즐거움(고통에 저항하는 것이 포함될 수 있다)
- 관점(주장, 믿음, 기대 같은 것들)
- 절차와 의례(이는 오늘날 규칙과 루틴에까지 확장될 수 있다)
- 나라는 느낌

예를 들면 나는, 아이스크림을 먹고 싶은데 냉장고를 뒤져 보니 용기가 비어 있을 때 어떤 느낌인지 알고 있다. 내가 먹고 싶어 하는지 확인해 보지도 않고 누군가 마지막 한 덩어리를 먹는다는 건 있을 수 없다는 일종의 강한 주장. 내 집에서 이에 대한 새로운 규칙을 원함. 그리고 누군가 '나의' 아이스크림을 먹었다는 사실에 마음이 상함. 이런 종류의 집착은 갈망의 한 형태이며, 마음챙김을 통해 이를 지켜볼 수 있다. 의식 안의 다른 모든 것처럼, 갈망 또한 증가하기도 감소하기도 한다. 파도 같은 파동인 것이다. 연습한다면, 붙잡는 대신 흘려보내는 것에 점점 더 편안함을 느낄 수 있다. 그리고 그것이 이 책을 관통하는 주제이다. 또한, 이 장의 후반부에서 다룰 예정이지만, **이미**(already) 충족되어 있다고, 이미 편안하다고 느끼며, 그 어떤 순간에도 전혀 붙잡으려는 충동을 느끼지 않을 수도 있다. 백 번 양보한다 해도, 첫 번째 종류의 집착은 고작해야 의식의 일부일 뿐, 전체가 아니다. 그리고 이런 종류의 집착은 연습을 통해 점진적으로 풀린다.

하지만 두 번째 종류의 집착은 생명 자체에 내재되어 있다. 본질적으로, 신경계는 극도로 역동적이고 상호 연결된 과정들을 분할하고 안정시키려 항상 시도한다. 그것이 거주하는 몸의 생존에 의무를 다하기 위해, 신경계는 경험의 순간순간 그 기저가 되는 신경활성의 패턴들을 계속해서 유지하기 위해 애쓴다…. 심지어 무수히 흩어졌다가 다시 뭔가 다른 형태로 모이기를 반복해서라도 말이다. 마음이 조용하고 견실할 때, 이를 실제로 목격할 수 있다. 그것은 끊임없는 미묘한 긴장을 만들어 내며 이 또한 고통의 한 형태로 볼 수 있다. 이 긴장이 우리가 경험하는 유일한 것은 아니다. 하지만 이는 우리가 경험하는 모든 것에 들어 있다. 이 특별한 느낌 안에서, 고통은 과연 우리 삶에 내재된 특징이 된다. 이 긴장은 생물학적으로 뿌리박혀 있어 제거가 불가능하다. 대신 그것을 이해할 수 있는데, 그 이해가 명료함과 고요함을 가져온다. 거기에 더해, 신경계의 이러한 특성을 받아들이고 그에 저항하지 않을 수 있다면, 더 이상 고통에 고통을 더하는 짓을 멈추게 된다. 이런 종류의 집착은 그저 뇌가 자신의 책무를 다하는 것일 뿐이다. 이 삶 속에는 언제나 어느 곳에서나 어느 정도의 긴장이 있다. 하지만 그에 둘러싸여 그 한가운데 서 있을지라도, 거기에는 너무나 많은 다른 것들이 존재할 수 있다. 열린 가슴, 누구도 방해할 수 없는 광활한 의식, 그리고 실제로 존재하는 좋은 것들에 대한 감사.

갈망의 원인

첫 번째 집착인 갈망은 고통의 대부분에 있어 원인이다. 이에 정말로 중요한 질문이 떠오른다. 무엇이 갈망을 유발하는가?

◆

만일 뿌리가 튼튼하고 상처가 없다면
쓰러진 나무에서 가지가 다시 나듯,
고통 또한 끝없이 돋아나리니
갈망하는 습관을 뿌리 뽑지 않는다면.

_ 『법구경』 338

◆

갈망의 세 가지 원인

갈망은 세 가지 원천에서 기인한다.

첫째, 안전하지 못한 애착과 부적절함, 외로움, 질투, 억울함의 느낌 같은 **사회적**(social) 요소가 있다. 이들 요소를 위한 **관계**(relationship) 연습에는 연민, 친절, 그리고 타인의 행복이 포함된다.

둘째, 충족되지 못한 욕구의 느낌에 기초한 **본능적**(visceral) 요소가 있다. 뭔가 잃어버린 것, 뭔가 잘못된 것이 있는 거다. 초기불교의 언어인 빨리어에서, 갈망에 해당되는 단어는 **탕하**(tanha)인데, 그 어원이 '목마름'이다. – 이는 갈망의 근원에 숨겨진 동력을 표현하기에 특히 적당하다. 갈망은 **충만**(fullness)의 연습들을 통해 해결할 수 있다. 연습은 자신의 욕구를 충족시킬 내적인 힘과 이미 충분하다는 전반적인 느낌, 그리고 감정적 균형을 기른다.

셋째, **인지적**(cognitive) 요소가 있다. 이는 다음과 같은 생각에 기인한다.

○ 실제로는 모든 것이 변함에도 불변하는 무엇인가가 있다는 생각.

○ 실제로는 그 어떤 것도 지속적인 만족감을 줄 수 없음에도 그럴 수 있는 뭔가가 있으리라는 생각. 또는

○ 실제로는 고정된 자아라는 건 없음에도 고정된 '나' 또는 '내 것'이란 것이 있다는 생각.

갈망의 이 근원을 해결하기 위한 연습들은 이런 형태의 무지와 착각을 다시 **인지**(recognition) 하는 것에 초점을 맞춘다.

세 가지 종류의 연습

이들 세 종류의 연습 – 관계, 충족, 그리고 재인식 – 은 똑같이 중요하고, 각각 서로를 떠받친다. 이들 모두를 위해서는 마음의 견실함을 끌어다 써야 할 뿐만 아니라 통찰 – 빨리어로 **위빠사나**(vipassana) – 도 필요

하다. 진실로 해방을 맛보려면 통찰이 함께 할 뿐만 아니라 그것이 몸에 배야만 한다.

도덕적 기준과 자기-연민을 포함하여, 관계-지향적인 연습들을 시작할 때, 때로 거기에는 자연스러운 리듬이 있다. 가슴이 열리고 부드러워짐에 따라, 우리는 점점 더 충족의 연습에 몰입하게 되고, 이는 탄력성과 평정심을 길러 준다. 이러한 내적인 안정을 기반으로, 고통의 인지적 요소들에 대한 재인식이 점차로 자라난다. 그러면 이들 깨달음이 자신의 인간관계와 충만한 느낌에 되먹임 되며 긍정적인 순환을 만들어 내는 것이다.

앞선 장에서 우리는 관계의 연습들에 집중했고, 이번 장에서는 충만함을 탐구하는 중이다. 인지의 연습은 다음 장에서 살펴보고자 한다.

사람들이 연습을 할 때면, 연습의 한두 가지 면에 자연스레 매몰되는 경향이 있는데, 이는 괜찮다. 하지만 다른 면들도 살펴보면 일상에서 도움이 되지 않을까 자문해 보면 유용하다. 예를 들어 갈망의 사회적인 그리고 본능적인 근원에 대해 소홀히 하면, 사적인 연습은 너무 메마르고 분석적인 것이 되어 버려 그다지 결실을 보지 못한다. 더 나아가, 어떤 상황들에서는 연습의 오직 하나의 면만 두드러질 수 있다. 때때로 스스로 이렇게 자문해 본다. 만일 초기불교의 스승들이 남자이자 아버지가 아니라 여자이자 어머니였다면 불교는 어떤 식으로 발전을 했을까? 또는 향후 2500년간 가정주부들의 제도적 권위가 더 크게 유지된다면? 그러면 더 좋으리라 얘기하는 게 아니다. 다만 그러면 어떻게 달라질지 한번 생각해 봄이 가치가 있다는 말이다. 전달하는 자가 누구인지와는 무관하게 진리는 진리일 뿐이지만, 그 진리를 깨우치기 위해 고

안된 **표현들**(expressions)과 **연습방법들**(practices)은 성별, 계급, 그리고 개인사와 같은 많은 요소들에 좌우된다. 이런 말이 있다. 자신의 연습에 아무것도 남기지 말라. 개인의 연습과 우리의 사회제도 양쪽 모두에서, 이렇게 물을 수 있다. 우리는 무엇 –또는 누구로부터– 벗어나려 하는가?

세상의 어떤 축복도,
천상의 어떤 지복도,
터럭만큼도 미치지 못 하리
갈망을 끝내는 지복에 비한다면.

_ 『우다나(Udana)』 2.2

각인된 갈망

갈망의 가장 깊은 뿌리는 생물학적으로 내재된 **추동 상태**(drive states)에 있다. 이는 원숭이, 생쥐, 도마뱀 같은 더 단순한 동물들과도 공유하는 것이다. 이들 추동의 근거가 되는 신경생물학적 하드웨어는 수억 년 전에 출현했다. 이는 복잡한 인지적 오류들을 해결하기 위해 개발된 능력들에 한참 앞서 존재했다. 갈망의 가장 근본적인 원인은 이들 인지적 오류들에 숨어 있는데, 오류는 뇌의 물리적 구조들과 진화적 시간 양쪽 모두에서 발견된다.

어떤 중요한 **욕구**(need)에 직면하여 **결핍**(deficit) 또는 **방해**(disturbance)의 감각이 침투할 때, 우리는 이른바 추동 상태로 돌입한다. 갈망이 각인된 존재로서, 당신에게 필요한 것은 무엇일까?

넓게 말해, 우리를 포함한 모든 동물의 근본적인 욕구는 **안전**(safety), **만족**(satisfaction), 그리고 **연결**(connection)이다. 잠시 멈추고 이들 욕구가 일상에서 얼마나 다양한 형태로 나타나는지 돌이켜 보라. 뇌는 조절 및 동기 부여 체계를 통해 이들 욕구에 직면한다. 이들 욕구는 각각 해로운 것을 **피하고**(avoid), 보상을 **구하고**(approach), 다른 이들에게 **다가가는**(attach) 것이다. 이를 위해, 이들 체계는 **파충류 뇌간**(reptilian brain stem), **포유류 피질하부**(mammalian subcortex), 그리고 **영장류/인간의 신피질**(primate/human neocortex)에 느슨하게 연결되어 있다. 예를 들면, 어떤 오해 뒤에 친구와 다시 연결이 필요하다 느끼면, 그 친구에게 다가가기 위해 신피질에서 공감과 언어의 능력을 끌어다 쓸 수 있다. 자신에게 적절하다 느껴지는 방법으로 말이다.

우리의 모든 욕구들은 정상이다. 또한 이를 충족시키기 위한 신경 심리학적 체계들은 필요하다. 깨달음은 욕구의 종말이 아니며, 그것이 뇌의 근본 구조를 바꿀 수 있지도 않다. 문제는, 우리의 욕구들을 지혜롭게 충족시킬 수 있는가? 그것이 유발하는 갈망과 고통 없이? 이 질문에 답하는 데 우리의 신경 하드웨어에 대한 지식이 유용하다.

건강한 균형 상태

뇌 속의 세 가지 주요 회로(networks)는 당신이 삶의 거친 파도 속에 좌초되어도 안전하게끔 돕는다. 첫째, **현출성 회로**(salience network)는 필요-충족과 관련된 정보를 강조한다(이들 각각의 회로의 핵심 부위들은 미주에서 살펴보기 바란다.). 둘째, **기저 상태 회로**(default mode network)는 백일몽 상태나 깊이 생각할 때, 미래나 과거를 생각할 때, 그리고 자기 자신을 생각할 때 활성화된다. 셋째, **실행 통제 회로**(executive control network)는 의사 결정과 문제 해결에 관여한다.

이들 세 회로들은 함께 일하고 서로 간 영향을 미친다. 단순화시켜 요약하자면, 현출성 회로가 무엇인가에 중요하다 표식을 세운다. 그러면 기저상태회로에 이제 멍때리기를 그만하라는 신호가 보내짐과 동시에, 실행 통제 회로는 문제를 파악하고 어떻게 해결할지 궁리한다.

쾌감의 감도

각각의 욕구와 관련된 기회와 도전들을 알아보자면, 이들 회로들은 경험들의 **쾌감 감도**(hedonic tones)를 추적한다. 어떤 것의 느낌이 **불쾌하면**(unpleasant) 안전이 필요하다는 불이 들어오고, 뭔가의 느낌이 **즐거우면**(pleasant) 필요의 충족이라는 불이 들어온다. 제 3의 쾌감 감도가 존재하는데 이를 **중립적**(neutral)이라 한다. 이처럼, 인간의 삶이라는 게 아픔을 피하고 즐거움을 좇음 그 이상도 이하도 아니라는 요약은 붓다께서 말씀하신 고대의 가르침뿐만 아니라 현대 심리학에서도 이야기하는 바이다.

하지만 우리 삶에서 이것이 전부일까? 타인에게 다가감을 통해 충족되는 연결의 욕구는 어떤가? 경험적으로, 인간관계에는 즐겁고, 불쾌하고, 중립적인 어떤 것 그 이상의 뭔가가 있다. 관계에 있어서는, 단순히 고통을 회피하고, 즐거움을 추구하고, 그 둘 중 어디에도 해당되지 않으면 넘어가는 식의 것보다 훨씬 더 많은 뭔가가 동기를 부여한다. 연결되어 있다는 따뜻한 느낌들은 뇌 속의 옥시토신 활성을 증가시키고, 이 신경화학물질의 분비는 고통과 즐거움의 신경 기반에 강력한 영향을 미친다. 게다가, 지난 수백만 년간 작은 집단을 이루어 사는 동안, 우리 선조들은 연결의 욕구를 좀 더 효율적으로 충족시키기 위해 훨씬 더 커다란 신피질을 진화시켰다. 오늘날 우리는 이 '사회적 뇌'라는 일면을 일상적으로 꺼내 쓰고 있다. 이로써 뇌간과 피질하부에 각인된 좀 더 원시적인 고통과 쾌락의 체계에 대해 하향식 지배력을 발휘한다.

만약 연결의 욕구가 안전과 만족의 욕구와는 분명 다르다면, 만일 구하거나 피함과 다가감에 엄연한 차이가 있다면, 불쾌함, 즐거움, 그리고 중립의 세 가지 쾌감 감도와는 확실히 달리 진화한 제4의 쾌감 감도라 해도 생물학적으로 적절하다 본다. 나는 이런 일이 실제로 일어나고 있다고 믿는다. 특히 단연 사회적인 종, 인간의 뇌라면 말이다. 이를 사물을 **관련짓는**(as relational) 감각이라 불러 보자. 스스로 경험에서 이를 확인할 수 있다. 다른 사람과 함께 있을 때, 우선 중립적인 느낌에는 어떤 것이 있는지 알아차려 보라. 즐겁지도 불쾌하지도 않은 것이다. 가령 팔꿈치가 있다는 등, 그들에 대한 단순히 중립적인 사실들. 다음으로 불쾌해서 없애고 싶은 것을 눈치채 보라…. 즐거워서 계속 구하고 싶은 것을 알아차려 보라…. 마지막으로 딱히 즐겁거나 불쾌하지는 않지만 모종의 **관계 맺고 있는**(in relationship with) 상태의 감각이 있는지 알아차려 보라. 진화상에서 비교적 최근에 나타난 것이기에 이 네 번째 쾌감 감도는 너무 미묘할는지도 모르겠다. 하지만 마음으로 주의 깊게 살펴볼 수 있고 그것이 연결의 욕구를 강조하는 역할을 갖는다는 사실을 인식할 수 있다.

갈망으로 욕구를 다루기

어떤 욕구가 불충분하게 채워졌다는 침습적인 감각이 있을 때, 뇌는 신경호르몬적 스트레스 반응을 시작한다. 편도체는 교감신경계로 신호를 보내 도주 또는 투쟁을 준비하거나, 부교감신경계로 신호를 띄워 그 자리에서 얼어붙는 쪽을 택한다. 동시에, 시상하부에 연락해 아드레날린, 코티솔, 그리고 노르에피네프린 같은 스트레스 호르몬을 분비하라고 요청한다. 몸 안에서는, 면역체계 강화와 같은 장기적인 프로젝트를 멈추고 뒤로 미룬다. 그와 함께, 심혈관계, 소화기계, 그리고 내분비계가 요동친다. 마음에서는, 안전, 만족 또는 연결 중 무엇이 도전 받느냐에 따라, 두려움, 좌절, 또는 상처받는 느낌이 결정된다.

　한마디로, 이것이 이른바 두 번째 고귀한 진실의 신경심리학적 요약이자, 당신의 뇌가 갈망 상태에 있는 모습이다. 일상의 경험에서 볼 수 있는 형태는 좀 더 순화된 모습이지만, 그럼에도 그 중심에는 갈망이 자리한다. 나는 이를 **반응**(reactive) 태세 또는 적색 지대라고 부른다. 이는 분명 다가오는 욕구들을 다루는 한 가지 방법이다. 대자연의 생물학적 청사진에는, 행위란 폭발하듯 간결해서 재빨리 끝이 나게끔 설계되어 있다…. 이런저런 방법으로 말이다. 하지만 현대적 삶의 방식들은 – 그리고 과거를 후회하고 미래를 걱정하는 등 신경학적으로 진보된 우리의 능력은– 일상적으로 우리를 약한 또는 중간 정도의 스트레스 상태로 몰아넣는다. 적색 지대 안에서의 삶은 몸과 마음을 소진시키고 좀먹는다. 이는 더 큰 결핍과 장애의 느낌을 창조하고, 더 큰 갈망을 촉진시켜 결국 악순환을 초래한다.

갈망 없이 욕구를 다루기

하지만 이것이 욕구 충족의 유일한 길은 아니다. 생각, 말, 또는 행동 등 많은 행위들에서 –어떤 관점을 취하거나, 친구에게 동정심을 느껴 중

얼거린다거나, 포크를 집으려 팔을 뻗는다는 등 - 실제로 갈망의 경험은 들어 있지 않다. 아마도 마음속에 때맞춰 어딘가에 갈망이 생길는지는 모르지만, 어쨌든 행위 그 자체는 갈망이 아닌 듯하다. 자신의 경험 속에서 이를 관찰하고 갈망이 없다는 게 어떤 느낌인지 알면 매우 유용하다.

더 나아가, 자신의 욕구를 충족시키기에 충분한 **자원이 있다**(resourced) 느껴지면, 그것을 충족시키기 위해 굳이 적색지대로 불나방처럼 뛰어들 이유가 없다. 예를 들어, 암벽 등반을 하면서 나는 지상 수백 미터 위에서 연필 하나 올려놓을 만한 넓이의 돌출부에 의지한 채 매달려 있고는 했다. - 동시에 족히 1톤은 됨직한 재미를 느끼며 말이다. 안전의 욕구는 확연히 위협받지만, 거기에는 나의 능력과 동료와 밧줄에 대한 신뢰의 느낌이 동시에 존재한다. 이와 비슷하게, 당신 또한 달성하려면 많은 난관이 존재하는 커다란 목표를 추구하면서 자신감과 감사함을 동시에 느낄 수 있는 것이다. 관계에 있어서도, 대인관계 기술들과 자존감을 끌어내 씀으로써 갈등에 유연히 대처할 수 있다. **핵심은 어떤 욕구가 위협받는지가 아니다. 그것을 충족시키기 위해 충분한 자원을 갖추었다고 스스로 느끼는지가 핵심이다**(The crux is not whether a need is challenged but whether you feel sufficiently resourced to meet it). 좋은 친구 같은 외부적인 자원 또한 욕구를 충족시키는 데 중요하지만, 세상 저 밖에 존재하는 것이란 항상 의지할 만한 것은 못된다. 내면의 힘이야말로 어디를 가든 자신과 함께한다.

가장 근본적으로, **이미**(already) 충분히 충족되었다는 감각이 배경처럼 깔려 있는 상태에서 욕구들을 다루는 것이 가능하다. 이때 균형감과 충만한 느낌이 존재의 핵심에 자리 잡고 있다. 그럼 몸은 가장 효율적으로 스스로를 보호하고, 수선하고, 재충전할 수 있다. 한편, 안전, 충족, 그리고 연결과 관련하여 마음에 평화, 만족, 그리고 사랑의 느낌이 전반적으로 있다. 두려움과 분노, 실망과 내몰림, 그리고 아픔과 억울함이 여전히 의식 위로 떠오르겠지만, 그것들은 구태여 '마음에 스며들어 남지' 않는다. 붓다께서 당신의 깨달음을 예비하며 기술한 것과 같이 말이다.

나는 이를 **대응**(responsive) 태세 또는 녹색 지대라고 부른다. 그 안에서는, 갈망의 본능적 기반이 거의 또는 전혀 없다. 갈망의 오래된 습관이 남아 있을 수 있지만, 남아 있는 연료가 극적으로 감소된다. 이것이 몸, 뇌, 그리고 마음의 안식 −내 집 같은− 상태이다. 세 번째 고귀한 진실에서 말하는 고통의 완전한 종말은 아니지만, 적어도 그것을 위한 강력한 토대임은 확실하다. 또한 탄력적인 풍요를 위한 생물학적·심리학적 토대이기도 하다.

◆

바위처럼 서서, 흔들리지 않는 마음,
열정의 불꽃 일으키는 그 어떤 것에도 무심하고,
도발의 불꽃 일으키는 그 어떤 것에도 초연하다.
이와 같은 마음 기른다면,
고통과 초조 그 어디에 올 수 있으랴?

_『우다나』 4.4

◆

녹색 지대에서 살기

내적인 자원을 개발함은 마치 범선의 용골을 깊게 파는 것과 같아서 세상 풍파를 - 득과 실, 즐거움과 고통, 칭찬과 비난, 명성과 비방 - 좀 더 쉽게 -반응 태세로 홀딱 넘어감 없이 - 다룰 수 있도록 만들어 준다. 아니면 적어도 좀 더 재빨리 회복할 수 있게끔 한다. 이들 능력에 대해 늘어나는 자신감과 함께, 당신은 편안한 마음으로 삶에서 자신의 목표를 더 높게 잡고 깊고 푸른 대양으로 훨씬 더 멀리 항해할 수 있게 된다.

이와 관련하여 붓다께서 말씀하신 비유를 들자면, 우리들 모두는 피할 수 없는 육체적 감정적 불편함에 직면한다. 이른바 삶의 '첫 번째 화살'이다. 살면서 탁자 모서리에 발가락을 부딪치거나 교통체증 속에서 좌절할 수도 있다. 하지만 여기에 더해 '두 번째 화살'까지 맞을 필요는 없다. 화가 나 테이블을 발로 차거나 차에서 경적을 내려치듯 눌러대는 것 말이다(실은 나도 종종 그렇게 한다.)

대응 태세의 신경적 기질들을 지어 나갈 때, 당신의 풍요는 점차 조건에 구애받지 않게끔 되고, 외부적 조건들에 덜 의존한다. 또한 미덕, 집중, 그리고 지혜의 함양이 갈수록 더 쉬워지는데 이는 갈망의 불꽃을 유지할 연료가 점점 줄어들기 때문이다.

일반적인 힘들의 성장

몇몇 심리학적인 자원들, 가령 호기심과 인내 같은 것들은 어떤 특정 필요에만 국한되지 않고 광범위하게 쓰인다. 이에 대한 좋은 예가 쾌감 감도에 대한 일반적인 마음챙김 수련이다. 무엇인가 단지 즐겁지 않다는 것만으로 그에 맞서거나 도망갈 이유는 **본질적으로**(inherently) 존재하지 않는다. 뭔가 즐겁다고 그것을 반드시 좇아야만 한다는 의미는 아니다. 어떤 관계가 있다고 해서 그것에 매달려야만 한다는 의미도 아니다. 그리고 뭔가 중립적인 것이라고 그것을 반드시 무시해야 한다는 의미 또한 아니다. 하지만 녹색 지대에 머물며 이러한 자유를 만끽하기 위해서는, 고대의 기계적인 갈망이 반응을 보이기 전, 경험들의 쾌감 감도를 알아차리는 것이 반드시 필요하다. 그런 후에라야 당신과 고통 사이에, 당신과 즐거움 사이에, 인간관계 사이에, 그리고 친근함 사이에 간격이 생겨나고, 자신의 대응을 **선택할**(choose) 자유는 이 간격 안에 들어 있다. 쾌감 감도에 대한 이러한 실시간 추적은 너무나 유용해서, 붓다께서도 연습에 관한 근본적인 요약, 즉 마음챙김의 네 가지 주춧돌 중 하나로 삼았다.

쾌감 감도를 있는 그대로 경험하기로 결정했을 수도 있다. 단순히 그것과 함께 존재하는 것이다. 이것과 연결하고, 저것은 싫어한다. 이것과 연결된 느낌이 있고, 저것에 대해서는 무심한 느낌이 있다. 이 모든 것이 깨어 있는 의식을 관통하며 단지 흘러갈 뿐이다. 예를 들어, 좌식 명상 중에 무릎이 아플 수 있다. 꼼지락거리며 움직이는 대신, 통증을 온 마음으로 관찰해 볼 수 있다. 단순히 경험들에 이름표를 다는 것만으로 – 가령 '통증… 걱정… 지끈거림…' – 편도체를 진정시킴과 동시에 전전두엽 피질에서 활동도를 증가시킨다. 그럼 이는 자신을 좀 더 통제하고 좀 덜 괴롭히게끔 돕는다. 아니면 행동을 취하기로 결정할 수도 있다. 행동을 취하되 어떤 중압감이나 속상함도 없이 말이다. 무릎에서 통증을 알아차린 후, 그것을 완화하기 위해 약간 움직일 수도 있다. 그도 아니면 좌식 명상 대신 걷기 명상을 할 수도 있는 거다.

욕구에 맞추어진 힘들의 성장

특정 욕구에 알맞은 자원을 개발하기 위해, 다음 질문들을 생각해 보자.

1. 어떤 욕구가 올라오는가?

문제가 되는 숨겨진 욕구들을 분별함에 있어 그것이 어떤 느낌인지로부터 거꾸로 작업할 수 있다.

- 통증이나 위협이 느껴진다면 **안전**(safety)의 욕구가 올라옴을 뜻한다. 종종 두려움, 화, 또는 무기력한 느낌을 신호삼아 전해지기도 한다.
- 상실과 장애들은 **만족**(satisfaction)이 위협받고 있음을 뜻한다. 또한 실망, 좌절, 따분함, 내몰림, 또는 중독의 느낌이 신호로 쓰이기도 한다.
- 분리, 갈등, 그리고 거절은 **연결**(connection)이 위협받고 있다는

신호이다. 외로움, 버려짐, 불안정, 질투, 억울함, 복수, 또는 수치심의 느낌도 이에 대한 신호다.

2. 이들 욕구에 어떤 내적 자원이 도움이 될까?

각각의 욕구에 알맞은 한두 가지의 자원들을 찾아두면 상당히 유용하다.

○ 이완, 있는 그대로의 모습으로도 기본적으로 아무 문제가 없다는 자각, 보호받고 있는 느낌, 그리고 고요한 힘의 느낌. 이것들은 **안전**(safety)을 위한 핵심 자원들이다.

○ 감사, 반가움, 건강한 기쁨, 그리고 일을 완결했다는 느낌은 **만족**(satisfaction)을 돕는다.

○ 귀속된, 관심 받는, 감사 받는, 호감을 받는, 그리고 소중히 다루어지는 느낌은 연결을 위한 자원들이다. 추가적인 자원들로 연민, 친절, 자기주장 기술, 그리고 가치 있는 느낌이 있다. 가장 넓은 의미로 보면, 이 모든 것이 사랑의 면면들이다.

○ 그리고 무엇보다도, **사랑이 만병통치약이다**(love is the universal medicine). 이 자원은 우리가 더 안전하고, 더 만족스럽고, 더 연결되어 있다는 느낌을 준다. – 확연히, 흐름에 속해 있든 흐름에서 빠져나와 있든 상관없이 말이다. 그러니 만일 다른 모든 것이 소용없다면, 또는 어디로 방향을 잡을지, 어디서부터 출발해야 할지 모르겠다면, 사랑으로부터 시작하라.

3. 이들 자원을 어떻게 경험하면 좋을까?

이것은 뇌를 더 좋은 쪽으로 바꾸는 첫 번째 단계이다(88페이지의 HEAL 과정에 요약되어 있다.). 발달시키길 원하는 바가 있다면 우선 그것을 느낄 수 있어야만 한다. 이 자원 또는 그와 관련된 요소들을 이미 가지고 있다는 느낌을 수시로 알아차려 보라. 그리고 어떻게 하면 그러한 경험을 창조할 수 있는지 곰곰 생각해 보라. 간과하거나 얕보는 경향은 없는지, 또는 이 자원에 대한 자신의 느낌을 밀쳐 버리고 있지는 않은지 주의하라. 대신, 이들 경험을 마음을 위한 소중한 자양분이라 생각하라.

4. 이들 경험을 어떻게 받아들이면 좋을까?

이것은 두 번째이자 치유와 성장을 지속하기 위해 **필요한**(necessary) 단계이건만, 다들 잊어버리는 경향이 있다. 그러니 해당 뉴런들이 다함께 발화하도록 지속해서 그것들이 모두 하나로 묶일 확률을 올린다. 호흡 한두 번 정도의 시간 동안 경험과 함께 머문다. 몸속에서 그것을 느끼고, 그에 대한 보상에는 어떤 것이 있는지 느껴 보라. 내면으로 그것을 받아들이되 그에 매달리지 않는다.

이들 두 단계는 너무나 단순하고 직접적이어서 별것 아닌 것으로 어림짐작하기 쉽다. 하지만 이들은 내면의 힘을 기르는 근본적인 과정이며, 이렇게 길러진 힘은 갈망과 고통 없이 자신의 욕구를 충족시키는 데 도움을 준다. 당신이 길러 낸 긍정적 특성들은 긍정적 상태를 이끌어 낼 것이며, 다시 이들 통해 자신의 특성이 강화된다. ─ 이 모든 것이 상승하는 나선을 그려 낸다.

더 읽어볼 만한 책들

『Awakening Joy』(제임스 바라즈)

『크레이빙 마인드(The Craving Mind)』(저드슨 브루어)

『행복 뇌 접속(Hardwiring Happiness)』(릭 핸슨)

『In the Buddha's Words』(비구 보디)

『There Is Nothing to Fix』(수잔 존스)

『Trauma-Sensitive Mindfulness』(데이비드 A. 트렐리븐)

『뉴로사이코테라피(Unlocking the Emotional Brain)』(브루스 에커 등)

『모든 것이 산산이 무너질 때(When Things Fall Apart)』(페마 쵸드론)

『스트레스(Why Zebras Don't Get Ulcers)』(로버트 새폴스키)

이미 충만한 느낌

특정한 자원에 더해, 넓은 의미로 평화, 만족, 그리고 사랑의 느낌과 함께 욕구가 해소되는 경험을 가질 수 있다. 앞서 말했듯 파충류의 뇌간, 포유류의 피질하부, 그리고 영장류/인간의 신피질에 빗대어, 나는 이 연습을 '도마뱀을 쓰다듬고, 생쥐를 먹이고, 원숭이를 안아 주는' 것이라 농담 삼아 얘기한다. 이를 계속해서 반복하면, 기저에 모종의 충분한 느낌 ─ 어떤 완벽함은 아니지만, 그것으로 충분하다는 느낌 ─ 이 생겨난다. 욕구는 이미 충족되었고, 충만한 느낌과 균형이 이미 육체와 하나가 되어, 존재의 본능적 중심에까지 스며든다. 이는 나에게 일종의 마법처럼 보인다. 욕구가 이미 충족되었다는 경험을 내면화함으로써, 실제로 욕구가 올라왔을 때 갈망 없이 대면할 수 있다.

◆

만족하지 못함보다 더 큰 문제는 없다.
가지려는 욕망보다 더 큰 실수란 없다.
그렇기에, 충분함을 충분함으로 아는 자,
언제나 충만하리.
(진실로! 진실로 그러하다!)

_『도덕경』

◆

욕구가 **충분히**(enough) 충족된 듯한 느낌은 대개 어느 정도의 긍정적인 감정을 유발하며, 그 감정과 관련된 신경회로는 매우 긍정적인 효과를 갖는다. 예를 들어, 만족의 경험은 부교감신경계에 작용하여 스트레스를 낮추고 교감신경계의 투쟁-도주 활성도를 감소시킨다. 또한 충족된 느낌은 **천연 마약**(natural opioids)에도 관여하여, 통증을 줄이고, 미래의 즐거움을 갈망하기보다 지금 이 순간을 누리도록 유도하고, 사람들로부터 분리가 있다면 이를 바꿔 그들과 당신을 연결해 준다. 이제 당신이 사랑한다고, 사랑받는다고 느낄 때 뇌 안에서 무슨 일이 일어날지 알아보자. 옥시토신 활성이 증가한다. 여기에는 잘 알려진 이점이 있으니, 바로 타인과의 유대이다. 추가적으로, 고조된 옥시토신 활성은 고요하고 편안한 느낌을 주고, 불안을 낮추는 동시에 솔직함, 창조성, 기회를 적극적으로 추구함 등을 촉진한다.

그러니 삶의 흐름에서 이들 작은 샛길들을 찾아보는 거다. 조금만 더 이완된, 조금만 더 보호받는, 힘 있는, 편안한 느낌을 갖는다…. 조금만 더 감사하고, 기뻐하고, 성공적이라 생각한다…. 조금만 더 보살핌받고 보살핌을 준다고, 조금만 더 사랑받고 사랑한다고 느끼는 거다. 한번에 한 호흡만큼씩, 한 번에 한 시냅스만큼씩, 내면에 꾸준히 증가하는 흔들림 없는 중심을 점진적으로 계발할 수 있다. 더 자주 그리고 더 깊이 할수록, 결과는 더 커진다. 정식으로 이 연습을 할 생각이라면, 이 장의 끝에 있는 명상을 권한다.

평화, 만족, 그리고 사랑

이 연습을 위해 다양한 제안을 할 것이지만, 부탁컨대 자신에게 들어맞는 것을 찾기 바란다. 그럼 결국은 평화, 만족, 그리고 사랑의 느낌 속에서 말없이 쉬고 있는 자신을 발견할 것이다. 이러한 경험들을 명상에서 자신의 목표로 삼으라. 그것들을 자신 속으로 흡수하고 당신은 그것들속으로 흡수되는 거다. 당신은 가슴이 이끌리는 것 위에 자신의 마음을 쉬게 하는 중이다. 스스로 잘 알아서 집에 돌아오라. 그곳이 바로 당신의 진정한 본성일지니.

연습을 진행하며, 파도처럼 들어왔다 물러갔다 하는 갈망의 느낌에 대해 마음을 집중해서 보라. 여기에는 내몰림, 고집, 중압감 같이 미묘한 형태가 포함된다. 갈망이 마음속 다른 모든 것과 똑같은 본성을 지니고 있음을 눈치채어 보라. 변화하고, 부분들로 이루어져 있으며, 다양한 원인들로 인해 오고간다. 어떤 갈망이든 거기서 자신이 분리되게끔허용하라. 그것이 그냥 지나가게 두라.

명상

이 순간… 이 몸… 이 호흡 속으로 들어옵니다.

평화 바로 이 순간 당신에게 아무런 문제도 없음을 알아차리세요.

숨 쉴 공기는 충분하고, 기본적으로 만사 오케이입니다…. 실제로 그런 만큼 충분히 안전하다 느끼게끔 자신을 허용합니다…. 문득, 편안함과 고요한 힘의 느낌 속에 안식하면서도 잠재적인 위협에 즉각 반응할 수 있음을 깨닫습니다…. 불편함, 걱정은 놓아 버리세요…. 점점 더 평온함이 느껴집니다…. 수비적임, 방어적임, 대비함 모두 놓아 줍니다…. 안전과 관련된 갈망이 사라져가는 모습을 온 마음으로 지켜봅니다…. 평화의 느낌을 향해 스스로를 활짝 여세요.

만족 마음속에 어떤 존재를 한둘 떠올려 봅니다. 당신이 돌보는… 당신을 돌보는… 돌보는 느낌에 마음을 열돼, 타인에 대한 연민, 친절함, 또는 사랑과 함께하세요…. 돌봄을 받는 느낌에 마음을 엽니다…. 따듯함과 사랑이 흘러들어 오고 흘러 나갑니다…. 문득, 내면에 이미 사랑으로 충만하다는 느낌을 갖은 채로도 여전히 사랑할 사람을 찾아다니는 것이 가능함을 깨닫습니다…. 아픔… 억울함… 부족함… 이와 같은 어떤 느낌도 모두 흘러가도록 허용합니다…. 그것들은 점차 사랑 속에서의 안식으로 바뀌어 갑니다…. 남들에게 매달림을 놓아 줍니다…. 남들에게 좋은 인상을 남겨야 한다는 욕구도 놓아 주세요…. 연결과 관련된 갈망이 사라져 가는 모습을 온 마음으로 지켜봅니다…. 사랑의 느낌을 향해 스스로를 활짝 여세요.

집에 돌아옴 욕구들이 이미 충족되었다는 전반적이고 통합된 느낌을 찾아봅니다…. 평화, 만족, 그리고 사랑이 모두 합쳐진 그런 느낌… 편히 머물러 보세요…. 이미 충만하다는 느낌으로 바로 다음 순간을 받아들입니다…. 불필요한 어떤 갈망하는 존재도 온 마음으로 지켜봅니다…. 어떤 갈망의 느낌도 작렬하는 태양 아래 옅은 구름처럼 흩어집니다…. 사라져 버립니다…. 당신은 다만 편안하게 머물고 있습니다….

좋은 연습

한 사람을 – 거리에서 지나가는 낯선 이도, 당신과 가까운 누군가도, 또는 자기 자신도 상관없다 – 고른다. 그 사람이 어떤 점에서 아픈지, 스트레스 받는지, 실망스러운지, 짜증나는지, 또는 상처받는지 – 한마디로 그의 고통을 – 의식해 보라. 그러고는 또 다른 사람을 선택하고, 계속 그런 식으로 해 본다. 이것은 허심탄회하게 고통을 이해하는 단순한 방법에 관한 이야기다. 거기에 압도되거나 그것을 고치려 노력하라는 얘기가 아니다.

자신을 위해 고요한 힘과 연민의 느낌을 단단히 세운다. 그런 후에 자신의 생애, 특히 어릴 적을 되돌아본다. 여전히 억압되어 있거나 축소된 채 있는 것은 없는지, 마음의 지하실을 샅샅이 확인해 본다. 또한 자신의 경험 속에서 좀 더 자유롭게 흐를 수 있도록 억지로 한쪽 편으로 치워버렸던 것이 있다면, 그것을 자연스레 허용할 수는 없었는지 곰곰 생각해 본다. 이를 위해 어떤 것이 도움이 되었을까? 그리고 거기에는 어떤 유익한 점이 있었을까?

뭔가 단순한, 가령 컵을 잡으려 손을 뻗는 것 같은 행위를 해 본다. 그리고 그 안에 무엇이 **있는지**(is) 경험을 관찰한다…. 그것은 고통이 **아니다**(not).

마음이 아주 조용할 때, 쏜살같이 흘러가는 무엇인가를 붙잡으려는 미묘하고 끊임없는 애씀이 있음을 눈치채 보라.

일정 시간 동안 –일 분, 한 시간, 하루– 자신의 경험 속에 무엇이 불쾌한지 관찰하라. 그리고 무엇이 즐거운지 관찰하라. 그러고는 무엇이 관계적인지 보라. 무엇이 중립적인지 또한 의식할 수 있다. 추가로, 의식에 쾌감 감도가 올라온 **직후**(after) 어떤 일이 일어나는지 보라. 당신은, 모종의 필요한 행동을 능숙하게 취하고 어떤 형태든 갈망에 빠져들지 않은 채, 그 쾌감 감도와 함께 할 수 있는가? 다른 말로, 자신의 경험에 완전히 열린 상태를 유지할 수 있는가? 동시에 불쾌함에 저항하지 **않고**(not), 즐거움을 **좇지 않고**, 관계에 매달리지 **않은 채**? 만일 갈망이 올라오면, 놓아줄 수 있는가?

핵심이 되는 심리학적 자원 중 기르고자 하는 게 무엇인지 분명히 하라. 자기-연민, 스스로 가치 있다는 느낌, 또는 인내심도 좋다. 그러고는 이 자원을 경험할 기회를 의도적으로 찾는다. 그것을 경험 중일 때, 속도를 늦춰 그것이 내면 깊숙이 받아들여지도록 한다.

평화… 만족… 사랑… 매일, 적어도 몇 분 정도 따로 챙겨서 그 고유의 느낌 속에서 쉰다.

Part 3

일체 모든 것으로의 삶

06

온전함으로 존재하다

봄날 피는 꽃, 가을밤 밝은 달,

한여름 시원한 바람, 한겨울 내리는 눈.

마음속 그 무엇도 지어내지 않는다면,

그대에게는 한결같이 좋은 시절.

—

무문 혜개(無門 慧開)

일곱 가지 연습을 탐구하며, 이제껏 처음 셋을 – 마음을 견실하게, 가슴을 따듯하게, 그리고 충만함 속에서 쉼 – 살펴보았고, 이제 남은 네 개는 깨달음의 좀 더 급진적인 일면들이다. 앞으로 다룰 이들 연습은 – 온전함으로서 존재, 이 순간을 받아들임, 모든 것으로 열림, 무시간성을 찾기 – 전혀 닿을 수 없는 것처럼 보일는지 모르지만, 실제로는 그것들 각각에 약간의 집중과 노력으로 직접 접근이 가능하다. 예를 들면, 내가 '온전함(wholeness)'이라 부르는 것에는 걱정과 억울함에 대해 덜 고민하고, 자기 자신을 온전히 받아들이고, 한 사람의 개인으로서 완벽함을 느끼는 것이 포함된다. 이것들은 그야말로 실질적인 이로움으로 모든 이들에게 가능하다. 붓다께서는 깨달음을 향한 길 위에서 가능한 최대로 멀리까지 가보지 않겠느냐 격려를 하곤 했다. 그 정신으로, 한번 해 보고 어떤 일이 일어나는지 보자!

내면의 극장

몇 년 전 내 이웃 중에는 영화 산업에 종사하는 사람이 있었다. 그는 특수 효과 담당이었는데 자신의 과제 중 하나라며 짧은 동영상을 하나 보여 주었다. 물속에서 유영하는 고래의 모습이었다. 그가 언급하길, 그 아름답지만 짧은 장면 하나를 만들기 위해 자기 회사의 강력한 컴퓨터들을 밤새 돌렸다는 것이었다. 뇌가 상상의 극장에서 언제든지 만들어 낼 수 있는, 고작해야 수 초짜리 영상을 만들어 내기 위해 기계는 몇 시간씩이나 작업을 해야 한다는 사실이 내게는 놀라웠다.

이 내면의 극장이 돌아가는 회로는 지난 수백만 년 간 이루어진 뇌의 주요 진화 중 하나다. 그것은 우리 선조들의 생존을 도왔던 비범한 능력이며, 오늘날에도 우리의 삶을 보조하여 윤택하게 만들어 준다. 하지만 거기에는 약간의 결점들이 있기에, 그것을 지혜롭게 사용하고 그것이 당신을 사용하게끔 허용하지 않는 방법을 배우는 것이 중요하다.

정중 피질 회로(MIDLINE CORTICAL NETWORKS)

이마 가장 높은 곳에서 중앙선을 따라, 머리에서 곡선이 아래로 떨어지기 시작하는 곳까지 손가락으로 따라가는 상상을 해 보라. 뇌에서 가장 높은 곳에 위치한 영역들의 정중선을 따라 달리는, 손가락이 지나간 선 아래의 신경회로들은 두 개의 부위로 느슨하게 나누어져 있다.

○ 앞쪽으로 향하는 회로. 이것은 문제를 풀고, 임무를 수행하고, 계획을 짜는 데 관여한다.

○ 기저 상태 회로(이전 장에서 언급된)는 뒤쪽으로 향하며, 양측으로 퍼져나간다. 이것은 심사숙고하고, 백일몽을 꾸고, 주의를 두리번거리는 데 관여한다.

이들 신경회로 둘 다 **정신적 시간여행**(mental time travel)에 관여하고 자기(self)라는 강력한 느낌을 만들어 낸다. 우리는 소위 **정동 예측**(affective forecasting)을 할 때 이들에 의지한다. **정동**(affective)은 심리학 용어로 '기분·느낌·태도와 관련 있는'이라는 뜻이다. 이 예측은 각기 다른 시나리오들을 상상하고 평가하는 것에 관여한다. 가령 누군가와 이러저러한 방식으로 얘기를 나누는 것이 어떤 느낌일지 생각해 본다든가, '오늘 저녁에는 뭘 먹지?'라며 단순히 궁금해 하는 식이다.

잠깐 멈춰 이들 정중 신경 회로에 의지한 정신적 활동을 얼마나 많이 하는지 생각해 보라. 우리 대부분의 경우, 그 양은 매우 많다. 경험적으로 볼 때, 우리는 매일 수많은 짧은 영화들에 사로잡혀 산다. 거기에는 다양한 상황, 사람들, 사건들을 목격하는 일종의 '나'가 있다…. 그리고 이따금 그 일들이 '나에게' 생긴다…. 그 공연에 대한 수많은 생각과 느낌들과 함께 말이다.

이들 정중 회로의 진화는 우리 인간과 그 조상들이 좀 더 과거로부터 교훈을 얻고 더 잘 미래를 계획할 수 있도록 도와왔다. 뇌의 기저 상태는 아마도 스스로를 조직화하는 역할을 하는 것으로 보인다. ―또한 우리는 아무 이유 없이 때로 백일몽을 꾸며 휴식을 취할 필요가 있다.

이를 통해 창조적인 연결성과 희망적인 가능성들이 드러나는 것이다. 이들 능력은 수많은 이점을 가져왔지만, 거기에는 대가가 따랐다.

예를 들면, 정중 회로에 의해 우울하고 자기-참조적인(self-referential) 생각들이 가능하다. '내가 일을 계속해서 엉망으로 만들고 있어. 나는 왜 이렇게 바보/못난이/비호감일까?' 그리고 기저 상태가 활성화되면, 마음은 온갖 장소를 서성일 수 있다. 무작위로 스마트폰을 이용해 하루 동안 사람들의 행동을 추적한 연구에 의하면, 평균적으로 하루의 절반을 헤매는 마음으로 허비한다고 한다. 마음이 헤매면 헤맬수록 점점 더 부정적인 쪽, 그러니까 불안, 억울함, 후회, 자기-비판 쪽으로 기우는 경향을 보인다.

외측 피질 회로(LATERAL CORTICAL NETWORKS)

한편, 또 다른 종류의 경험으로 - 판단과 평가 없이, 자기 자신이라는 느낌 없이, 이 순간 있는 그대로의 상태에 단순히 머물기 - 넘어가면, 정중 피질의 활동은 감소하고 머리 바깥쪽의 **외측**(lateral) 회로의 활동이 증가한다. 이 외측으로의 전이는 **뇌섬엽**(insula)의 보다 큰 활성을 포함하는데, 이는 신체 내부의 감각과 '직감(gut feelings)'을 느끼는 **내부감각수용**(interoception)을 지원하는 부위이다.

이들 회로는 주로 뇌의 한쪽 편으로 활성화된다. 오른손잡이의 경우 뇌의 좌측이 순차 처리(sequential processing) - 일을 단계 단계별로, 부분 부분별로 처리 - 에 특화되어 있고, 때문에 언어 측면에 중요한 역

할을 한다. 한편 뇌의 오른쪽은 전체론적(holistic), **게슈탈트**(gestalt) 처리
– 일 전체를 하나로서 처리 – 에 특화되어 있기에 형상(imagery) 및 시–
공간(visual-spatial) 추론을 담당한다. 따라서 현재 순간 의식 – 경험을
더욱더 한 덩어리로 느끼는– 의 장소라 볼 수 있는 외측 회로는 전체
론적 처리를 할 때 활성화되고 이는 대부분 사람들에게서 오른편에 해
당한다(이는 많은 왼손잡이들의 경우 반대로 뒤바뀌어 있지만, 전반적인 개념은 동일
하다.).

　　이제 보다 큰 일체성(wholeness)의 느낌을 함양하기 위해 어떻게 하
면 외측 회로를 자극하고 강화할 수 있는지 탐구해 보고자 한다. 하지만
이에 앞서 정중 회로가 파편화와 고통의 느낌을 지어내는 핵심적인 방
식에 대해 먼저 알아보자. – 그리고 이에 대해 우리가 무엇을 할 수 있
는지에 대해서도 알아볼 것이다.

분리되어 있다는 느낌

마음이 문제를 풀어내는 데 집중되어 있을 때, 또는 정처 없이 헤매고 있을 때, 주의는 한 가지에서 또 다른 하나로 계속해서 널뛴다. 예를 들면, 쿠키 한 조각을 보았다고 치자. 쿠키의 형상은 이제 당신 의식의 '일부'가 되었다. 그다음, 그 쿠키를 갖고 싶다는 바람이 – '나 저거 먹고 싶어!' – 생긴다. 자, 이제 그것이 의식의 두 번째 일부로 추가되었다. 다음으로 '아니야, 그건 글루텐과 칼로리 범벅이라고, 먹으면 안 돼.' – 이제 세 번째 일부가 마음에 생겼다. 하지만 또 다른 일부가 나서서 얘기한다. '너 오늘 진짜 열심히 일했어, 저 쿠키를 먹을 자격이 있다고, 괜찮아…' 일부가 또 다른 일부와 상호작용하고, 그것은 종종 갈등으로 치닫는다. 이것이 바로 대부분 고통의 **얼개**(structure)이다. 마음의 일부가 또 다른 마음의 일부와 다툼을 벌이는 것이다. 최근 당신을 성가시게 했던 무엇인가를 떠올려서 이 경험과 일부분 일치하지는 않는지 생각해 보라. 그 일부들이 서로 어떻게 줄다리기를 하고 있는지 말이다. 한편, 일체성(wholeness)의 느낌이 증가함에 따라, 이러한 내적 분리는 감소하며, 따라서 고통 또한 감소한다.

자아(oneself) – 부분 그리고 더 많은 부분들 – 를 경험하는 이런 흔한 방법에서 취약하거나, 당혹스럽거나, '나쁘거나', 고통스럽게 느껴지는 부분들을 밀쳐 버리기란 너무도 쉽다. 이는 마치 마음이 많은 방을 갖춘 커다란 집이고, 안에 무엇이 들어 있는지 두려워 몇몇 방의 문을 잠가 놓은 것 같다. 충분히 납득할 만하게도, 이는 문제로 귀결된다. 방문들을 꽉 잠가 놓기 위해 우리는 스스로를 무감각하게 만든다. 하지만 억누름이 심할수록, 그와 반비례하여 생기와 열정은 줄어든다. 부분들을 더 많이 추방할수록, 자신에 대해 아는 것은 그만큼 멀어진다. 더 많이 숨을수록, 발각될까 하는 두려움은 커진다.

개인적으로 내가 대학을 다닐 때, 내 마음은 거의 모든 방들이 꽉 찬 것처럼 보였다. 이후 수년에 걸쳐 내 자신을 받아들이는 – 나의 **모든** (all) 것, 조각 하나하나, 겁먹은 부분 하나하나, 화난 부분 하나하나, 불안정한 부분 하나하나 – 작업을 해야만 했다. 타라 브랙이 **근본적 수용** (radical acceptance) – **자신**(yourself)까지 포함하는 – 이라 불렀던 연습을 통해 당신은 마음속 모든 방들을 되찾을 수 있다. 그럼 그 방들은 전과 다름없이 적절한 역할을 할 수 있다. 사실, 그 모든 방의 내용물을 가장 잘 관리하려면 어쨌든 문을 열어야 하지 않겠는가. 이는 마치 의사가 두 개의 전통적인 치료 도구에 의지하는 것과 같다. 바로, 햇빛과 맑은 공기다. 이것의 연습을 위해, 다음 상자 안의 글을 봐 주길 바란다. 자신을 받아들임은 온전함을 느끼게끔 도우며, 온전함의 느낌은 다시 자신을 받아들임을 돕는다.

자기 자신을 받아들이기

수용, 즉 받아들임의 의미는 당신이 좋아하든 싫어하든, 무엇인가 존재하는 것을 실제로서 인식하는 것이다. 이때 이 현실에 항복하고, 그것을 부드럽게 하는 느낌이 함께한다. 한편, 그럼에도 여전히 그것을 더 좋게 바꾸려 노력하는 것이 가능하다.

뭔가 즐거운 것을 고릅니다. 가령 당신이 좋아하는 컵이 있습니다. 그것을 받아들이는 느낌을 탐구해 보세요. 당신에게 중립적인 무엇인가를 가지고 같은 작업을 해 봅니다. 가령 베이지색 카펫이 있군요. 그것을 받아들입니다. 다음으로 약하게 불쾌한 – 어쩌면 지금 들려오는 신경 쓰이는 소음이라든가 – 무엇인가를 골라 봅니다. 그것을 충분히 받아들여 봅니다.

받아들임이 어떤 느낌인지 알고 있습니다. 몸이 이완되고 숨결이 편안해집니다. 이런 생각이 들 수도 있습니다. '이것은 다만 오직 그러할 뿐… 이것을 좋아하지는 않아. 하지만 받아들일 수 있어.' 받아들이는 그 무엇이 되었든 그에 대한 수많은 원인들과 보다 큰 그림에 대한 견해가 있을 수도 있습니다. 받아들이고 있는 그것을 의연하게 마주볼 수 있도록 친구들이나 그 밖의 사람들이 당신과 함께하며 응원하는 상상이 도움이 될 수 있습니다. 무기력한 느낌 또는 패배의 느낌을 받아들임의 느낌과 혼동하지 말고 주의해서 그 차이를 압니다. 거기에는 대개 어떤 고요함, 평화로움이 함께합니다….

자신의 긍정적인 특성 하나를 골라 봅니다. 가령 어떤 기술이나 선한 의도가 있습니다. 그것을 받아들임이 어떤 느낌인지 탐구해 봅니다. 다음으로, 중립적인 특성을 하나 고릅니다. 가령 당신이 숨을 쉬고 있다는 사실이 있습니다. 받아들여 봅니다. 이제 자신에 대한 약하게 부정적인 어떤 것을 고릅니다. 그것을 받아들임을 탐구해 봅니다. 점차 도전 수준을 높여 자기-수용의 '근육'을 만들어 나가세요.

무엇이든 의식 안으로 거품처럼 터져 나올 수 있도록 허용해 봅니다. 그리고 그것들을 받아들임이 어떤 느낌인지 탐구해 보세요. 가령 '오, 허리에 통증이 있네, 이것을 받아들이겠어…. 아무개에 대해 억울한 느낌이 있군, 받아들이겠어…. 내면에 어린아이의 느낌이 있네. 안녕, 아가야…. 지하실에 뭔가 소름끼치는 것들이 있군, 그

런 것들은 거기 없었으면 좋으련만, 하지만 그것들 또한 받아들이겠어…'

자신 안에서 달콤하고, 우러러볼 만하고, 열정적이고, 부드럽고, 선한 것들을 찾아봅니다. 시간에 여유를 두고 그것들을 받아들입니다. 자신의 그런 부분들에 대해 정중하게 인사하는 장면을 상상해 볼 수도 있습니다. 또한 환영하고 고마움을 표시합니다. 그러고 있는 그대로의 온전한 당신에게 전체로서 포함시킵니다.

이제 내면에서 부끄럽거나 후회되는 무엇인가를 골라 봅니다. 그것을 받아들임을 탐구해 보세요. 좀 작은 것부터 시작하되, 그에 대한 책임을 당당히 짊어질 수 있고 지혜롭게 행동할 것임을 알고 있습니다. 연민, 친절, 그리고 이해가 당신의 그런 부분들을 어루만지는 상상을 해 보세요.

내면의 벽이 부드러워지도록 놓아두세요…. 모든 것이 그 원하는 바대로 흘러가도록 허용합니다…. 온전한 존재로서 이완합니다…. 전체로 하나인 온전한 존재….

함 그리고 존재함

넓은 의미로, 내측 회로는 '행위(doing)'를 위한 것이고 외측 회로는 '존재(being)'를 위한 것이다. 아래쪽 표에, 정중 회로에 속하는지 아니면 뇌의 바깥 회로에 속하는지 과학자들이 아직 알아 내지 못한 것들을 나열해 놓았다. 그럼에도 자신 속에서 그리고 다른 사람들 속에서, 이들 마음 상태의 무리는 확연히 다른 두 개의 모둠으로 구별할 수 있다.

'함'	'존재함'
전체의 한 부분에 집중함	큰 그림을 의식함, 파노라마식 관점
목표 - 지향적	해야 할 것도, 가야할 곳도 없다
과거 또는 미래에 집중함	지금 여기에 머묾
추상적, 개념적	구체적, 감각적
언어활동이 매우 많음	언어활동이 거의 없음
단단한 신념을 견지함	오직 모를 뿐, '늘 새롭게 봄'
평가하고, 비판함	무비판적이고, 수용적임
생각 속에 헤맴, 주의가 방황함	깨어 있음으로 현존함
확연한 객체로서의 자아	객체로서의 자아가 없거나 최소화
확연한 주체로서의 자아	주체로서의 자아가 없거나 최소화
갈망의 느낌	편안한 느낌
파편화되어 있는 느낌	전체가 하나로 온전한 느낌

당연하지만, 살아가려면 함과 존재함 모두 필요하다. 매 순간 무엇이 부름을 받는지에 따라, 둘 사이를 왔다 갔다 움직일 수 있다. 심지어 둘을 하나인 듯 짜서 쓸 수도 있다. 그럼에도 불구하고, 현대의 교육, 직업, 기술, 그리고 오락들은 모두 정중 회로에 대한 일종의 반복적인 자극이며, 따라서 그것을 강화시킨다. 정중 회로와 외측 회로는 **상반억제**(reciprocal inhibition)를 통해 서로에게 영향을 미친다. 어느 한쪽이 바빠지면, 다른 한쪽을 억누른다. 정중 회로의 과도한 훈련은 일종의 독과점적인 우세를 만들어 내고, 그런 상황에서 존재함의 – 있는 그대로의 현재에 머물고, 얻으려 애쓰거나 어떤 것에 저항하지 않는 – 경험은 너무 자주 그리고 순식간에 함의 경험에 자리를 내 준다.

요점 : 우리 중 많은 이들이, 나를 포함해서, 존재함에 익숙해지면 유익한 점이 많다. 좀 희한하게 들릴지도 모르지만 – 사실이 그렇다! 오케이…그럼, **어떻게 하면 되는지**(how)?

온전함의 감각

온전함의 감각을 함양하는 신경 요소들을 강화하는 몇 가지 방법을 탐구해 보자. 그럼 원할 때 언제나 단순히 존재함의 평화로운 힘 속에 좀더 안식할 수 있을 터이다. 또한 이런저런 일을 하는 와중에도 배경처럼 깔려 있는 존재함의 느낌을 가질 수 있다.

녹색 지대 안에서

충족되지 못한 욕구들의 느낌은 정중 피질 활동도를 증가시키는 경향을 갖는다. 그것이 앞쪽에 위치한 긴장감 넘치는 문제 해결 영역이든 뒤쪽의 부정적인 고민의 영역이든 말이다(고민(Rumination)이란 어떤 것을 반복적으로 되씹어 본다는 의미다. 이 단어의 어원이 소가 여물을 되씹는 것과 연관이 있음은 꽤나 타당하게 보인다.). 한편, 당신이 충만함 속에서 쉬고 있다면, 거기엔 이들 정중선의 활성화를 위한 연료가 부족하고, 단순히 존재할 여유 공간이 더 많다. 대상에 매몰되어 맞서 싸움 없이 통증을 더 잘 참아 낼 수 있게 되고, 대상에 매몰되어 허겁지겁 뒤쫓음 없이 더 잘 쾌락을 즐길 수 있게 된다. 지금 이 순간에 더욱 오래 머물 수 있고, 정신적 시간여행을 떠날 필요가 사라진다. 이러한 바로 지금, 바로 이것, 그야말로 있는 그대로 완전하고 충분한 것.

감각 집중

문제 해결과 고민은 대개 **내면의 대화**(inner speech)를 동반한다. 이는, 오른손잡이라면 뇌의 **왼쪽**(left) 편에 위치한 **측두엽**(temporal lobes)의 영역에 의존한다. 감각 의식 ―레몬 냄새, 부드러운 목화의 촉감― 은 비언어적이다. 그래서 맛, 촉감, 정경, 소리, 냄새에 집중하면 자연스레 좌뇌의 내면의 수다를 침묵시킨다. 또한 그 원천인 정중선의 활성도 조용해진다. 동시에, 뇌의 **오른쪽**(right) 편의 활동도를 높일 수 있어, 거기에 위치한 외측 회로를 잠재적으로 자극한다. 호흡에 따라 가슴이 오르내리는 느낌같이, 몸 안의 감각에 집중하면 뇌섬엽이 참여하는 셈이어서 특히나 도움이 된다. 폭포수처럼 떨어지는 생각 속에 소용돌이치며 빠져드는 대신, 자신의 몸에 확고하게 뿌리박고 머물 수 있다. ―이는 감정적 반응과 우울한 기분을 줄여 주는 부가적인 효과도 있다.

오직 모를 뿐

범주화, 개념화, 그리고 평가함 ―이들 모두는 정중선의 활동도를 휘젓듯 상승시킨다― 으로부터 벗어나는 것 또한 도움이 된다. 예를 들면 교통 소음이 들릴 때, 그것에 이름 붙이거나 그에 대한 의견 없이, 단지 소리로 들을 수 있는가? 한 마리 새를 보며 단지 봄(seeing) 안에서 안식하는 느낌이 어떨 것 같은가?

'오직 모를 뿐인 마음'을 탐구하는 것. 이는 어떤 기대나 신념 없이 사물을 있는 그대로 보는 것. 그리고 일체 만물에 대해 안절부절하며 자꾸만 재확인하려는 욕구를 놓아 보내는 것이다. 이는 처음에는 약간 불안한 느낌을 주지만, 이내 안심하게 된다. 오직 모를 뿐이라는 느낌으로 친구와 잡담을 나누면서 얼마든지 유리잔을 옮길 수 있는 거다. 이는 마치 어린아이의 눈으로 세상을 바라보는 것 같아서, 만물을 온통 생각의 베일로 드리움 없이 늘 신선한 시각으로 받아들인다. 고개를 돌려 다른 곳을 볼 때마다, 세상이 늘 새롭게 보인다.

또한 소위 '좋고 싫음이 없는 마음'을 연습해 볼 수도 있다. 때로 무엇이 도움이 되거나 또는 해로운지 구별해내야 할 경우는 분명히 존재한다. 하지만 하루 중 대부분의 시간은 옳고/그름, 좋고/나쁨이라는 프레임에서 한발 떨어져 나와, 있는-그대로의-현실(reality-as-it-is) 꼭대기에 올라 있을 수 있다. 한편, **스스로에게**(yourself) 이 짓을 그만두면 그야말로 엄청난 안도감이 든다. 비판과 판단으로 자신의 일거수일투족을 마음속에 중계하듯 들려주는 짓을 그만 둔다. 마음의 어떤 일부분을, 다른 부분은 선한 데 그것만 나쁜 녀석인 듯 취급하는 짓도 멈춘다.

생각 그 자체는 아무런 잘못이 없다. 하지만 너무나 많은 다른 것들이 설 자리를 뺏고, 동시에 갈망과 고통의 기초가 되는 구분 지음과 좋고 싫음을 강화한다. 일상의 활동 ─ 걷기, 운전하기, 장보기, 대화 나누기 ─ 을 하면서 거기에 가능한 최대한 덧붙임을 자제하면 어찌 되는지 한번 보라. 거기 이름 붙이지 않고, 그에 대해 혼잣말하지 않으며, 거기에 의미를 부여하지 말라. 이것은 생각에 저항하는 것이 아니다. 이는 단순히 생각을 좇거나 먹이를 주지 않는 것일 뿐.

마음을 그냥 두라

업무를 수행하거나 단순히 생각 속에 빠져 있을 때, 거기에는 사물들을 서로 연결해 의미를 지어내고 그것들을 통제하려는 끊임없는 애씀이 깔려 있다. 촉니 린포체(Tsoknyi Rinpoche)는 생각 그 자체는 문제가 되지 않는다고 말씀하셨다. – 문제는 각각의 생각들을 서로 이어 붙이려 할 때 발생한다. 이 명상 지침을 고려해 보라. "과거는 그대로 흘려보내고, 미래는 흘러오도록 그대로 둔다. 현재도 있는 그대로 둔 채, 마음을 홀로 자연스럽게 놓아두라." 그래서 의식 속에 나타나는 수많은 것들을 그냥 떠오르는 대로 둘 때 어떤 느낌인지 알아채 본다. 그것들을 연결하려 애쓰지 말고 그냥 왔다가 사라지게 두는 거다. 이것은 경험을 애씀 없이 수용하는 상태로 옮겨감(shift)이다. 예를 들면, 호흡을 의식하고, '호흡을 받아들이는' 느낌이 '호흡을 하려는' 느낌과 어떻게 다른지 알아차려 본다. 대부분의 경우, 자신의 마음속이 그토록 바쁠 이유는 전혀 없다.

게슈탈트 의식

온전한 하나로서의 사물의 느낌에는 뇌의 우측 편이 관여하고, 이때 정중 신경 회로의 부분 부분으로 나누어 버리는 정신활동은 잠잠해진다. 봄(Seeing)은 이에 대한 좋은 예이다. 어떤 방의 전경에는 많은 것들이 담겨 있지만, 그것들은 어떤 전체로서 하나로 지각될 수 있다. 통합된 전경인 것이다. 이와 비슷하게, 당신도 마음을 광대한 하늘이라 여길 수 있다. 거기에는 구름 같은 생각들, 느낌들이 지나간다. 인간관계 이슈 같은 문제를 마주치면, 스스로 자문해 본다. "이 순간 이것이 일어나고 있는 보다 큰 공간은 어디인가? 이에 대한 가능한 가장 큰 관점은 무엇인가?"

몸을 가지고서는, 그것을 전체로 온전히 하나로 인식하며 탐구할 수 있다. 일종의 작은 실험 삼아, 숨쉬는 느낌을 알아차려 보라. 가슴 앞쪽에서… 다시, 가슴의 뒤쪽에서… 그러고는 동시에 양쪽에서… 이제 이 알아챔을 자신의 마음상태로 옮기면 어떤지 살펴보라(이에 대한 확장된 연습을 원한다면, 다음 페이지에 있는 명상을 해 본다.). 자신의 몸을 온전한 하나로 느끼는 탐구를 움직일 때, 가령 천천히 걷거나 요가를 하면서 해 볼 수도 있다.

◆

당신은 하늘이다.
그 외 모든 것은-
그냥 날씨일 뿐.

__페마 초드론(Pema Chödrön)

◆

평온(TRANQUILITY)

더 온전함을 느낄수록, 마음은 점점 더 고요해진다. 소음과 잡동사니는 배경으로 사라진다. 평온이 자란다. -이는 불교 전통에서 깨달음의 일곱 가지 요소 중 하나다. 그리고 더 평온해질수록, 마음을 어지럽히는 것들과 분리되어 있다는 느낌이 사라지고, 따라서 더 크게 온전해진다. 진정한 평온 – 그 무엇도 밀쳐 내지 않고, 다만 안식함 – 을 길러 내는 일은 오늘날과 같은 전혀 평온하지 않은 세상 속에서 특히나 중요하다. 예를 들어, 마음챙김의 고전인 『들숨 날숨에 대한 마음챙김의 경』(맛지마 니까야118)에서는 이렇게 제안한다. "숨을 들이쉬며, 몸을 평온케 한다. 숨을 내쉬며, 몸을 평온케 한다…. 숨을 들이쉬며, 마음을 평온케 한다. 숨을 내쉬며, 마음을 평온케 한다…."

마음을 진흙탕 연못이라 생각해 볼 수 있다. 더 평온해질수록, 못 안의 부유물은 점차 가라앉는다. 그럼 연못에 담긴 물의 투명한 – 거기 부유하는 그 무엇으로도 절대로 물들지 않는 – 본성이 드러난다. 그리고 바닥에 언제나 거기 있었던 아름다운 보석이 보인다.

온몸으로 하는 호흡

초롱초롱하면서도 이완할 수 있는 편안한 자세를 찾아봅니다. 고요한 힘의 느낌을 찾아보세요…. 불필요한 불안은 흘려보냅니다…. 지금 이 순간 기본적으로 모든 것이 다 괜찮음을 알아차리세요…. 평화 속으로 마음을 엽니다. 당신이 감사하는 것을 의식해 봅니다…. 고마움, 반가움을 느끼며… 그 순간의 넉넉한 느낌을 있는 그대로 느껴봅니다…. 만족감 속으로 마음을 엽니다. 따뜻한 마음… 연민과 친절함… 사랑 받고 관심 받는 단순한 느낌… 찾아보세요. 흘러 나가고 흘러들어 오는 사랑 속으로 마음을 열고, 충만함 속에서 안식합니다….

몸 전체로 느껴지는 다양한 호흡의 감각들에 주의를 기울여 봅니다….가슴에 초점을 맞추고, 거기 느껴지는 호흡의 다양한 감각들을 알아차립니다…. 가슴 앞쪽의 느낌에 주의를 기울입니다…. 다시 뒤쪽으로… 이제 앞과 뒤의 느낌을 동시에. 가슴 왼편의 감각에 의식을 두어 봅니다…. 다시 오른편으로… 이제 오른편과 왼편의 느낌을 동시에. 숨쉬며 가슴을 하나의 전체로서 의식해 봅니다…. 의식이 가슴 전체를 아우르게끔 확장됩니다…. 숨을 쉬며 가슴의 느낌을 하나의 전체로 받아들입니다.

온전함의 느낌이 사라져간다면, 그건 아주 정상적입니다. 단순히 다시 그것을 의식하세요. 이렇게 감각에 집중하면서, 말과 생각이 떨어져 나가도록 그냥 둡니다.

똑같은 방식으로, 점차로 의식을 확장시켜 횡경막에서의 호흡의 감각을 포함시켜 봅니다…. 이제 가슴과 횡경막의 느낌을 동시에, 어떤 단일한 경험으로 느낍니다. 배에서의 느낌까지로 확장시켜 봅니다…. 그리고 허리… 폐와 심장의 내부적 감각들… 온전히, 전체로 단일한, 통합된 느낌의 장(field)으로서 몸통에서 지속적으로 경험되는 이 호흡의 감각.

어깨를 포함시킵니다…. 팔과 손도… 목… 머리… 숨쉬며 상반신을 전체로 하나로 의식해 보세요. 의식을 더욱 확장시킵니다. 엉덩이… 다리… 그리고 발까지. 상반신과 하반신을 동시에 의식합니다. 온전히, 전체로 단일한 지속되는 경험으로서… 몸 전체의 느낌을 의식에 포함시킵니다…. 온전히 몸 전체로 숨쉼에 머물러 봅니다.

온전히 몸 전체로 숨쉼에 머물며, 더욱 평온해집니다…. 소리와 생각들이 오고 가도록 그냥 둡니다…. 어떤 의미를 부여하고자 하는 욕구 없이, 단순히 호흡 속에서 안식합니다…. 온전히 몸 전체로 숨쉼….

아무런 제약 없음

심장의 자연스러운 움직임, 그것은 열려 있고, 놓아 버림이고, 사랑이다. – 그리고 긴장, 압박, 갈망, 고통을 풀어 준다. 하지만 이 자연스러운 흐름이 어떤 느낌이나 욕망으로 막히거나 뒤덮일 수 있다. 이들 제약(hindrances)은 갈망의 결과이자 동시에 갈망을 위한 연료이다. 그것들은 마음의 한 부분으로서 마음의 다른 부분들을 방해한다. 그것들이 줄어들면, 온전함(wholeness)은 증가한다. 온전한 느낌을 키울수록, 제약은 감소하고, 따라서 갈망과 고통도 줄어든다. 붓다께서는 다섯 가지 제약들을 특히 강조하였다. 그리고 그것들에 주의하는 것은 보다 큰 온전함을 개발함에 있어 중요한 과정이다.

다섯 가지 제약

감각적 욕망(Sensual desire) : 이 제약은 지나갈 뿐인 경험들에서 변함없는 즐거움을 강박적으로 추구하는 것이다(고통에 강박적으로 저항하는 것도 이에 해당된다. 하지만 간편함을 위해, 즐거움을 붙잡으려는 것에만 초점을 맞추겠다.).

좋지 못한 의도(Ill will) : 이는 나쁜 짓을 하려는 의지이다. 다치게 하거나 해를 끼치려는 어떤 동기. 여기에는 적대감, 쓸쓸함, 그리고 파괴적인 분노가 포함된다.

피로와 나태함(Fatigue and laziness) : 이것은 몸의 무거움과 마음의 무덤이다. 지루함, 우울, 그리고 연습을 위한 동기 부족이 있을 수 있다.

초조함·걱정·회한(Restlessness·worry·remorse) : 이것은 정신적이고 신체적인 동요이다. 가만히 있지를 못하고, 하나에 집착하거나 반대로 여러 가지로 마음을 어지럽힌다.

의심(Doubt) : 이는 건전한 비판이 아니라 자신이 확실히 아는 것이나 합리적으로 믿을 만한 것을 좀먹는 불신을 말한다. 확신의 부족, 지나친 생각, '분석에 의한 마비(paralysis by analysis)'가 있을 수 있다. 이것은 정말 강력한 제약인데, 그 어떤 것도 의심할 수 있기 때문이다.

제약을 다루는 일반적인 연습

그것에 대해 마음챙김 하라(Be mindful of them). 제약 또한 다른 것들과 마찬가지로 정신적 현상이기에, 나머지 모든 것과 똑같은 본성을 갖는다. 일시적이고, 부분들로 이루어지며, 그 원인에 따라 왔다가는 사라진다. 따라서 그것에 그렇게나 많은 두려움을 느낄 필요는 없다. 그 본질은 텅 비어 있기에, 소용돌이치는 구름 같고, 단단한 벽돌 같지 않다. 이를 알아차리면 그것에 휘둘리게 되는 상황을 줄이는 데 도움이 된다.

그것에 먹이를 주지 말라(Don't fuel them). 습관과 반응들이 어쩔 도리 없이 나타날 수는 있겠지만, 적어도 그것들을 강화하는 것은 멈출 수 있다. 그에 대해 자꾸 고민하게 되는 것을 주의하고 단순히 거기서 떨어져 나오라. 제약에 휘말리지 말라. 그럼 스스로를 방해하고 약화시킬 뿐이다.

제약 없음에 감사하라(Appreciate what is not hindered). 어떤 것이 되었든 이로운 것에 초점을 다시 맞춘다. 가령 감사의 단순한 느낌이다. 온전함, 사랑, 자신의 깨어 있는 일면에 의식을 둔다. 거기에 의식을 둘 때, 그것들은 본래부터 막힘이 있을 수 없는 것일지니.

더 읽어볼 만한 책들

『The Deep Heart』(존 프렌더가스트)
『받아들임(Radical Acceptance)』(타라 브랙)

특정 제약을 위한 자원들

여기, 각각의 제약들을 위한 핵심 자원들이 있다.

감각적 욕망(Sensual desire) : **이미**(already) 충족된 느낌에 집중한다. 가령 감사, 공감, 만족이 있다. 또한, 무엇인가 원할 때 − 아마도 디저트를 더 먹고 싶거나 새 스웨터를 갖고 싶거나− 그것을 가지게 되면 경험할 즐거움을 떠올리며 마음에 두어 본다. 그다음 원하던 것을 가져서 실제로(actually) 어떤 느낌인지와 기대하던 즐거움을 비교한다. 많은 경우, 실제 즐거움이 근사하긴 하지만, 상상했던 것만큼 대단하지는 않다. 우리는 스스로의 마음에게 꽤 자주 바가지를 쓰곤 한다. 나는 이를 우리 내면에 일종의 광고회사의 작품이라고 생각한다. 어쩌면 그건 우리 선조들이 계속해서 다음번 당근을 좇을 동기를 부여하게끔 진화한 결과일는지도 모른다. "그건 정말이지 너무도(so) 맛있을 거야!" 그러니 욕망을 채웠을 때 진짜로 얻을 즐거움에 대해 부디 현실적이길 바란다. 그런 다음 원하는 것을 선택해도 늦지 않다.

좋지 못한 의도(Ill will) : 억울함과 분노가 그 순간은 기분 좋은 느낌일는지 몰라도 결국 **자신**(you)에게 일종의 짐이 됨을 알아차려야 한다. 좋지 못한 의도 아래에 숨어 있는 아픔, 두려움, 또는 불평의 느낌들을 마음을 두어 살펴보라. 이들 숨어 있는 느낌들에 초점을 맞추고 그것들을 인정하고 받아들여 본다. 자신에게 연민을 품고 좋지 못한 의도를 촉발시킨 것이 무엇인지 살핀다. 좋아하는 사람들을 마음에 떠올려 그들을 향한 연민과 친절의 느낌에 초점을 맞춘다…. 또한 그들로부터 자신이 보살핌 받음을 느낄 수 있는지 본다. 그런 다음 자신을 적대했던 사람을 위한 자비를 찾아본다.

피로와 나태함(Fatigue and laziness) : 우선 충분히 쉰다(또한 지루함이나 흐릿함도 다른 모든 것처럼 단순히 경험일 뿐임을 깨닫는 탐구도 가능하다.). 몇 번 깊은 숨을 쉬되 들이마실 때 힘차게 하여 신경계의 교감신경 가지를 자극한다. 뭔가 고무적인 것을 듣거나 읽는다. 몸을 움직이고, 여건이 되면 자연 속에서 신선한 공기를 마시고 활기를 높인다.

나태함을 극복하고 동기를 강화하기 위해, 소중하지만 쏜살같이 지나가는 삶이라는 기회에 대해 생각해 볼 수도 있다. 일전에 티베트 전통에서 내려오는 자신을 돌아보는 글귀 중에 이들 질문을 알게 되었다. **질병을 피할 수 있는가? 늙음을 피할 수 있는가? 죽음을 피할 수 있는가? 사랑하는 모든 것들과, 이런 저런 이유로, 결국은 헤어져야 함을 피**

할 수 있는가? 내 스스로의 행위로 인해 물려받을 결과를 피할 수 있는 가? 개인적으로, 나를 도왔던 모든 이들 ─지난 수년간 기울였던 나의 노력까지─ 에 대해 생각하면, 그들에게 받았던 선물을 좋은 일을 위해 쓰고 싶다…. 또한 앞으로 내가 줄 수 있을 선물을 다른 이들에게, 그리 고 일 년 뒤의 나에게, 그리고 이 삶의 마지막 날에 주고 싶다. 이런 생각 을 하면 무섭기보다, 감사하고 즐거운 느낌이다.

자신이 동기부여 하고 싶은 부분 ─가령 명상을 좀 더 한다든가 다 른 사람들에게 짜증을 덜 낸다든가─ 이 무엇이 되었든 그 보상을 상상 해 볼 수도 있다. 그리고 그 상상은 그것을 하기 전이든, 하는 중이든, 하 고 난 후든 상관없다. 단순히 개념을 넘어서 보상의 생생한 느낌을 가지 도록 시도해 보라(예를 들어 이완, 가치 있다는 느낌). 뇌 속에서는 이런 시도 가 기대되는 보상과 특정 행위를 함께 묶는 경향이 있어서, 새로운 좋은 습관을 형성하는 데 도움이 된다.

──────────────── ◆ ────────────────

말해 보라, 당신이 하고자 하는 것이 무엇인가
이 하나뿐인 날것 그대로의 소중한 삶으로?

_매리 올리버(Mary Oliver)

──────────────── ◆ ────────────────

초조함·걱정·회한(Restlessness, worry, remorse) : 전체적으로, 무엇 이 자신을 초조하고, 걱정하고, 후회하게 만드는지 이해해 보라. 자신에 게 무엇이 유효한지 확인한다. 과장되거나 불필요하게 보이는 것을 계 속해서 흘려보낸다. 그리고 유효하다 판단되는 그 무엇이든 그에 대해 자신이 할 수 있는 현실적인 계획을 세우라. 이들 단계는 따분할 정도로 자명하지만, 정말로 효과가 있다.

초조함은 삶에서 또는 지금 진행 중인 연습에서 진정으로 중요한 무엇인가를 잃어 버렸다는 느낌으로부터 생길 수 있다. 수년에 걸친 일과 영적 수행 속에서, 초조함이 나에게 말하려 애쓰는 것이 무엇인지 좀 더 진지하게 들어 주어야 한다고 생각했던 적이 있었다. 그것을 '떼어내 버리는' 대신 말이다. 또한 자신의 기질을 고려해야만 한다. 관심과 초점을 유지하기 위해 어쩌면 당신에게 선천적으로 자극이 더 필요한 것일는지도 모른다. 예를 들어 명상 중에, 가령 감사나 만족 같은 주의를 둘 대상이 더 필요했을 수 있다.

걱정은 안전의 욕구와 관련이 있다. 현실적인 위협에 대해서라면 할 수 있는 바를 행하면 그만이다. 한편으로 될 수 있으면 이완, 결의, 안심, 그리고 평화로움의 느낌을 갖도록 해 본다. 이들 경험을 반복해서 내면화함으로써, 저변에 깔려 느껴지는 어떤 고요한 힘을 갖춘다. 그러면 그것이 걱정을 덜 하도록 도움을 준다. 언제든 고민에 사로잡히면, 거기에 어떤 가치가 있는지 스스로 자문해 본다. 가치가 없다면, 부드럽지만 단호하게 주의를 다른 것으로 옮겨본다.

회한은 연결의 욕구와 관련이 있다. 관련된 느낌은 죄책감과 수치심이다. 이것들은 꽤나 큰 주제들이라서 여기서 내가 판단할 수 있는 범위를 넘어선다. 아래 열거한 것들 중 당신에게 도움이 되는 것이 있는지 살펴보자.

O 자신을 위해 무엇이 진정으로 후회할 만한 가치가 있는지 결정

한다.

- ○ 그것이 무엇이 되었든 그에 대한 책임을 짊어진다.
- ○ 스스로에게 그에 대한 경험을 허용하고 점차적으로 회한과 그에 관련된 느낌들을 풀어 준다.
- ○ 앞으로 당신이 어떻게 행동하고 싶은지 명확히 한다.
- ○ 가능한 최대로 보상하고 복구한다.
- ○ 자기 자신에게 연민을 갖는다.
- ○ 자기 자신을 용서한다.
- ○ 자기 자신에 대해 지금 상태로도 친절하고 명예롭고 가치가 있다(is)는 느낌을 가져 본다.

의심(Doubt) : **정신적 확산**(mental proliferation)에 유의하라. 본디 생각이란 소용돌이치며 사방으로 번지는 법이다. 단순하면서도 부정할 수 없을 정도로 명백한 어떤 것으로 생각을 돌린다. 지금 이 순간의 경험과 자신이 진실이라고 확연히 알고 있는 것들. 지금 이 순간 자체에는, 거기(it) 어떤 의심의 여지도 없다. 명백히 여기 있는 그대로이기 때문이다. 과도한 분석, 판단, 그리고 생각에서 벗어난다. 스스로 불확실함에 몸을 맡긴다. 차분히 기다리며 지켜보고, 이런저런 방법으로 삶이라는 실험을 진행해 보고는 그 결과를 관찰한다.

제약 없음을 느끼기

이 명상에서 우리는 의식 한가운데 중심 잡는 느낌을 알아보고자 한다. 의식은 이 순간에 머물기에 어떠한 제약도 없다… 어떤 제약도 없이 허용하는 수용의 정신에 중심 잡는다…. 뭔가 잃어버린, 잘못된 느낌에 제약받지 않는 충만함과 균형 속에 중심을 잡는다…. 두려움, 좌절, 또는 상처받음으로 제약받지 않는 평화, 만족, 그리고 사랑의 느낌 속에 중심을 잡는다… 어떠한 제약도 없는 진정한 본성 속에 거하며, 그 본성이 자신을 이끌어가도록 허용하며… 자, 이제 시작한다.

이완하세요… 마음을 견실히 합니다… 가슴을 따듯하게 합니다…. 열려 있고, 수용적인 의식 안에 자리 잡고 안정시킵니다… 이 순간에 머물기에 그 어떤 제약도 없습니다…. 충만하고 균형 잡힌 느낌을 찾아보세요…. 그 무엇도 잃어버린 것은 없습니다, 어떤 것도 잘못되지 않았습니다… 점점 커져가는 평화, 만족, 그리고 사랑의 느낌 속에 마음을 여세요…. 두려움, 좌절, 또는 상처받음에 제약받지 않습니다….

좋지 못한 의도를 조심하세요…. 있다면 흘려보내고, 안전함, 연민, 그리고 사랑받는 느낌 속에 안식합니다….

감각적 욕망을 주의합니다…. 있다면 흘려보내고, 이미 풍요롭다는 느낌 속에 안식합니다….

피로와 나태함을 조심하세요…. 있다면 흘려보내고, 타고난 각성의 에너지와 명료함 속에 안식합니다…. 자신이 갖고 있는 선한 의도와 소망의 느낌 속에 안식합니다….

초조함, 걱정, 회한을 주의합니다…. 있다면 흘려보내고, 고요함, 안심, 그리고 자신의 타고난 선한 느낌을 찾습니다….

의심을 조심하세요…. 있다면 흘려보내고, 있는 그대로의 이 순간이라는 자명한 앎 속에 안식합니다…. 이 숨결, 이 의자… 당신이 명백히 알고 있는 사실에 신뢰를 보내 보세요.

내면에 감추어진 진정한 본성을 느끼고 신뢰합니다…. 타고난 각성… 선함… 평화로움… 드러나 있고, 어떤 제약도 없는… 흔들리지 않는, 녹슬지 않는, 어떤 슬픔도 없는, 그리고 안전한….

온 마음의 존재

가능한 가장 넓은 일체성의 느낌이란 온 마음(mind as a whole)으로 현존하는 것이다. 이 온전함에 모든 것이 포함된다. 광경과 소리, 생각과 느낌, 견해와 관점, 그리고 의식 그 자체. 온 마음은 언제나 명백하지만, 우리들 대부분은 그것을 온전함으로 경험하지 못하는 경우가 잦다. 많은 경우 그것의 이런저런 부분에 사로잡혀 있기 때문이다. 하지만 온 마음으로서 머문다면, 거기에는 어떤 긴장도 없다. 아픔도 있고, 슬픔도 있을 수 있겠지만, 마음이 부분들로 나뉘어 다투는 일이 없기에 갈망도 없고 고통도 없다. 나뉘지 않으면, 당신은 평화이다. 마음의 다양한 내용물은 끊임없이 변하기에, 그다지 신뢰할 만하다 느껴지지 않는다. 하지만 온 마음은 언제나 온전한 마음이다. 이는 있는 그대로 안정적이고, 그렇기에 믿을 수 있다. 당신은, 그 누구도 건드릴 수 없는 평화이다.

의식과 뇌

의식은 온전한 마음의 느낌 속으로 곧바로 연결되는 길을 제공한다. 의식(awareness)이란 여러 개의 의미를 갖는 까다로운 단어이기에, 이를 명확하게 하는 것에서 시작해 보자. 첫째, 무엇인가를 **의식할**(be aware of) 수 있다. 가령 자동차 소리라든가 일터에서 누군가와 언쟁을 벌인 후에 여운처럼 지속되는 짜증난 느낌. 3장에서 언급한대로, 특정한 무엇인가를 계속해서 의식하는 유형의 명상 ―가령 호흡의 느낌― 을 주의 집중 연습이라 부른다. 둘째, 열린 의식(open awareness)을 연습할 수 있다. 이는 지나가는 경험들을 그에 대한 판단 없이 또는 그것에 영향을 미치려는 시도 없이 관찰하는 것이다. 셋째, 의식 자체를 의식할(be aware of awareness) 수 있다. 이는 의식 자체로 의식을 되돌리는 것이다. 넷째, 의식으로서(as awareness) 머무를 수 있다. 주로 그 광대무변한 수용성을 경험하며, 그 무엇이 의식을 지나가든 그것으로부터 물러나 있다. 더불어 단순히 의식 그 자체로 존재하는 느낌은 점점 커진다(처음 두 가지 의식은 비교적 쉽지만, 다음 두 가지는 더 많은 연습을 필요로 한다.). 명상과 일상생활 양쪽에서, 집중된 주의로부터 열린 의식으로의 자연스러운 이행이 가능하며, 이때 의식 자체로서 머문다. 어떤 것이 당신의 이목을 잡아끈다면 ―열 받는 기억, 근처의 소리― 이를 눈치챈 후, 다시 집중된 주의를 재정립하고 거기서부터 점진적으로 열린 의식으로 돌아갈 수 있다. 그러고는 의식 자체로서 머문다.

첫 번째 종류의 의식 ―무엇인가를 의식(awareness of something)― 은 동물들 사이에, 심지어 단순한 신경계만 갖춘 경우에까지도 널리 퍼져 있다. 개구리는 파리가 움직일 때 그것을 의식하고, 파리는 자신의 다면적인 눈 위로 드리우는 빛과 그림자를 의식한다. 개구리나 파리라면 빈틈없는 각성을 유지하며 환경에 재빨리 반응하기 위해 자신이 의식하고 있음을 의식하거나, 개체적 자기 인식을 가질 필요가 없다. 정확히 **어떻게**(how) 개구리가 파리를 의식하는가는 ―그리고 어떻게 우리가 개구리를 의식하는가는― 의식의 과학에서 아직도 골치 아픈 질문이다. 그럼에도 불구하고, 의식 현상의 밑바탕이 되는 신경생물학은 점점 더 분명해지고 있다(여기엔 많은 의문과 논란의 여지가 있으며, 다만 이는 단순화시킨 요약일 뿐이다.). 처음 어떤 자극에 대한 기초적인 정보는 신경계의 '하위 수준들'에 의해 처리되고 다음 정보처리를 위해 '중위 수준들'로 보내진다. 그러고는 '상위 수준들'로 보내지는데, 그곳은 버나드 바스(Bernard Baars)가 **의식의 포괄적 작업 공간**(global workspace of consciousness)이라 이름 붙인 것을 가능케 하는 신경기질들로 대변되는 곳이다.

작업 공간이라는 개념을 일종의 비유로 사용하기 위해, 뇌의 서로 다른 부분들이 효과적으로 정보를 공유하기 위해 모여 있는 회의실을 상상해 보자. 예를 들어, 인지('무슨 일이 일어나고 있는가?'), 중요성('그것이 문제가 되는가?'), 그리고 실행('우리가 무엇을 해야 하지?')의 체계들이 함께 모여 지속적으로 정보를 주고받는 방이다. 이들 **의식의 신경상관성**(neural correlates of consciousness)에서 정보란, 연관된 신경화학적 과정에서 순식간에 일어나는 수많은 뉴런들 간의 합종연횡이다. 이는 마치 신경생물학적 흐름에 생겨난 물질적 소용돌이가 곧 정보의 소용돌이를 대변하고 다시 이것이 경험의 소용돌이를 가능케 한다는 소리다.

이제껏 내가 의식을 묘사함에 있어 경험들이 일어나는 어떤 정적인 장(a static field)으로 표현했지만, 이는 단지 매우 단순화한 비유에 불과하다. 의식의 물질적 기반은 살아 있고 끊임없이 변하기에, 의식 또한 역동적이며, 따라서 그 경계와 질이 끊임없이 움직인다. 의식은 멈춰 있는 물건이 아니라, 일종의 **과정**(process)이다. 우리는 '의식이라는 과정(aware-ing)'이다. 일상적인 현실의 용어로 말하자면, 인간의 (또는 개구리의) 의식은 **조건 지어진**(conditioned) 것이며, 이 말의 의미는 그것이 어떤 원인에 의거해 일어난 것일 뿐, 절대적이고 어떤 조건도 필요 없는 스스로 존재하는 무엇이 아니라는 뜻이다.

열려 있는 수용성의 자세란, 어떤 목표나 기대로부터도 자유로우며,
이 순간의 침묵과 정적을 확장시켜 그것이 곧 자신의 타고난 상태임
이 드러나게끔 한다….
의식이란 그 어떤 상태라고도 할 수 없는 본래의 자리로 자연스럽게
돌아가게끔 되어 있다. 그곳은 모든 앎을 넘어서는 침묵의 심연이다.

_아디야샨티(Adyashanti)

의식으로서 머물기

의식은 말로 표현할 수 없고 끊임없이 변하기에, 거기 매달리거나 그것
을 확정 지으려 한다면 고통만 유발할 뿐이다. 그럼에도 불구하고, 이를
계속해서 의식하며 머물면, **의식으로서**(as awareness) 머무는 느낌이 커
지며 그것이 자연스럽게 당신을 일체성으로 끌어당기게 된다. 동시에
당신은 의식 속을 지나가는 많은 것들 –부분들, 더 많은 부분들– 로부
터 떨어져 나온다. 결국 '나'와 '내 것'이란 경험은 이들 많은 것들의 단
지 일부일 뿐이기에, 의식으로서 머물면 자아의 느낌 또한 작아진다. 따
라서 고통도 줄어든다. 고통이란 삶을 너무 사적으로 받아들일 때 생기
기 때문이다.

　의식 안에 안식함으로써, 그 특질 중 일부를 점차로 떠안게 된다.

의식은 무엇이든 받아들이고 무엇이든 붙잡을 수 있으면서도, 그 무엇이 통과해도 물들지 않고, 경계가 존재하지 않는다…. 그러므로 당신은 더 활짝 열린 공간이 되고, 순수하고, 한없는 당신이 된다. 게다가, 의식은 일종의 가능성의 장(field)이어서 마치 단 하나의 조건도 지어지지 않은, 일상의 현실을 초월하는 듯(like)한 무엇이다. 9장에서 살펴볼 예정이지만, "무엇인 듯(like)하다."는 "무엇이다(is)."와 같지 않다. 하지만 의식으로서 머물면 궁극적인 의미에서 조건 지어지지 않았다는 것이 **실제로**(actually) 무엇인지에 대한 직관을 계발하는데 도움이 될 수 있다. 그리고 어쩌면, 겉에서 보면 단지 자신의 왜소한 의식일 뿐인 것이 더 깊은 곳에서는 어느 정도 광대하고, 개인을 넘나들며, 무시간적이라는 사실을 알게 되는지도 모른다.

이 길로 계속 가다보면, 의식과 그 내용물이라는 표면적인 구분이 점차로 사라지게 되는데, 그럼 이것들이 단순히 오직 하나뿐인 온 마음의 일면들임을 깨닫는다. 그럼 그것이 온 마음(mind as a whole)으로서 머묾이다. 소리가 있고… 그것을 인식하는 의식이 있다…. 하지만 진실은, 거기 있는 것은 단순히 온 마음이다. 주체는 객체로부터 분리되지 않고, 의식은 그 내용물로부터 분리되지 않는다. 일체이며, 이원적이지 않다. 오직 하나일 뿐, 둘이 아니다.

나뉘지 않은 존재

따뜻한 가슴… 충만함… 평화… 만족… 사랑… 그런 느낌들을 찾아

봅니다. 호흡의 느낌에 의식을 둡니다…. 그리고 점차로 몸 전체를 포함합니다…. 온몸으로 호흡하며 머무릅니다.

온몸으로서 안식하며, 소리들에 의식을 둡니다…. 그리고 그것을 하나의 온 경험의 느낌 속에 포함시킵니다. 거기에 광경들까지 단일한 전체의 느낌 속에 서서히 포함시켜 봅니다…. 이 단일한 전체에 감정들도 포함시킵니다…. 그리고 생각들도… 그리고 의식에 떠오르는 그밖에 어떤 것이든 모두 단일한 온 경험 속에 포함시킵니다.

이 온 경험을 목격하고 있음을 의식합니다…. 의식의 흐름 속에서 자신 앞에 그것이 스쳐지나가도록 그대로 둡니다…. 그러고는 의식 그 자체 안으로 자리 잡아 보세요…. 애씀을 흘려보내고 깨끗하고, 어떤 개념화도 없는 의식 속에 안식합니다…. 두려움을 흘려보내고, 희망도 흘려보내고, 자아의 느낌이 일어나면 그것도 흘려보냅니다…. 지나간 과거는 흘려보냅니다…. 미래도 흘려보냅니다…. 스쳐지나가는 이 순간 또한 그대로 흘려보내세요….

확연한 것으로 마음을 엽니다…. 의식과 그 내용물은 다르지 않은 하나의 과정으로서 언제나 함께 일어나기에, 온 마음입니다…. 마음이 그저 있는 그대로 존재하도록 놓아둡니다…. 더할 수 없이 충만한 존재인 단순한 자신으로 존재해 보세요…. 계속….

일체가 포함된 온 마음으로 존재합니다…. 온 마음이 펼쳐집니다…. 단순히 그냥 있음으로… 어디로도 갈 곳 없고, 그 무엇도 할 일이 없으며, 그 누구도 될 필요가 없습니다…. 순간순간 경험은 그저 그 정해진 바대로 일어날 뿐… 근심을 놓고 일체에 열려 있는 채, 단순히 있음… 마음을 풀고, 그저 자유로이 있음을 허용합니다….

좋은 연습

한 시간 정도 작은 실험을 해 본다. 마음이 부정적인 고민에 빠져들었던 분명한 '일화들(episodes)'을 숫자로 세어 본다. 무엇인가에 대해 의도적으로 생각하거나 마음이 즐겁게 이곳저곳 기웃거렸던 때는 세지 않는다. 숫자를 정확하게 할 필요는 없다. 중요한 것은 보다 커지는 자기-인식(self-awareness)이다. 그럼 자신이 목격했던 것을 돌아볼 수 있고, 그에 대해 무엇을 하고 싶은지 알 수 있다.

또 다른 때에는, 생각들에서 벗어났을 때의 느낌들에 초점을 맞춰 본다. 여전히 생각들이 올라오겠지만, 그에 먹이를 주거나 좇아가지 말라. 또한 생각에서 떨어져 있는 중에 거기 보고 듣는 것까지 포함시킬 수 있다. 이러한 존재 방식이 자신 속에 충분히 가라앉게끔 하면 언제든 다시 꺼내어 들 수 있게 된다.

가령 설거지 같은 일상의 활동 중에, 사물에 새로이 다가가는 느낌을 탐구해 보라. 마치 그것들이 무엇인지 전혀 모른다는 듯이 말이다. 이리저리 살펴보고, 잡아보고, 움직여 볼 테지만 그것들에 대해 너무 많은 개념화는 삼간다. 이른바 이 '오직 모를 뿐'인 마음을 오늘 하루 다른 부분들에도 가져가 볼 수 있다.

때때로 자신의 몸을 온전한 하나로 느끼며 빠져들어 본다.

자신 안에 건강하고, 선하고, 잠들지 않는 어떤 것을 드러내는 데 방해가 되는 점을 하나 고른다. 처음에는, 사소하고 구체적인 것에서 시작한다. 그러고는 하루 또는 그 이상 동안, 이 제약에 더 이상 연료를 주지 않게끔 떨어져 있는 것에 집중한다…. 이제 그 결과로 나타난 것을 즐기면 된다. 다른 제약들에도 똑같이 할 수 있다.

명상 중에, 열린 의식과 의식으로서 머묾을 탐구한다. 처음부터 자연스럽게 될 수는 없겠지만, 연습을 통해 결국은 저절로 나타날 것이다.

명상 중이든 다른 때에든, 온 마음의 느낌을 그림자처럼 가져 보라.

지금 이 순간을 받아들이다

여기, 바로 이 방에서, 주위를 돌아보는 바로 그 순간 시작되는,
지금 이 순간. 누가 그보다 더 대단한 것을 줄 수 있겠는가?

—

윌리엄 스태포드(William Stafford)

존재의 가장 놀라운 사실 중 하나는 언제나 바로 코앞에 있다.

그것은 현재, 바로 이 순간이다. 한없는 마침인 동시에, 한없는 새로움이다. 철저하게 무상하지만, 동시에 언제나 항구적이다. 공간적으로 무한히 얇은, 직선상의 일점과 매우 유사하게, 각각의 지금 이 순간은 **일시적으로**(temporally) 무한히 얇다. ─ 그럼에도 불구하고 각각의 순간에는 과거의 모든 원인들이 어떻게든 담겨 있어 그로 인해 미래가 만들어진다. 그곳(where)이 ─ 아니 차라리 그때(when)가 ─ 우리가 실질적으로 살아가는 유일한 곳이건만, 우리는 자신의 이 진정한 고향에 대해 거의 알지 못한다. 과학적으로, 지금 그리고 시간 자체의 본성은 미스터리로 남아 있다. 하지만 경험적으로, 지금 이 순간 속에 안식함은 명백히 가치가 있다. 과학자이자 불교 승려인 마티유 리카르(Matthieu Ricard)가 말한 대로. "생각이 일어나면 일어나자마자 자유롭게 지나가게끔 허용하는 법을 익혀야 한다. 생각이 마음에 침습되도록 붙잡는 대신 말이다. 지금 이 순간의 신선함 속에서, 과거는 지나갔고, 미래는 오지 않았으니, 만일 순수한 마음챙김과 자유 속에 머무를 수 있다면, 잠재적으로 마음을 어지럽힐 수 있는 생각들이 일어났다 사라질지라도 거기엔 어떤 흔적도 남지 않으리라."

이제 이 신선함을 어떻게 즐기는지 탐구해 보자.

이 순간의 탄생

이 순간의 경험은 그 순간 자신의 신경계의 활동에 기초한다. 그러므로 이 순간 경험 아래 숨겨진 신경 기반을 이해하면 도움이 된다. 그런 다음, 이 이해를 실용적인 측면에서 어떻게 쓸지 살펴볼 것이다.

이 순간의 물리학

뇌와 마음은 어떤 순간이든 어떤 특정 상태에 있고, 그 상태들은 시간에 걸쳐 바뀐다. 아주 직설적이고 지당한 말로 들린다…. 도대체 **시간** (time)이 무엇인지, 또는 왜 그러한지 아무도 모른다는 점만 빼고 말이다. -그리고 이제 **이 순간**(now)으로 들어가면 더욱 당황스럽다. 세상에서 가장 위대한 과학자들일지라도 어째서 지금 이 순간이 존재하는지 또는 그것이 실제로 무엇인지 확실히 알지 못한다. 언제나 지금 이 순간이건만, 그럼에도 정확히 어떻게 우주가 시간을 만들어 내는지 – 또는 어떻게 시간이 우주를 만들어 내는지는 불분명하다.

하지만, 몇몇 괜찮은 추측이 있다. 그리고 나는 물리학자 리처드 뮬러(Richard Muller)의 것이 좋다. 거의 140억 년 전, 빅뱅이 네 개의 차원 -3개의 공간 차원과 하나의 시간 차원 -과 함께 우주를 만들어 내었다. 그리고 그 때 이후 4개 **모두**(all)가 계속 확장하고 있는 중이다(다음 글 중 강조는 뮬러가 한 것이다.)

빅뱅은 4차원 **시공간**(space-time)의 폭발이다. 공간이 [이] 팽창에 의해 만들어지자마자, 시간이 창조되었다…. 매 순간, 우주는 조금씩 더 커지고, 시간도 조금씩 더 늘어난다. 그리고 우리가 지금(now)이라고 부르는 것은 바로 시간의 이 최첨단(leading edge)이다….

… 시간이 **흐른다**(flow)함은, 새로운 순간이 끊임없이 더해짐을 의미하고 그 더해지는 순간들은 시간이 앞으로 나아가는 느낌을 준다. 바로 새로운 **지금이 순간들**(nows)의 끊임없는 창조이다.

알아듣겠는가?! 나로서는, 전혀. 그럼에도 이는 여전히 경외심을 자아낸다. 우리 삶의 매 순간이 우주 팽창의 최첨단에서 만들어지고 있는 중이라 상상해 보라. 망원경 없이 새로운 공간의 창조를 볼 수는 없지만, 매 호흡마다 우리는 새로운 시간의 창조를 목격할 수 있는 셈이다. 뮬러의 직감이 사실이라면, 우리는 언제나 창조 속에 있다.

◆

잠시 동안 정점이었다가, 잠시 동안 심해 같은 바닥
잠시 동안 미친 마음이었다가, 잠시 동안 부처의 몸
잠시 동안 참선의 달인이다가도, 잠시 동안 범부
문득 잠시 동안 하늘과 땅
지금 이 순간 외에 그 어떤 것도 없으니, '잠시 동안'이야말로
거기 존재하는 모든 시간.

__도원(道元) 선사

◆

깨어 있기(WAKEFULNESS)

팽창하는 시공간 우주를 관찰하기 위해, 뇌는 **각성**(vigilance) 상태를 확립함으로써 시작한다. 언뜻 긴장감 넘치게 들리지만, 이 단어의 어원은 '깨어 있음'이다. 그리고 그것이 여기서 말하려는 느낌이다. 다음 순간 무슨 일이 일어날지 단단히 주의를 기울여 본다 치자. —가령 친구와 함께 늦은 밤 구불구불한 산길을 운전해 가고 있다 해 보자. 우측 반구의 신경회로는 매 킬로미터마다 당신의 경계를 유지하기 위해 활성화 되어 있다. 그리고 간간히, 뇌간에 위치한 청색반점(locus ceruleus)이 뇌 전체로 노르에피네프린을 퍼뜨려 자극한다. 이 자극적인 신경화학물질은 마치 친구가 말하는 것 같다. "이봐, 졸지 말라고!"

한편, 주의는 특정 사물, 가령 친구와의 대화 내용에 초점을 맞출 수도 있다. 초점의 의도적인 유지는 뇌의 양편 **상부주의회로**(upper attention network)로부터 발휘된다. 앞선 장에서 논의한 '함' 상태에 있을 때, 특히 목표-지향적 업무 수행 중이라면, 대개는 이 상부 회로가 작동 중이라 볼 수 있다.

경계(ALERTING)

그럼 이제 뭔가 새로운 일이 일어나는 상황에 대해 말해 보자. 바로 앞에서 갑자기 사슴 한 마리가 길 위로 가로질러 간다. 사슴의 몸에서 반사된 광자들이 당신의 눈에 와 닿고, 일련의 신경 활동을 촉발시킨다.

그럼 10분의 1초 상간으로, 뭔가 일어났음을 의식하기 시작한다. 뭔가 **변한**(changed) 것이다. 뇌 안에서, 기초적인 지각계가 – 이 경우, 주로 시각– 첫 번째이자 가장 단순한 가공되지 않은 정보를 처리한다. 하지만 의식 속에 나타난 바로 그 첫 번째 스쳐가는 광경 속에서, 그것이 무엇인지, 그것이 어디에 위치하는지, 또는 그에 대해 어떻게 해야 할지 정확히 알지 못한다.

방향잡기(ORIENTING)

다음 10분의 몇 초 동안, 그 무슨 일이 **어디에서**(where) 일어났는지에 대한 인식이 점점 커진다. 뇌는 무슨 일인지 알아내기 위해 재빨리 움직인다. 멀리 있는 문제인가 아니면 가까이 있는 문제인가? 우리 조상들이 진화하는 동안, 사물이 가까이 있을수록, 위협으로서, 기회로서, 또는 관계에 있어서도 그것은 대개 더 중요했었다. 그리고 1~2초 이내에 **어떤**(what) 일이 일어났는지에 대한 앎이 생겨난다. 달빛 그림자로 인한 착각인지 – 아니면 진짜 사슴인지.

경계와 방향잡기 과정은 **하부주의회로**(lower attention network)가 관여한다. 그리고 그것은 주로 뇌의 오른편에 위치한다. 특정한 사물에 집중하고 있을 때 이 하부회로는 상부주의회로에 의해 억제된다. 하지만 뭔가 새로운 일이 일어나면, 그것이 다시 활성화되고 상부회로로부터 권한을 넘겨받아 의식의 장(field)을 '갱신(update)'한다. 하부주의회로가 활성화될 때, 기저상태회로 또한 잠잠해진다. 뭔가 새로운 것이 나타나 백일몽이나 고민을 방해하는 것이다.

◆

그들은 과거를 슬퍼하지도,
미래를 갈망하지도 않는다.
그들은 오직 현재에 머문다.
그것이 바로 그들 모습이 차분한 이유이다.

_ 상윳따 니까야(Samyutta Nikaya) 1.10

◆

평가(EVALUATING)

뭔가 일이 일어났고 그것이 어디에서 일어났으며 또 그것이 무엇인지
알고 나면, 그것이 어떤 의미(means)가 있는지 살피기 시작한다. 무시해
도 되는가, 아니면 문제가 되는가? 친구인가 아니면 적인가? 그것과 부
딪히지 않게끔 방향을 틀 여지가 있는가? 처음 1초 이내에 뇌의 현출성
회로가 –5장에서 언급했다– 관여하기 시작하면, 이내 무엇이 적절한
지 골라내고 달리는 차 앞에 갑자기 뛰쳐나온 사슴의 불쾌한 느낌 같은,
그에 대한 쾌감 감도를 만들어 내기 시작한다.

행동(ACTING)

행동에 옮길 때, 실행통제회로(역시 5장에서 다루었다)가 관여되어선 자신의 즉각적인 행동을 지시한다. – 말하자면 차를 오른편으로 잽싸게 꺾어 사슴을 피한다. 사고를 피한 후 – 휴! – 친구와의 대화로 돌아가면, 하부주의회로는 뒤로 물러나 다음번 새로운 일에 대기상태로 들어가고 상부주의회로가 다시 전면으로 나선다.

이 절차를 자신의 경험 속으로 가져오기

겨우 심장이 몇 번 뛸 정도의 순식간에 얼마나 많은 일이 일어나는지 놀라울 뿐이다. 찻길에 뛰어든 사슴 이야기에서, 수초 사이에 네 개의 주요 신경회로들이 관여했다. 뇌는 너무나 빠르기에 이런 일을 일상적으로 해 낸다. 사슴 사건은 극적이지만, 대부분의 경계 및 방향잡기는 사소하고 일상적이고 평화롭다. 예를 들면, 문장을 이해하거나, 누군가 하는 얘기를 듣거나, 무릎 위로 고양이가 뛰어오르게끔 하는 정도이다. 열린 의식으로 명상에 들어 앉아 있노라면, 의식의 흐름 속 끊임없는 변화를 알아차릴 수 있다. 스스로의 경험 속에서 하루에도 여러 번 경계와 방향잡기가 일어남을 관찰할 수 있다. 특히 마음의 견실함이 강화된 경우라면 더욱 그렇다. 새로운 감각이나 소리가 의식 안으로 떠오를 때 이를 시도해 보라. 새로운 생각과 감정적 반응들에 대해서도 마찬가지이다.

시간을 통과해 당신이 앞으로 나아갈 때 – 또는 시간이 당신을 통과해 흐를 때 – 의식은 마치 앞 유리창 같다. 그리고 경계와 방향잡기의 과정은 그 앞 유리창의 최첨단이다. 이에 대해 좀 더 마음챙김 할수록, 경험적으로, 마치 칼끝 같은 주관적 지금(now)의 최첨단에 점점 더 가까이 다가갈 수 있다. 이는 객관적으로도 끊임없이 새로이 생성되는 지금(now)이라는 칼끝에 일상의 경험을 최대한 가까이 일치시키는 셈이다. – 어쩌면 이는 우리 우주에서 새로운 시간 창조의 찰나적 순간일는지도 모른다.

지금 여기에 존재하기

강화하고 안정시킨 깨어 있기, 경계, 그리고 방향잡기는 지금 이 순간으로 들어가 머무르는데 – 지금(now) 여기에 꾸준히 존재하는데 – 있어 강력한 도구이다. 경험적으로, 이는 뇌가 의식의 흐름을 만들어 나가는 가장 시작점으로 좀 더 가까이 당신을 데려간다. 이는 마치 산 위에 시원한 물이 뿜어져 나오는 샘이 하나 있는데, 그 물길의 최초 시작점에 계속해서 머무는 것이다.

매일의 삶을 위해, 이 순간에 머무는 실용적인 방법들을 여기서 제안한다. 234페이지의 상자 글에 실린 명상 또한 해 볼 수 있다.

깨어 있기

이것은 다음에 그 무엇이 오든 그것에 대한 열려 있는 준비상태이다. 조용히 앉아 명상 중이든 이런저런 일들을 차례로 바쁘게 하고 있는 중이든 상관없이, 보다 큰 배경(larger surround)에 의식을 남겨 둠으로써 깨어 있기를 해 낼 수 있다. 이전 장에서 보았듯, 일체성의 느낌 –자신이 있는 방이나 건물, 머리 위 하늘, 전체적인 맥락– 은 뇌의 오른편 회로들을 자극하고, 이는 각성 상태를 촉진하는 비슷하게 오른쪽인 신경회로들의 활성화를 지원한다.

> 우리에게 이 순간이 없다면, 달리 가진 게 많지 않다.
> 사실, 그것이 우리가 가진 전부이다.
>
> _ 얀 핸슨(Jan Hanson)

만일 흐릿하거나 텅 빈 듯 느껴지기 시작하면, 노르에피네프린 계 (system)를 이용해 정신이 번쩍 나게 깨어 있기로 돌아갈 수 있다. 예를 들면, 느낌이 강렬했던 무엇, 가령 자신이 흥분했던 기억을 마음속에 떠올린다. 흥분의 느낌과 함께 들이 쉼을 좀 더 강하게 - 교감신경 가지 쪽이 관여하도록- 한다. 만일 앉아 있다면, 곧게 앉는 것이 도움이 된다. 딱딱하게 굳어 있는 것이 아니라 마치 머리끝에 보이지 않는 끈이 있어 부드럽게 위로 잡아당기는 것같이 한다. 서 있거나 걸을 때에도 비슷하게 곧추 선 느낌을 가져볼 수 있다. 바른 몸에 바른 마음이 깃든다.

경계

자신이 있는 방에 누군가가 들어옴을 처음 인지할 때, 또는 전화벨 소리가 울릴 때같이 뭔가에 의해 경계가 발동된다는 것이 무엇인지 알아차린다. 처음 1초 이내에, 무엇인가 바뀌었다는 순수한 앎이 일어난다. 뒤따라 가공되기 전 날것의 감각정보, 그리고 어쩌면 일종의 놀람이 뒤따른다. 초점이 집중하고 있던 것에서 새로운 그것으로 옮겨갈 수도 있다. 하던 일을 멈추고 고개를 들어, 일종의 또 다른 과제를 위해 기어를 바꾸거나, 어떤 새로운 관점으로 옮겨가려 한다. 경계의 경험에 점점 더 익숙해질수록, 원할 때면 언제나 그 느낌을 촉발시킬 수 있게 된다.

경계는 마치 신선한 공기를 느끼는 것과 같다. 이러한 의식의 **새로고침**(updating)을 촉진시키면, 호기심이 늘고, 참신한 것을 편히 받아들이고, 놀라움과 경이로움을 받아들이는 능력이 커진다.

경험적으로, **일체성과 현재성의 느낌은 함께 오는 듯하다**(a sense of wholeness and nowness seem to come together). 신경과학적으로, 이는 어느 정도 이유가 있다. 일체성의 느낌은 정신적 시간여행을 가능케 하는 정중 피질 회로의 활동도를 감소시키는 경향이 있다. 따라서 지금 이 순간으로 당신이 돌아오게끔 돕는다. 하부주의회로는 수용적이고 포괄적인 의식의 특질을 증진시키고, 이는 일체성의 정수이다. 일체성의 외측 신경회로와 현재성의 하부주의회로는 둘 다 뇌의 오른편에 위치하고, 어느 한쪽이 활성화되면 다른 한쪽도 함께 활성화될 수 있다.

두 가지가 동시에 일어나게끔 하는 가장 좋은 방법이 있다. 첫째, 이완하라. 그럼 의식이 열려 있고 수용적이게끔 된다. 둘째, 다가오는 다음 순간에 주의를 유지한다. 이 조합은 매사추세츠 배리의 마을 구호를 아름답게 요약하는 바이다. 이곳에는 두 개의 주요 명상센터가 위치한다. '평온하되 깨어 있을 것.' 인생에서 이런 방식으로 며칠, 몇 분이라도 지낸다고 상상해 보라.

방향잡기

경계가 발목 정도까지 찼을 때, 그 무엇인가가 어디에 있고 정체가 무엇인지 알아차리기 시작함에 유의한다. 이는 마치 도시에서 어떤 소리를 듣는 것 같아서, 가령 그 소리가 건너편 거리에서 나고 도로변에서 버스가 출발하는 소리라는 사실처럼, 정보가 등록되는 데 1초도 걸리지 않는다. 이것이 방향잡기의 느낌이고, 이에 대한 마음챙김이 좋아질수록, 그 느낌 속에 안정적으로 머무를 수 있게 된다.

때로는 들어오는 신호들을 걸러낼 필요도 분명히 있다. 하지만 끝없이 이어지는 할 일 목록에 정신적으로 사로잡히기란 너무나 쉽다. 당신도 나처럼, 뭔가를 하고 또 하며 행위에 사로잡히고, 한 가지에 집중 후 이내 다른 것으로 이어짐이 끝이 없다면, 하부주의회로를 발동시켜 보라. ─경계하고 방향잡고 그러고는 이 순간으로 돌아오는 거다. 그럼 단순히 존재하게끔 된다. 그러면서도 여전히 일도 하고 업무도 완수할 수 있다. 행위에 매몰되면, 존재의 느낌을 갖기란 어렵다. 하지만 이와 달리, 존재 속에 단단히 뿌리박고 있다 느낄 때는 여전히 많은 것들을 할 수 있는데, 가령 저녁식사 준비나 친구와 대화도 가능하다. 이와 비슷한 방식으로, 무엇인가가 어땠는지, 또는 어떠했을지 생각 속에 빠져 헤맬 때면, 여기 이 순간을 느끼기 어렵다. 하지만 이 순간에 중심을 두고 있음을 느끼면서도, 여전히 과거를 돌아보고 미래를 계획하는 것이 가능하다. 꾸준히 연습하면, 지난 장에서 보았듯 존재와 행위가 점점 더 하나로 얽혀 간다. 경계와 방향잡기의 경우도 거의 같은 일이 일어나고, 평가와 행동의 경우도 마찬가지다. 하지만 우선은, 우리들 대부분은 지금 여기에 좀 더 머무를 수 있도록 마음과 뇌를 훈련시킬 필요가 있다.

지금 이 순간이라는 칼끝 위에서

편안하고, 바르고, 안정적인 자세를 찾아봅니다. 눈을 뜨고 있기를 원할 수도 있습니다. 보다 큰 주위 배경에 의식을 유지합니다. 자신이 있는 방, 자신이 그 일부인 전체.

이완된 깨어 있음의 느낌에 마음을 둡니다…. 평온하되 깨어 있으세요. 이따금씩, 조금만 더 곧게 앉으면 어떨지 봅니다…. 좀 더 힘차게 최대한 들이마시면 어떨지… 어떤 흥분의 느낌을 마음에 가져오면 어떨지….

경계의 느낌을 확립합니다. 진행되는 호흡의 처음 느낌이 '도달함'에 의식을 둡니다…. 계속… 변화의 느낌을 의식하며 안식합니다…. 이름표나 개념에서 빠져나오세요…. 편안해지는 느낌과 함께, 이 순간에 수용적인 채 머무릅니다.

유사한 방법으로 소리가 도달함에 의식을 둡니다… 광경들… 생각들… 다음에 무엇이 나타날지라도 그에 대해 활짝 열린 상태를 유지합니다…. 예상치 못한 것이 올지라도 그것을 허용합니다…. 경이로움… 커다란 기쁨… 그런 느낌들을 발견할 수 있을는지도 모릅니다. 계속해서, 의식에 그 어떤 것이 나타나든 칼끝 같은 이 순간에 존재합니다.

방향잡기 느낌을 확립합니다. 느낌이 무엇이고 어디에 있는지 알아차리는 과정을 관찰합니다…. 이 소리가 무엇이고 어디에서 나는지… 다른 어떤 것이든 의식 속에 나타나는지… 어떤 것이 무엇이고 어디에 있는지 알아차리자마자, 그것을 흘려보냅니다. 휙 하고 스쳐 지나가도록 허용합니다…. 어떤 평가도, 그에 대한 어떤 행동도 하지 않습니다.

경계와 방향잡기에 머무릅니다…. 의식이 끊임없이 갱신되는 지금 이 순간에 존재합니다…. 이토록 평화로운, 지금….

경험을 이루는 부분들

만약 마법의 베틀이 -뇌가- 매 순간 의식이라는 옷감을 짜내고 있다면, 주요 재료로 사용되는 실타래는 무엇일까? 이에 대한 한 가지 답을 내놓기 위해, 나는 빨리어 경전에서 차용해 일종의 얼개를 하나 만들어보았다. 여기서는 경험의 흐름을 다섯 개의 부분들로 '해체(deconstructs)'한다.

1. **형태(forms)** : 광경, 소리, 맛, 촉감, 냄새. 기초적인 감각 과정들
2. **쾌감 감도(hedonic tones)** : 즐거운지, 불쾌한지, 연관 있는지, 또는 중립적인지
3. **지각(perceptions)** : 범주화, 이름 붙이기. 그것이 무엇인지 구별하기
4. **구성(formations)** : 그 밖의 경험의 모든 요소들을 일컫는 전통적인 용어이다. 여기에 생각, 감정, 욕망, 상(images). 그리고 기억 -기질적이고 개인적인 성격의 표출, 계획하고 선택하기, 그리고 자아의 느낌까지 포함된다.
5. **의식(awareness)** : 경험들이 일어나는 일종의 장(또는 공간)

부분들, 더 많은 부분들

경험의 이들 부분들 각각 점점 더 작은 부분들로 나누어질 수 있다. 의식하고 있음을 의식할 수 있다는 의미에서, 심지어 의식도 나뉠 수 있다. 사실상, 자신의 경험을 완전히 해체하다 보면, 그것이 온통 부분들로 이루어진 부분들로 이루어진 부분들의 **복합체**(compounded)였음을 알아차리게 된다. 이는 결코 개념적인 분석에 불과하지 않다. 매 순간이라는 옷감을 이루는 수많은 각각의 실타래들에 마음챙김을 해 보면, 경험은 점점 더 가벼워져 마치 바람처럼 보이고, 점점 덜 실재적이고 덜 묶여 있게 된다. 또한 개별 경험의 작은 부분들이 얼마나 끊임없이 변하고 있는지도 목격할 수 있다. 경험에서 그 어떤 **부분**(part)도 결코 붙잡을 수 없음을 반복해서 깨닫게 되면, 점차 경험에 대한 집착을 전반적인 면에서 멈추게 된다. 따라서 고통의 근본적인 원천 또한 사라지는 셈이다.

모든 경험의 부분들은 헤아릴 수 없이 많은 원인들 ―대부분 비개인적이고, 과거 외부적으로 기인하는― 에 따라 오고 간다. 머릿속 그 어떤 대단한 영화감독일지라도 각각의 장면을 일일이 연출할 수는 없다. 마음의 극장에서 상영되는 영화를 이런 식으로 파악한다면, 보다 덜 사적으로 받아들일 수 있고 자신과 관련 짓는 일이 적기에 결과적으로 그에 짓눌리는 일도 적어진다.

"모든 조건 지어진 것들은 무상하다."
이러한 깨달음의 통찰이 있다면,
누구든 고통의 속박에서 마법처럼 벗어나리라.
_『법구경』277

고통 이전(BEFORE SUFFERING)

뭔가 새로운(new) 것 - 새로운 문자와 함께 스마트폰이 진동한다든가, 거리를 걷는데 어떤 사람이 모퉁이에서 갑자기 튀어나온다든가, 또는 몸에서 어떤 강한 감각이 느껴지는 등 - 을 의식함은 경험의 첫 네 가지 부분들을 차례로 거치는 경향을 보인다. 최초로 '뭔가 일어났다.'는 - 형태 - 가장 기초적인 감각이 있다. 곧이어 그것이 무엇이고 어디서 일어났는지 - 지각 - 파악되고 이윽고 그것이 어떤 의미를 갖는지 쾌감 감도로 표시되기 시작한다. 이들 세 가지로 모아진 정보들에 대해 다양한 반응이 따라오는 것은 그다음이다. 아픔은 밀쳐 내고 즐거움은 좇고, 압박이나 긴장을 느끼고, 고민하거나 기대하고, 그리고 나, 내 자신, 내 것. 다시 말해, **경험의 처음 세 가지 부분에는 어떤 갈망도, 나라는 느낌도, 고통도 없다**(there is little or no craving, sense of self, or suffering in the first three parts of experience).

이것이 의미하는 바는 말할 수 없이 크다. 경계와 방향잡기의 느낌에 - 형태와 지각에 주로 초점을 맞추면서 - 머무르면 구성에 관여함을 최소화하게 되며 따라서 그로 인한 고통도 사라진다. 이는 마치, 속도가 음속에 가까워짐에 따라 그에 따른 난기류가 점점 거세어지다가, 음속을 돌파하는 순간 그 모든 것을 뒤로하고 평화로운 고요함으로 진입하는 것 같다. 끊임없이 떠오르는 지금 이 순간에 가까이 머물고 있노라면, 당신은 너무도 순식간에 미래를 향해 움직이고 있는 - 또는 시간이 당신을 너무도 순식간에 지나가는 - 셈이어서 방금 뒤로 무엇이 지나갔는지 '들을(hear)' 수 없다. 따라서 그 무엇에 반응할 필요도 없어진다. 지금 이 순간이라는 칼끝에 가까이 갈수록 모든 것이 너무 빨리 변하기에, 자신을 뒤로 잡아끄는 갈망과 고통의 기전이 작동될 틈이 없다.

게다가, 지금 이 순간에 가까이 갈수록, '무엇이 되려는 갈망'도 적어진다. 이에 대한 신경과학적 근거가 정말 흥미롭다. 뇌는 지속적으로 예측들을 만들어 내고는 각각의 예측의 결과를 서로 비교한다. 예를 들어, 컵을 향해 팔을 뻗을 때, 뇌는 그것을 들려면 얼마만큼의 힘이 적당할지 판단하기 위해 컵의 무게를 예측한다. 그리고는 실제로 얼마의 무게가 나가는지에 대한 감각 피드백을 받아 미세한 힘 조절에 사용한다. 비슷한 과정으로 예측하고 경험한 후 다시금 새로운 예측을 만들어 내는 일이, 대화나 관계와 같은 크고 작은 수많은 경우들 속에서 일어난다.

마음속에서 기대가 끊임없이 만들어지고 있는 모습을 관찰하고 있노라면 그야말로 충격적이다. 이는 일상의 기능을 위해 꼭 필요하고, 어째서 소뇌(cerebellum)를 포함한 뇌 전체 신경정보처리 용량 중 상당한 부분이 이에 할당되는지 그 이유이다. 하지만 이는 또한 우리로 하여금 현재 - 우리가 진실로 사랑 받고 평화롭다 느낄 수 있는 유일한 장소 - 에 머무는 대신 상상 속의 미래에 살게끔 계속 잡아 두는 경향이 있다. 또한 기대가 충족되지 못했을 때 실망하게끔 한다. 거기다 이기…대라는 과정은 자아의 느낌을 만들어/상상해 내는 데 - '나에게' 어떤 일이 일어날까 - 관여한다. 그리고 그 종착지는 소유욕, 갈망, 그리고 고통이다(다음 장에서 다룬다.).

◈

과거는 없다.
미래는 없다.
당신은 완벽하게 보살핌 받고 있다.
＿로쉬 호겐 베이스(Roshi Hogen Bays)

◈

때로 기대나 희망을 품는 것은 확실히 유용하다. 하지만 우리는 어떤 것으로 되어감 속에서 길을 잃을 수 있다. 그러니 일 분 남짓만, 어떤 기대도 없이 오직 이 순간에 머물 때 자신의 경험 속에 어떤 일이 일어나는지 보라. 다음 순간 무슨 일이 일어날지 예측하거나 알지 못함. 이 연습을 하면서, 의도적인 행위에서 벗어나면 도움이 된다. 실행 기능과 **운동 계획**(motor planning)이 예측 기전에 밀접하게 관여하고 있기 때문이다. 이 모든 것에 대한 보다 확장된 탐구를 위해, 다음 명상을 해 보라.

스쳐 지나가는 부분들

이완합니다…. 마음을 견고하게 하고… 따뜻한 마음을 찾습니다….
충만한 느낌… 몸 전체로 숨 쉬고 있음을 의식하며… 모든 것을 포함
하며 확장되는 일체성의 느낌… 소리… 광경… 생각… 일체성 속으
로 부드럽게 들어갑니다…. 자신의 모든 것이 그냥 그러하도록 허용
합니다.

하나의 전체로서 현재에 머무르며, 의식에 너무나 많은 것들이 있음
을 알아차려 봅니다…. 형태의 단순한 감각, 소리와 광경 그리고 감
각들의 순수한 의식을 알아차려 봅니다…. 사물에 대한 지각을 알아
차려 봅니다…. 쾌감 감도를 알아차려 봅니다…. 생각과 느낌들의 구
성을 알아차려 봅니다…. 의식함 자체를 알아차려 봅니다…. 의식의
흐름 속에는 너무나 많은 것들이 있군요….

마음의 이들 부분이 끊임없이 변하고 있음을 알아차립니다…. 변하
도록 그대로 허용합니다…. 어떤 의도적인 애씀 없이 그것들이 일어
나도록 그대로 둡니다…. 모든 것이 아무 문제도 없습니다…. 마음의
과정이 계속됩니다…. 헤아릴 수 없이 많은 부분들과 함께… 언제까
지나 변화하며….

계속해서 모든 것을 흘려보냅니다…. 이 순간에 최대한 가까이 머무
르세요…. 모든 부분 부분들을 흘려보내며… 이름 붙이거나 이해할
어떤 필요도 없습니다…. 너무나 생생한 지금 이 순간… 기대를 흘려
보냅니다…. 다음 순간 무슨 일이 벌어질지 알지 못한 채… 이와 함
께 아무 문제도 없음을 느끼며… 무엇인가 되어야만 함도 흘려보냅
니다…. 지금 이 순간은 너무나 밝고 생생합니다…. 압박이나 긴장
이전 상태에 머무르세요….

과거와 미래를 흘려보냅니다…. 계속해서 흘려보냅니다…. 지금 이 순간의 표면 위에 살며… 이 순간의 정적 속에 머물러 봅니다…. 모든 변화가 그곳을 스쳐지나갈 때… 오직 지금 이 순간….

안식처에서의 안식

지금 이 순간 속으로 곧장 뛰어들면 너무나 평화로운 느낌이 든다. 하지만 동시에 슬픔도 느껴지는데, 이는 모든 경험의 −심지어 그것이 세상에서 가장 감동적이고 중요한 것일지라도− 그 덧없는 본성을 알아차리기 때문이다. 마음의 마치 모자이크같이 혼합된 본성을 목격하고, 그 조각들이 서로 얼마나 느슨하게 붙여져 있는지를 알게 되고, 얼마나 개인성과는 전혀 무관하게 끊임없이 오고 가는지 보게 되면 무서운 느낌이 들 수도 있다. 경험에 어떤 의미나 가치도 없다 느껴지는 것이다. 딛고 설 그 어떤 기반도 없다는 느낌이 절망으로 변할 수도 있다. 바닥이 끊임없이 무너져 내리고 모든 것이 먼지로 변하는 마당에 도대체 뭐가 중요하단 말인가?

덧없음을 알아차린 느낌이 깊어질 때, 이러한 영역에 익숙한 스승들과 대화를 나누어 보면 좋다. 특히 그로 인해 자신이 혼란스럽다면 말이다. 추가적으로, 이 끝없는 종말들(endless endings)에 좀 더 편안해질 수 있도록 스스로 할 수 있는 몇 가지 방법들을 여기 소개한다.

- ○ 다음번 경험들이 끝없이 **시작됨**(endless arisings)을 관찰한다.
- ○ 육체가 지속적으로 살아 있음에 의식을 둔다. 숨은 계속 쉬어지고, 심장도 여전히 뛰고 있다. 자신에게 바로 이 순간, 그리고 다음 순간에도 기본적으로 아무런 문제가 없다는 느낌에 집중한다.

○ 몸을 움직여 고유감각(proprioceptive) 피드백을 강화한다. 소아과 전문의이자 정신분석가인 대니얼 위니코트(Daniel Winnicott)에 따르면, 이는 안심시키는 의미에서 당신이 여전히 '존재하는 중'임을 보여 준다. 작지만 의도적인 움직임을 취한다. 가령 의자에 앉아 있다면 무게를 옮기기 위해 약간 움직이고는, 그 대리인 같은 느낌에 초점을 맞춘다. 원한다면 언제든 움직일 수 있고, 결코 무기력하거나 압도당해 있지 않다. 마음의 실행 기능들(예를 들어, 행동을 고르고 시작하는)은 여전히 아주 잘 작동중이다.

○ 발아래 대지의 감각을 느껴 본다. 그것은 여전히 여기 있고, 여전히 단단하고, 여전히 신뢰할 만하다. 예를 들면, 발로 바닥을 문지르거나 두드린다. 아니면 잠시 산책을 한다. 내 경우 붓다께서 깨달음을 얻었던 날 밤에 관한 설화를 아주 좋아한다. 악마의 힘과 망상에 공격을 받던 바로 그때, 당신께서 몸을 숙여 대지를 만지고 평안과 힘을 되찾았다는 얘기이다.

○ 간단하게 뭔가를 즐긴다. 약간의 음식을 먹든지 아니면 물을 한 모금 마신다. 거기에는 자연스러운 진정 효과가 있고, 몸의 스트레스 반응계를 추스르는 경향을 갖는다. 또한 따뜻한 가슴의 느낌에 집중한다. 좋아하는 사람들과 대화를 나누어도 좋다.

○ 충만함 속에 안식하고 평화, 만족, 사랑에 마음을 여는 연습을 한다.

안식처(refuges, 귀의처) ─ 쉼터, 재충전, 그리고 영감을 주는 것들 ─
의 느낌을 갖는 것도 도움이 된다. 이 순간의 무상함을 편히 대할 수 있
기도 하거니와, 일반적인 어떤 원천의 역할도 한다. 장소, 사람과 동물,
경험, 개념, 연습, 그리고 영적인 힘, 그 어느 것도 안식처가 될 수 있다.
예를 들면, 명상은 나에게 있어 일종의 안식처이다. ─ 그리고 치과 의자
에 누워 벌벌 떨 때 요세미티 계곡의 기억을 떠올리는 것도 마찬가지다.
자신이 그동안 기르고 있던 재주나 미덕, 그 밖의 건전한 자질들이 모두
도피처가 될 수 있다.

특히, 다음을 핵심적인 안식처들로 고려해 본다.

○ **스승**(Teachers) : 그동안 마주쳤을 수많은 스승들을 마음에 떠올
린다. 가슴에 와 닿았던 사람들, 당신을 돕고 인생을 달라지게
만들었던 사람들. 어떤 영적 전통이 시작된 때로 거슬러 올라
가 찾아볼 수도 있다. 또한 '내면의 스승'의 느낌이 있을 수도 있
다. 일종의 선험적인 앎으로서, 모든 사람의 깊은 내면에 존재
하는 깨어 있음과 선함, 그리고 우리의 본성인 선의의 천사들
이라 할 수도 있다.

○ **가르침**(Teachings) : 이야기와 민간전승과 신화, 윤리와 우화들, 예술작품, 과학과 심리학, 그리고 전 세계 영적 전통들 모두에서 유용한 지혜를 얻을 수 있다. 그리고 많은 가르침들이 근본적으로 무엇에 관한 것인지에 공통점이 있다. 바로 – 그 신비로움도 포함한– 있는 그대로의 현실 그 자체이다. 사실들 또한 일종의 안식처이다. 설사 그것들이 실제와 달랐으면 하고 바란다 할지라도 말이다. 사실들은 단단한 기반을 제공한다. 사물의 있는 그대로 다만 그러할 뿐인 본성(suchness).

○ **도반**(The Taught, 함께 가르침을 받는 자들) : 이것은 선한 일행들로 이루어진 안식처이다. 즉 자신의 길을 함께 걸으며 길 위에서 자신을 지지하는 다른 이들과의 동료애이다. 여기에는 대화를 나눌 수 있는 친구들, 종교 모임과 같은 공식적인 단체, 깊이 헌신하는 수도승이나 그 밖의 수행자들, 그리고 공통의 이유나 수행, 또는 신조를 나누는 더 큰 모임 –심지어 전 세계적인–이 포함된다.

더 읽어볼 만한 책들

『Be Here Now』(람 다스)
『Buddhism AND』(게이 왓슨)
『Emptiness』(가이 암스트롱)
『The Heart of the Universe』(무 성)
『호흡하세요 그리고 미소지으세요(True Refuge)』(타라 브랙)

다른 방법으로 안식처에 참여할 수 있다. 흔한 접근은 자신과 분명하게 구분되는 무엇인가를 안식처로 '삼는' 또는 그곳으로 '가는' 방법이다. 또한 자신이 **이미**(already) 거기에 있음을 알아차리거나 상상해 볼 수도 있다. 즉, 안식처로 '삼고 머물거나' 안식처를 '내 집처럼 여기는' 것이다. 모종의 안식처를 단순히 의식만 할 수도 있고, "＿＿에서 안식처를 찾았어."라거나 "＿＿로서 머물 수 있기를"이라고 하는 식으로 생각하거나 말을 내뱉을 수도 있다. 어떤 스승이나 존경하는 사람의 생애와 개인적 특질들을 다시금 떠올려 볼 수도 있다. 마치 그들의 발자취를 따라가는 듯한 영감어린 느낌과 함께 말이다. 안식처를 취할 때 어떤 특별한 경우가 있을 수 있다. 가령 당신이 어떤 명상을 하기 시작했는데, 하루에 몇 번씩 이따금 일종의 안식처로 들어가는 느낌을 받는 것이다. 좀 더 정식으로 안식처에 집중해 보는 것도 강력하다. 이에 대한 연습을 원한다면, 다음 상자 글의 명상을 해 보길 권한다.

세부적인 내용이야 어떠하든, 중요한 것은 안식처라는 **경험**(experience)이다. 어떤 안심되고, 안도하고, 지지받는 느낌인 것이다. 스스로 이 경험에 몸을 맡기며, 몇 번의 숨을 쉴 정도의 시간 동안 그와 함께 머물고, 그것을 내면으로 가져가 다양한 안식처의 느낌이 자신의 신경계에 점진적으로 각인되도록 한다. 이는 안식처를 갈망하거나 집착하는 것과는 다르다. 치유하고, 건전하고, 양육하고 선한 무엇인가를 향해 단순히 열려 있는 마음을 갖고 자신의 내면으로 받아들이는 것이다.

안식처 명상

편안하면서도 초롱초롱한 느낌의 자세를 찾습니다. 호흡에 의식을 두고, 이완하세요. 자신에게 안식처가 될 만한 한두 가지의 것들을 마음에 떠올립니다. 친구, 차 한 잔, 좋은 책 읽기, 가족, 애완동물, 교회나 사원, 또는 먼 바다를 바라보기. 어떤 안식처에 머무는 느낌에 마음을 열어 보세요. 편안함… 안심… 보호….

안식처의 느낌과 함께합니다… 스스로 이렇게 생각해 볼 수 있습니다. "___를 안식처로 삼을 테야." 또는 "___로서 머문다." 안식처로 들어가는 느낌을 가집니다…. 안식처가 당신 안으로 들어옵니다.

자신의 스승들을 안식처 삼는 느낌을 탐구합니다…. 어쩌면 특정 개인으로 거슬러 올라가 닿을 수도 있습니다…. 또한 내면의 천부적인 깨어 있음과 선함에 의식을 두고, 그것 안에서 안식처를 찾습니다.

가르침들을 안식처 삼는 느낌을 탐구합니다…. 과학적 지식… 다양한 전통 속에 담긴 지혜, 어쩌면 자신에게 특히 의미 있는 그 중 하나… 훌륭한 가르침에 도움을 받는 느낌, 그에 대한 감사… 현실 그 자체를 일종의 안식처로 생각해 봅니다…. 만사 있는 그대로 그곳에서 안식하며… 매 순간의 오직 그러할 뿐 속으로 편안히 들어가며… 만물의 진실을 받아들입니다.

좋은 동료들을 안식처 삼는 느낌을 탐구합니다…. 이 길 위에서 동료인 사람들… 수행에 헌신하는 사람들… 어쩌면 자신이 속한 공동체… 그것들 속에서 안식처를 찾습니다…. 널리 퍼져 있는 사람들과의 동료애의 느낌.

원한다면, 다른 안식처를 탐구해 봅니다. 그리고 그 경험에 초점을 맞추세요. 어떤 활동… 상황… 자연… 영적인 힘들… 안식처의 느

껌과 함께합니다⋯. 안식처로서 고요한 힘의 느낌⋯ 안식처로서 사
랑⋯ 안식처로서 깨어 있는 의식⋯ 성역, 보호, 지지의 느낌⋯ 안식
처 안에서 안식합니다⋯.

마음과 물질의 본성

모든 경험의 **본성**(nature)에 관한 깊은 통찰은 집착에서 놓여나게끔 하고, 결국 집착으로 인한 고통에서 우리를 해방시킨다.

그러니 우리 경험의 본성과 그것을 가능케 하는 뇌의 본성에 대해 한번 탐구해 보자. 이들 주제는 일견 하찮게, 또는 따분하도록 지성적인 것으로 보일는지도 모르겠다. ─ 그래서 그것들은 우리가 누구이며 어떤 **존재**(are)인가에 관한 것임을 상기시키면 도움이 될까 싶다. 게다가, 마음과 물질의 본성은 일종의 심오한 안식처이다. 모든 것이 변하지만 ─ 그렇기에 영원한 행복의 근원이 될 수 없다 ─ 그 본성에는 변화가 없다. 이 본성을 알아차린다면 ─ 당신 **자신의**(own) 본성을 깨닫는다면 ─ 그 안에서 안식할 수 있게 된다. 그럼, 오직 평화뿐.

통찰의 가장 심오한 형태는, 만물이 너무나 빨리 변하기에 그 어느 것에도 매달릴 수 없다는 사실을 보는 것이다. 그럼 결국 마음은 집착을 내려놓는다.

내려놓음은 평정을 가져온다.

더 많이 내려놓을수록, 평정은 더욱 깊어진다….

불교 수행이란, 삶의 경험에서 어디에도 매이지 않는 자유를 갖는 범위를 확장하는 작업이다.

_길 프론스달(Gil Fronsdal)

마음의 본성은 무엇일까?

마음(mind)은 신경계로 대변되는 정보와 경험들로 구성된다(마음의 다른 정의가 있지만, 이것이 이 책에서 계속 쓰인 정의다.). 당신의 마음, 나의 마음, 결국 모두의 마음은 다음 네 가지 특징을 갖는다.

1. **무상하다**(impermanent) : 의식은 일종의 **흐름**(stream)이다. 변화의 어떤 유동적 과정인 것이다. 언뜻 고정되어 보이는 당신의 무릎 통증조차 역동적인 특질을 갖는다. 한순간 경험이 나타나자마자, 바로 다른 것으로 교체된다. 어떤 특정 신체의 신경계로 대변되는 마음은 그 신체와 운명을 공유하고, 그 운명이란 언젠가는 죽는다는 사실이다.

2. **혼합물이다**(compounded) : 경험은 많은 부분들로 만들어진다. 예를 들면, 어떤 걱정을 관찰해 보면, 거기서 이 경험의 서로 다른 측면들을 보게 된다. 가령 느낌, 생각, 욕망, 그리고 감정의 혼합물인 것이다. 좀 더 일반적으로, 그 어떤 것이든 하나의 사물에 대한 신경계 안에서의 정보란 또 다른 사물에 대한 정보와 반드시 구분돼야 한다.

3. **상호의존적이다**(interdependent) : 우리의 경험은 **원인**(causes)이 있기에 존재하고 변한다. 그것들은 스스로 일어나지 않는다. 지금 이 순간 당신의 마음을 만든 원인들에는 대략 수분 전에 가졌던 생각, 당신의 개인사, 육체의 상태, 그리고 뒷덜미에 방금 모기가 내려앉았다는 사실이 포함될 수 있다.

4. **비어 있다**(empty) : 처음 세 가지 특징들로 인해 바로 네 번째 특징이 확정된다. 모든 경험에는 영원하고, 통일되어 있고, 자기-원인적인 본질이 '비어 있다.' 경험들이 비어 있다 함은 그것이 공허하다는 의미가 아니다. 생각, 기쁨, 그리고 슬픔은 정말로 존재한다. 하지만 그 본질상 비어 있게(emptily) 존재한다. 의식의 흐름 역시 존재하지만 동시에 비어 있다. 마음도, 그 무의식적 요소까지 포함하여, 비어 있다.

요약하자면, 무상하고, 혼합되어 있고, 상호의존적이며, 비어 있음은 어떤 특정 경험에도 해당되는 본성이다. 모든 경험은 그 본질상 같다. 고통과 즐거움이 같은 본성을 갖는다는 앎은 이것과는 싸우고 저것은 뒤쫓는 짓을 더는 하지 않게끔 돕는다. 다음번에 자신이 고통스럽거나 즐거운 무엇인가에 사로잡혀 있을 때 이것을 시도해 보라. 그 경험의 **본성**(nature)을 다시 떠올릴 때, 당신과 그것과의 연관성이 얼마나 부드럽고 편안해지는지 알아차려 보는 거다.

뇌의 본성은 무엇일까?

마음은 주로 뇌로 대변되기에, 뇌의 본성을 이해하는 것 또한 유용하다. 마음처럼 뇌도

1. **무상하다**(impermanent) : 매일, 수백 개의 신생아 뉴런들이 태어

난다. 이 과정을 **신경발생**(neurogenesis)이라 한다. 한편 또 다른 뇌세포들은 자연적으로 죽는다. 세포 간에 그리고 세포 내 구조물들 간에 존재하는 연결들은 끊임없이 다시 지어진다. 새로운 시냅스가 형성되고, 그와 동시에 덜 쓰이는 시냅스는 시들어 없어진다. 새로운 모세 권수들(capillary tendrils) – 매우 작은 튜브들로 조직에 피를 공급한다 – 이 특히 활동적인 영역 안으로 더 많은 연료를 가져다 주기 위해 자라 들어간다. 개별 뉴런들이 1초에도 여러 번 발화하는 것은 일상이다. 그리고 분자 수준의 처리 과정들이 그 항로를 따라 1000분의 1초 사이에 마치 쓰러지는 도미노처럼 일어난다.

2. **혼합물이다**(compounded) : 뇌는 세 개의 주요 부분으로 이루어진다. 뇌간, 피질하부, 그리고 신피질이다. 이들 부분들은 서로 다른 일을 하는 수많은 더 작은 부위들을 담고 있다. 모두 합해, 머릿속에는 850억 개의 뉴런들이 있고, 여기에 더해 그것들을 지지하기 위한 1000억 개의 교세포(glial cells)들이 있다. 이들 뉴런은 하나의 광대한 망으로 연결되는데, 여기에 만들어지는 시냅스의 개수는 수백 조에 이른다. 그리고 세포와 시냅스의 현미경적 구조들은 다시 점점 더 작은 부분들로 나누어질 수 있다.

상호의존성이란 어떤 것이든 오직
다른 것에 의존할 때만이 성립될 수 있다는 의미다.

_틱낫한

---

3. **상호의존적이다**(interdependent) : 뇌의 한 부분에 일어난 일은 그 다른 부분에 일어난 일에 영향을 받는다. 신경 활동은 교세포 안에서의 활동과 상호작용한다. 뇌는 신경계의 나머지 부분들과 상호작용한다…. 신경계의 나머지 부분은 몸의 나머지 부분들과 상호작용한다…. 몸의 나머지 부분은 세상과 상호작용한다…. 이렇게 끝없이 이어진다.

4. **비어 있다**(empty) : 위 세 가지 특징에 기초하여, 뇌는 영원하고, 통일되어 있고, 자기-원인적인 본질에 있어 '비어 있다.' 그것은 – 비어 있게(emptily) 존재한다.

요약한다 : 우리는 마음의 특징들과 정확히 같은 내용을 뇌에서도 발견한다. 그것 또한, 무상하고, 혼합되어 있고, 상호의존적이며, 비어 있다.

몸-마음 과정(THE MIND-BODY PROCESS)

생각과 뉴런은 서로 다르지만, 그럼에도 그 본성은 동일하다. 몸과 마음, 안쪽과 바깥쪽, 모두 그 본성에 있어서는 같다. 모든 것에는 단 하나의 본성만 있고, 그것이 모든 것에서 표현되는 것이다.

몸에서, 뇌가 마음을 만든다(좀 더 일반적으로 말하자면, 신경계, 육체, 자연, 그리고 인류의 문화가 마음을 만든다. 여기서는 단순화하기 위해 뇌에 집중한다. 마음의 가장 직접적인 물리적 기초가 뇌이기 때문이다.). 동시에, 2장에서 보았듯, 마음 또한 뇌를 만든다. 정신 활동은 신경 활동을 일으키고 그에 따른 물질적 흔적을 남기기 때문이다.

때로는 마음이나 뇌 중 어느 한쪽에만 집중하는 게 유용하다. 하지만, 그 둘은 통합된 단일 과정의 두 가지 측면일 뿐이다. 그 과정이 바로 당신이다. 몸과 마음을 갖춘 개인 – 그리고 그 본성은 무상하고, 혼합되어 있고, 상호의존적이며, 비어 있다.

◈

모든 것은 연결되어 있다.
그 무엇도 영속적이지 않다.
당신은 혼자가 아니다.

_루 리치몬드(Lew Richmond)

◈

소용돌이치는 흐름(SWIRLING STREAMING)

한번은 친구 두 명과 함께 유타의 그린 리버(Green River)를 따라 카누 여행을 했다. 사흘간 노를 저으며 떠내려가 그랜드 캐니언으로 들어가는 길에 콜로라도 리버(Colorado River)와 만나기 전까지의 여정이었다. 한번도 그렇게 많은 시간을 강 위에서 보낸 적이 없었던 나는 강줄기 내내 마주치는 소용돌이 파도들 때문에 최면에 걸릴 것 같았다. 때로 바위 덩어리 위로 솟구치는 큰 파도이기도 하고, 때로 살짝 잠겨 지나갈 만한 소용돌이였지만, 많은 경우 수면에 동심원을 그리다가 사라지는 물결들이었다. 그것들 모두 역동적이며 아름다웠고, 많은 것들을 떠올리게 끔 하는 일종의 심오한 은유였다. 대략적으로 정의하자면, 소용돌이란 일정 시간 동안 형태의 안정을 유지하다가 결국 흩어지는 모종의 패턴 이다. 구름이란 대기의 소용돌이이고, 논쟁이란 관계 안에서 일어난 소 용돌이이며, 생각이란 의식의 흐름 속에 일어난 소용돌이다.

어느 오후, 우리는 멀리 먹구름이 점차 짙어지는 것을 보았고, 천둥 번개를 동반하더니 이윽고 비가 억수같이 쏟아지기 시작했다. 그러자 우리 위로 보이던 암벽이 하나씩 둘씩 차례로 폭포로 변해 강 위로 물을 쏟아붓기 시작했다. 그것은 자체로 일종의 광대한 소용돌이를 이루어, 고대 바다에서 침전물이 쌓여 만들어졌을 검붉은 사암 강둑을 통과해 나갔다.

어떤 소용돌이는 다른 소용돌이보다 더 느리게 변한다. 폭풍은 몇 시간 만에 지나갔지만, 그것이 사암 강둑에 남긴 자국 일부는 수천 년, 어쩌면 수백만 년 지속될 수도 있다. 내가 탄 카누에서, 세월에 의해 부 드럽게 깎인 금빛 바위들 위로 소용돌이치며 지나가는 급류가 보였고, 거기 나뭇잎 하나가 떠내려가는데, 마침 거기 파리 한 마리가 내려앉는 게 보였다. 소용돌이 안의 소용돌이 안의 소용돌이. 구름에 비하면 당신 의 육체는 좀 느린 소용돌이이다. 그럼에도, 오늘 그 안에 들어 있는 대 부분의 원자들은 1년 이내에 모두 사라지고 새로운 것들로 대체될 터 이다.

우리의 모든 경험은 신경 활동의 소용돌이로 대변되는 정보의 소 용돌이에 기대어 일어난다. 생각은 물질과 마음의 번개 같은 소용돌이 인 반면, 그것이 기억에 남길 수 있는 흔적은 더 오래 —소용돌이치는 육체 자체가 죽을 때까지 – 지속된다. 모든 소용돌이는 결국에는 흩어진다. 그것이 마음속의 것이든, 미시시피 강 속의 것이든, 모든 소용돌이는 동일한 본성을 갖는다. 무상하고, 혼합되어 있고, 상호의존적이며, 비어 있다.

제대로 기능하려면, 몸과 마음은 변화를 안정시키기 위해 애쓰고, 부분들로 이루어진 것을 통합하기 위해 애쓰고, 하나처럼 연결된 것을 분할해야만 한다. 애쓰는 것은 어쩔 수 없지만, 우리는 필연적으로, 끊임없이, 통렬하게 실패한다. 그리하여 갈망 또는 그 어떤 특정 소용돌이에 집착함도 결국 특정 고통의 예약 티켓이다.

그러니 소용돌이를 사랑하되, 강물이 되어라.

의식의 보다 큰 흐름 안으로 들어가도록 허용하라. 이제껏 탐구한 바대로 일체성 안으로 들어가 안식하라. 이미 지나간 소용돌이들을 마음에서 놓아 버리라. 일 분 전의… 일 년 또는 그보다 더 전의… 그리고는 이 순간 안으로 들어와, 현재성을 받아들인다. 그리고 경험의 새로운 소용돌이 하나하나를 그것이 일어나자마자 놓아 버린다. 상자 안의 명상을 해 보고, 아잔 차(Ajahn Chah)의 이 가르침을 숙고해 보라.

조금 놓아 버리면, 약간의 평화를 얻으리.

많이 놓아 버리면, 많은 평화를 얻으리.

완전히 놓아 버리면, 당신은 평화 그 자체.

흐름 따라 소용돌이치다

몸 안으로 들어와 쉽니다…. 여기… 그리고 이 순간. 이어지는 숨결에 의식을 둡니다…. 만물이 그 존재를 이어갑니다….

충만함 속에 쉽니다…. 평화와 함께 머무세요…. 만족… 사랑….

감각에 의식을 둡니다…. 소리들… 생각들…. 어떤 경험에 이어서 또 다른 경험이 옵니다. 이를 안심하고 지켜봅니다….

이제 경험들이 어느 한 순간으로부터 다음 순간으로 변해감에 초점을 맞춥니다…. 사물들이 변하도록 놓아둡니다…. 무상함에 의식을 둡니다…. 의식의 매 순간이 또 다른 무엇인가로 녹아들어갈지라도 자신은 계속해서 아무 문제도 없음을 알아차리세요….

깨어 지켜보는 의식을 통과하는 경험의 서로 다른 패턴들에 의식을 두어 봅니다…. 수초 간 지속되는 감각의 소용돌이들… 한동안 계속되는 소리의 소용돌이들… 생각과 감정 반응의 소용돌이들… 그것들이 흐름 속에서 계속 소용돌이치도록 그냥 놓아둡니다….

이들 경험의 소용돌이가 어떤 본성을 갖는지 의식해 봅니다. 변하고, 부분들로 이루어져 있으며, 다른 모든 것과 상호의존적이고, 본질적으로 비어 있습니다…. 이것이 물질과 마음 모두의 본성임을 압니다. 무상하고… 혼합물이며… 상호의존적이고… 비어 있습니다….

이것이 당신의 본성임을 압니다…. 변화함이 자신의 본성임을 받아들이세요…. 자신의 본성이 많은 부분들로 만들어졌음을 받아들입니다…. 매 순간 원인들의 광대한 거미줄에 의한 결과가 자신의 본성임을 받아들이세요…. 자신의 본성이 어떤 열린 과정임을 받아들입니다…. 이에 아무런 문제도 없습니다…. 자기 자신의 본성 안에서 안식하세요…. 자신의 본성으로 존재합니다….

만물이 각각 별개로 떨어져 있는 듯 다가오고 지나갈지라도 그 본성 속에 안식합니다…. 편안하게… 놓아둡니다…. 만물의 본성으로 머 뭅니다…. 자신의 본성으로 존재하세요….

좋은 연습

알아차려 보라. 겨우 몇 분 전에 일어난 일도 그 무엇이든 이제 더 이상 여기 이 순간이 아니다. 그건 이미 가버렸다. 그 잔향은 남을는지 몰라도, 몇 년 전 또는 며칠 전 또는 심지어 몇 초 전 현실이었던 것이 지금 이 순간에는 현실이 아니다. 이 깨달음에 대한 자신의 반응을 탐구해 볼 수 있다. 큰일 난 것 같은가? 슬픈가? 시원한가?

또한 일 분간 또는 일 년간 일어났던 그 어떤 일도 진짜 지금이 아니다. 이를 알아차려 보라. 이것이 단지 어떤 개념이 아니라 하나의 경험으로서 내면에 가라앉도록 허용하라. 미래의 일로 두려워하거나 희망을 갖는다면 그것이 무엇이든 지금 존재하지 않음을 열린 마음으로 느껴 보라. 이것이 어떻게 느껴지는가?

뭔가 놀라운 일이 벌어진 후 ─ 이는 초인종이 울리는 것 같은 단순한 일일 수도 있다 ─ 사건이 일어난 처음 몇 초 동안의 '영화'를 되감기 해 보라. 그 수초 간 마음속에 어떤 일이 일어나는가? 처음 몇 초간 경계와 방향잡기를 알아차릴 수 있는가? 바로 이어서 평가와 행동이 뒤따라옴을 볼 수 있는가? 이들 주의의 과정은 너무나 재빨리 일어날 수 있기에 마치 그것들이 서로 겹쳐진 듯 느껴지지만, 여전히 그것들을 서로 분리해 낼 수 있다.

경계와 방향잡기에 의도적으로 머무르며 쉰다…. 알 필요도 통제할 필요도 없다…. 오직 지금 이 순간의 신선함을 받아들일 뿐.

한두 가지 것을 안식처 삼는다. 이는 처음 잠에서 깼을 때 혹은 자러 누웠을 때 할 수 있다. 아니면 명상의 일부로 삼을 수도 있다.

어떤 관계, 어떤 상황, 또는 자기 자신을 벽돌보다 구름같이 여기면 무슨 일이 벌어질지 보라. 다시 말해, 어떤 **소용돌이**(eddy)로 간주하는 것이다. 변하고, 부분들로 이루어지며, 서로 다른 흐름에 속해 소용돌이 치며 따라 흘러간다. 이것이 어떤 느낌인가?

08

모든 것으로 열려 있다

붓다의 길을 배운다 함은 자신에 대해 배우는 것이다.

자신에 대해 배운다 함은 자신을 잊는 것이다.

자신을 잊는다 함은 자신을 모든 것으로 인식하는 것이다.

—

도원 선사

이번 장에서는 어떻게 자아의 느낌을 풀어내고 만물과 더욱 연결되어 있다 느낄 수 있는지 탐구해 보려 한다. 이들 주제는 한편으로 단지 지적 유희에 지나지 않아 보일 수도, 다른 한편 굉장히 충격적일 수도 있다. 만일 불편하거나 비현실적이라 느껴지면, 속도를 늦추고는 단단한 기반이 되거나 위로가 되는 것에 집중한다. 더 큰 심호흡, 뭘 좀 먹기, 사랑하는 사람과 같이 있는 느낌. 통찰과 숙고를 위한 시간을 갖는다. 반복해서 자신의 경험으로 되돌아가, 지금 이 순간 나 자신으로 존재하는 바로 그 단순한 느낌을 갖는다.

개인이라는 과정

나는 누구인가(Who am I)?

이것은 정말이지 고전적인 질문이다. 이에 대해 어떻게 접근하는 게 좋을까?

붓다께서 바히야라는 사람에게 답을 주셨다. 그는 먼 곳에서 붓다를 만나기 위해 찾아왔다. 바히야가 말한다. "세존이시여, 저에게 오랫동안 부와 행복이 될 가르침을 청하옵니다!" 붓다께서 답한다. "지금은 때가 아니다, 바히야여. 탁발을 위해 방금 마을에 들어오지 않았는가." 이에 바히야가 두 번 더 간청하자, 붓다께서 이렇게 말씀하셨다(『우다나』 1.10).

"바히야여, 스스로 이와 같은 훈련이 필요할지니.

봄(seeing)과 관련하자면, 거기에는 오직 봄밖에 없을 것이다. 들을 때는, 오직 들음뿐. 감각할 때는, 오직 감각뿐. 인식할 때는[예를 들어, 생각하기, 느끼기, 기억해 내기], 오직 인식함뿐. 스스로를 이렇게 훈련시켜야 한다.

너에게 있어 볼 때는 오직 봄만, 들을 때는 오직 들음만, 감각할 때는 오직 감각만, 인식할 때는 오직 인식함만 있다면, 바히야여, 그때 그것들과 연결된 너는 어디에도 없다.

그와 연결된 네가 없을 때, 거기에 너는 없다. 거기에 네가 없을 때, 너는 여기에도 없고, 저기에도 없으며, 그 둘 사이에도 없느니라.

이것, 오직 이것만이, 고통의 종말이니라."

구절은 이렇게 끝맺음한다.

"다르마에 대한 이 간략한 설명을 들음으로, 바히야의 마음은 바로 그 순간에 있게 되었고 거기서 깨달음이 일어났다."

개인이란 것이 존재하는가?

나는 이 가르침을 사랑한다. 이는 극적이고, 단순하고, 심오하다. 어떻게 하면 이를 완전히 파악할 수 있을까? 이를 통해 어떤 연습을 할 수 있을까?

명백히, 더 이상 나눌 수 없는(individual) 개인들(persons)은 존재한다. 붓다도 존재했었고, 위의 경전 내용을 믿는다면, 바히야 또한 존재했었다(안타깝게도, 위의 이야기 얼마 후, 바히야는 송아지가 딸린 엄마소에게 받혀 죽고 말았다. - 흠, 그렇다면 소도 존재했었다.). 붓다가 그러했듯, 우리도 어떤 개인을 지칭할 때 '나'나 '너' 같은 편리한 단어를 사용할 수 있다. 그가 "내가 마을에 들어왔다."라거나 "너는 자신을 훈련시켜야 한다."라고 말했던 것과 같다.

이전 장에서 내가 들었던 비유에서, 각각의 개인은 흐름 속에 발생한 특정 소용돌이라고 했다. 개인들이 서로 상호작용하는 동안, 그들은 서로 분명히 구분된다. 마치 바다의 각기 다른 파도들처럼 말이다. 개인은 권리와 의무를 지니며, 우리는 예절과 진지함을 갖추고 개인을 대해야 한다. 나는 개인이고, 당신도 개인이며, 우리는 둘 다 존재한다.

나라는 것이 마치 존재하는 듯한 느낌 –
그것이 사라짐은 진실로 지고의 축복.

_『우다나(Udana)』 2.1

자아라는 것이 존재하는가?

하지만 소위 **자아**(self)에 대해서라면 어떤가? 연관된 용어들로 **에고**(ego), **정체성**(identity), 그리고 **나**(I, me)가 있다. **자아**(self)라는 단어는 어떤 개인을 온전히 나타내기 위해 쓰일 수도 있겠지만, 내가 말하려는 것은 그 좁은 의미이다. 내면에 존재하며 당신의 눈을 통해 바깥을 내다보고 있다 여겨지는 바로 그것. 또한 여기서는 **심리학적**(psychological) 자아라고 알려진 것에 초점을 맞출 뿐, 마치 초가 다 소진될 때까지 이 초에서 저 초로 촛불을 옮기듯, 이생과 전생을 이어가며 지속되는 초자연적인 어떤 것의 가능성을 논하지는 않을 예정이다.

솔직히 말하면, 생을 이어가며 지속되는 어떤 것이 있는지 나는 모르겠다. 뭔가 나만의 특징 같으면서도 나를 넘어서는 그 무엇이 깊이 자리 잡고 있는 느낌이 있음은 사실이다. 어쩌면 이 또한, 결국은 다른 모든 것들처럼 흩어져 버릴, 조건 지어진 소용돌이일는지도 모르겠다. 아무리 미묘한 것일지라도 말이다. 이것이 실제로 일어나는 일이든 그렇지 않든, 내게는 이 길의 모든 단계들이 기꺼이 밟을 만한 것으로 보인다. 심지어 그것이 나라는 불꽃의 최종, 최후의 깜박임 같은 모습으로 막을 내릴지라도.

이 길 위에서, 우리가 **구하고자**(seeking) 하는 것은 존재의 궁극적인 끝이 아니다. 하지만 거짓된 약속들로부터 **빠져나오는**(disenchanted) 것이 유익하리라. 무상한 경험들로부터 마법 같은 영원한 만족이 가능하다는 광고나 기대 같은 것들 말이다. 또한 대자연이 자신의 아이들에게 걸어 놓은 마법주문 —어떤 것이 실제보다 더 고통스럽거나 더 즐거우리라는 생각을 갖게 만드는— 에서 깨어나는 것도 유용하다. 이는 우리가 계속 갈망하게끔 만들어 생존확률을 올리는 효과가 있긴 하다. 깨달음을 얻어 가면, 각각의 연습 단계들에 그 자체로 의미를 두게 될 뿐, 결코 삶에 대한 혐오의 반작용으로 그런 것이 아니다. 이 과정 속에서는 탐욕, 증오, 망상의 불꽃에 연료가 되는 모든 것을 자연스럽게 놓게 되는 일이 벌어지며, 반대로 온전함, 현재성, 전체성, 그리고 무시간성 속에 점차로 어렵지 않게 안식한다. 그리고 궁극적으로, 이 안식이 거기 있는 전부가 된다.

한편, 드러나 있는 심리학적 자아를 살펴볼 수도 있다. 이는 중요한 주제인데, 자아의 느낌이 일을 사적으로 받아들이고, 방어적이 되고, 소유욕이 더 많아지는 등 많은 고통을 야기하기 때문이다. 자아의 느낌이 줄어들 때, 편안함과 개방적인 느낌과 함께, 일반적으로 풍요가 증가한다. 아남 툽텐(Anam Thubten)이 말했듯 "자아가 없으면, 문제도 없다(No self, no problem)."

심리학적 자아는 서로 다른 문화권에서 각기 달리 묘사된다. 이 책에서, **자아**(self)라는 용어는 각각의 개인들 '안에' '있다고' 간주되는 '나'를 의미한다. 일상의 삶에서, 우리는 이러한 어떤 자아가 정말로 모든 사람들 안에 존재한다고 당연시하는 경향이 있다…. 그들은 물론 우리들 안에도 말이다. 우리는 관습적으로, 이 자아라고 알려진 것이 그것을 **정의하는**(defining) 세 가지 특징을 갖는다 생각한다. 그것은

- **안정적이다**(stable) : 오늘의 자아는 어제의 자아와 같고 일 년 전의 자아와도 동일하다 여겨진다.
- **통합적이다**(unified) : 마음속에는 오직 하나의 '나'만 존재한다고 여겨진다.
- **독립적이다**(independent) : 온갖 일이 자아에게 일어날 수 있지만, 자아는 그것들에 근본적으로 영향 받지 않는다고 여겨진다.

이들 특징이 드러난 자아를 정의한다. 이들은 실제로 자아라고 말할 수 있기 위한 필수적인 조건들이다. 그런데 그것들은 모두 진실일까?

◆

자아란 아무 조건 없이 스스로 실체를 갖는 내면의 무엇이 아니다. 차라리 순간순간 그것이 존재한다는 느낌을 우리가 창조해 낼 뿐이다.

__조셉 골드스타인(Joseph Goldstein)

◆

마음속 '자아'

스스로 경험을 관찰해 보면, 소위 자아라는 것을 정의하는 세 가지 특징과 **정반대**(opposite)인 경우를 발견하고 충격을 받는다.

1. **안정적이지 않다**(즉, 무상하다) : 특정 순간의 '나'는 끊임없이 변한다. 그리고 자아의 느낌이 거의 또는 아예 없는 때도 많다.

2. **통합적이지 않다**(즉, 혼합물이다) : 자아가 통합적이라면, 자신의 부분 하나하나에 이르기까지 완벽한 통제가 가능해야 하는데, 원래 좋아하던 단것을 좋아하지 못하게 할 수도, 원래 내성적인데 대중 앞에 나서는 것을 좋아하게 할 수도 없다.

3. **독립적이지 않다**(즉, 상호의존적이다) : 자아의 느낌은 서로 다른 영향력들에 의해 변한다. 가령 갈망도 커질 때와 작아질 때가 있다. 또한 내부적인 그리고 외부적인 요소들에 의해 다양한 '나'가 빚어진다. 어린 시절 '나'처럼 말이다.

두 번째로, 마음을 지켜보면, 수도 없이 자아를 언급하고 있음을 목격한다. 완전하다고 간주되는 자아가 존재해야만 하는데… 어딘가에… 하지만 결코 눈에 띄지 않는다. 완전한 '나'는 계획을 세우고, 문제를 해결하고, 백일몽을 꾸고, 고민을 하는 경험들 속에서 기계적으로 언급된다. 하지만 어디 한번 해 볼 테면 해 보시라, 실제 경험 속에서 완전한 자아라고 간주되는 것은 절대로 찾을 수 없다.

세 번째로, 자아의 느낌이란 것이 경험에 **입혀지는**(added) 경우가 많다. 이에 대해 마음챙김 해 보는 것도 좋다. 예를 들면, 당신이 길거리를 걸으며 그냥 여기저기 둘러보고 있다고 치면, 이때 자아의 느낌은 거의 없다. ─그런데 갑자기 길 저편에서 누군가 다가오는데, 딱히 좋아하지 않는 사람이다. 불과 수초 상간으로 의식 안에 훨씬 강력한 자아의 느낌이 올라오기 시작한다. 실제로 보고, 듣고, 느끼고, 지각함은 완벽하게 가능하다…. 거기에 어떤 '나'도 입히지 않고 말이다(이를 경험적으로 좀 더 깊이 다루어 볼 것이다.)

네 번째로, 대부분의 경험 속에는 어떤 주관적인 특성이 있다. ─**무엇 무엇의**(of) 의식, **무엇 무엇의**(of) 지켜봄, 이런 식으로. 뇌는 자신에게 흔한 것을 쉽게 찾기 위해 경험의 전 순간에 걸쳐 '색인 작업(indexes)'을 한다. 이때 이들 모든 지켜봄이 있다면 모종의 목격자가 반드시 있을 수밖에 없다는 추론이 생긴다. 하지만 **주관성은 어떤 주체도 필요로 하지 않는다**(subjectivity does not require a subject). 거기 의식이 있지만, 그렇다고 해서 그것만으로 어떤 변함없는 '누군가'가 있어 의식하는 중이라는 뜻이 될 수는 없다. 제아무리 반복해서 살펴볼지라도, 그 누군가는 절대 찾지 못한다.

뇌 안의 '자아'

이제, 안에서 밖으로 경험들을 바라보는 주관성, 즉 **일인칭**(first person) 시점에서 벗어나, 밖에서 안으로 뇌를 살피는 **삼인칭**(third person) 시점으로 옮겨가 보자. 이렇게 해 보면, 뇌 안에서도 역시 안정적이고, 통합되어 있고, 독립적인 자아의 토대를 찾을 수 없다. 요즘에는, 서로 다른 '나'의 경험들에 연관되어 뇌 안에서 어떤 활동이 일어나는지에 대해 많은 연구들이 존재한다. 가령 선택을 한다든가, 많은 사람들 중에 자신의 얼굴을 알아본다든가, '예민한'이란 단어가 과연 자신을 묘사하는 데 적합한지 결정한다든가, 어릴 적 무엇인가를 기억해 내는 그런 경험들 말이다. 이들 연구가 밝혀낸 것은 놀랍다. 자기-연관 경험들의 토대가 되는 신경 활동들 또한

1. **안정적이지 않다**(즉, 무상하다) : 뇌 전체가 일시적이고 역동적이다. 뇌를 크리스마스트리라고 하면, 자기-연관 활동들을 암시하는 수많은 불빛들이 끊임없이 깜박거리며 명멸한다고 보면 된다.

2. **통합적이지 않다**(즉, 혼합물이다) : 자아의 느낌과 관련된 신경구조들은 뇌 전체에 온통 흩어져 있다. 특정 영역의, 가령 기저상태회로의 활성화가 자아의 느낌을 만들어 낼 때, 뇌의 다른 부분들의 활성화 또한 같은 일을 한다. 게다가, 자아란 느낌의 서로 다른 일면들 아래 토대가 되는 많은 영역들은 다른 기능들도 동시에 수행한다. 뇌 안에서 자아를 '수행하는' 단일한 장소는 없다. 우리 모두는 독특하고 그런 의미에서 모두 특별하다. 하지만 자아는 뇌 안에서 결코 특별하지 않다.

3. **독립적이지 않다**(즉, 상호의존적이다) : 이들 신경 활동은 내부적 그리고 외부적인 자극의 흐름의 결과이다. 또한 이는 그것의 토대가 되는 물질적 구조와 과정들에 의지한다.

'자아'는 유니콘 같다

요약하자면, '나'라는 경험은 ─ 그리고 그 신경적 토대는 ─ 무상하고, 혼합되어 있고, 상호의존적이다. 한마디로, 드러난 자아는 **비어 있다**(empty)(7장에서 논의했던 의미로). 사실 이것만으로도 자아를 너무 심각하게 취급하거나 거기 매달릴 필요가 없게끔 된다. 하지만 여기서 한 계단 더 깊이 들어가 보려 한다.

우리는 실제로는 존재하는 것들임에도 비어 있는 경험을 가질 수 있다. 가령 말(horses)이 있다. 어떤 말에 대한 **경험**(experience)이 비어 있다 해서 그 말이 실제가 아니라는 의미는 아니다. 하지만 우리는 실제로도 존재하지 **않는**(not) 것에 대해서도 역시 비어 있는 경험을 가질 수 있다. 가령 유니콘을 상상하는 것이다. 만약 유니콘을 정의하는 특징들을 ─ 이마에 긴 뿔이 솟은 말 ─ 갖춘 생명체가 없다면 유니콘은 실제가 아니다.

실제인 듯 간주되는 자아는 유니콘 같다. 존재하지 않는 신화 속 생명체인 것이다. 증명하는 데 필요한 그것을 정의하는 특징들 ─ 안정성, 통합성, 그리고 독립성 ─ 이 마음속에도 뇌 안에도 존재하지 않는다. 완전한 자아는 경험 속에서 결코 관찰되는 법이 없다. 주관성이 거기 안정적인 주체가 있음을 의미하는 것은 아니다. 어떤 유일자 ─ 영원히 동일한 유일자 ─ 가 있어 그로부터 모든 것이 일어난다는 증거가 될 수 없다는 말이다. 게다가 자아가 되거나 자아를 갖는 느낌은 애초에 의식에게 필요하지도 않다. ─ 문을 여는 데에도 질문에 대답하는 데에도 아무짝에도 쓸모가 없는 것이다.

이 깨달음은 종종 관념적인 것으로 시작되지만, 괜찮다. 이들 개념은 자신의 **경험**(experience)의 서로 다른 측면들을 강조한다. 그렇게 되면 마음을 관찰하고 그것을 가지고 연습할 수 있게 된다. 붓다께서 바히아에게 하도록 말씀하신바 그대로 말이다. 그리고 점차 무엇이 진실인지 느낌적인 앎이 생긴다. 어느 수련회에 참가해 걷는 중에 이것이 뼈저리게 가슴에 와 닿은 적이 있다. 수많은 생각, 감각, 느낌들, 그 모든 것이 의식 위로 팝콘처럼 튀어 오르는 것을 지켜볼 때, 어떤 존재가 있어 창조하거나 통제하기에는 이 모든 것이 너무나 복잡하고 너무나 빠르다는 사실이 갑작스럽게 압도적으로 명료해졌다. 그것은 자체적인 과정이었고, 거기 그것의 소유자나 감독은 존재하지 않았다. 나는 깜짝 놀라고, 경악하고, 안도하고, 뭔가 터지며 활짝 열린 듯 했다.

---◆---

붓다의 깨달음에 숨겨진 심오한 각성은… 자아와, 자아에 딸린 그 어떤 것도
그 어느 때, 어느 곳에서건 전혀 찾을 수 없다는 사실이었다.
　　　　　　　　　　　　　—비구 아날라요

---◆---

자아의 느낌을 대상으로 한 연습

붓다께서는 드러난 자아를 대상으로 그 비어 있는 본성을 들여다보는 통찰을 기르도록 독려하였다. 그러면 **동일시**(identification, '이것이 나야.'),

소유욕(possessiveness, '이건 내 거야.'), 그리고 **자만**(conceit, '내가 너보다 낫다, 내가 너보다 더 중요해.')이 점진적으로 해체되는 것이다. 이들 연습을 탐구하면서, 아래위가 뒤집히고 모든 것이 흔들린다고 느낀다면 지극히 정상이다. 내가 이들 개념을 처음 맞닥뜨린 것은 – 그리고 그건 마치 머리를 망치로 맞는 느낌이었다 – 앨런 와츠(Alan Watts)의 『당신이 누구인지 아는 데 방해가 되는 터부에 관한 책(The Book: On the Taboo Against Knowing Who You Are)』을 통해서였다. 당시 나는 UCLA에서 마지막 학기를 다니던 스물한 살 젊은이였고, 변덕스러운 마음으로 동양의 영적 전통에 관해 배워 보면 재밌으리라 생각했다. 그리하여 꽤 많은 양의 책을 구해다 쌓아 놓았고, 그의 책이 제일 위에 있었던 거다. 바깥에 앉아 책을 읽다가 너무나 좌절해서는 마당에 책을 던져 버렸던 기억이 난다. 그것은 의욕을 꺾는 위험한 것으로 보였다. 하지만 잠시 뒤 다시 책을 집어 들었고 그가 말하는 바에 대해 천천히 더 편안해져 갔다.

드러난 '나'의 그 애매한 비현실성을 처음 마주하면, 죽음과 소멸의 공포에 빠져들기 쉽고, 그것 외에는 아무것도 없으리라 느낀다. 이들 연습은 여유를 갖고 임해야 한다. 한 개인으로서 존재함은 계속된다는 안심을 충분히 갖는다. 당신은 여전히 숨쉬고 있고, 여전히 기능하고 있고, 여전히 여기에 있으며, 여전히 잘해 나가고 있다. '나'라는 강력한 느낌이 어떤 것인지 – 그것은 종종 긴장되고, 수축되고, 두렵다 – 알아차리고, 하나의 온전한 개인으로 단순히 머묾은 또 어떤 느낌인지 느껴 본다. 한편으로 고통을 파악하고 다른 한편으로 편안함을 느끼면 어째서 자아의 느낌을 가지고 연습을 해야 하는지 분명해진다.

잭 엥글러(Jack Engler)가 말했듯, "당신은 아무것도 아닌 자가 되기

전에 누군가가 되어야만 한다." 다른 사람으로부터 감사와 호감과 사랑을 받기 원하는 것은 당연하다. 어릴 적이든 어른이 되어서든, **건전한 사회적 공급**(healthy social supplies) – 가령 관심 받고, 이해 받고, 소중히 다루어지는 느낌 – 은 내면으로부터 자신이 좀 더 안전하고 가치가 있다 느끼도록 돕는다. 하나의 **개인**(person)으로 더욱 가치가 있다 느낄 때, 타인에게 좋은 인상을 주거나 그들의 인정을 얻으려 애씀을 더 쉽게 내려놓을 수 있다. 지나치게 흥분하지 않고 거절이나 비판을 더 쉽게 다루게 되기도 한다.

어떤 도전 – 가령 가족 구성원에게 상처 받은 느낌 – 은 자아의 느낌이 강력하게 들끓도록 만들 수 있다. 이는 자신과 타인 사이에 서로 치고받듯 상처주기로 이어지고 결국 상대방 자아의 느낌 또한 강화된다. 그렇게 되면 보다 큰 그림을 보는 느낌이 자신에게 – 그리고 어쩌면 상대방에게도 – 생기도록 바라는 수밖에 없다. 만약 그렇게 된다면 결국 갈등은 좋게 해결이 된다. 어쩌면 나중에, '나'라는 모난 면이 부드러워지고 우리 모두의 일체성 안으로 편히 합쳐질 수도 있다. – 다음번에 비슷한 일이 벌어지더라도 일을 덜 사적으로 받아들일 수 있는 통찰과 함께 말이다.

자기-관련 생각, 느낌, 욕망, 등등은 그 자체로는 문제가 아니다. 그것은 다른 모든 것과 마찬가지로 단지 경험일 뿐이다. 그것은 왔다가는 사라진다. 문제는 그것을 당신의 일부라고 착각하고 **매달릴**(cling) 때 시작된다. 그것을 특별하게 만들고, 뭔가 의미 있다 여기고, 방어하고, 이 비어 있고 덧없는 부분들을 자신의 안정된 본질이라 여기는 것이다. 드러난 자아를 알아차리고 그 많은 부분들을 항상 변하는 어떤 과정으로 파악하면 정말 유용하다. 사실상, 의식을 통과해 흐르는 일종의 **자아-생성**(self-ing) 소용돌이다. 추정일 뿐인 자아에 의지하려 애쓰는 대신, 실제 자신인 '개인이라는 과정(person process)'으로 마음을 연다. 그 과정 속에서 보다 작은 자아-생성 소용돌이들이 왔다가는⋯ 사라진다. 그리고 이에 대한 지속적인 연습을 위해, 다음 상자 안의 명상을 해 보라.

자아-생성 완화하기

자아의 느낌에 마음을 집중한다. 그것은 생겼다가는 이내 사라지고, 이들 변화의 원인이다. 자아의 느낌이 거의 또는 완전히 없이 머무름이 어떤 것인지 살핀다. 이때 여전히 의식은 깨어 있고 편안하다. 이완하며, 자아의 느낌을 지켜보는 '자(one)'를 찾아내려 애쓰지 않는 것이 좋다. 주체를 상정하지 말고 주관성이 일어남을 그냥 허용한다. 그 안에서 자기-생성이 파도처럼 왔다 사라짐을 반복하는 소위 개인으로 존재함에 주의를 둔다.

이완합니다⋯. 안정적으로 깨어 있는 의식을 찾아보세요⋯. 자신의 마음에 주의를 둡니다⋯. 증가했다가 감소함을 반복하는 자아의 느낌에 마음을 둡니다⋯. 자아의 느낌이 증가하기 직전 의식 안에서 어떤 일이 일어나는지 마음을 집중해 보세요. 아마도 모종의 욕망이나, 관계에 대한 생각일 가능성이 많습니다.

다음과 같이 자신에게 부드럽게 말을 걸 때 둘 사이의 차이점을 탐구합니다. "내가 호흡한다."에 비해 "호흡이 있다."⋯ "내가 듣는다."에 비해 "들림이 있다."⋯ "나는 내 발을 움직인다."에 비해 "이 발이

움직인다.”…“나는 생각한다.”인지 “여기 생각이 있다.”인지…“내가 알아 가고 있다.”…“앎이 있다.”…“내가 의식한다.”…“의식이 있다”….

안에서 자아의 느낌이 이따금씩 떠오르는 소위 개인으로 존재하는 느낌 속으로 점차적으로 이완해 들어갑니다….

‘나’라는 느낌이 나타날 때, 그것이 내포하는 바에 대해 마음을 집중하되, 완전히 밝혀내려 애쓰지 않습니다…. 이것은 지금까지 발견된 바와 같이 완전히 추정일 뿐인 자아인가?

이완한 채 개인이라는 과정이 스스로 펼쳐지도록 허용합니다…. 일체성 안으로 마음을 활짝 여세요…. 평화롭고, 만족하고, 마음이 따뜻한 한 개인으로 존재합니다…. 그 안에서 ‘나’라는 느낌이 이따금씩 나타났다가는 사라질 수 있습니다…. 편안히 숨쉬며, 여전히 아무 문제도 없는, 평화로운 머묾… 호흡은 스스로 일어납니다. 거기에 누군가 지시할 필요는 없습니다.

‘나’라는 느낌을 단순히 다른 모든 경험처럼 인식합니다…. 드러난 자아라는 이들 경험이 모두 비어 있음을 눈치챕니다…. 편안히 숨쉬고, 의식은 계속되며, 편안히 머무세요….

‘나’로부터 떨어져 나가 봅니다…. 여전히 하나의 개인으로서 존재는 계속됩니다…. 아무 문제도 없습니다…. ‘나’가 될 필요도 없이 어떤 개인으로서 충분하군요…. 자신의 있는 그대로, 단순히 존재합니다…. 그것은 펼쳐지는 이 순간 속의 온전한 개인… 일체성과 현재성 속에서, ‘나’가 될 필요 없이 어떤 개인이라는 현상이 일어납니다…. 평화….

타인중심의 경험하기

이 단원에서 나는 몇몇 학자, 특히 신경학 교수이자 선(Zen) 수행자인 제임스 오스틴(James Austin)의 연구를 바탕으로 풀어나가고자 한다. 앞으로 깨달음의 가능한 신경적 기전을 탐구할 예정이다. 이른바 돌발적인 깨달음이 일어나면 자아의 느낌은 녹아 없어지고 세상이 완벽한 광휘에 휩싸여 전면에 나서는 듯 빛난다. 그리고 불꽃놀이 같은 이들 절정의, 신비로운, 불이(non-dual)의, 또는 **자기-초월**(self-transcendent)의 경험이 없을지라도, 우리는 얼마든지 천천히 자아의 느낌을 완화하고 모든 있는 그대로와 상호 공존하는 존재로 더욱 가슴을 열 수 있다.

자기중심적 관점과 타자중심적 관점

뇌가 더 놀라운 점 중 하나는 그것이 세상을 경험할 때 두 가지 서로 다른 방법 사이를 일상적으로 왔다 갔다 전환한다는 것이다.

- **자기중심**(egocentric) : 개인적인 관점으로부터 알려진 것들, '내 몸' 또는 '나 자신'과 같은 주관적 견해. **나에게**(me) 어떤 일이 일어나길 원하는가. 목표 지향적이고, 종종 좁은 시야.
- **타자중심**(allocentric) : 비개인적인 관점으로부터 알려진 것들, 객관적 관점. 스스로의 옳음에 의거한 전체적인 설정 또는 맥

락. '나(I)'라는 느낌이 적음. 넓은 시야.

이들 관점은 우리의 육체적 환경들과 연관된 시공간 처리 과정에 의지하여 나온다. 그런데 이것이 우리의 관계, 활동, 일체로서의 세계 – 그리고 사실상 전 우주에 이르기까지 확장될 수 있다. 두 관점을 기술하는 용어 자체는 중립적이다. **자기중심**(egocentric)적이라 해서 이기적이거나 무례하다는 의미가 아니다. 또한 **비개인적**(impersonal)이라 해서 차갑거나 인정머리 없다는 의미가 아니다.

타자중심적 관점은 우리가 대개 인지하지 못하는데, 이는 그것이 주로 배경에서 작동하기 때문이다. 그럼에도, 일상에서 이들 두 관점이 자신의 마음속에 왔다 갔다 하는 것을 관찰할 수 있다. 새로운 상황 속으로 옮겨갈 때, 뇌는 잠깐 동안 타자중심적 관점으로 옮겨가서 환경 전체의 이해를 갱신한다. 그러고는 자기중심적 관점으로 되돌아와 그때 자신이 하던 일에 집중한다. 가까이 있는 무엇인가를 내려다보고 있다면, 자기중심적 시점이 연결된다. 자기 가까이 있는 것이라면 대부분 개인적으로 관련된 것일 가능성이 높기 때문이다. 한편, 멀리 지평선을 바라보거나 고개를 들어 하늘을 쳐다보면 타자중심적 관점이 활성화된다. 초점이 자신으로부터 떨어져 보다 큰 그림을 향해 움직였기 때문이다.

신경학적으로, 자기중심적 처리 과정의 흐름은 뇌의 꼭대기를 따라 달리는데, 두정엽을 거쳐 전전두엽 피질을 향한다. 이는 우연이 아닌 것이, 이 흐름은 '**나**(I)**는 지금 나**(me)**와는 다른 무엇인가에 대해 뭔가를 하고 있다.**'라는 느낌과 관련된 신경회로에 의지한다. 즉, 만지기,

가까이 있는 물건 다루기, 그리고 어떤 특정 육체로 존재한다는 체감각(somatic sense)과 관련되어 있다. 둘째로, 그 기능과 위상(location)이 주어지면, 자기중심적 처리 과정의 흐름은 대개, 마찬가지로 뇌의 꼭대기를 따라 달리는 해당 주의회로 −7장에서 다루었다− 에 관여된다. 셋째로, 아마도 6장에 나왔던 '행위(doing)'를 담당하는 정중 피질회로에도 관여하는 것으로 보인다. 이때 앞쪽을 향하는 과업-지향적인 부분('나는 이 문제를 풀고 있다.')과 뒤쪽을 향하는 기저상태 부분('나는 나에게 상처를 준 누군가에 대해 곰곰이 생각한다.')이 모두 포함된다.

잠시 여유를 두고 자기중심성(여기서 제시한 의미로)의 이들 세 가지 면에 대해 반추해 보라. 하루에도 얼마나 수없이 이들이 함께 작동하는지 말이다. 예를 들면, 벽장 안으로 손을 뻗어, 특정 옷에 주의를 집중하면서 그것을 입는 와중에도 한편으로는 오늘 무슨 일을 할지 생각할 수 있다. 이런 일은 모두 자연스럽고 유용하다. 하지만, 이들 상호 연결된 회로들 안에서는 **수많은**(lot) 자아-생성이 일어날 수 있다.

다른 한편, 타자중심 처리 과정의 흐름은 아래로 내려가 달리는데, 뇌의 측면을 따라, 측두엽을 거쳐 전전두엽 피질을 향한다. 그 위치로 인해, 뇌의 오른편 하부를 따라 달리는 경계-방향잡기 주의회로와 연결되는 경향이 있다. 또한 마찬가지로 오른편에 위치한 '존재함(being)' 상태를 담당하는 외측 회로와 상호작용할 가능성이 높다.

정말 핵심적인 점을 요약해보자(To summarize a very key point). 경험적으로나 신경학적으로나 '행위' 상태, 집중된 주의, 그리고 자기중심적 관점은 서로 연결되어 있다. 이들 자기-참조적(self-referential) 체계 중 하나가 발동되면, 나머지 두 개 역시 활성화되는 경향이 있다. 이와 똑같은 방식으로, 경험적으로나 신경학적으로 '존재함' 상태, 경계-방향잡기 주의, 그리고 타자중심적 관점 또한 상호 연결되어 있다. 그렇기에, 일체성, 현재성, 그리고 전체성은 서로를 지지한다(Wholeness, nowness, and allness thus support one another). 예를 들어, 지금 이 순간에 들면 그와 함께, 일체성과 더 넓은 세상과의 연결된 느낌이 따라오는 경향이 있다. 따라서 일체성의 외측회로, 현재성의 주의회로, 그리고 전체성의 타자중심적 회로를 반복해서 자극하고 강화하는 연습은 서로 시너지 효과가 있다.

점수, 돈오(GRADUAL CULTIVATION, SUDDEN AWAKENING)

만일 당신이 일체성, 현재성, 그리고 전체성을 꾸준히 기른다면, 어떤 일이 벌어질까?

전 세계적으로, 많은 사람들이 한두 번의 강렬한, '비-일상적' 경험을 한 적이 있다고 말한다. 특히, 어떤 이들은 자아가 거의 또는 전혀 없는 현실을 경험하는 모종의 강력한, 비범한 느낌에 대해 묘사한다. 이들 자기-초월적 경험은 대개 급격하게 일어나며, 종종 돌발적이다. 예를 들면, 제임스 오스틴(James Austin)이 자신에게 이런 일이 어떻게 일어났는지 묘사한 것이 있다. 8년간의 선 수행을 마친 후 그가 영국으로 돌아왔을 때, 그 일이 런던 지하철 정거장에서 일어났다.

일순간, 보이는 모든 것에서 세 가지 특질을 알아챈다. 절대적 실재,

있는 그대로 옳음, 궁극의 완벽…. 이(this) 개인이 일상적인 도시 풍경을 보고 있다는 익숙한 감각이 1초도 되지 않아 사라져 버렸다. 새로운 봄(viewing)은 비개인적으로 진행된다…. 더욱 보이지 않는 세 가지 주제가 관통한다…. 그것은 단순한 지식을 훌쩍 뛰어넘는 깊이였다. 이것이 모든 것(affairs)의 영원의 상태이군…. 거기에는 더 이상 할 무엇이 없다…. 거기에는 더 이상 두려워 할 무엇도 없다.

이 경험이 일어나던 중에, 도대체 그의 뇌 속에서는 어떤 일이 일어났던 것일까? 이와 유사한 경험을 했던 다른 이들의 뇌 속에서는?

이는 마치 자기중심적 회로가 그냥 꺼져 버린 것 같다. 그리고 그와 함께, 행위의 회로와 집중된 주의 또한 연결이 끊긴 것이다. 그리고 오직 타자중심적 관점만이 그 동료격인 일체성, 현재성과 함께 확연해진 것이다. 짚고 넘어가자면, 자기중심적 관점과 타자중심적 관점은 서로 간에 상반억제(reciprocal inhibition)한다. 마치 시소처럼, 한쪽이 내려가면, 다른 한쪽이 올라간다. 자기중심적 관점이 떨어져 나갈 때, 타자중심적 관점이 풀려나며 급격하게 전면으로 나서게 될 수 있다. 그렇게 되면, 오스틴에 따르면 "타고난 깊은 적자생존의 고뇌와 자아의 모든 근원적 뿌리가 잘려 나가는 듯 보인다. 원초적 두려움의 가장 깊은 본능들이 떨어져 나가는 이 급격하고, 형언할 수 없는 해방은 특히 자유로움을 느끼게 한다."

오스틴은 이런 일이 일어날 수 있는 타당한 길을 짚는다. **시상**(thalamus)은 피질하부에 위치한 일종의 중앙 배전반(switchboard)으로, 후각을 제외한 모든 감각 입력이 그곳을 통과한다. 일상적인 의식은 피질과 시상 사이를 왔다 갔다 흐르는 정보에 의존한다. 정상적이라면, 시상의 윗부분은 자아의 느낌을 만들어 내는 데 일조하는 피질 내 핵심 영역들과 지속적으로 '대화한다.' 만약 시상과 피질 사이의 이들 신호가 차단된다면, 자아의 느낌 또한 멈춘다. 그리고 붓다께서 바히야에게 말했듯 "거기에 '나'가 없을 때, 나는 여기에도 없고, 저기에도 없으며, 그 둘 사이에도 없다. 이것, 오직 이것만이, 고통의 종말이다."

이런 일이 어떻게 일어날 수 있나?

근처의 몇몇 조직들은 GABA-분비 뉴런들을 갖추고 있는데, 이는 시상 윗부분의 활성을 억제할 수 있다. 만약 이들로부터 시상 윗부분으로 고농도의 GABA가 급격하게 방출된다면, 의식의 흐름 속 자기중심적 지류를 통과하는 주요 경로들을 차단하는 것이 가능하다. 예를 들어, 두정엽의 활성 감소는 '나'라는 느낌의 감소, 일체성 및 연관된 신비 체험들의 느낌 증가와 관련이 있다. 이는 마치 단추를 딸깍 올리면 거기 불이(non-dual) 경험에 불이 켜지는 듯하다. 모든 것과 하나 된 상태, 그리고 그에 딸린 통찰과 느낌들 말이다.

위에 서술한 오스틴의 이야기에 더해, 여기 다른 세 사람의 예를 소개한다.

어느 날 나는 절벽 위에 앉아 해변을 내려다보고 있었다. 푸른 심연 속을 무심히 응시하고 있을 때 문득, 일체 있는 그대로의 광대한 확장에 내 자신이 완전히 흡수되었다는 것을 알았다. 우주와 함께 하나이며 영원함(oneness and timelessness)이 사무치게 깊이 느껴졌다. 그것은 마치 내 마음 밖의 어떤 의식의 에너지가 나를 관통하는 듯했고, 그것이 나의 존재 그 자체를 변용시키고 있음을 느낄 수 있었지만, 거기에 어떤 생각이나 판단도 털끝하나 건드릴 수 없어 보였다. 이 단 한 번의 경험으로 삶의 가장 커다란 신비가 풀렸고 그 앎과 느낌은 지금까지도 계속 남아 있다.

[수련회에서] 어느 한 명상 기간 중에… 호흡의 단 한 순간도 놓치지 않기 위해 내가 할 수 있는 모든 것을 쏟아부었다…. [그때] 어떤 이가 차와 쿠키를 가져다 주었다. 차를 전해 받고는 찻잔을 두 손에 쥐었다. 잔을 들어 입술에 가져가고 차가 입속으로 들어간 순간, 세상이 멈춰 버렸다! … 경험 속에, 그 어디에도 내가 없었다. 일상적인 어떤 자기-언급도 사라진 채, 그건 마치 모든 것이 멈추어 선 것 같았다.

[명상 중에] 앉는 그 순간, 거기 공안(koan)이 있었다. "나는 누구인가?" 순간 갑자기 나라고 느껴지는 경계가 사라져 버렸다. 너무나 충격을 받아서 문자 그대로 벌떡 일어나 버렸다…. 여기저기 서성거리고, 사물들을 쳐다보았지만, 거기서 나와 다른 것 사이에는 어떤 경계도 찾을 수 없었다…. 마치 안과 밖이 하나로 합쳐진 듯 했다…. 오직 하나임(oneness)의 이 마술 같은 세상 속을 그저 하염없이 걸을 뿐이었다.

전체성 안으로 기대기(LEANING INTO ALLNESS)

이들 놀라운 경험에도 틀림없이 그 기반이 되는 신경 과정이 관여될 것이다. 시상 내 어떤 핵심 경로의 급격한 봉쇄는 그 한 가지 예에 불과할는지도 모른다. 아니면 오스틴의 가설이 사실이 아닌 것으로 밝혀질 수도 있다. 그럼에도, **뭔가**(something) 큰 일이 뇌 안에서 일어난 것만은 틀림없다. 그리고 그것은 아마도 일체성, 현재성, 그리고 전체성의 신경회로들이 관여되었으리라.

극적인 깨달음의 때는 오직 스스로 일어날 뿐이지, 결코 우리가 어찌해 볼 수 있는 게 아니다. 하지만 그 계기와 조건을 기르는 것은 **가능하다**(can). 심오한 자기-초월적 경험을 전하는 사람들 중 다수가 상당한 수준으로 개인적 수행의 토대를 갖추고, 깨달음의 경험 직전 명상 수련회 같은 집중적인 수행의 기간을 강도 높게 가졌던 경우가 많다. 게다가 이런 갈고 닦음은 자체로 가치가 있다. 자신과 타인 사이의 경계가 부드러워짐에 따라 지혜와 내적 평화가 비례하여 커지고, 모든 것과 연결되어 있는 느낌도 커진다. 어떤 이들은 자연, 나아가 우주 전체로부터 환영받는 느낌을 이야기하기도 한다. 가끔 모든 것에 적대적이기까지 한 고립된 자아로 자신을 보는 것에서, 일체가 국소적으로 현현한(manifesting) 것이 바로 **자신**(you)이라는 쪽으로 옮겨가는 것이 가능하다. 모든 것이 오직 한 덩어리, 오직 하나의 여여함(suchness)이라는 심오한 느낌은 진실로 가능하다.

우리는 환영 속에, 사물의 겉모습으로만 살아간다.
여기 실재가 있다. 우리가 그 실재이다.
이것을 이해할 때,
자신이 그 무엇도 아님을 보게 된다.
그리고 그 무엇도 아닐 때, 자신이 그 모든 것이다.

__칼루 린포체(Kalu Rinpoche)

전체성으로 들어가는 길을 열어 줄 다양한 방법들이 있다.

○ 일체성과 현재성을 연습하면 더 넓은 세계와 연결된 느낌을 북
 돋는다.

○ 충만함 속에 안식하는 것 또한 강력한 지지가 된다. 갈망은 자
 아-생성을 유발함으로, 평정과 풍요의 녹색지대 안으로 들어
 갈 때, 자아의 느낌은 자연스럽게 감소하고, 연결되어 있고 열
 려 있다는 느낌은 증가한다.

○ 충만함, 일체성, 그리고 현재성은 평온을 가져오는데, 이는
 GABA-분비 뉴런들에 관여한다. 가령 규칙적인 명상 같은, 반
 복적인 깊은 평온의 경험은 시상의 억제 노드(nodes) 안에서
 GABA 활성을 증가시킬 수 있다. 이는 시상에서 '단추를 올리
 는' 기폭제 역할을 하고 그 결과 전체성으로 몰입될 수 있는 것
 이다.

○ 자기-언급적인 과업-수행이 적은 좀 더 단순한 삶은, 방어적

를 준다.

○ 자연 속에 있으면 자연스럽게 일체감으로 이끌린다. 대부분의 깊은 명상의 배경 장소가 숲이나, 사막, 정글이나 산인 것은 우연이 아니다.

○ 오스틴이 지적한바, 어떤 깨달음의 경우 하늘을 올려다보고 있을 때 일어나는데, 이는 자연스럽게 타인중심적 시각 처리 과정을 활성화한다. 눈을 뜨고 하늘을 응시하거나 눈을 감고 공간감을 가져 보는 연습들은 이 회로를 활성화할 수 있다.

더 읽어볼 만한 책들

『당신이 누구인지 아는 데 방해가 되는 터부에 관한 책(The Book)』(앨런 와츠)
「Dreaming Ourselves into Existence」, (조셉 골드스타인), 〈Buddhadharma〉 2018년 가을
『티베트 스님의 노 프라블럼(No Self, No Problem)』 (아남 툽텐)
『Selfless Insight』 (제임스 오스틴)
『도덕경』 (노자)

임계점(THE TIPPING POINT)

기대고, 또 기대면 – 결국 벽이 무너져 그 뒤의 길이 열릴 수도 있는 법.

어떤 경우에는, 온통 하나임(oneness)의 느낌 속으로의 전이가 어떤 외부적 사건과도 무관하게 보인다. 많은 뇌 활동이 내부적으로 습관화된 과정을 기준 삼아 구성되기에, 아마도 어딘가에서 일종의 신경 도미노가 바로 그 순간 촉발되어 초월적 변형의 연쇄반응이 시작되는 듯하다. 하지만 깨달음의 순간 많은 경우 모종의 놀람을 동반한다. 예를 들면, 13세기 일본 어느 달밤에, 선승(Zen nun) 무가이 뇨다이(Mugai Nyodai)는 대나무를 엮어 만든 낡은 통에 물을 담아 가고 있었다. 갑자기 통이 부서지고 바로 그 순간 그녀는 깨달음을 얻는다. 나는 그녀의 오도송(enlightenment poem) 중 이 버전을 특히 좋아한다. 작가 매리 스위곤스키(Mary Swigonski)가 번역했다.

> 물통이 온전하도록 이리저리 애썼건만
> 그만 바닥이 무너져 버렸네.
> 이제 물은 담길 수 없지만
> 달 또한 거기 들지 않는다.

놀람의 경험들이 뇌에서 일체성의 회로를 촉발시킨다. 주의의 깨어 살피는 일면, 그리고 타자중심적 관점이 활성화되는 것이다. 놀람 자체를 훈련할 수는 없지만 – 그렇게 하면 놀라는 게 아니니 – 관련된 특성들을 개발할 수(can) 있다. 장난기, 크게 기뻐함, 유머, 그리고 오직 모름(not-knowing). 그럼 잘 놀라게 되고 – 어쩌면 문이 열릴 수도.

다음 단원에서는 전체성을 향해 좀 더 열리게끔 도움을 줄 수도 있는 확장된 시야에 관해 탐구할 것이다. 하지만 우선은 이제껏 다루었던 부분에 대해 명상해 보길 권한다. 아래 상자에 연습들이 있다.

타인중심적으로 머물기

안정되고 이완되는 자세를 찾습니다. 마음을 견실히 하고 가슴은 따뜻하게 합니다···. 평화롭고, 만족스럽고, 사랑스런 느낌··· 이 순간 욕구는 충분히 충족되었습니다···.

몸 안에서 평온이 퍼져나감을 느낍니다···. 어떤 깊은 고요함이 마음 속에서 퍼져나갑니다···.

자신의 몸을 일체로서 의식합니다···. 자신이 있는 방 또는 더 큰 공간을 눈을 떠서 의식해 보세요. 그 전체를 하나로 느껴 봅니다···. 바라봄이 몸을 떠나, 이제 부드럽게 지평선을 응시합니다. 보다 큰 하나의 느낌에 가슴을 여세요···. 그러고는 바라봄이 이완되고 원하는 어디로든 움직이게끔 허용합니다. 자신의 설정된바 있는 그대로를 의식합니다··· 설정된바 그대로 온전히 옮음을 아는 고요하고 객관적인 앎을 느껴 봅니다···.

그대로 눈이 감기며, 의식의 광대한 공간적 느낌을 가져 봅니다··· 마음의 하늘에 경험들이 지나갑니다···. 걱정 없이 편안히 느끼되··· 여전히 지금··· 여기에 깨어 있습니다···. 이 순간의 신선함 속에서··· 열려 있고 한계 없이···.

광대해지세요···. 있는 그대로 자신이 됩니다···. 지금 이 순간의 칼끝에서, 일체 모든 것에 열려 있음···.

확장된 시야

여기까지 순간에서 순간으로 이어지는 경험들이라는 측면에서, 우리가 **주관적으로**(subjectively) 그리고 **국소적으로**(locally) 누구인지에 대해 초점을 맞춰 왔다. 이제 우리가 **객관적으로**(objectively) 그리고 **확장적으로**(expansively) 어떤 존재인지 살펴보자. 시야가 커짐에 따라, 한 개인이라는 존재감은 자신의 피부를 넘어서서 공동의 인류, 더 크게 자연, 그리고 우주를 함께 망라한다.

　　이제 서로가 기반이 되어 주는 몇 가지 관점들을 기술해 볼 것이다. 이는 단지 이론적인 것으로 보일는지 모르지만, 우리의 관점이 우리의 경험과 행위를 결정하는 법이다. 일체 모든 것으로 한발 들어와 당신 자신을 뒤돌아볼 때, 사실은 자신이 그 **모든**(all) 것 ― 그리하여 당신이라는 존재를 통해 스스로를 표현하는 ― 이었다는 느낌이 점차 커진다. 존 뮤어(John Muir)가 적었듯, "무엇이든 내키는 대로 하나를 골라 보라. 그럼 그 하나가 우주 안의 다른 모든 것에 편승해 있음을 알게 될 것이다."

비어 있음의 관점

지금까지 모든 경험의 본성이 비어 있음을 살펴보았다. 근본적으로 안정성, 통합성, 또는 독립성이 결여되어 있다는 의미다. 그것들은 의식의 흐름 속 소용돌이에 불과하기에 생겼다가는 이내 흩어진다.

또한 경험의 기반이 되는 신경 과정들의 본성 또한 비어 있음도 알아보았다. 물질 우주 안의 일체 모든 것이 무상하고, 부분들로 이루어지며, 조건 지어진 것임에 대한 얘기다. 어떤 광자, 잎사귀, 저녁 파티, 그리고 지구 전체를 삼킬 만한 목성 위의 폭풍. 이 모든 것이 예외 없이 물질성의 흐름 안 소용돌이에 불과하다. 우리 은하는 어마어마하게 큰 소용돌이인데, 후에 그것보다 훨씬 더 큰 소용돌이 – 안드로메다은하 –와 부딪힐 예정이다. 지금으로부터 몇 십억 년 후에 말이다.

비어 있는 정신적 과정들과 비어 있는 물질적 과정들이 함께 일어나 소용돌이친다. 하나의 개인이라는 과정(person-process)의 두 가지 구별되는 면으로서 함께 소용돌이치며 전체성을 그려 내고 있는 것이다. 해변에 앉아 파도를 보는 그 순간, 뇌 속의 육체적 소용돌이들이, 바다의 물질적 소용돌이들을 보는 정신적 소용돌이가 가능하게끔 만드는 것이다. 그것이 존재하는바 모든 것이고, 그 모든 것은 비어 있다.

문화의 관점

각각의 개인의 마음은 다른 이들의 마음에 의지한다. 예를 들면, 어릴 적 사회적 경험이 없다면, 우리들 중 누구도 정상적인 성격을 갖기 어렵다. 일상에서, 다른 사람들의 개념과 태도들은 당신 자신의 의식을 관통해 소용돌이친다. 만일 신경계 밖에서 표현된 정보까지 일종의 확장된 '마음'에 포함시킨다면, 마음은 실로 광범위하게 퍼져 있는 셈이다. 그것은 친구들의 페이스북 타임라인 속에서, 그리고 어딘가에 있는 클라우드 저장소 안에서 얼굴을 내민다. 당신의 느낌과 나의 느낌, 당신의 마음과 나의 마음. 이들은 함께 소용돌이치고 이내 흘러 나가 다음 사람의 마음속으로 들어간다.

틱낫한은 이렇게 적었다.

당신은 유동적인 흐름, 수많은 경이의 연속이다. 당신은 분리된 자아가 아니다. 당신은 당신이기도 하지만, 동시에 나이기도 하다. 오늘아침 내가 마신 허브 차 안에 일었던 핑크색 부유물을 당신은 분리할 수 없다. 그리고 나 또한 그 부유물만 빼고 차를 마실 수 없다. 나는 당신 안에, 당신은 내 안에 있다. 만일 당신으로부터 나를 분리한다면, 당신은 지금과 같이 현현할 수 없다. 나로부터 당신을 분리하면, 나 역시 지금과 같이 현현할 수 없다. 우리는 서로가 없이는 현현이 불가능하다. 함께 현현하기 위해 우리는 서로를 기다려 줄줄 알아야 한다.

생명의 관점

이를 쉽게 간과하고 그다지 느끼지 못하고 있음은 너무나 분명하다. 우리들 각각은 살아 있는 동물, 거의 40억 년에 가까운 생물학적 진화의 산물이다. 생명은 어떤 특정한 종들 안에서 스스로를 표현한다. 종은 어떤 특정한 신체 안에서 자신을 표현한다. 우리의 부모도 그들의 부모가 있으며… 이는 결국 백만 년 전 인류 조상의 부모에까지 거슬러 올라간다…. 여기서 1000만 년 전 영장류 조상의 부모로… 다시 1억 년 전 포유류 조상의 부모로… 이렇게 계속 거슬러 올라가 최초의 생명체로… 거기서부터 우리에 이르기까지 끊이지 않는 선이 내려온 셈이다.

인간의 몸은 약 40조 개의 세포로 이루어지며, 각각의 세포는 DNA분자에 의해 안내를 받는다. DNA는 진화의 대장간에서 수십억 년에 걸쳐 모양을 갖추었다. 또한 몸에는 세포 수의 열 배가 넘는 미생물도 담겨 있다. 살아가기 위해, 우리는 생명에 은신하고 생명을 소모한다. 생명은 우리를 스쳐지나가고, 우리는 생명을 스쳐 지나간다.

틱낫한의 글을 좀 더 읽어보자.

이 우주에서 우리와 밀접하게 관계되어 있지 않은 현상이란 없다. 큰 바다 속 바닥에 깔린 조약돌로부터, 수백만 광년 떨어진 어떤 은하의 움직임에 이르기까지….

…일체 현상은 상호 의존한다….

우리 승가는 대지와, 모든 식물, 동물과, 그리고 우리 형제자매들과 조화롭게 살기를 염원한다. 우리가 서로 조화로울 때, 또한 대지와 조화롭다. 우리는 낱낱의 사람과 종(species)에 우리가 밀접한 관계에 있음을 본다. 모든 인간과 모든 다른 종의 행복과 고통은 그대로 우리의 행복과 고통이다. 우리는 얽혀 있다(We inter-are). 수행자로서, 우리는 토양, 숲, 강, 그리고 하늘의 일부이지 결코 별개가 아님을 본다. 우리는 같은 운명을 공유한다.

우주의 관점

몸속에서 헬륨보다 무거운 원자는 모두 어느 별에서 만들어진 것이다. 주로 별이 폭발할 때 만들어진다. 탄소, 산소, 철, 모두 예외가 없다. 숨을 한 번 크게 쉬어 보라. ─ 방금 별가루가 별가루를 마셨다. 이 몸은 수십억 살이다.

> 우리가 현대 물리학에서 깨달은 바는, 물질 세상이 분리된 물건들의 모음 같은 것이 아니고, 차라리 통합된 어떤 일체의 다양한 부분들 사이 관계의 망으로 보인다는 사실이다.
>
> ＿프리초프 카프라(Fritjof Capra)

이 행성과 이 몸과 이 뇌를 만들기 위해 원인들이 함께 소용돌이치는 상상을 해 보자. 초기 별들이 폭발하고, 새로운 별들과 태양계들이 형성되고, 결국 거대한 총알 같은 소행성이 지구를 강타하는 거다. 가만 놓아두면 6500만 년 후에 수많은 각기 다른 생명체들로 채워졌을 진화적 기회가 10분 내로 깨끗이 사라진다. 거기에는 나중에 우연히 여기 이 단어들을 읽게 될 똘똘한 생명체의 조상도 포함된다.

의식의 흐름은 육체를 통해 움직이는 정신적 신경적 활동의 소용돌이이다. 몸 자체도 양자 거품을 느릿느릿 관통하는 어떤 파동이다. 마음이 몸 안으로 흐르고, 몸이 마음 안으로 흐르며, 둘은 함께 우주 안으로 흘러 나간다. 그리고 그 파문은 다시 당신에게 되돌아온다. 작가이자 서퍼인 자말 요기스(Jaimal Yogis)가 말했듯, "우리는 모두 파동이고 따라서 물과 같다."

이에 대한 앎을 그냥 비현실적이라 치부할 수도 있다. 또는 인과율의 광대한 망 속 일개 현현, 우주라는 옷감에 들어간 헤아릴 수 없이 많은 실타래들의 일개 국소적 파문이라는 느낌을 가질 수도 있겠다. 이는 경외심을 자아내고, 겸허하게 만든다. 매 순간 당신이 경험하는 것이 뇌에 의해 만들어지고 뇌는 몸이 만들고, 몸은 지구가 만들고, 지구는 전 우주가 만들었다니.

전체성의 관점

더 깊이 들어가서, 현실을 한 덩어리 – 전체성 – 로 파악하는 것이 가능하다. 마음을 한 덩어리로 파악할 수 있듯 말이다(이에 대한 연습으로, 다음 상자 안의 명상을 보라).

전체성은 전체성 그대로 언제나 전체성이다. 이를 일종의 마음이 멈춰 버리는 경험으로 느껴 보라. 그냥 단순히 자명한 공리로 취급하지 말고.

전체성은 전체성 그대로 부동, 움직이지 않는다. 전체성 안에서 일체 모든 현상이 변화하지만, 전체성 그 자체는 변화가 없다.

온전한 하나의 마음에는 어떤 문제도 없듯, 온전한 하나의 전체성에는 어떤 문제도 없다.

전체성은 전체성 그대로 영원한 행복의 좀 더 믿을 만한 토대이다.

그 안에서 변화하는 현상들에 비해 말이다.

온전한 하나의 마음의 느낌을 가질 수 있듯, 온전한 하나의 전체성의 느낌을 가질 수 있는지 보라.

오직 전체성

이완하세요···. 편안히 그리고 마음을 따뜻하게··· 몸 전체로 숨 쉼을 느끼며··· 온전한 하나의 마음으로 머뭅니다···. 이 순간에 안식하며··· 고요하게 그리고 현존하며··· 호흡의 감각이 본래 비어 있음을 알아차립니다···.

당신의 의식의 흐름이 다른 이들에 영향받음을 압니다···. 이를 단순히 사실로 느낍니다···. 당신이라는 느낌이 인류 문화가 빚어낸 것임을 압니다···.

모든 경험은 물질적 과정에 의존하고, 마음은 물질에 의존함을 압니다···. 호흡의 물질성에 의식을 둡니다···. 몸에서 딱딱한 부분들과 부드러운 부분들··· 매 호흡마다 원자들이 폐 속으로 흘러들어 가고, 피 속에 들어가 몸 전체에 퍼집니다···. 원자들이 세상 속으로 다시 흘러 나옵니다··· 호흡을 이들 물리적 과정의 결과로 보는 느낌···.

산소원자를 헤아릴 수 없이 많은 식물들로부터 받습니다···. 그들이 받아가도록 이산화탄소를 내뱉습니다···. 어떤 광대한 물리적 과정의 일부로서의 호흡···.

식물들이 산소를 내뿜음은 타오르는 가스로 이루어진 태양으로부터 온 빛에 의존함을 압니다···. 매 호흡마다 몸 안으로 빛을 받아들이며··· 자신의 몸 안 원자들이 매우 오래된 것들임을 압니다···. 당신이 오늘 여기 있기 위해 별들의 폭발이 있어야만 했습니다….

호흡과 몸이 우주에까지 확장되는 과정들에 섞여 들어감을 압니다.

상상과 의식이 바깥으로 사방으로 한계 없이 열려 있게끔 허용합니다…. 감탄과 경외심을 담아… 전체성을 직감합니다….

이 앞으로 이완해 들어갑니다…. 이 순간의 경험은 우주의 국소적 패턴 만들기….

전체성을 직감합니다…. 단순히 전체성… 언제나 전체성… 전체성이 머무르고…오직 전체성… 전체성으로 존재합니다….

좋은 연습

한 시간 동안, 물건을 소유하는 느낌을 관찰하고('내가 저것을 소유하고 있어.'), 어떤 관점이나 집단에 동일시하는 느낌을 관찰하고('내가 저것이야.'), 마지막으로 자만을 관찰한다('내가 너보다 낫다. 내가 너보다 더 중요해.'). 이것들이 어떻게 느껴지는지 알아차린다. 그리고 그것을 강화하기 위해 내면에서 또는 바깥에서 어떤 일이 일어나는지 살펴본다.

다시 한 시간 동안, '나'라는 느낌 없이도 하나의 개인으로서 얼마나 많은 일을 할 수 있는지 관찰한다.

명상 중에, '나'라는 느낌이 오고 감을 주의 깊게 본다. 이 자아의 느낌이 얼마나 많은 면들을 갖는지 알아차려 보라…. 그것은 항상 변한다…. 여러 가지 원인들에 의해. 드러난 자아가 얼마나 구름 같고, 실체가 없고, 어떤 안정된 본질이 없는지 알아차린다. 하루에도 여러 번 이것을 해 볼 수 있다.

경험의 지금 이 순간으로 매우 가까워졌을 때, 지금이라는 칼날 위에서는 그 누가 있어 쇼를 진행하고 있는 게 아님을 알아차리라. 그것은 너무나 빨리 변하기에 누구도 거기 책임을 지는 것이 불가능하다.

거절당하거나 다른 이들보다 못하다 느껴진다면, 보살핌 받고 인정받는 느낌의 진정한 경험을 찾으라. 또한 스스로의 가치를 알아보고 자신의 타고난 선함을 느낄 기회를 찾으라. 이들 경험을 가질 때, 속도를 늦추고 그것들이 자신 속에 충분히 가라앉도록 도우라. 하나의 개인으로서 가치 있다는 느낌이 커지면서 어떻게 실제적으로 자아의 느낌이 이완되는지 알아차리라.

명상 중에 일체성, 현재성, 그리고 전체성의 느낌을 모두 함께 가져오는 것이 어떤 느낌인지 탐구하라. 연습을 통해, 자신이 일상적으로 기능할 때에도 의식의 배경 속에 이것들이 함께 스며들 수 있다.

때때로, 일상에서 비어 있음을 눈치채라. 예를 들면, 교통체증은 본질적으로 비어(절대적으로 자기-원인적이다.) 있다. 상황들, 업무, 그리고 상호작용 역시 비어 있다. – 그리고 그것들에 대해 흥분하는 반응들 또한 비어 있다.

많은 것들에 의지하는 나약한 상태의 느낌을 탐구한다. 가령 사람들, 식물이나 동물들, 현대의학, 공기와 햇빛, 기타 등등. 이에 대해 무엇이 불편하게 느껴지는지 알아차린다…. 그리고 또한 무엇이 아주 든든하게 느껴질 수 있을지도 생각해 본다. 너무나 많은 것들이 당신으로서 당신을 통과하는 파문이라는 느낌을 갖는다. 이것과 함께 해도 괜찮을지 본다. 근본적으로, 당신은 당신으로 현현한 그 많은 것들이다(are).

09

무시간성을 찾아내다

원인과 조건에 따라
사물들은 나타났다 사라진다.
사물의 진정한 본성은 태어나지도, 죽지도 않는다.
우리의 진정한 본성은 탄생도 죽음도 없는 본성이다.
그리고 자유를 얻으려면 우리의 진정한 본성에 닿아야만 한다.

—

틱낫한

드디어 깨달음의 일곱 단계 중 그 마지막에 도착했다. 발밑은 가장 안정적이면서도 동시에 위험천만 미끌거리고, 언제나 이 순간인 동시에 저 멀리 떨어진 목적지 같다. 언어가 거기 도달하도록 도울 수는 있지만, 목적지에 가까워질수록 그것은 떨어져 나간다.

마음, 물질 – 그리고 신비

마음은 분명히 존재한다. 듣기, 보기, 그리고 느낌, 우리는 확실히 경험들을 갖는다. 경험으로부터 우리는 물질, 그러니까 무엇인가 실제인, 무엇인가 그 고유의 옳음 – 그것을 누구나 다 인지할 수 있는가는 별개의 문제이다 – 으로 존재하는 것을 우리가 인지하고 있음을 추론한다. 마음을 써서, 물리적 세계를, 생명과 그 진화를, 그리고 신경계와 뇌를 공부할 수 있다. 마음은 마음을 만들어 내는 물질에 대해 배울 수 있다. – 이런 점이 내 마음을 주춤하게 만든다!

마음과 물질 – 지금까지는 좋았다. 이것들은 비물질적인 정보와 경험들뿐만 아니라, 물질적인 에너지와 물질까지 포함하는 **자연적인**(natural) 현상이다. 자연의 테두리 안에는 수많은 이상하고 경이로운 것들이 포함되는 게 확실하다. 기쁨과 슬픔, 다람쥐와 은하, 그리고 베토벤과 호박벌에 이르기까지.

그래서 – 그것이 거기 있는 전부일까?

열반(NIBBANA)

내가 이해하는바, 붓다의 탐구는 고통으로부터의 가장 철저한 해방과 지고의 행복을 찾는 것이었다. 그 당시 평범한 사람들의 믿음이란 개인의 어떤 면이 다시 태어남을 통해 생을 거듭하며 전달된다는 것이었다.

그러한 맥락에서, 수행의 목표는 이번 생뿐만 아니라 미래 생에서의 고통까지 끝내는 것이 될 수 있었다. 그는 모든 방편을 하나하나 시도해 보았다. 이는 특권층의 삶과 즐거움에서 시작해서, 출가하여 금욕적인 규율들을 탐구하고 점차 미묘해지는 명상 수행에 이르기까지 망라되었다. 하지만 그는 각각의 방편을 통해 자신이 했던 경험들이 결국 신뢰할 만한 것들이 아니라고 결론을 지었다. 왜냐하면 그것들은 **모두 조건 지어진**(conditioned) – 존재하게끔 원인 지어진 – 것들이었고 그렇다면 그 원인이 변할 때 같이 변할 수밖에 없기 때문이었다('조건 지어진'이라는 표현 외에, **직조된**(fabricated), **지어진**(constructed), 또는 **경도된**(inclined)이라고 말할 수도 있는데, 그럼 적절한 뉘앙스들이 첨가된다.).

그래서 그는 찾아 헤매길 계속했고 마침내 조건 **지어지지 않은** (not) 것을 발견했다. 변하지 않아 – 무상하지 않아 – 영원한 행복과 평화의 신뢰할 만한 토대가 되는 것. 한 단어로, 열반. 비구 보디(Bhikkhu Bodhi)는 이렇게 적는다.

> 윤회를 벗어나는 조건 지어지지 않은 상태를 열반이라 한다. 열반은 조건 지어진 세상을 초월하지만, 그럼에도 조건 지어진 존재 안에서, 바로 이생에 획득 되어질 수 있다. 그리고 그것은 고통의 소멸로 경험된다… 열반의 깨달음은 지혜의 만개와 함께 찾아오며 완벽한 평화, 빛바래지 않는 행복, 그리고 마음의 충동적 동인들의 증발을 가져온다. 열반은 목마름, 갈망이라는 목마름을 부순다. 그것은 또한 늙음, 병듦, 그리고 죽음의 성난 격류 속에 떠 있는 안전한 섬과 같다.

비구 보디의 대가다운 선집, 『붓다의 말씀(In the Buddha's Words)』에서, 그는 이들 열반에 대한 묘사를 빨리어 경전에서 수집한다. 나는 이 묘사들이 내 마음을 깨끗이 씻어 주었으면 한다. - 그리고 때로 특정 단어들을 떠올린다.

○ 태어남도, 늙음도, 병듦도, 죽음도, 슬픔도, 더럽혀짐도 없는, 속박에 대한 지고의 안전
○ 욕정, 증오, 망상의 파괴
○ 조건 지어지지 않음, 경도되지 않음, 오점 없음, 진리, 피안, 미묘한, 이해하기 매우 어려운, 안정된, 해체할 수 없는, 비현현의, 비확산된, 평화로운, 지고의, 상서로운, 안전한, 갈망의 파괴, 경이로운, 놀라운, 고뇌 없는, 공정함, 순수, 자유, 집착 없음, 섬, 보호소, 망명, 안식처, 목적지이자 목적지로 이끄는 경로

열반은 불교 수행의 근본적 목표이다.

오, 집짓는 자여, 이제 네가 보인다!
서까래는 부러지고 대들보는 산산이 흩어졌으니,
이제 다시는 이 집을 짓지 못하리.
나의 마음은 조건 없음에 도달하였으니,
그렇게 갈망의 소멸을 얻었노라.
__『법구경』154

이것은 평화롭다, 이것은 지극히 높다, 이름하여

모든 혼합된 것들의 증발,

갈망의 소멸,

정지,

열반.

_ 앙굿따라 니까야 10.60

태어남, 됨, 생산된,

만들어진, 직조된, 무상한,

늙음과 죽음으로 이루어진,

질병의 둥지, 소멸되는,

갈망의 노예 –

이것은 지고의 기쁨에 맞지 않는다.

그것으로부터의 탈출,

고요한, 변치 않는, 이성을 뛰어넘는,

태어남이 없음, 생산되지 않음,

슬픔 없음, 티 없는 상태,

고통의 상태가 멈춤,

직조된 것들의 증발 – 지복.

_『이띠웃따까』43

자연의 테두리 바깥

내 생각에 조건 지어지지 않은 상태로 다가가는 방법에는 세 가지가 있다. 첫째, 고통으로 이끄는 반응들로**부터**(from) 자신을 '비조건화' 시키는 한편, 방해받지 않는 거대한 의식 **안에서**(in) 안식을 점차 늘리는 연습을 할 수 있다. 둘째, 마음의 비범한 상태(대개는 집중적인 명상 연습의 결과이다.)를 **일상적인 현실 속에서**(within ordinary reality) 탐구해 볼 수 있다. 이 상태에서는 모든 조건 지어진 경험이 멈춘다. 셋째, 연습이 우리가 믿기에 정말로 초월적인 무엇인가에 관련될 수 있다. 초월적이라 함은 일상적인 조건 지어진 현실을 넘어서서 '자연적인 테두리'를 벗어난 것을 말한다(지금 초월적(transcendental)이라는 용어를 씀은 이것이 덜 특정 짓고 덜 부담스럽기 때문이다. 가령 '하나님' 같은 용어는 문제를 일으킬 소지가 많은 연관 내용들을 떠올리게 할 수 있다.).

이들 문제에 접근하는 처음 두 가지 방법은 그다지 논란의 여지가 없어 보인다. 하지만 세 번째 방법은 여지가 많다. 그래서 나는 속도를 좀 늦추고 이곳을 조심스레 지나가 볼 예정이다.

───────── ◆ ─────────

태어남도, 되어감도, 만들어짐도, 짜여짐도 없는바, 정확히 바로 그것이 있기에…
태어남, 되어감, 만들어짐, 짜여짐으로부터의 해방이 식별될 수 있다.
__『우다나』8.3

───────── ◆ ─────────

내 경험상, 어떤 사람들은 초월적인 것이라면 그 어떤 것이든 연습에 포함되면 무의미하다 생각한다. 이유는, 실제로 초월적인 것이란 존재하지 않는다고 믿거나, 어쩌면 초월적인 어떤 것이 있을 수도 있지만 그것을 알 방법이 없다고 믿거나, 초월적이면서도 동시에 알려질 수 있는 어떤 것이 있을 수 있지만 연습과는 무관하다고 믿기 때문이다. 또 어떤 사람들은 뭔가 초월적인 것의 참조 **없이**(without) 연습하는 게 무의미하다고 생각한다. 이유는, 궁극의 실재에는 초월적인 면이 실제로 있다고 믿거나, 또는 이것을 알 수 있는 방법이 없을지라도, 그것과의 연결 상태로 연습을 하는 게 유익하다고 믿기 때문이다. 나는 이 두 가지 입장에 속한 스승들 모두로부터 각기 배웠다.

학자나 스승들도 위에 소개한 구절과 빨리어 경전에 적힌 비슷한 구절들의 적당한 해석과 의미에 대해 각기 의견을 달리한다. 이들 구절에 대한 나 자신의 해석은 진실로 초월적인 어떤 것의 참조를 포함한 것이다. 하지만 얼마든지 내가 틀렸을 수도 있다. 또한 원문이 '정말로' 의미하는 게 무엇인지와는 별개로, 붓다와 다른 저자들이 실수했을 가능성도 있다.

스승으로서, 붓다께서는 사람들이 자신들이 찾아낸 것이 진실이고 유익한지 와서 직접 보길 권장했다. 글쎄, 나로서는 양측의 이유와 경험이 공히 일상의 현실이 거기 있는 전부는 아니라고 말하는 것 같다. 그래서 '조건 지어지지 않았다는 것이 어떤 의미인가?'에 대한 나의 접근 방식은 위에 언급한 세 가지 방법 모두이다. 이 자료를 자신이 원하는 어떤 방식으로든 탐구해 볼 수 있음은 물론이다. 이 장에서 나는 연습의 자연스러운 면과 초월적일 수도 있는 면 양쪽 모두를 고려하려 한다.

초월적인 것의 가능한 특징들

시작하기에 앞서, **초자연적인**(supernatural) 것들 – 예를 들면, 윤회, 영적인 존재들, 우주적 영역들 – 과 **초월적인**(transcendental) 것들을 서로 구별하는 것이 중요하다. 어떤 것이든 초월적이라면 초자연적이고 영원하고 따라서 무시간적이다. 그러므로 여기서는 어떤 것이 초월적일수 있을까에 초점을 맞추고자 한다. 사람들은 이에 관해 서로 다른 용어를 사용한다. 가령 궁극의 현실, 끝없는 의식, 불가사의, 근원(Ground), 또는 하나님. 이들 문제에 대해서는 불교 하나만 해도 수많은 가르침과 의견 불일치가 존재하며, 다른 전통들과 철학에서라면 그보다도 더 많다. 따라서 단순화시키고 요약하고, 연습에 영향을 주는 것들만 주로 강조하고자 한다.

초월적인 어떤 것 따위 존재하지 않을 수도 있다. 하지만 만약 존재**한다면**(does), 흠, 그 가능한 특징들을 생각해 보고 어쩌면 심지어 느껴보는 것이 유용할 수도 있다.

첫째, 초월적인 것이란 **조건 지어진 바 없고**(unconditioned), 무시간적인 가능성의 장으로서 시간에 속박된 조건 지어진 현실을 가능케 하는 그 무엇일 수 있다. 지금 이 순간 바로 직전의 무엇은 언제나 아직 조건 지어지지 않았다. 마음과 물질 모두에서 조건 지어졌다 함은 확정되었고, 설정되었고, 실현되었고, 자유롭지 못하다는 의미이다. 초월적으로 조건 지어짐 없는 것이라면 그 무엇이든 끝없이 광대하고 묶여 있지 않다. 모든 것이 변하지만, 그것은 그렇지 않다. 예를 들면

이 순간 나의 마음을 옮긴다.

모든 것이 변할 때 그 모든 것을 담아 가능케 하는 바로 그곳으로.

_웬델 베리(Wendell Berry)

모든 움직임과 소리를 초월하는 정적이 있을 수 있다

너는

누구인가? 너는

누구의 침묵인가?

_토머스 머튼(Thomas Merton)

둘째, 일상의 현실을 넘어서는 그 무엇은 **의식**(awareness)의 특질을 갖고 있을 수 있다. 이에 접근하는 한 가지 방법으로, 양자 얽힘에 대한 최근 실험을 생각해 볼 수 있다. 실험 결과들에 대한 선도적인 해석은, 양자적 가능성 − 쿼크 입자는 신기하게도 '업(up)'과 '다운(down)' 두 가지 스핀을 동시에 갖는다 − 상태로부터 실체화되기 위해서는 (예를 들어 '업(up)') 지켜보는 의식이 필수적이라는 견해이다. 만약 이것이 사실이라면, 가능성 상태이던 것이 **이 순간**(now) 실체화하기 위해서는, 물질 우주라는 숨겨진 옷감 속으로, 언제나 그리고 모든 곳에서, 모종의 의식이 짜여 들어감이 틀림없다.

셋째, 초월적인 것에 대해 떠올릴 때, 사람들은 때로 일상적인 수준을 훌쩍 뛰어넘는 **자비심**(benevolence)에 대해 이야기한다. 예를 들면, 일전에 내가 본 어떤 집 대문에는 커다랗게 페인트로 이렇게 씌어 있었다.

"신은 사랑이다(GOD IS LOVE)."

넷째, 어떤 이들은 초월성 안에서의 **지고의 평화**(sublime peace), 또는 그와 연관된 지복이나 희열의 특질들을 이야기한다. 그렇다면 이 평화가 초월성의 요인인가, 아니면 사람들이 초월적인 무엇인가를 경험할 때 따르는 결과인가? 아마도 양쪽 다일 것이다. 그리고 아마도 그건 중요한 게 아니다.

마지막으로, 어떤 이들은 거기서 **개체성**(personhood)의 특질을 발견한다. 누구든 관계를 맺을 수 있는 어떤 존재. 사랑할 수 있는, 심지어 경배할 수 있는 어떤 존재.

이상, 초월성에 대해 사람들이 이야기하는, 그리고 자신들이 경험했다고 말하는 몇 가지 방식에 대해 적어 보았다. 이것들 중, 주로 첫 번째에 초점을 맞출 것이다. 바로 **조건 지어지지 않음**(unconditioned)이라는 특질이다.

이 신성한 삶은 이득, 명예, 그리고 명성을 위한 것도 아니고, 미덕, 집중력을 성취하기 위함도 아니며, 지식과 예지를 위한 것도 아니다. 이 신성한 삶의 목적은 차라리, 마음의 이 흔들릴 수 없는 현현 그 자체이며, 그것이 삶의 정수이자 삶의 끝이다.

_맛지마 니까야, 30

초월성을 향하여 돌아서다

과학은 초월성의 존재함 또는 존재하지 않음을 증명할 수 없다. 나는 과학을 사랑하고, 세상이 그로 인해 훨씬 좋아졌다고 믿는다. 하지만 과학적 방법은 그 강력함만큼, 한계도 갖는다. 예를 들어, 어떤 사람이 누군가를 진심으로 사랑하는지 과학이 증명해 낼 수는 없다. 진실임에도 불구하고 과학이 증명해 내지 못하는 것들은 분명히 있다.

수행 중 많은 이들이 뭔가 초월적인 것에 의한 혜택을 접한다. 궁극의 실재에 정말로 초월적인 면이 존재한다면, 그것을 고려함이 자신에게 중요할 수도 있다. 나의 경우 그것은 늘 중요한 점이었고, 자연스런 테두리 안에서 수행을 해 오는 한편, 그것을 넘어서서 있을 수 있는 미지의 것에 점점 더 열린 자세를 갖게 되었다.

이를 어떻게 하는지 몇 가지 방법들을 알아보자.

조건 지어진 부분을 고요히 하기

산만하거나, 당황스럽거나, 압도될 때, 우리는 조건 지어진 상태로 휘말린다. 이때 조건 지어지지 않은 상태로 가려면, 우리가 살펴본 일곱 가지 연습 중 견실한 마음이 도움이 된다.

외롭거나, 억울하거나, 부적절하다 느낄 때 또한 조건 지어진 상태로 끌려간다. 이를 해결하기 위해, 깨달음의 두 번째 연습, 따듯한 가슴을 수행한다.

무엇인가 잃어버린 듯하고, 잘못된 것 같다면, 이는 갈망에 기름을 붓고, 그에 따라 매우 조건 지어지고 긴장된 반응이 뒤따른다. 그래서 세 번째 연습을 해 왔고, 바로 충만함 속의 안식이다.

자신의 내면으로 숨어 버리면 조건 지어진 마음의 일부가 다른 일부와 다투는 일이 벌어진다. 네 번째 연습, 일체성으로 존재하기는 이들 내면의 충돌을 줄이고 자신을 안정되고 광대한 마음으로 데려간다.

과거 또는 미래에 사로잡힐 때면, 아마도 어떤 조건 지어진 것을 차례로 생각하고 있을 터이다. 다섯 번째 연습, 현재성을 받아들이기가 매 순간 솟아나는 지금의 칼날 위에 설 수 있도록 도울 것이다. 그러면 수많은 조건 지어진 느낌과 욕망은 당신을 잡아끌 틈이 없다.

강력한 자아의 느낌을 동반하여 세상과 단절된 느낌을 받는다면 삶의 조건 지어진 현상들을 너무 사적으로 받아들이게 된다. 그래서 여섯 번째 연습을 탐구한다. 전체성 안으로 열려 있기, 이는 개인으로서 자신과 그밖에 모든 것 사이의 경계를 누그러뜨린다.

깨달음의 처음 여섯 가지 연습은 저마다 고유의 가치를 지니고 있기도 하거니와, 동시에 서로가 서로를 지지한다. ─ 그리고 여섯 모두 일곱 번째 연습으로 귀결되니, 바로 무시간성을 찾는 것이다. 예를 들면, 자신이 더 만족하고 평화로워지면, 자연스럽게 온전한 일체의 마음으로 열리게 되고, 이 모든 것이 깨질 수 없는 광대한 적요 속 무수한 봄바람의 펄럭임과 다르지 않음을 느낀다.

완전히 꺼진 지혜로운 자는 진실로
모든 면에서 걱정 없이 쉰다.
욕망이 들러붙는 느낌도 없으니
화염은 식어 버리고, 더 이상 태울 땔감도 떨어졌기 때문이다.
일체 집착이 잘려 나갔으니,
그의 심장은 고통과는 거리가 멀다.
평온, 그는 지고의 안락 속에 쉬며,
마음은 스스로 평화로 가는 길을 찾는다.

　　　　　　　　　_『쭐라박가(율장 소품)』6.4.4

가능성의 느낌

조건 지어짐 없음 −이는 순일한 가능성이다− 이란 특질은 초월성의 주요 필요조건이라 할 수 있으며, 이로 인해 일상의 조건 지어진 현실과 확연히 구분된다. 이 가능성을 상상할 수도, 심지어 지금 이 순간의 직전에 언제나 느낄 수도 있다. 개인적으로는, 이것이 어떤 경이로운 연습임을 줄곧 느껴왔다. 이는 마치 지금 이 순간 바로 이전은 무엇인지에 대해 항상 의식하고 있는 것과 같다…. 뭐, 항상은 아니라도 많은 순간 말이다.

　자연적인 테두리 안에서 가능성에 의식을 두는 것 또한 가능하다. 이는 초월적 무조건성 **같아서**(like), 그것이 다시 떠올려지는 방법이다. 예를 들어, 비어 있는 종이 한 장은 형상과 언어의 끝없는 가능성을 대변한다. 흐르는 강의 수면은 무한한 다양한 소용돌이들로 패턴 지어질 수 있다.

마음속에서, 의식은 **정신적**(mental) 의미에서 효과적으로 비조건화 될 수 있다. 그것은 의식이 무한히 다양한 경험들을 담을 수 있다는 의미다. 마음이 점점 더 견실해질수록, 심지어 의식의 모자이크에서 현현된 조각들 – 소리, 생각, 감각, 느낌 등 – 사이사이 일종의 아직-조건화되지-않은 여백을 알아차릴 수도 있다.

또한 언제나 켜져 있으면서, 다음 순간 무슨 일이 벌어져도 바로 반응할 수 있도록 언제나 준비하고 있는, 마치 배경처럼 깔려 있는 신경계의 속삭이는 듯한 합창을 상상하거나 정말 느낄 수도 있다. 실은 의식의 육체적 물질 안에 많은 신경 활동들은 **바로 그 순간의**(in that moment) 어떤 정보도 담고 있지 않다. 이들 뉴런들은 끊임없이 발화를 지속해 새로운 정보, 새로운 신호, 새로운 길들이기를 담을 준비를 한다. 신경물질들이 바로 그 순간의 정보를 담고 있지 않다는 사실은, **물질적**(physical) 의미로 더할 나위 없이 효과적으로 비조건화되어, 언제든 조건화될 준비를 한다는 의미이다. 그것들은 일종의 비옥한 소음의 장(field of fertile noise) – 가능성의 공간 – 을 만들어 낸다. 그리하여 어떤 새로운 신호가 들어와도 자유로이 패턴을 그려 낼 수 있다.

일상에서도 얼마든지 가능성의 느낌을 가질 기회가 많다. 업무나 상황으로 돌입할 때, 거기 매이기 전 가능한 모든 옵션들에 열려 있는 느낌이 어떤 것인지 알아차려 보라. 수많은 가능한 손짓이 존재하고, 수많은 몸짓이 존재하며, 당신이 말할 수 있는 수많은 서로 다른 단어들이 존재한다. 또한 그 순간 정적을 찾아보면, 그것을 관통하는 어떤 움직임의 흐름과도 무관하게 부동이다. 예를 들어, 자신이라는 존재 깊숙이 정적을 찾아볼 수 있다. 이는 일종의 중심점이어서 그것을 중심으로 일체의 정신적 운동이 왔다가는 사라진다.

더 읽어볼 만한 책들

『아이 앰 댓(I Am That)』(스리 니사르가닷따 마하라지, 모리스 프리드먼 엮음)
『The Island』(아잔 파사노 그리고 아잔 아마로)
『영원의 철학(The Perennial Philosophy)』(올더스 헉슬리)

의식, 자신보다 더 깊은

당신 자신의 의식 - 그리고 어쩌면 다람쥐의 또는 다른 동물들의 의식 또한 - 은 잠재적으로 초월적 의식처럼(like) 될 수 있다. 그래서 의식으로 머무는 연습이 어떤 우주적 의식의 직감을 깊어지게 만들지도 모른다. - 그리고 그 속으로 당신을 끌어당길지도. 한번은 내가 신젠 영(Shinzen Young) 선생님에게 나의 어떤 의식의 느낌이 '깊이 내려가' 일상적인 의식과는 사뭇 달랐던 경험을 이야기했다. 그는 대답하길 "그래요, 연습에 진전이 있으면, 어떤 전이가 따를 수 있습니다. 그래서 그것을 지켜보는 대신, 자신이 이 더 깊은 의식이 되어 자신을 뒤돌아보기도 하지요." 이 더 깊은 의식 또한 단순히 자연스럽고 조건 지어진 마음의 일면일 수도 있다. 아니면 일상의 마음을 초월한 것일는지도 모른다. 개인적으로, 나는 이를 두 가지 방식 모두로 경험하며, 다음 산스크리트어 문장에 영감을 받는다. **Tat tvam asi : Thou art That**(당신이 그것이다.).

당신이 그것을 어떻게 해석하든, 이 전이의 느낌, 혹시 한순간만이라도 그것을 가져 볼 수는 없는지 보라. 그럼 시간이 지나면서 더욱 한결같은 모종의 비개인적인 광대한 의식의 느낌을 가질 수 있다. 그것은 자신의 개인적인 특정 경험들의 배경 또는 원천이다. 양자적 잠재력이 실체화하기 위해서 의식이 필요하다는 딱 그만큼, 자신이 지금 이 순간으로 들어올 때 모종의 초월적 의식의 느낌에 접속이 가능할 수 있다. 이 순간 나타나는 지금이라는 칼끝에 최대한 가까이 가 거기 안식할 때 특히 그렇다.

오직 사랑뿐인 삶

이전 장들에서 보았듯, 흘러들어 오고 흘러 나가는 사랑은 갈망과 자아의 느낌을 감소시킬 수 있고, 그렇게 되면 조건 지어지지 않은 상태를 좀 더 크게 느낄 여지가 점점 많아진다. 추가로, 만일 하나님이 사랑임이 사실이라면, 사랑과 가능성과 의식이 초월성 안으로 혼연일체로 짜여 들어가게 되고, 그럼 당신의 개인적 사랑도 개인을 넘어서는 광대한 사랑**처럼**(like) 될 수 있어 마침내 그것이 초월적 사랑으로 들어가는 문이 된다.

사랑의 느낌이 바깥을 향해 활짝 열리면서 원만하고, 한계 없고, 제한 없고, 무조건적인 사랑이 되어 가는 모습을 탐구해 볼 수도 있다. 예를 들면, 내 친구 하나는 수년간 동남아시아 쪽에서 수도승이었는데, 한번은 친구에게 깨달은 분을 만나 본 적이 있는지 물었다. 그가 웃음을 터뜨리더니 이렇게 말했다. "거기서는 기준이 아주 높아. 일단 대상자를 수년간 지켜볼 터이고, 이후에도 화려한 조명을 받으며 텔레비전 쇼에 출연하는 것 같지는 않지." 내가 계속 졸라대자 그가 말했다. "당연하지, 거기 몇몇 분들은 수행의 정도가 이미 까마득히 높다는 걸 알 수 있어. 어쩌면 완전한 깨달음에 이르렀을는지도 몰라." "그런 분들은 어때?"라고 묻자, "글쎄, 어떤 면에서는, 그분들은 한결같다고나 할까. 그래, 때로는 조용하고 어떤 때는 수다를 떨기도 하고, 때로 농담도 하고 때로는 진지하지. 하지만 이런 중에도 그들은 한결같아. 네가 그들한테 잘해 주면, 그들은 너를 사랑할 거야. 네가 그들한테 못되게 굴어도, 역시 그들은 너를 사랑하겠지." 이런 종류의 사랑은 조건에 구애받지 않는다. 그런 면에서, 조건 지어지지 않았다.

또한 '당신의' 사랑이 단지 초월적 사랑 **같은**(like) 게 아니라 어떤 의미에서 그것의 일면임을 직감하거나 상상할 수도 있다. 사람들은 깊은 사랑의 우물에 대해 말한다. 바닥이 없고, 마르지 않으며, 영원히 샘솟는 우물 말이다. 당신을 통해 살아 펄떡이는, 당신 것임을 넘어서는 어떤 사랑의 느낌을 가질 수도 있다.

────────── ◆ ──────────

과거도 놓고, 미래도 놓고,
현재도 놓는다.

무엇인가 되고자 함을 훌쩍 넘어,
사방팔방 모든 방향으로 풀려난 마음을 가진다면,
다시는 생사에 빠지지 않으리.
__『법구경』348

깨달음의 순간

이런 말이 있다. 깨달음의 순간들 – 하루에도 여러 번.

이는 마치 온통 새하얀 불빛 속에서 까만 벨벳 천을 뒤집어쓰고 우리 삶을 허비하는 것 같다. 매 깨달음의 순간들이 벨벳 천에 작은 구멍을 만들어 한줄기 빛이 들어오게 하는 거다. 그런 순간들이 모여, 그런 구멍들이 모여, 점점 더 많은 빛줄기들이 천을 뚫고 들어온다. 결국 구멍이 너무 많아져 거의 투명할 지경이 되면, 거기는 본래부터 이미 언제나 그러했던 자리일 뿐.

몇몇 존재들 주위에서 이런 느낌을 갖는다. 그들은 이 세상 안에 살지만 그들의 눈과 말씀과 행위를 통해 이 세상 것이 아닌 무엇이 광채를 발한다.

나는 우리 모두에게 이것이 가능하다고 믿는다. 우리는 매일같이 초월성의 느낌을 기를 수 있다. 이는 마치 자신의 '앞면'은 조건 지어진 현실 안으로 들어가 살면서, '뒷면'은 조건 지어지지 않은 초월성 안에서 늘 안식하고 있는 것 같다. 모종의 가능성의 공간, 그리고 어쩌면 심오한 의식과 사랑. 조건 지어지지 않음이라는 강둑 사이를 흘러가는 전체성의 강물 속 일개 소용돌이일 뿐이라는 느낌.

자유의 느낌

견실한 마음을 세웁니다… 사랑을 느끼며… 만족되고… 평화롭습니다… 온전한 일체로 머물며… 고요히 현존하는… 자아의 느낌이 오고 갈는지도… 전체성으로 활짝 열립니다….

일체 모든 것이 일어나는 어떤 가능성의 공간을 직감하거나 상상합니다…. 그 어떤 일이 일어나든 바로 그 직전의 한결같은 가능성… 언제나 아직 조건 지어지지 않은… 이완하고 이 가능성에 마음을 엽니다….

광대한 공간감이 있을 수 있습니다…. 정적의 느낌… 시간의 흘러감 속에서 무시간성에 안식합니다…. 그 무엇도 더하지 않고, 그 무엇도 지어내지 않고… 어디에도 들러붙지 않고, 어디에도 내려앉지 않고… 이러한 자유 속에 머물러 봅니다….

내킨다면, 초월의 또 다른 가능한 면들에 대해 탐구합니다…. 자기 자신의 그것보다 광대한 의식… 가없는 사랑… 지고의 평화… 자신을 향한 자비… 받아들이고 머물러 봅니다….

조건 지어지지 않음 속에 머무는 느낌… 그 와중에도 조건 지어진 현상들이 나타났다가는 사라집니다…. 조건 지어지지 않음 속에 머무릅니다….

흐름 속 소용돌이들

조건 지어지지 않은 상태를 향해 전진하는 과정은 그 자체로 조건 지어진 무엇이다. 예를 들어, 이제껏 우리는 견실함, 사랑, 충만함, 일체성, 현재성, 그리고 전체성의 느낌을 기르기 위해 탐구해 왔다. 연습을 통해 이것들은 점점 더 깊이 뿌리내리고, 안정적이고, 의지할 만한 것이 되어간다. 하지만 그것들은 여전히 조건 지어진 무엇일 뿐이다. 심지어 영원한 지금과 모든 것을 망라하는 전체성조차 빅뱅과 물질 우주의 숨겨진 깊은 본성 —그게 무엇이든— 에 의해 조건 지어진 것이다! 그리고 조건 지어지지 않음이 어떤 개인을 변화시키는 딱 그만큼, 그 효과들은 그 개인의 몸과 마음속 조건 지어진 변화들에 관여하는 것이다.

이러한 조건 지어짐과 조건 지어지지 않음의 만남을 어떻게 이해해야 할까? 의식이 극단적으로, 심지어 완전히 고요해질 때, 신경물질들 안에서는 어떤 조건 지어진 과정들로서 무슨 일이 벌어질 수 있을까? 그리고 어떻게 이 고요함이 일상의 현실을 넘어서는 그 무엇에 대한 열림이 될 수 있는가?

이들 질문들이 가리키는 신비에 대한 존중을 담아, 아래에 몇 가지 사색거리들을 소개하고자 한다. 이것들은 이제껏 살펴보았던 핵심적인 주제들을 요약하고, 서로 합치고, 지어낸다.

— ✱ —

강물은 흘러가고 소용돌이들은 그를 따라 휘돌며 흘러간다.

강은 분자로 만들어지고, 그것은 원자로 만들어지며 또 그것은 양자로 만들어지고 양자는 물질 우주의 질료이다.

과학자들은 '양자 거품'에 대해 말한다. 이곳을 물질과 에너지의 소용돌이들이 통과한다. 물질과 에너지의 패턴들은 변화하지만, 그 질료는 변함이 없다.

소용돌이는 강의(of) 패턴 만들기이다. 이와 유사하게, 물질과 에너지의 모든 형태들은 – 쿼크에서 퀘이사까지, 미세전기(microvolts)에서 번갯불(lightning bolts)에 이르기까지 – 우주 질료의(of) 패턴 만들기이다.

— ✳ —

빙글빙글 돌고 있는 원자들, 클럽의 댄서들, 고속도로의 차량들, 어떤 개인의 삶, 달과 별들, 은하 성운들, 그리고 온통 신비로 가득 차 꽃피듯 탄생한 우주 자체. – 이 모든 것이 흐름 속 소용돌이들일 뿐.

모든 소용돌이는 부분의 합이고, 원인에 종속되며, 무상하다. 모든 소용돌이는 결국 흩어진다. 모든 소용돌이는 비어 있다. 소용돌이에 매달림은 고통일 뿐.

— ✳ —

우주의 질료는 무한히 다양한 패턴들을 가능케 한다. 마치 강물이 무한하게 다양한 소용돌이를 가능케 하듯이. 소용돌이들은 강에 일시적으로 패턴을 만들지만 패턴이 만들어질 수 있는 강의 수용성에 영향을 미칠 수는 없다. 이와 똑같이, 모든 물질과 에너지 소용돌이들은 나타나고, 유지되고, 흩어지지만 그 질료가 소용돌이를 낳고, 유지하고, 놓아 주는 능력은 절대 영향 받지 않는다.

어떤 패턴이 형성되면, 그 순간 여러 개였던 가능성들은 하나의 실체로 수렴한다. 그 바탕이 되는 질료는 효율적이고 무한한 자유의 장(space)이며, 그 안에서 실체가 나타나고 사라짐은 형태를 얻는 대신 자유를 잃고 속박되었다가 다시 풀려나는 것이라 볼 수 있다.

— ✳︎ —

언제나 지금 이 순간이다. 지금의 길이는 무한소로(infinitesimally) 작게 보인다. 그럼에도 거기에는 어떻게 해서든 미래를 창조할 과거로부터의 원인들이 담겨 있다.

우주의 질료에 의한 양자거품은 언제나 가능성들로 차고 넘친다.

지금 이 순간의 칼끝이 나타나기 바로 직전, 양자 파동함수가 붕괴되어 실체화가 일어나기 바로 직전, 그곳은 언제나 아직 조건 지어지지 않았다.

— ✳︎ —

정보란 불확실성의 감소, 무의미한 소음들의 배경에 반해 도드라지는 어떤 신호이다.

정보는 알맞은 질료로 패턴을 만들어 표현한다. 베토벤의 〈환희의 찬가(Ode to Joy)〉라는 정보는 종이 위의 악보로, 스테레오 스피커의 파동으로, 그리고 신경회로의 일사불란한 활성화로 표현된다.

마음은 신경계로 표현되는 정보와 경험들이다.

의식의 신경 질료들은 무한히 다양한 경험들을 표현할 수 있다.

모든 경험은 수많은 시냅스들의 역동적이고 간결한 합종연횡에 의지해 만들어진다.

경험이란 신경 활동이라는 소용돌이 속 어느 한곳에 위치 지어진 정보의 소용돌이다.

— ＊ —

어떤 경험이든 그것이 나타나기 위해서는, 그것을 수용할 쓰이고 있지 않은 신경 용량이 확보되어야만 한다. 기저 소음 상태의 신경 활동은 경험을 잉태할 잠재력을 가진 질료이다.

어떤 경험에서 그에 맞게끔 시냅스들이 결을 맞추는 데 걸리는 시간은 단 1000분의 몇 초면 충분하다. 일단 신경의 결 맞춘 소용돌이가 경험 속으로 출현하면, 그것은 조건 지어진 셈이고 따라서 자유가 상실된 것이다. 경험은 해당 시냅스 패턴이 흩어질 때까지 유지되고, 이는 대개 1~2초 이내이다. 이 시간이 지나면 시냅스들은 다시 새로운 경험의 소용돌이를 표현하는 데 사용될 수 있다.

경험들은 무한한 가능성의 장으로부터 솟아올랐다가는, 다시 무한한 가능성의 장으로 돌아간다.

— ＊ —

사용 중이 아닌 신경 용량은 언제나 확보되어 있다. 가능성이란 화살을 담은 살통에 기저 소음 상태로 담겨 있는 것이다. 아직 패턴 지어지지 않은 채, 조건 지어지지 않은 채, 속박되지 않은 채 말이다.

명상 중에, 이 신경 잠재력과 점점 더 친밀해질 수 있다. 의식의 신경 질료들을 통과해 가는 신호들이 잠잠해지면, 다음 경험을 표현할 적절히 비조건화된 수용성에 좀 더 의식을 두게 되며, 그러면 떠올랐다 사라지는 특정 경험들에 덜 매이게 된다.

이 방법으로, 마음의 가능성의 장이 직접적으로 목격될 수 있다. 비슷하게, 뇌의 가능성의 장, 일체 물질의 가능성의 장도, 양자 수준에서 지적으로 이해되고, 직감적으로 상상이 가능해진다. - 그리고 어쩌면 모종의 방법으로 직접적인 이해가 가능할는지도 모른다.

명상 수행이 깊어지면 - 미덕과 지혜도 함께 깊어지면서 - 일체 경험에 앞서 존재하는 상태를 점점 더 의식하게 되는 동시에, 그 자유로움 속에 중심을 틀게 된다.

마침내 정신적·신경적 소용돌이들이란 나타났다가는 사라진다는 사실을 점점 더 의식하게 된다. - 그것들 중 그 무엇도 영원한 행복의 믿을 만한 토대가 되지 못함도 함께.

한편 마치 게시판에 쪽지를 핀으로 고정시키듯 확정된 패턴이 나타나기 전의 그 정신적·신경적 가능성 상태에 머무를 수 있다.

만일 초월적인 영향력이란 게 진실로 존재한다면, 지금 이 순간이라는 칼끝 위에 존재하는 영원한 가능성의 공간이야말로 시의적절한 은총의 창이라 할 만하리라.

— ✳ —

물질의 소용돌이와 마음의 소용돌이는 모두 동일한 본성을 갖는다. 둘 다 무상하고 혼합물이며, 그 원인에 의지하여 일어났다 사라진다. 둘 다 그 질료의(of) 패턴 만들기이지만 질료 자체는 결코 변함이 없다. 지금

이 순간, 그 칼끝에서 이 둘은 적절하게 비조건화된 가능성의 장(field)으로부터 끊임없이 출현한다.

온 우주와 당신의 경험은 본성상 같다. 하늘의 별들, 땅 위의 잔디와 벌레들, 그리고 이들에 대한 당신의 경험까지 본질적으로 모두 하나이다.

만물은 변하지만 그 본성은 불변한다. 만물은 신뢰할 수 없지만 그 본성은 그렇지 않다.

만물의 본성 안에서, 문제란 없다. 붙잡을 그 무엇도 붙잡을 그 어떤 필요도 없다. 이것이 본성이다. 컵의 본성, 컵을 들고 있는 손의 본성, 그것을 '봄(seeing)'의 본성.

당신의 본성은 이미 그러하다. 나의 본성. 당신 주위 모든 사람의 본성. 당신 생애 모든 사람의 본성. 나무와 새들의 본성. 모든 식물과 모든 동물의 본성. 물의 마지막 한 방울까지의 본성. 모래의 마지막 한 톨까지의 본성. 그리고 일체의 환희와 일체의 슬픔과 그 모든 것들이 일어났다 사라지는 장(field)인 의식의 본성까지 실로 그러하다.

일상 속에서, 어떤 생각이나 대상에 매달림 없이 마음과 물질의 본성에 머무른다면 어떠할 것 같은가?

— ✳ —

많은 사람들이 이 현실을 넘어서는 무언가를 느낀다. 일상의 활동 중에 또는 어떤 특정한 때에, 돌연 광대함, 신비, 임재, 사랑을 느낀다. 그리고 이 느낌은 세상의 영적 전통들에서 찾을 수 있는 깊은 수행들을 통해 증폭될 수 있다.

어떻게 깊은 수행이 초월적인 것을 더 잘 의식하게끔 만드는 것일까?

하나의 예로, 만약 열반에 정말로 초월적인 면이 있다면, 그곳으로 오고 갈 수 있는 길(path)이 많은 것들을 가르쳐 줄 수 있으리라. 빨리어 경전에 따르면, 열반으로 향하는 단계들은 철저하게 꿰뚫는 통찰들을 동반하며 여덟 개의 의식의 비-일상적 상태 – 형태 있고 형태 없는 선정(jhana) – 를 거친다고 한다. 자연적인 테두리 안에서 이해해 보자면, 열반도 관련된 신경 활동을 틀림없이 가져야만 한다. 열반이 초월적 일면을 갖는다 할지라도, 그것에 선행하고 뒤따르는 마음의 상태들 또한 관련된 신경 활동들을 가져야만 한다.

이들 단계에 대한 묘사를 알맞게 다듬고 간추려 보자면, 첫 번째 선정은 의도적이고 지속적인 주의를 동반하고, 그에 따른 지복과 행복이 있다. 두 번째 선정에서는, 지복과 행복에 더해 내적인 명료함과 일점-집중이 함께하며, 의도적이고 지속적인 주의는 잦아든다. 세 번째에서는, 몸에는 행복감이 남아 있지만, 지복이 사라지면서 다만 평정에 들어 머문다. 네 번째는 고양감도 괴로움도 없고, 고통도 즐거움도 없고, 다만 평정에 따른 마음챙김의 순수만이 남는다.

드디어, 형태들에 대한 지각을 지나가게 되면서, 개체로서 형태 없는 선정으로 진입하여 거기 머문다. '영원의 공간을 이루는 토대'… '영원의 의식을 이루는 토대'… '공(nothingness)의 토대'… '지각되지도 않고 지각되지 않는 것도 아닌 것의 토대'… 그리고 멈춤… 그리고 열반….

지금 이 순간 형태 있고 형태 없는 선정, 생각, 집중된 주의, 즐거움과 고통, 지각, 그리고 비-지각조차도 – 모두 점차 흩어진다.

심장 박동은 이어지고 신경계 깊숙이 만들어진 구조 안에서는 현상에 결 맞춤도 끝없이 계속된다. 하지만 의식의 뇌 질료 안에서는, 정보의 소용돌이들이 각기 따로 떨어져 돌아가며, 그것을 담은 신경적 결 맞춤을 따라 흘러간다. 각각의 사건 사이, 신호가 끊기면, 거기 남는 것은 오직 가능성을 간직한 소음뿐. 조건 지어져 자유롭지 못한 패턴들은 사라져 갈 뿐.

궁극의 지점에서, 거기 있는 것이란, 전부는 아닐지라도 거의, 조건 지어지지 않은 정신적·신경적 가능성뿐이다. 다른 전통들 속에 존재하는 다른 길과 수행법 또한 이 지점으로 인도할 수 있다. 심오하게 열려 있고, 조건 지어지기 전 떠오르는 이 순간에 계속해서 머물고, 조건 지어지지 않음에 흠뻑 젖어 있다…. 이는 너무나 초월적인 듯(like)해서 거기 초월로 들어가는 문이 열린다. 일상의 마음으로부터 풀려나, 일상의 현실 너머로 활짝 열릴 수 있는 것이다.

예를 들면, 비구 보디는 이렇게 적는다.

붓다의 길을 수행함을 통해, 수행자는 조건 지어진 현상에 대한 진정한 앎에 도달한다. 이는 더 이상의 활성화된 함(행, sankharas) [합성된 경험들]을 불가능하게 만들어, 조건 지어진 현실을 지어냄을 멈추고 불멸, 함이 없음(무위, asankhata), 조건 지어진 바 없음으로 들어가는 문을 열게 되니,

이른바열반(Nibbana), 무상함과고통으로부터의최종적인해방이다.

— ✳ —

초월의 상태가 무시간적일 수도 있지만, 육체의 시간은 계속 흐른다. 결국에는 의식의 신경 흐름 안에서 정보의 소용돌이들이 다시 모이기 시작한다. 마음의 본성 안에 심오한 통찰이 깃들 수 있겠으나, 어쩌면 그것이 있는 그대로의 현실 그 자체일 수도 있다.

예를 들면, 이 장을 시작하며 썼던 틱낫한의 말은 다시 한번 들어볼 가치가 있다.

원인과 조건에 따라 사물들은 나타났다 사라진다. 사물의 진정한 본성은 태어나지도, 죽지도 않는다. 우리의 진정한 본성은 탄생도 죽음도 없는 본성이다. 그리고 자유를 얻으려면 우리의 진정한 본성에 닿아야만 한다.

나는 마음과 우주가 동일한 깊은 본성을 갖는다고 확신한다. 그것은 비어 있고, 즉시적이고, 가능성으로 가득 차 있다. 일상적인 현실 안에서도 이것은 언제나 우리의 본성이다, 언제나. 그리고 우리의 진정한 본성은 광대한 신비를 향해 열려 있다.

경험은 마음을 통과하는 소용돌이이고, 몸은 물질을 통과하는 소용돌이이며, 개인은 전체성을 통과하는 소용돌이이다. 무수한 흐름들 속 무수한 소용돌이들.

만물이 일어난다. 눈송이와 별들, 사람들과 인간관계, 기쁨과 슬픔.

그리고 언제나 사라진다. 하지만 그것들이 지나가는 흐름들, 그리고 이들 흐름의 본성은 변함이 없다.

흐름과 그 본성은 우리의 토대이자 피난처이다.

흐름으로서 머물고, 조건 지어지지 않음에 안식하라.

하쿠인(Hakuin) 선사가 적었듯.

마음을 직접 가리켜,

자신의 본성을 보라

그리고 부처가 되라.

진정한 본성

부디 바라건대, 이 장을 마무리하는 아래 명상을 만끽하시길.

이완하며… 몸 전체로서 호흡하며 지금 이 순간에 머무릅니다….
주위의 공간을 하나의 전체로 의식하세요….
고요하면서도 견실하게 현존합니다…. 연민과 친절함을 느끼며…
감사와 만족… 편안히 안식합니다….
느낌들이 의식을 통해 지나갈 때 현재에 머물며 안식합니다…. 해
야 할 그 어떤 일도 없고… 완성해야 할 그 무엇도 없습니다…. 그
누구도 될 필요가 없습니다….
편히 머무르며, 마음의 본성을 알아차립니다…. 많은 부분들로 이
루어지고… 끊임없이 변하며… 많은 것들에 영향 받고… 어떤 고
정된 핵심도 갖추지 못한 채… 비어 있습니다…. 스스로를 마음의
본성이 되어보게끔 허용합니다…. 마음의 본성 안, 거기에는 어떤
문제도 없습니다…. 자신의 본성으로 존재합니다….
마음이 조건 지어지지 않은 가능성 안에서 떠오릅니다…. 어떤 깊
은 적요 속에서… 어떤 광대한 의식 안에서….
물의 본성을 알아차립니다. 변화하고, 많은 부분들로 이루어지고,
많은 것들에 영향 받고, 핵심이 없고, 비어 있습니다…. 자신의 몸
과 똑같은 본성입니다…. 지구… 우주… 만물의 본성 안에서, 문제
란 없습니다….

만물의 본성 안에서 안식합니다…. 만물의 본성이 되세요…. 모든 것이 조건 지어지지 않은 가능성 속에서 일어납니다…. 모종의 깊은 적요… 모종의 광대한 의식….

자신의 본성 속에 안식합니다…. 무시간성 안에 안식합니다….

당신의 진정한 본성은 모든 깨어있는 존재들의 본성입니다….

진정한 본성 안에서 편히 쉬어 봅니다….

좋은 연습

잠시 시간을 내어 우주에 대한 사색을 한다. 과학자가 될 필요는 없다. 단지 그 광대함과, 그것이 담고 있는 많은 것들 중 일부, 가령 당신이 아는 사람들, 우리 지구와 태양, 원자와 은하들에 의식을 둔다. 그리고 스스로에게 묻는다. 이것이 거기 있는 전부인가? 가능한 대답에는 '그렇다.' '아니다.' '모르겠다.' 또는 '앞선 그 무엇도 아님'이 있겠다. 당신이 뭐라고 대답했든, 그것을 정말로 가졌을 때 어떨지 보라. 그것 안에 서서 함축된 의미들을 마주해 본다. 의미가 어떻든 말이다. 자신의 대답이 매일의 연습에 어떤 영향을 미칠 것 같은가?

명상 중에, 자신의 마음을 매우 조용하게 만들어 보라. 그런 다음 경험들을 만들어 내는 ─ 직조하고, 지어내고, 조건 짓는 ─ 과정에 주의를 두라. 이 과정은 어느 정도 자동화되어 있다(비록 이 또한 연습을 통해 매우 조용해질 수 있지만). 하지만 다른 어떤 직조 과정(fabrication)은 더 의도적으로 더해지는데, 가령 소리나 생각에 대한 반응들이 그렇다. 이 더해짐에 의식을 두어 보라. 그리고 이 더함을 가능한 적게 하면 ─ 심지어 전혀 하지 않으면 ─ 어떠할지 탐구해 보라. 직조함, 지어냄, 그리고 조건 짓기가 줄어들면 어떤 느낌일까? 직조함, 지어냄, 또는 조건 짓기가 아예 없을 때 어떤 느낌일지 상상할 수 있겠는가? 직조되고, 지어지고, 조건 지어지지 않은(not) 그 무엇의… 그리하여 어쩌면 더욱 깊고 초월적이 된 느낌이 과연 가능할까?

비어 있는 종이 한 장을 본다. 그 위에 무한히 다양한 모양들을 그리거나 쓸 수 있음을 눈치채 보라. 그와 비슷하게, 당신의 의식은 무한히 다양한 경험들을 담을 수 있다. 이런 식으로, **적절하게**(effectively) 비조건화되어 있다는 게 어떤 의미인지 알아차려 보라. 그것은 무한한 가능성의 공간이다. 하루 동안 이런 가능성의 공간들을 의식해 보라. 예를 들면, 다음번에 누군가와 이야기할 때, 무한개의 단어들이 쓰일 수 있음을 알아차린다. 이런 자유 속에 안식할 수 있는가? 또 그러고 나서, 이 자유 안에서, 지혜로운 선택들을 만들어 낼 수 있는가?

고요(stillness)를 의식한다. 이는 들숨과 날숨 사이의 틈만큼 단순할 수 있다. 자신의 내면에서, 주위에서, 그리고 자신을 넘어 변하지 않는 그 무엇으로 의식을 가져간다. 고개를 들어 하늘을 본다. 그 고요함 속을 구름들이 지나간다. 내면 깊은 곳에도 고요의 느낌이 있을 수 있다. 그 주위로 온갖 움직임이 있을지라도 말이다. 그리고 자신의 존재 전체가 조용해질 때, 거기 느껴지는 것은 정적뿐. 마치 고요한 연못처럼.

조건 지어짐 없고… 광활하고… 고요하고… 무시간적인, 일상적인 현실을 뛰어넘는 무엇. 내킨다면 그것에 대한 직감을 탐구해 보라. 하루에도 몇 번씩, 이 느낌을 자신의 경험 속으로 가져올 수 있겠는가?

일상적인 현실을 뛰어넘는 초자연적이거나 초월적인 것들의 느낌이 있다면, 자신이 어떻게 이것들과 관계 맺게 되었는지 곰곰 돌이켜 보라. 여기에 추가하거나 바꿀 무엇은 없는가?

초월적인 느낌을 갖는다면, 거기에 자신이 초점을 둘 만한 면은 없는지 생각해 보라. 가령 가능성의 특질… 의식… 사랑… 평화… 자신을 향한 개인적인 자비….

초월적인 것으로 관심을 돌리고 싶다면, 거기에 더 헌신할 때, 거기에 더 항복할 때, 더욱 그것으로 살아갈 때 어떤 느낌일까? 그것에 대해 더욱 투명해지기 위해 자신의 마음이나 행위에서 어떤 것을 놓아 버릴 수 있을까?

Part 4

언제나 이미 닿아 있다

10

길이자 열매

만물은 결국 허물어진다.
길을 걸어감에 조심스럽게 하라.

—

디가 니까야(Digha Nikaya) 16

한번은 스티브 암스트롱(Steve Armstrong) 선생님과 이야기를 나눈 적이 있다. 그는 동양에서 수도승으로 한동안 훈련을 받았다. 그에게 열반에 대해 말해 줄 수 있겠는지 물었다. 그는 지긋이 나를 쳐다보더니 먼 산을 보듯 밖을 향해 말없이 있다가 이윽고 말했다. 그것은 내가 이후로도 수 없이 생각하게끔 만드는 그런 것이었다. "그것은 마치 당신이 높은 산에 둘러싸인 깊은 계곡에 사는 것과 같습니다. 그런데 어느 날 문득 그 중 가장 높은 산꼭대기에 올라 가 본 거예요. 산 아래 펼쳐진 광경은 장관이었습니다. 그럼에도, 산꼭대기에서 살 수는 없는 노릇이지요. 그리하여 다시 계곡으로 내려갑니다. 그러나 당신이 보았던 그것은 당신을 영원히 바꿔놓을 테지요."

지금까지 깨달음의 길 위의 일곱 단계를 탐구해 왔다. 이들 연습 각각은 일종의 깨어남이고, 서로가 서로를 지원하고, 그것들 모두 최고의 행복으로 인도한다. 그리고 때로 아득히 높은 곳에서만 가능한 그런 광경을 잠깐이나마 볼 수 있다. 이제 그 모든 것들이 자신의 내면에 정착되고 깊이 가라앉게 허용할 때가 되었다. 만약 이 책을 읽는 것이 마치 명상 수련회에 참가한 듯하다면, 이제 슬슬 집에 돌아가는 것에 대해서도 생각해 봄이 자연스러우리라. 돌아갈 때 무엇을 챙겨 가면 좋을지 생각해 보는 것이다.

나는 여러분들이 이들 일곱 가지 존재 방법과 그 연습을 챙겨 돌아가길 바란다. 그것들은 자체로 가치가 있다. 견실한 마음챙김, 친절한 마음, 만족하고 평화로움, 지금 이 순간 속에서 전체를 하나로 느낌, 일체 모든 것과 연결된 느낌, 그리고 신비에 대해 열린 마음. 이들 모두 자체로 좋은 기분을 만들어 낸다. 자신 안에 이들 특질을 길러 내면 타인에게도 도움이 된다. 그리고 이것들은 당신을 계속 더 높은 곳으로 데려갈 강력한 연습이다. 이들 존재방법을 경험하면, 자신 안에 그것들이 피어난다. 이들은 수행의 **길**(paths)인 동시에 자체로 수행의 **열매**(fruits)이다. 내가 들었던 티베트 속담처럼, 길을 따라가며 열매도 얻을 수 있다.

특히, 일상생활에서의 관계, 업무, 즐거움에 대해 우리가 이제껏 탐구해온 바를 어떻게 적용할 것인지 곰곰 생각해 보면 유용하다. 이제 두가지 명상으로 시작을 해 볼 터인데, 하나는 감사에 초점을 맞춘 것이고, 다른 하나는 당신 내면에 존재하는 것들 사이, 그리고 당신과 더 넓은 세상 사이에 경계를 부드럽게 완화함에 관한 것이다. 그다음, 삶에서 스스로 무엇을 줄 수 있을지 생각해 보는 시간을 갖고, 마지막으로 앞으로 다가올 날들에서 연습을 돕고 깨달음을 향한 자신의 개인적 길을 계속 나아가도록 하는 실용적인 제안들로 끝을 맺으려 한다.

자신이 받은 바에 감사를 표하기

우리들 모두, 살아오면서 받아 온 것들은 이미 차고 넘친다. 다른 사람들이 만들어 낸 소중한 아이디어와 방법들, 대지의 선물들과 생명, 그리고 자신의 가장 깊은 곳, 가장 진실한 본성. 사실상, 우리가 해야 할 일은 간단하다. 받은 만큼 비워 두는 것. 만사를 이런 식으로 보는 관점을 통해 뭔가 바로 세워야 한다거나 뭔가에 매달려야 한다는 압박을 줄인다. 이미 충분히 받았으니 그것들이 그 고유의 자연스러운 방식으로 자신 속으로 잘 가라앉도록 단순히 허용할 뿐인 거다.

감사의 명상

지금 이 순간 속으로 들어와, 자신의 몸에 의식을 두고, 편안하면서도 명료한 자세를 찾아봅니다….
자신이 감사할 만한 몇몇 간단한 것들을 마음속에 떠올립니다….
가령 음식, 꽃, 깨끗한 물… 감사가 자신의 명상에서 초점이 되도록 하용합니다…. 감사 안으로 흡수되어 들어갑니다…. 동시에 자신 안으로 감사를 흡수하세요….
대지와 식물과 동물들을 의식합니다…. 그들에게 감사를 표합니다…. 고마운 느낌과 함께 대지를 온전한 하나로 의식합니다…. 공간의 광활함에 의식을 둡니다…. 애초에 존재함 그 자체의 경이로움… 감사 속에서 안식합니다….

살면서 만난 사람들을 마음에 떠올립니다. 과거와 현재, 자신이 고마움을 느꼈던 사람들… 가슴 따뜻한 고마움을 느낍니다….

자신의 스승님들에게서 받아왔던 것들을 마음에 떠올립니다…. 또 스승님들의 스승님들로부터도… 온갖 종류의 스승들에게 감사를 느낍니다…. 자신을 도와왔던 앎과 지혜의 전통에 감사를 느낍니다….

그동안 자신의 연습으로부터 얻었던 것들에 감사합니다…. 자신과 다른 이들에게 이득이 되었던 점들에 감사합니다…. 연습의 열매들에 감사를 느껴 보세요…. 애초에 연습을 접할 기회를 가지게 되었음에 감사를 느낍니다….

이 책을 읽으며 연습해 왔던 것들에 의식을 둡니다…. 스스로의 노력에 감사하고… 마음을 견실히 해 준 것에 감사하며… 가슴을 따듯하게… 충만함 속에서 안식… 온전한 하나로서 존재… 현재성을 받아들임… 일체 모든 것으로 열려 있기… 무시간적 영원을 찾음….

진리에 대해… 그것을 분명하게 보게 된 것에 감사합니다….

만물의 궁극적 본성에 감사합니다. 그것이 자신에게 어떻게 느껴지든 말이지요….

마지막으로, 이 삶에 감사를 느낍니다….

경계를 완화하기

기능하려면, 분별이 필요하다. 컵과 그 안의 차 사이, 우리의 느낌과 그들의 느낌 사이, 슬픔과 행복 사이. 하지만 이들 분리함 속에 고통의 씨앗이 있다. 어떤 생각에 반하는 또 어떤 생각, 어떤 사람에게 반하는 또 어떤 사람. 수많은 경계가 존재할지라도, 그것들을 부드럽게 만드는 것은 여전히 가능하다.

부드럽게 완화하기

이완하고… 들이마시고… 내쉬고… 들이마실 때 그 시작과 끝을 부드럽게 가져갑니다…. 내쉴 때 그 시작과 끝을 부드럽게 가져가세요…. 이렇게 호흡의 경계를 부드럽게 합니다….

옷이, 대지가, 공기가 피부에 닿을 때, 그 느낌의 경계를 부드럽게 합니다….

가슴을 부드럽게… 심장과 가슴 전체가 함께 부드러워지는 느낌들….

숨쉬고… 존재하며… 경계는 완화되고… 세상이라는 과정과 당신 개인이라는 과정이 함께 부드러워집니다….

삶이 당신을 통과해 흐르도록 놓아두세요…. 당신의 삶은 온 생명으로 흘러 나가고… 온 생명은 자신의 삶으로 흘러들어 옵니다….

자신의 삶과 온 생명 사이의 경계를 부드럽게 완화하세요….

공기가 흘러들어 오고, 공기가 흘러 나갑니다…. 세상이 흘러들어 오고… 흘러 나갑니다…. 세상과 자신의 육체 사이 경계가 부드러워집니다….

마음속의 경계들을 부드럽게 완화시킵니다…. 모든 것이 함께 섞여 들어갑니다…. 그럼에도 존재에는 아무 문제도 없군요…. 숨쉬고 존재함….

몸과 마음이 함께 부드러워집니다…. 자신과 다만 그러할 뿐인 모든 것 사이 경계가 부드러워집니다…. 다만 그러할 뿐인 모든 것이 당신을 통해, 당신으로서 흐릅니다….

경계가 부드러워집니다. 자신과 모든 것 사이… 모든 것과 자신 사이….

모든 경계가 부드러워집니다….

조건 지어짐과 조건 지어지지 않음 사이… 시간과 무시간적 영원 사이….

개인적 의식과 어떤 더 깊은 의식 사이….

사랑이 당신을 통해 부드러워집니다…. 어떤 앎이, 지혜가 당신을 통해 들어와 부드러워집니다….

일체 경계의 완화… 흐르듯… 부드럽게… 다정하게….

내어줌(보시)

연습을 통해 얻었던 바를 세상으로 내어 주는 것은 어떤 자연스러운 과정이다. 이에 대해, 몇 가지 주제를 생각해 보면 매우 유용하다는 것을 알았다.

평정과 자비

자비는 가슴을 열고 자신과 타인의 고통과 짐을 보살피게 한다. 평정은 이러한 경험을 지혜와 내적인 평화를 갖고 하게 만든다. 평정을 갖추면, 고르지 못한 길 위에서도 똑바로 걸을 수 있다. 하워드 서먼(Howard Thurman)이 말했듯, 고요한 눈으로 삶을 내다본다.

이제껏 자비와 평정을 강화하는 많은 방법들을 알아보았지만, 때로 하나에 특히 집중하는 것이 도움이 된다. 가령 감정적으로 꽤 안정되어 있지만 더불어 남들에 대해 다소 냉정하고 무관심할 수 있다. 이때 명상과 자신의 일상 행동에서 친절함과 공감 능력을 더 기르고 싶을 수 있다. 다른 한편, 다른 이들에게 매우 열린 마음을 갖지만 그에 따른 감정과 기타 반응들의 파도에 심하게 흔들린다고 느낄 수 있다. 이런 경우, 고요함과 중심 잡기에 초점을 맞춰 볼 수 있다. 또는 사건과 경험들에서 무상한, 상호의존적인, 그리고 비어 있는 본성을 알아차려 보는 방법도 있다. 그것이 단연 최악의 경우일지라도 말이다.

이러한 자비와 평정 간의 균형은 우리가 가족과 친구라는 국소적인 테두리를 벗어나 시야를 넓히려 할 때 중요하다. 세상에 너무나 많은 고통과 너무나 많은 불의가 있음을 인지하면, 타인의 복지를 위해 열정적으로 헌신하는 게 가능하다. 한편으로는 다만 그러할 뿐임과 앞으로도 다만 그러할 뿐임을 평정심을 갖고 보면서 말이다.

보살피는 법을, 그리고 괘념치 않는 법을 가르쳐 주소서.
앉아, 고요히 하는 법을 가르쳐 주소서.

_T. S. 엘리엇(T. S. Eliot)

원인을 돌보기

과일을 좀 먹고 싶어졌다고 해 보자. 나가서 씨앗을 좀 구해 조심스레 심는다. 씨앗이 묘목이 되고 이윽고 나무가 되어갈 때, 거기 물도 주고 비료도 주고, 해충이 꼬이는 것도 막아 주고 주의 깊게 가지치기도 해 준다. 그렇게 몇 년이 지나면, 그 과일나무를 실로 잘 돌봐 주었다 할 수 있을 것이다. 하지만 그렇다고 그 나무가 꼭 사과를 내어 주게 **만들**(make) 수는 없다.

우리가 원인들을 돌볼 수는 있다. 하지만 결과를 통제할 수는 없다. 이 앎은 일종의 평화의 느낌을 가져다 준다. 자신의 손을 떠나 어떤 일이 일어날지는 너무나 많은 요인들이 결정하기 때문이다. 이는 또한 일종의 책임감의 느낌도 가져다 주는데, 원인들을 돌보는 것만큼은 오직 자신에게 달려 있기 때문이다. 우리는 상호의존적이지만, 그럼에도 불구하고 수행 – 그리고 자신만의 길을 주의 깊게 걷는 것 – 은 각자의 몫이다.

이러한 명백한 앎 속에서, 자신의 관계, 건강, 또는 그밖에 자신에게 문제가 되는 것들에 좀 더 꾸준히 돌보고 싶은 원인들이 있는가? 아울러 다른 이들이 본인을 어떻게 느낄지를 포함하여, 그 어떤 결과일지라도 그것을 평화롭게 대할 수 있겠는가?

더 읽어볼 만한 책들

『평화로움(Being Peace)』(틱낫한)

『과학이 우리를 구원하지 못할 때 불교가 할 수 있는 것(Ecodharma)』(데이비드 로이)

『Radical Dharma』(앤젤 교도 윌리엄스와 라마 로드 오웬스, 그리고 자스민 시에둘라)

『Standing at the Edge』(로쉬 조안 핼리팩스)

예를 들면, 일의 영역에서 – 가사일과 가족을 돌보는 일을 포함해서 – 단호하고 열정적인 자세 –스트레스 받거나 쫓기지 않고– 를 연습하면 매우 유용하며 또한 흥미롭다. 이 최고의 상태를 **집착 없는 염원**(aspiration without attachment)이라 한다. 거대한 꿈을 꾸되, 붓다께서 말씀했듯 "성실하고 열정적이고, 단호해야" 한다…. 내면으로 편안한 느

낌을 동시에 갖고, 마치 어떤 더 큰 존재 속 공간을 통과해 나가는 듯한 느낌으로, 너무 많은 양의 일을 동시에 하려 들지 말고 차근차근 해야 한다.

자신의 삶에서 이와 비슷한 느낌의 예를 찾을 수 있는가? 아니면 이를 다른 사람에게서 보고, 그것이 자신의 경험이 되면 어떠할지 상상할 수 있는가? 이 느낌이 어떨지 느껴보고, 이 편안한 노력(easeful effort), 압박감 없는 단호함의 자세를 어떻게 자신의 것으로 만들 수 있는지 생각해 보라. 어떻게 하면 이런 존재 방식을 가질 수 있을까? 그리고 거기에 어떤 이로움이 따를까?

한참 전에 내 친구 하나가 자신이 어떤 선원에서 수습 승려로서 첫 법문을 할 예정이라는 얘기를 꺼냈다. 나는 그 선원이 집 없는 사람들에게 대피소로 제공되고 있음을 신문에서 읽은 적이 있었다. 그곳이 따뜻하니 그랬던 것인데, 그렇기 때문에 나는 친구에게 청중들이 네 법문 자체에는 별 관심이 없는 것일지도 모른다고 놀려댔다. 그가 갑자기 내 발밑에 뭔가 내려놓는 시늉을 하더니 말했다. "방금 너한테 뭔가를 내어주었어. 나는 이것을 좋게 만들려고 최선을 다했지만, 그 이후에는 내 손을 떠난 것이겠지."

안에서 또 밖에서 자신을 쫓기게 만드는 힘들, 가령 마음속에서 '그러해야만 해.'라든지, 다른 이들로부터 들어오는 압박 같은 것에 충분히 마음챙김 할 수 있는가? 이들 힘들을 가지고 어떤 연습을 할 수 있는지, 그리하여 그로부터 점차 벗어날 수 있는지 생각해 보라.

이런 방법들을 통해 우리는 '현실의 삶' 속에서 해야 할 일과 도전들에 우리의 수행을 접목시킬 수 있게 된다. − 마치 이 길의 매 단계마다 달려 있는 과실처럼 말이다.

우리의 집단적 보시(OUR COLLECTIVE OFFERINGS)

개인적인 수준을 넘어, 보다 큰 집단에 의해 만들어진 기여를 볼 수 있다. 예를 들어, 내 고향 명상센터, 스피릿 록에는 만찬 홀 뒤에 커다란 붓다의 석상이 세워져 있다. 그리고 나는 그것이 500년 뒤에도 여전히 거기 서 있는 것을 상상하길 즐긴다. 단지 좀 더 풍화되고 이끼가 낀 채 말이다. 그의 가르침과 수행법이 여전히 전해지는 까닭은 그것이 마음과 우주의 변하지 않는 정수에 관한 것이기 때문이리라. 그럼에도, 세월이 흐르며 그 가르침은 네 개의 주요 형태로 분화되었으니, 남방불교, 티베트 불교, 선, 그리고 정토불교이다. 지금으로부터 수세기가 지나 이 석상 옆에 앉은 사람들의 관점에서 볼 때, 우리 시대를 되돌아보며 어떻게 평가할까? 그 많은 골칫거리들과 분쟁에 더해, 나는 최근에 일어나는 불교의 다섯 번째 주요 형태의 발전에 대해 분명 말할 것이라 믿는다.

- ○ 지속적이고 깊은 명상 수행을 하는 일반인들
- ○ 종교인이 아님에도 교사나 지도자인 일반인들
- ○ 여성, 유색인종, 그리고 기타 역사적으로 소외받던 개인들이 교사와 지도자로서 점점 더 많이 포함된다는 점
- ○ 다르마를 암시하는 또는 그에 영향을 받은 과학 및 그와 관련

된 정신적·육체적 건강 실천 방법들. 그와 함께 고통과, 그 원인들과, 그 종말의 내재된 물질적 기반에 대한 더욱 깊어지는 이해

○ 비-불교적 환경에서 불교적 관점의 다양한 응용

이들 발전이 좋은 일인지에 대한 의견은 각자 다를 수 있다. 하지만 이 경향성은 명백히 사실이다. 어떻게 이들 씨앗을 모두가 함께 심고 가꾸어 가고 있는지를 보면, 나로서는 고무적이고 겸손해지는 느낌을 받는다. 이 씨앗에는 불교 자체에 대한 것이 아닌 수많은 길들까지도 포함된다. 우리는 수행의 미래를 공동-창조하고 있고, 더 넓게는, 우리가 인류라는 온전한 전체로서, 그리고 모든 생명체와의 관계 속에, 보다 큰 지혜와 행복을 위한 씨앗들을 심고 있는 것은 아닌가 하는 희망을 갖고 있다.

보이건 보이지 않건, 알려졌건 알려지지 않았건, 작건 크건, 모든 길에는 우리 모두를 관통하며 움직이는 보다 큰 내어 줌, 보시가 있다. 이를 더 깊이 탐구하기 위해, 다음 상자 안 명상을 해 볼 수 있다.

평화로운 보시

이 명상은 앞으로 오게 될 날들에 있을 자신의 보시들을 상상함에 관한 것이다. 보시가 편안하게 당신을 통해 흐르는 느낌을 갖고, 그 결과가 어떻든 그에 대해 평화롭게 받아들일 수 있도록 한다.

지금 여기에 도달합니다…. 호흡에 의식을 두고… 평화로움… 만족…사랑… 그것들을 느껴 봅니다…. 편안히 머무르세요….

누군가에게 한 조각 과일을 보시하고는 그가 좋아하는지 또는 그렇지 않는지에 상관없이 평화롭게 있는 상상을 합니다…. 어떤 결과이든 받아들이며 보시를 하는 것이 어떤 느낌일지 느껴 봅니다….

몇몇 이미 했던 보시에 의식을 둡니다…. 가정에서, 일하면서, 다른 사람들에게, 다른 생명체에게, 그리고 세상에게… 어쩌면 생명이 당신을 통해 이들 보시를 하는 것일는지도 모른다는 느낌을 가집니다…. 이 강력한 흐름에 자신을 내맡기고 그것이 자신을 데려가도록 허용합니다….

이제 새로운 보시를 상상합니다…. 선한 의도와 친절함을 갖춘 보시…자신이 결과를 완전히 통제할 수 없음을 아는 보시… 결과에 대한 집착을 놓아 버린 채 결과에 대해 보살필 수 있도록 스스로를 허용합니다….

자신의 존재 그 중심에서는 언제나 평화 속에 머문 채 말하고 행동하는 것이 어떤 느낌일지 알아봅니다…. 자신의 보시가 이미 만족하는 느낌 속에, 사랑하며, 그리고 평화 속에서 되어지도록 합니다….

삶이 당신을 데려가도록 놓아둡니다…. 삶이 당신의 보시를 자연스럽고 편안하게 밖을 향해 다른 이들에게 또 세상에게 전달하게끔 그냥 두세요….

출가(Going Forth)

붓다께서 깨달음의 여정에 들어섰던 것을 일컬어 '출가(gone forth)'하였다고 말한다. 이 표현에 담겨 있듯 야망, 존엄, 그리고 세상 속으로 열림을 맛보기 위해 꼭 방랑하는 수도승이 되어야 할 필요는 없다.

독자에게 드리는 감사

우선, 여러분들, 독자 분들에게 나의 고마움을 표현하고 싶다. 그리 쉽지 않은 요구와 도전들이 포함된 이 책을 읽어 주신 것에 대한 감사 말이다. 아마도 우리가 개인적으로는 모르는 사이겠지만, 그럼에도 각각의 개인의 수행은 많은 다른 이들에게도 도움이 된다고 나는 믿는다. 그것이 보이든 보이지 않든, 알려지든 알려지지 않든 간에 말이다.

고맙습니다!

단순함을 유지하라

여기까지 꽤 많은(lot) 개념과 방법들을 탐구해 보았다. 그것들이 내면에 정착하도록 두고 시간이 지남에 따라 자신에게 어떤 영향을 미치는지 보는 것까지는 좋다. 하지만 그 복잡성을 파악하되 행동은 단순해야 한다.

이미 하고 있는 게 아니라면, 1분 남짓이라도 매일 명상 같은 것에 매진해 볼 것을 권한다. – 호흡에 대한 마음챙김, 아니면 기도 같은 형태도 좋다. 그것이 자기 직전 자신이 한 마지막 것이 되어도 좋지만, 그것을 할 때는 언제나, 진짜배기 1분이어야만 한다. – 그보다 많으면 더욱 좋다.

또한, 내킨다면, 바꾸고 싶은 간단한 것 하나를 골라 거기 집중하고, 꾸준히 매달려 본다. 예를 들면, 짜증이 날 때, 말하기 전 딱 한 번 숨 쉴 정도만 멈춘 후 말해 볼 수 있다. 아니면 저녁 식사 전 촛불 하나를 켜둘 수도 있다. 아니면 술을 끊어 볼 수도 있다. 아니면 매일 아침을 자신의 인생 목적을 상기하며 시작할 수도 있다. 아니면 매일 하는 명상에 자비와 친절함의 명상을 몇 분 집어넣을 수도 있다.

어떤 순간에도, 그 안에 내재된 고통을 의식해 볼 수 있다. – 자기 자신의 것이든 타인의 것이든 말이다. 그리고 내재된 행복을 의식해 볼 수도 있다. – 역시 자신과 타인의 것 모두. 이런 간단한 의식만으로, 고통의 원인들을 자연스럽게 흘려보내고 행복의 원인들을 풍성하게 가꾸게 된다.

◆

깨달은 존재라는 게 있기는 한지 썩 잘은 모르겠다만,
깨달음의 순간들이 존재한다는 것은 분명히 알고 있다.
__스즈키 로쉬(Suzuki Roshi)

◆

연습의 기쁨

어떤 연습을 하든, 자신이 그것을 즐긴다면 계속해 낼 가능성이 많다. 그러므로 자신이 이미 하고 있는 것에 어떤 의미가 있고 좋은 점이 있는지 찾아보라. 그리고 어쩌면 자연스럽게 즐길 만한 추가적인 것들이 있을 수도 있다. 뭔가를 외워서 기계적으로 하고 있었던 것은 아닌지, 또는 그것이 무미건조해진 것은 아닌지 스스로에게 자문해 보라. 거기 그것을 더욱 보람 있게 만들 방법은 없는지 살핀다. 없다면 자신에게 더 유익한 다른 것을 위해 기존의 것들을 떠나보내어 마음의 여지를 확보하는 것도 괜찮다.

자신의 연습에 장난기나 더 큰 기쁨을 넣어보는 것도 좋다. 때로 자기 자신의 마음에 매료될 수 있는지 보라. 그 왔다 갔다 하는 부산함, 그것이 부릴 수 있는 속임수들, 깜짝 놀라게 하는 갑작스러운 열림들. 과거에 나는 스스로의 연습을 너무나 심각하게 대했었다. 수행에서 대부분의 시간이 무겁고 칙칙하다면 그것이 효율적일 리가 없다. 좀 즐기면서 해도 아무 문제가 없다!

자신뿐 아니라 타인의 안녕을 위해서 수행에 임해 보라. 명상을 할 때, 그리고 하루 동안 다른 방법으로 능숙하게 행동할 때 그들은 당신 가슴속에 있을 수 있다.

관점을 갖기

자신의 통찰과 수행들을 매일의 삶 속으로 통합해 나갈 수 있음을 신뢰해도 좋다. 다만 자신에게 말미를 주라. 자신이 함양해 온 것 중 이로운 것들을 보호한다. 자신의 선한 본성을 믿는다. 우리 모두가 공유하는 깊은 본성을 신뢰하는 거다.

이따금씩 자문한다. 이것에 계속 주의를 유지할 필요가 있는가? 저것에 대해 쫓길 필요가 있는가? 저 사람 때문에 내가 성가셔 할 필요가 있을까? 자신과 타인들을 다그치고, 압박하는 상태를 예의 주시한다, 그것은 액체와 같은, 구름 같은 어떤 과정들을 정체되고, 벽돌 같은 무엇으로 만드는 짓이다.

산속 연못을 보는 상상을 한다. 미풍과 폭풍이 번갈아 가며 그곳을 지나 움직이는 파문들을 발생시킨다. 그럼에도 연못은 그 자체로 조금도 움직임이 없다. 마음은 연못과 같아서, 그 수면은 표면 의식이고, 그 깊이는 영원과 맞닿아 있다. 세상 풍파가 불어 생각과 느낌들을 휘저어 놓으면 거기 물결이 일겠지만, 결국은 가라앉기 마련이고 그럼 거기 있는 것은 또다시 침묵뿐이다. ─그리고 그 모든 과정 속에서, 연못은 여전히 연못일 뿐. 자신의 하루를 살아나가면서, 광활한 공간감, 한계 없음, 그리고 적요(stillness)에 의식을 둔다. 당신은 언제든 특정 물결 을(of) 흘려보내고, 이미 언제나 그러했던 자신 으로(into) 존재하게끔 놓아둘 수 있다. 그 온전함, 현존, 보살핌, 평화로움, 그리고 충만한 가능성.

이 삶에서 자신의 가장 깊은 열망과 가장 높은 목표에 의식을 둔다. 그것들이(them) 당신으로 살게끔, 당신을 끌고 가게끔 놓아두라.

여행을 즐기라(ENJOY THE RIDE)

정말 험난한 삶이다. 여기 우리는 존재한다. 2조 개의 은하 중 하필 우리 은하, 그 안 모퉁이에 있는 아주 평범한 별 주위를 돌고 있는 어떤 작은 행성 위에 우리가 있다. 우주가 거품처럼 터지며 존재를 시작한 지 이제 거의 140억 년이 흘렀다. 그리고 지금 우리는 존재한다. 점점 더 복잡해지는 종(species) 안에서 진화를 통해 안정화 되는 자신들의 능력에 티끌만큼의 개선을 위해 셀 수도 없는 생명체들이 죽어 갔다. 그리고 그 결과가 최종적으로 오늘날 우리 안에 있다. 이렇듯 무수히 많은 일들이 끊임없이 이미 일어났다. 그리고 여기 우리가 있다.

이 삶이란 정말 신기한 것이다, 그렇지 않은가? 살아가고 사랑하고 그러고는 죽는다. 결국 나의 때도 올 것이다. 당신의 때도, 그리고 모든 사람이 마찬가지로. 한편으로 날마다, 우리는 깜짝 놀라며 경외심과 감사를 표하기도 하고, 최대한 최선을 다해 이 삶을 즐기기도 하며, 또 한편 최선을 다해 배움에 매진하고, 최대한 기여하기 위해 노력하기도 한다.

이 길을 따라가며, 선한 것을 받아들여, 이로운 경험들이 내면에 가라앉아 지속되는 강인함이 되고, 몸의 일부로 엮이어 들어가게끔 하라. 심지어 가장 힘든 삶 속일지라도 이 마음챙김 수련의 기회는 너무나 많다. 자신과 타인 속에서 그리고 모든 것에서 건강하고, 도움이 되고, 아름다운 것을 발견해 보라. 그것이 내면에 내려 앉아, 자신이 되게 하라.

한번은 조셉 골드스타인(Joseph Goldstein) 선생님께 내가 과연 올바른 길로 가고 있는지 궁금해서 질문한 적이 있다. 그는 고개를 끄덕이며 듣더니 말했다. "그래, 바로 그거야." 그러고는 미소 지으며 말했다. "계속 가는 거야."

감사의 말

나에게 유용한 피드백을 주었던 독자들에게 감사하고 싶다. 여기에 포함되는 분들은 다음과 같다. 제임스 오스틴, 제임스 바라즈, 레이 브래싱튼, 아넷 브라운, 엘리사 데니스, 앤드류 드레이서, 피터 그로센바허, 포레스트 핸슨, 얀 핸슨, 케이시 킴버, 존 클라이너, 에드워드 루이스, 리차드 멘디우스, 존경하는 산다 무디타 선생님, 스테파니 노블, 수이 오클랜드, 릴리 오브라이언, 얀 오그렌, 존 프렌더가스트, 티나 라스무센, 라트나데비, 제인 라자벳, 존 숄링, 마이클 태프트, 마리나 반 왈숨, 스테파니 베일런, 로져 왈쉬, 그리고 제니퍼 월리스. 면밀하게 검토했음에도 불구하고 틀린 곳이 있다면 그것은 전적으로 나의 책임이다.

나의 스승들께 감사를 드리며, 몇몇 분들은 바로 위 목록에 들어 있다. 목록에 없는 분들은 아잔 아마로, 가이 암스트롱, 스티브 암스트롱, 타라 브랙, 유진 캐쉬, 크리스티나 펠트먼, 길 프론스달, 조셉 골드스타인, 틱낫한, 잭 콘필드, 카말라 마스터스, 그리고 아잔 주치토 선생님이다. 또한 아날라요 스님, 스티븐 배철러, 타니사로 스님, 보디 스님, 리차드 곰브리치, 우 성, 그리고 신젠 영 선생님들로부터도 많은 것들을 배왔다. 또한 수천 년 동안 지혜를 만들어 내고, 보존하고, 널리 전파했던 법맥 위의 모든 분들과 승가에 감사한다.

과학자, 학자, 임상의사, 그리고 선생들이 몸과 마음에 대한 유용한 이해와 그것을 실생활에 적용할 방법들을 발전시켜 왔다. ─여기에는 마음챙김, 명상, 자비, 친절함, 기타 깨어남의 다른 일면들의 신경학적 근거가 포함된다. 내가 호명할 수 있는 것보다 분명 더 많은 분들이 있겠지만, 특히 버나드 바스, 리처드 데이비슨, 존 듄, 브루스 에커, 바바라 프레드릭슨, 크리스 거머, 폴 길버트, 티모세아 고다드, 스티브 힉먼, 브리타 홀젤, 존 카밧-진, 대처 켈트너, 새라 라자르, 앙투안 러츠, 조나단 내쉬, 크리스틴 네프, 앤드류 뉴버그, 스티븐 포지스, 제프리 슈와르츠, 샤우나 샤피로, 댄 시겔, 론 시겔, 에반 톰슨, 프레드 트래비스, 데이비드 바고, 카산드라 비에튼, 앨런 월러스, 마크 윌리엄스, 다이아나 윈스턴, 데이비드 예이든 ─그리고 작고하신 프란시스코 바렐라 님에게 존경을 표하고 싶다. 내가 지도해 왔던 뉴로다르마 수련회 참가자들과 동료 선생님들께도 감사드린다. 레슬리 부커, 앨리사 데니스, 피터 그로센바커, 타라 뮬레이, 티나 라스무센, 그리고 테리 반다이버. 또한 이들 수련회를 구성하고 관리해 준 수이 오클랜드, 온라인 프로그램을 만들어 준 칼레이 아이작에게 특별한 감사를 드린다. 샴발라 마운틴 센터는 이 수련회를 진행하는 데 있어 아름답고 신성한 장소를 제공해 주었다. 그리고 주디 벨, 스튜어트 벨, 탐 보울린, 대니얼 엘렌버그, 리 프리드먼, 로렐 핸슨, 마크 레서, 크리스탈 림-랑게, 그렉 림-랑게, 수잔 폴락, 레니 스타인, 밥 트루그, 리엔하트 발렌틴에게, 『뉴로다르마』가 출판되기까지 여러분들이 보여준 우정과 지지에 가슴 깊이 감사드린다.

수년에 걸쳐 우리 산 라파엘 명상 모임에 오셨던 모든 분들에게 너무나 고마움을 느낀다. 탐 브라운, 낸 헤런, 선다라 조던, 릴리 오브라이언, 로리 오만, 롭 폴, 크리스틴 폴락, 가브리엘 라부, 터레인 새일러, 빌 슈와르츠, 트리샤 슈와르츠, 도나 시몬센, 마크 스테판스키, 쉴파 틸왈디, 제리 화이트. 이들은 모임의 살림을 도맡아 주었다.

진실로, 나의 에이전트인 에이미 레너트의 수년간의 도움이 없었다면 이 책은 불가능했을 것이다. 또한 펭귄 랜덤 하우스 출판사의 유능하고 인내심 많은 편집자 도나 로프레도와 그 밖의 편집부원들 모두에게 정말 감사하다 전하고 싶다. 추가로, 빙 웰 주식회사에서 함께 작업했던 분들은 이 책에 생명을 불어넣는 데 절대적인 도움을 주었다. 포레스트 핸슨, 미셸 킨, 수이 오클랜드, 마리온 레이놀즈, 앤드류 슈만, 폴 반 데 리엣, 그리고 스테파니 베일런이 거기에 포함된다.

마지막으로 세상에서 가장 소중하고 멋진 아내, 얀은 이 책과 관련하여 끝없는 격려와 도움을 주었다. ─아니 나의 전 생애에 걸쳐 그랬다. 밤이면 내가 읽어 주는 내용을 들어 주고 많은 유용한 의견을 주었다. ─ 근본적으로 보자면, 책의 가치에 대한 그녀의 믿음을 들려 주었다고 해야 하겠다. 나의 모든 사랑을 담아, 고맙습니다.

미주

- 단행본은『 』로 묶어 표시하였으며 국내 출간된 것은 국내 출간 제목과 영문 제목을 병기하였다.
- 출간되지 않은 책(비매품으로 인터넷 등에만 공개된 책 포함), 논문은 " "로 묶어 표기하였다.
- 잡지 등 정기간행물은 〈 〉로 묶었으며 공연이나 텔레비전 프로그램도 〈 〉로 묶었다.
  하지만 부정기 간행물이나 학회지 등에 대해서는 그러지 않았다.

19   『이띠웃따까』 1.22 : Gemstones of the Good Dhamma: Saddhamma-maniratana,
      존경하는 S. 담미카(S. Dhammika)께서 편집 및 번역함. 여기에 접속하려면 (BCBS
      Edition), 30 November 2013, http://www.accesstoinsight.org/lib/authors/dhammika
      /wheel342.html.

1장 삶에서의 마음

25   **삶에서의 마음** : 이것은 같은 주제에 대한 에반 톰슨(Evan Thompson)의 뛰어난 책, 『생
      명 속의 마음(Mind in Life: Biology, Phenomenology, and the Sciences of Mind)』의 제목이기도
      하다. 대단한 역작으로, 강력히 추천하는 책이다. 또한 이 책도 보라. 프란시스코 바
      젤라 등(F. J. Varela et al.), 『몸의 인지과학(The Embodied Mind: Cognitive Science and Human
      Experience)』.

25   **"만일, 작은 행복을 포기하면"** : 길 프론스달의 번역, 『법구경(The Dhammapada: A New
      Translation of the Buddhist Classic, with Annotations)』. Shambhala, 2006, p. 75.

27   **평범한 사람들이 해 낼 수 없는** : 극히 드물지만, 비범하고 설명이 불가능한 변용을
      이루어 차원이 다른 고양된 현실 속에서 사는 이들이 없지는 않다. 하지만 이들 사례
      는 너무 드물어서 우리의 모델로 쓰기는 어렵지 않을까 싶다.

27 **일곱 가지 깨어남의 연습** : 이것은 내 나름의 구분일 뿐 깨달음(또는 비슷한 단어들)과 그 원인에 대해 이야기하는 유일한 방법인 것은 아니다. 그리고 이들 일곱 가지 연습들 –자체로 많은 개념과 방법들을 조직하고 끌어모으는 방법이다 – 에 깨달음의 가능한 모든 일면들이 담겨 있지도 않다.

28 **깨달음 또는 완전한 각성** : 자신을 정상까지 쏘아 올리는 '자기-초월 경험들'을 가질 수 있더라도, 대개는 다시 내려오기 마련이다. 비록 자신에게 일어난 일로 인해 이런 저런 방식으로 변화가 있긴 하겠지만 말이다. 완전한 각성이란 정상에 머무는 것을 의미한다. 예이든(Yaden) 등은 이렇게 얘기한다. "다채로운 자기-초월의 경험들" 내 경우는 주로 빨리어 경전 및 관련 남방불교 전통에서 찾을 수 있는 의미의 깨달음으로 이야기한다. 여기서 깨달음의 결과와 단계에 대한 묘사는 일반적으로 심리학적일 뿐 신비적이지 않다. 예를 들어, 비구 아날라요는 깨달음을 다음과 같이 말한다. "완전하고 영원한 정신적 자유의 어떤 상태" 아날라요(Anālayo), 『명상가 붓다의 삶(A Meditator's Life of the Buddha)』, p. 46.

목표는 높게

29 **신경과학은 젊은 과학이다** : 이 주제들을 더 깊이 탐구하려면 뇌과학을 일반 청중에게 소개하는, 배리 보이스(Barry Boyce)와 신경과학자 아미쉬 자(Amishi Jha), 클리포드 새런과의 인터뷰를 보라. https://www.mindful.org/the-magnificent-mysterious-wild-connected-and-interconnected-brain.

29 **산봉우리 까마득히 높이 올라간** : 수많은 과학자들이 뇌과학과 명상 수행 간의 교차점에 대해 탐구해 왔다. 예를 들면, Gellhorn and Kiely, "Mystical States of Consciousness" Davidson, "The Physiology of Meditation" McMahan and Braun, eds., 『Meditation, Buddhism, and Science』, Wallace, 『마음과 통찰(Mind in the Balance)』, 그리고 로버트 라이트(Robert Wright), 『불교는 왜 진실인가(Why Buddhism Is True)』.

29 **이들 질문에 대해 신경학적으로 확실한 답** : 과학은 언제나 새로운 정보를 더하기에, 신경학적으로 확정적인 –최종적이라는 의미에서 – 답이 있을 리 만무하다. 하지만 어떤 주제에 대해 무엇인가 이야기하기에 앞서 반드시 그에 대한 모든 것을 말해야만 한다면, 얘기가 진행될 방법은 없다. 우리는 필연적으로 판단과 질문을 뒤로 미룬 채 나아가야야 하는 것이다. 어떤 것에 대해 말하기 전에 그것에 대해 얼마나 많이 알고 있어야만 하는가? 적절한 맥락을 만들어 가기 위해 얼마나 많은 복잡성이 추가되어야만 하는가? 이들 질문에 대한 답은 사람마다 다르고 방법도 제각각일 것이리라.

여기서 그에 대한 대답은, 나는 세 가지 원칙들을 따르려 노력했다는 점이다. 과학적 지식의 한계에 대해 언급하고, 가능한 많은 문헌들을 참조하고, 적절하고 유용한 연습들을 강조할 만한 견해들에 초점을 맞춘다.

30 **붓다께서 제공한 마음에 대한 마치 꿰뚫는 듯한 설명** : 이는 내가 아는 한 최고의 접근법이다. 물론 이것이 인간 가능성의 상한점에 도달하기 위한 유일한 방법은 아니다.

30 **빨리어 경전** : 붓다의 가르침은 문서화되기 전 수세기에 걸쳐 구전되었다. 그의 가르침의 주된 출처는 빨리어 경전이다. 빨리어는 붓다 시대 북인도에서 사용되었던 언어에 매우 가까운 고대 언어이다. 이들 문서의 관련된 초기 판들이 한자와 산스크리트어로도 발견된 바 있다. 붓다의 생애를 알아보고 남아 있는 초기 문헌들의 재빠른 비교를 원한다면, 다음 책을 참조한다. 아날라요(Anālayo), 『명상가 붓다의 삶(A Meditator's Life of the Buddha)』.

실제로 붓다께서 어떤 말씀을 하셨는지 알 방법은 없다. 이는 이 책에서 인용된 몇몇 다른 분들의 경우에도 똑같이 적용된다. 예를 들어 천 년 전에 살았던 밀라레빠(Milarepa)의 경우도 마찬가지일 것이다. 수많은 학자들, 가령 비구 보디(Bhikkhu Bodhi), 타니사로 비구(Thānissaro Bhikkhu), 스티븐 배철러(Stephen Batchelor), 리처드 곰브리치(Richard Gombrich), 레이 브래싱톤(Leigh Brasington), 그리고 비구 아날라요(Bhikkhu Anālayo) 등이 가용한 역사적, 문서적 기록들을 면밀히 조사해 왔지만, 그럼에도 불구하고 그들이 그려 내는 그림은 비록 명쾌할지라도 정확하다고 볼 수 없다.

이들 아주 오래전 스승들의 말씀을 인용할 때 "그들이 이렇게 말했다고 전해진다." 또는 "수세기에 걸쳐 사람들이 이들 가르침을 그들 고유의 역사적 관점에 따라 해석해 왔기에 그 안에 실수가 없을 수는 없다."라고 앞서 밝힐 수 있겠지만, 이는 번거롭다. 내 경우는 단순히 "아무개가 이러이러하다 말했다."라고 적고, 부디 맥락이 이해되고 단어들이 독자들의 입맛에 맞게 판단되기를 바랄 뿐이다.

30 **핵심 개념과 방법들을 적절히 다듬고 적용** : 빨리어 경전에서 광범위하게, 그리고 가끔 다른 문헌들을 참고하여 발췌하였다. 특정 번역들을 선택하고, 때로 이 책의 목적에 부합하도록 약간의 변형도 하였다. 자세한 사항은 이 일러두기를 보면 된다. 이들 고대 문헌들에 대한 합당한 이해에 대해서는 아직도 학자들 간에 의견이 분분하다. 거기다가, 불교가 발원한 지는 2500년이 넘는다. 그러니 오늘날 우리가 주위에서 접하는 것은 그 가르침과 언급 전체 중 일부 간추림, 그리고 특정 시대와 장소에 적용된 내용들에 불과할 것이다. 따라서 유일한 '옳은' 불교라는 것이 존재할 리는 없다. 나는 독자들이, 내가 하는 말들이 과연 '진짜' 불교적인지 판단하기보다, 내가 전하고

자 하는 뜻만 잘 전해받기를 바란다.

원한다면, 명상 센터, 스승들, 웹사이트, 그리고 책을 통해 불교를 탐구해 볼 수도 있다. 내게 불교 입문서로 딱 한 권의 책을 추천해보라 하면, 비구 아날라요가 쓴 『깨달음에 이르는 알아차림 명상 수행(Satipaṭṭhāna)』을 추천하겠다. 이는 마음챙김 경전의 토대 중에서 수행과 관련된 근본적이면서도 광범위한 지침들에 대한 책이다.

30 **와서 직접 체험해 보라** : 빨리어로 Ehipassiko이다.

책 『After Buddhism』에서 스티븐 배철러는 진리를 이해하는 문제에 접근하는 교조적인 관점과 실용적인 관점 사이의 차이를 탐구한다.

뉴로다르마라는 관점

31 **붓다께서 깨닫기 위해 MRI를 사용했을 리는 없다** : 나는 그분께서 실제로 완전한 깨달음에 이르렀으리라 믿는다. 대개의 경우 자신에게 납득이 가는 것만 보인다. 나는 그분을 언급할 때 어떤 인간이자 스승 – 자신의 과업을 완수하고 타인에게 그 길을 가리키는 이 – 으로 생각한다. 여기에 신 비슷한 존재의 느낌은 없다. 나에게는, 그분의 가르침이 가장 신뢰할 만하고 설득력 있는 이유가 그의 인간적인 면 때문이다. 그분을 언급하면 글에 권위가 생기는 것은 사실이지만, 이는 전문가로서 그리고 개인적인 모범으로서의 권위이다.

31 **정신적 요소들의 신경학적 기반** : 명상적인, 영적인, 또는 종교적인 경험과 수행들에 관한 신경과학적 연구와 관련해 수많은 학술적 논문들이 존재한다. – 여기에는 그런 연구들에 대한 비평까지 포함된다. 경험 및 수행과 연관된 신경작용에 대한 특정 소견들에 더해, 그 정의들, 연구 방법론 및 기법들, 향정신성 약물들의 사용, 병리적인 경험들, 임상적 적용 방법, 그리고 좀 더 광범위한 철학적, 신학적 주제들까지 있다. 예를 들면 다음과 같다. Newberg, "The Neuroscientific Study of Spiritual Practices" p. 215, 그리고 『Principles of Neurotheology』, Josipovic and Baars, "What Can Neuroscience Learn?" p. 1731, Dietrich, "Functional Neuroanatomy" Walach et al., 『Neuroscience, Consciousness and Spirituality』, Jastrzebski, "Neuroscience of Spirituality" Dixon and Wilcox, "The Counseling Implications of Neurotheology" Weker, "Searching for Neurobiological Foundations" and Geertz, "When Cognitive Scientists Become Religious"

31 **"다르마 – 실재 본성을 이해함"** : "Your Liberation Is on the Line" 〈Buddhadharma〉, spring 2019, p. 77에서 발췌.

31 **그 정확한 묘사** : 다르마라는 단어는 서로 다른 맥락 속에서 여러 개의 의미를 갖는다.

다음을 참고한다. https://en.wikipedia.org/wiki/Dharma. 이에 대해 좀 더 알고 싶다면 다음을 참조한다. 스티븐 배철러(Stephen Batchelor), 『After Buddhism』(199쪽이 포함된 5장). 빨리어로 진리에 해당하는 단어, sacca가 어째서 **다르마**와 동의어가 아닌지 알려 준다.

31 **뉴로다르마라는 용어** : 좀 더 광범위하게는 **바이오다르마**라고 말할 수도 있다. 나 이외의 다른 사람들이, 자연적 원인과 그 설명이라는 얼개 속에서 불교적 개념과 방법론이 어떤 의미를 지니는지에 대한 탐구를 해 온 바 있다. 일반적인 의미에서, 이는 다르마라는 개념을 **도입하는** 것이라 볼 수도 있겠다. 그 예로 다음을 참고한다. 플래나간(Flanagan), 『보살의 뇌(The Bodhisattva's Brain)』. 다르마라는 말이 포함되는 다른 책들로 로이(Loy), 『과학이 우리를 구원하지 못할 때 불교가 할 수 있는 것(Ecodharma)』, 언급되지 않은 저자(들), 『Recovery Dharma』 Williams et al., 『Radical Dharma』, 그리고 Gleig, 『American Dharma』.

34 **단지 머리로만 하는 연습은 피하고** : 깨달음을 단지 과학적인 관점으로만 보는 것의 한계와, 서로 다른 전통들 속에서 깨달음이 어떻게 정의되고 있는지 분명히 아는 것이 중요하다는 내용의 괄목할 만한 논문으로 이것이 있다. Davis and Vago, "Can Enlightenment Be Traced?"

늘 발전 중인 구도의 방법

35 **각각의 개인은 (존재한다)** 내가 보는 관점은 경험들, 정보, 그리고 물질(여기에는 에너지가 포함됨다. $E = mc^2$)은 정말로 존재하지만, 그 존재의 본성상 무상하고, 혼합되어 있고, 상호의존적이기에, **본질적으로** "비어 있는" 존재라는 것이다. 앞으로 7장에서 볼 터이지만, 만물은 (예를 들어, 경험들, 정보, 그리고 물질) 존재한다…, 비어 있는 상태로 말이다. 사물이 오직 다른 사물에 의존해서야 존재할 수 있다는 사실이, 그것이 존재하지 않는다는 증거가 될 수는 없다.

돈오이자 점수

36 **천부적인(innate) 완전함** : 이들 두 가지 접근법의 핵심적 내용에 대한 탁월한 토론을 다음 책에서 발견할 수 있다. Dunne, 『Toward an Understanding of Non – dual Mindfulness』.

36 **"점차적인 수행…갑작스런 깨달음"** : 한국의 지눌 선사의 말씀으로부터 발췌했다. 또한 조셉 골드스타인(Joseph Goldstein)의 이야기를 들어보는 것도 좋다. "Sudden Awakening, Gradual Cultivation" at www.dharmaseed.org.

36 처음에는아무일도일어나지않았고 : Ricard, 『On the Path to Enlightenment』.

37 **"멀고도 험한 길이지만"** : 틱낫한, 『부디 나를 참이름으로 불러다오(Call Me by My True Names)』 Parallax Press, 2001.

37 **천부적인 이완 상태로 들어간다** : 뇌졸중이나 뇌진탕으로 손상 받지 않았거나, 신경 화학적으로 방해받지 않았다면.

있는 그대로 존재하고, 흘려보내고, 받아들이기

37 **세 가지 종류의 연습이 있다** : 포러스트 핸슨(Forrest Hanson)과 내가 쓴 책 『12가지 행복의 법칙(Resilient)』에서도 다루었다.

이 책을 사용하는 방법

43 **"가르침이 당신 안으로 들어오게 허용하라"** : 다음 책의 도입부에 나온다. 『꽃과 쓰레기(Understanding Our Mind: 50 Verses on Buddhist Psychology)』, Parallax Press, 2002.

44 **조건 지어지지 않음(unconditioned)에 대한 탐구** : 나 자신의 경우 일곱 번째 연습은 빨리어 경전과 대승 전통 양쪽을 모두 참고한 것이기도 하거니와 불교적 가르침에 국한되어 있지도 않다.

조건 지어지지 않음이란 빨리어 asankhata의 일반적인 번역이지만 그 완전한 의미에 대해서는 아직도 논쟁 중이다. 이는 또한 '짜이지 않음(unfabricated)'이라고 번역되거나 (타니사로 비구 https://www.dhammatalks.org/suttas/KN/Ud/ud8_3.html), '경도되지 않음(uninclined)'이라 번역되기도 한다(스티븐 베철러 『After Buddhism』).

내가 책에서 (다른 문장에서 쓰일 때와 달리 굵은 굴씨로 구분지어) **조건 지어지지 않음**이라고 쓸 때는, 문장 속에서의 맥락으로 암시되는 것을 의미하는 것이지 그 정확한 의미와 합당한 번역에 아직 논란이 있는 특정 빨리어 단어를 지칭하는 것이 **아니다**.

45 **당신은 내가 걸어온 길을 보게 될 것이고** : 예를 들면, dukkha(고통)와 piti(지복) 같은 핵심 빨리어 용어를 나만의 특정 번역으로 선택하고, 다른 이들이 번역한 것을 변형시켜 특정 본문에 요약해 집어넣는다든지, 몇몇 목록들의 순서들을 바꾼다든지 하는 것이다. 이들 선택에 대해 최대한 명시하려 노력했으니, 이에 대한 평가는 여러분들의 몫이다. 내가 참조한 것을 포함해, 다른 자료들도 보기를 권한다.

45 **이야기 될 만한 많은 다른 방법들** : 예를 들면, Gross, "Buddhism After Patriarchy", the fall 2019 issue of 〈Buddhadharma〉 그리고 Weingast, 『The First Free Women』.

45 **언급한 내용을 다시금 이 책에 쓴 것** : 이 장과 다음 장의 몇몇 자료는 다음의 에세이들에서 끌어다 쓴 것이다. 「Positive Neuroplasticity」, 『Advances in Contemplative

Psychotherapy』, 조 로지오(Joe Loizzo) 외. 「Neurodharma: Practicing with the Brain in Mind」, 『Buddhist Meditative Praxis: Traditional Teachings and Modern Applications』, 담마조티(K. L. Dhammajoti), Hong Kong: University of Hong Kong, 2015), 227 - 44. 「Mind Changing Brain Changing Mind: The Dharma and Neuroscience」, 『Exploring Buddhism and Science』, ed. C. Sheng 그리고 K. S. San, 그리고 「Seven Facts About the Brain That Incline the Mind to Joy」, 『Measuring the Immeasurable: The Scientific Case for Spirituality』 (Sounds True, 2008).

47 **내면에 깊이 뿌리박고 거기서 힘을 얻는 것** : 예를 들면, 몇몇 집중적인 명상 수행의 방법들을 보면 – 가령 서기 5세기 경 붓다고사(Buddhaghosa)가 지은 『청정도론(Visuddhimagga)』에서 제시하는 '통찰의 단계들' – 보다 깊은 깨달음의 전주곡으로서 일정 기간의 두려움, 비참함, 역겨움, 그리고 수행을 멈추고 싶은 욕망 등이 필히 예상된다고 한다.

그러므로 이들 경험에 대비한 외적 자원들을 갖는 것이 중요하다. 가령 숙련된 스승들과 자신을 뒷받침할 공동체들이 있다. 또한 내적 자원들도 중요한데, 여기에는 마음의 견실함, 평온함, 고통스러운 경험들도 본성상 '비어 있음'을 아는 통찰, 그리고 보다 큰 관점에서 자신이 여정의 어디쯤에 와 있는지에 대한 이해가 있겠다(A. Grabovac, 'The Stages of Insight'를 참조한다.)

이 책에서 집중적인 명상 훈련을 다루지는 않을 예정이지만, 어떤 자기계발 과정에서든 위험은 수반되기 마련이다. 특히 좀 더 취약한 사람들의 경우에는 말이다(물론, 자기계발을 하지 않는 것 또한 위험을 동반하는데, 가령 자기계발을 통해 획득한 어떤 자질로 인해 특정 상황에 충분히 대응할 수 있었을지도 모를 가능성이 있지만, 이들 위험은 일반적으로 언급되지 않는다.)

어떤 위험이 있을지 확실하지는 않지만, 연습 중 실제로 일어날 수 있는 도전들을 관리하기 위해, 우리는 내적인 그리고 외적인 자원들에 의지하며, 여기서의 초점은 내적인 자원들을 계발하는 것에 맞추어져 있다. 연습이 깊어짐에 따라, 만일 성가신 경험들을 실제로 마주치게 된다면, 정통한 스승을 만나보거나 전문치료사에게 도움을 구한다. 유용한 제안들이 수록된 좋은 책들 또한 있다. 가령 쿨라다사(Culadasa) et al., 『비추는 마음 비추인 마음(The Mind Illuminated)』.

48 **우울, 심리적 상처, 해리 같은 정신적 과정** : Lindahl et al., "The Varieties of Contemplative Experience" 윌로우비 브리튼은 이 주제에 대한 연구를 선도하는 학자이다. https://vivo.brown.edu/display/wbritton#.

2장 마법의 베틀

51 **"선함을 가벼이 생각지 말지니"** : 아차리아 부다라키타(Acharya Buddharakkhita)의 번역에서 차용. https://www.accesstoinsight.org/tipitaka/kn/dhp/dhp.09.budd.html.

52 **연결점은 수백조 개에 달한다** : 또 다른 수천억 개 또는 그 이상의 지지 세포들 중에.

52 **마법의 베틀로 짜여진다** : Hansotia, "A Neurologist Looks at Mind"

고통 그리고 행복

53 **여기 고통이 있고** : 이는 빨리어 단어 dukkha의 흔한 번역이다. 다른 번역으로 다음이 포함된다. '긴장', '불만족', '미흡함'.

54 **"통증(pain)은 피할 수 없지만, 고통(suffering)은 선택이다"** : 나는 이 말의 출처를 찾을 수 없었다. 다음을 보라. https://fakebuddhaquotes.com/pain-is-inevitable-suffering-is-optional.

54 **거기에는 원천이 있다. '갈망'** : 빨리어 tanha 를 대개 이것으로 번역한다. 다른 번역으로 '매달림'과 '집착'이 있다. 이 주제에 대한 스티븐 배철러의 접근법을 참고하라. "Turning the Wheel of Dhamma" beginning p. 18, at https://www.stephenbatchelor.org/media/Stephen/PDF/Stephen_Batchelor-Pali_Canon-Website-02-2012.pdf. 일반적으로, 빨리어 경전에 있는 핵심 문헌들의 이 모음집 또한 가치가 있다.

54 **네 번째 고귀한 진실(은 수행방법을 기술한다)** : 이 수행법을 팔정도라고 한다. 지혜로운(때로 '올바른'이라 번역) 관점, 의도, 말, 생계, 행위, 노력, 마음챙김, 그리고 집중이다.

54 **이 약속을 실현시키기 위한** : 네 가지 고귀한 진실에 대해 생각해 볼 때, 붓다께서는 다음과 같이 비유했다. 의사가 환자를 볼 때 (1) 병을 확인하고 - 고통 (2) 그 원인을 진단하고 - 갈망 (3) 치료법을 밝히고 - 갈망의 멈춤 (4) 일련의 처방을 내린다 - 팔정도. 아날라요, 『붓다의 영적 돌봄(Mindfully Facing Disease and Death)』, pp. 9 - 10.

54 **이들 네 가지 진실** : 이들 주제에 대해서는 다양한 접근법이 존재한다. 거기에는 애초에 이 네 가지가 '진실'이라고 칭할 만한지에 대한 논쟁도 포함된다. 도발적이고 엇나가는 관점들에 관심이 있다면 다음을 참조하라. https://tricycle.org/magazine/the-far-shore/ 그리고 https://tricycle.org/magazine/understand-realize-give-develop. 특히, 스티븐 배철러의 책 『After Buddhism』을 읽어보길 권한다. 아주 비범한 책이다.

때로 스스로 자문해 보는 것이 유용하다. 가령 "갈망은 고통으로 귀착된다."라는 진술이 과연 진실인지 추상적으로 샅샅이 살펴볼 가치가 있는지, 또는 경험적인 조사를 진행할 만한 가치가 있는지 말이다. 무엇인가가 실제로 주목할 만한 것인지 (즉, 진실인지) 여부는 당연히 실제 적용할 수 있는가에 달려 있다. 사막에서 오아시스가 눈에 밟힐지 여부는 지금 목이 말라 애타게 그것을 찾아다니는지 여부에 달려 있다. 그럼에도, 이 책에서는 연습 자체만 강조한다. 반복을 피하기 위해, 앞으로 대부분의 진술에 앞서 그것을 경험적으로 탐구해 보라는 권유는 생략하고자 한다. 하지만 언제나 암묵적으로 권유하고 있다고 여기라.

55 **"행복한 자"**: 디나 니까야 16, 여러 곳에서 언급.

자연스러운 마음

56 **수십억 년에 걸친 생물학적 진화**: 최신 지견으로, 생명이 지구에 출현한 지는 적어도 35억 년이 되었을 것으로 추산한다. https://en.wikipedia.org/wiki/Earliest_known_life_forms.

56 **뇌세포들은 고유한 방식으로"**: 캔델(Kandel), 『기억을 찾아서(In Search of Memory)』, p. 59. 또한 Grossenbacher, "Buddhism and the Brain" 2006, p. 10. "뇌는, 세포 상호간 의사소통의 일환으로 일어나는 뉴런들 사이의 교신과 역동적인 정보처리 과정 덕택에 기능한다. 뉴런의 원칙적인 [원문 그대로이다] 기능은 다른 세포의 활동에 영향을 미치는 신호를 생산하는 것이다."

56 **"…전기적 신호 교환은"**: 캔델(Kandel), 『기억을 찾아서(In Search of Memory)』, p. 74.

57 **"…모든 동물은 모종의 형태로"**: 같은 책, p. 108.

57 **사령부라 할 수 있는 것이 뇌**: 내가 신경계, 특히 뇌에 초점을 맞추는 것은 몸의 다른 부위 또는 일반적으로 생명의 역할이 없다거나 축소하려는 의도가 결코 아니다. 몸의 많은 기관들이 신경계에 영향을 미친다. 예를 들면, 장관 내 미생물과 다른 소화기계 인자들이 기분과 의식의 다른 면들에 영향을 미친다. 몇몇 염증 반응 과정들(특정 종류의 사이토카인이 관여하는 등의) 또한 기분에 영향을 미친다. 정확히 몸이, 콕 찍어서 뇌가 어떻게 인간 존재 ─또는 고양이─ 의 경험들을 만들어 내는지는 아직 불분명하다. 이는 난해하고 아직 답이 없는 문제임은 분명하다. 다음을 참조하라. Thompson, 『Waking, Dreaming, Being』.

과학자들은 우리 경험과 신경 간의 **연관성**을 이야기하지만, 이조차 정확히 이해된 것은 아니다. 예를 들면, 뇌의 구조와 처리 과정은 극도로 복잡해서, 연구에서 발견된 어떤 기능의 위치 선정은 애초에 두루뭉술한 근사일 뿐이다. 이는 마치 프랙탈 그림을 보는 것 같다. 가까이 볼수록, 점점 더 복잡해진다. 이에 대한 예로 다음을 참조한다. Christoff, "Specifying the Self"

또한, 신경계 안 정보처리의 많은 부분은 우리가 직접적으로 의식하지도 못한 채 일어나고 있다.

57 **이것이 정보의 패턴들로 해석되어** : Tononi et al., "Integrated Information Theory" p. 450.

57 **아직은 모른다** : Koch et al., 『Neural Correlates of Consciousness』, p. 307.

57 **뇌가 작동하는 것** : 예를 보고 싶다면 다음을 참조한다. Panksepp, 『Affective Neuroscience』, Porges, 『The Polyvagal Theory』 그리고 Decety and Svetlova, "Putting Together Phylogenetic and Ontogenetic Perspectives"

57 **신경 활동에 달려 있다** : 확실히, 신경 활동과 정신 활동 간의 연결에 대한 연구는 복잡하고 어렵다. 몇몇 핵심 이슈들에 대한 탐구를 위해 다음을 참조한다. Fazelpour and Thompson, "The Kantian Brain" 이들 연구에 두 명의 선구자들이 있으니 프란시스코 바렐라(Francisco Varela)와 에반 톰슨(Evan Thompson)이다. 다음을 참조한다. Varela, "Neurophenomenology: A Methodological Remedy" 그리고 Thompson, "Neurophenomenology and Contemplative Experience"
마음과 뇌 사이의 관계에 대해 완전히 파악하려면 양자물리학의 도움을 받아야 할는지도 모른다. 여기에는 뉴런들 간의 상호작용에 대해 의식이 양자 수준에서 영향을 미칠지도 모른다는 가능성이 포함된다. 다음을 참조하라. Schwartz et al., "Quantum Physics in Neuroscience and Psychology" 그리고 Tarlaci, "Why We Need Quantum Physics"

57 **1350그램짜리 두부 같은 조직** : 신경학자 리처드 멘디우스(Richard Mendius)의 비유이다.

57 **신경 활동의 흐름이다** : Tononi et. al., "Integrated Information Theory" p. 450.

마음은 뇌를 바꾸고 뇌는 마음을 바꾼다

58 **상태(states)는 점진적으로 신경계라는 하드웨어에 내장되어** : 예를 보고 싶다면 다음을 참조한다. Ott et al., "Brain Structure and Meditation"

신경가소성의 원리

59 **존재하는 시냅스 연결** : Clopath, "Synaptic Consolidation" 그리고 Whitlock et al., "Learning Induces Long-Term Potentiation"

59 **개별 뉴런들의 흥분감도** : Oh et al., "Watermaze Learning Enhances Excitability"

59　(후생적 효과): Day and Sweatt, "Epigenetic Mechanisms in Cognition" Szyf et al., "Social Environment and the Epigenome"

59　새로운 연결들 생성: Matsuo et al., "Spine-Type-Specific Recruitment" 그리고 Löowel and Singer, "Selection of Intrinsic Horizontal Connections"

59　새로운 뉴런들이 탄생: Spalding et al., "Dynamics of Hippocampal Neurogenesis" Kempermann, "Youth Culture in the Adult Brain" 그리고 Eriksson et al., "Neurogenesis in the Adult Human Hippocampus"

59　특정 영역들의 활동도: Davidson, "Well-Being and Affective Style"

59　특정 신경 네트워크들을 재형성시킴: Martin and Schuman, "Opting In or Out"

59　신경교세포(glial cells)들을 바꿈: Underwood, "Lifelong Memories May Reside"

59　세로토닌과 같은 신경화학물질들: Hyman et al., "Neural Mechanisms of Addiction"

59　향신경(neurotrophic) 인자들의 증가: Bramham and Messaoudi, "BDNF Function"

59　해마체(hippocampus)와 두정엽(parietal) 피질: Brodt et al., "Fast Track to the Neocortex"

59　"사건을 반복함": Grosmark and Buzsáki, "Diversity in Neural Firing Dynamics" 그리고 Karlsson and Frank, "Awake Replay of Remote Experiences"

60　피질(cortex) 내의 장기 저장소: Nadel et al., "Memory Formation, Consolidation"

60　해마체와 피질의 배열조화: Sneve et al., "Mechanisms Underlying Encoding"

60　(피질 내) 학습의 전반적 고착화(consolidation): Paller, "Memory Consolidation: Systems"

60　서파수면 및 렘수면: Hu et al., "Unlearning Implicit Social Biases" 그리고 Cellini et al., "Sleep Before and After Learning"

60　2 + 2 = 4 만큼 단순한 개념: 이들 뉴런들 중 일부는 같을지 몰라도, 많은 경우 다를 것이다.

60　마음은 인과적 힘을 갖는다: Tononi et al., "Integrated Information Theory" p. 450.

61　마음은 뇌를 쓴다: 다음 책을 참조한다. 시겔(Siegel), 『마인드풀 브레인(The Mindful Brain)』. 댄은 왕성하게 활동 중인 명석한 작가이자 선생이다. 그의 최근 책 『알아차림 (Aware)』도 참조한다.

명상으로 뇌를 바꾸기

62　마음챙김이 뇌를 바꾸는 어떤 효과: 최신 지견을 위해 다음을 참조한다. Brandmeyer et al., "The Neuroscience of Meditation"

62 **(뒤쪽의) 후 대상피질**: Creswell et al., "Alterations in Resting-State Functional Connectivity"

62 **기저상태회로**: 6장의 같은 내용을 참조한다.

62 **편도체(amygdala)에 대한 더 강력한 하향식 지배력**: 뇌간 위 대부분의 뇌 부위는 쌍으로 이루어진다. 편도체도 두 개, 해마체도 두 개, 대상엽도 두 개 등등. 하지만 그것들을 말할 때 관습적으로 하나인 것처럼 말한다. 여기서 나도 그렇게 한다.

62 **신경/호르몬의 스트레스 반응을 촉발**: Kral et al., "Impact of Short - and Long-Term Mindfulness Meditation"

63 **해마 조직이 늘어나며**: Höolzel et al., "Investigation of Mindfulness Meditation Practitioners"

63 **스트레스 호르몬인 코티솔(cortisol)이 더 적게**: Tang et al., "Short-Term Meditation Training"

63 **신경조직이 점점 더 두꺼워진다**: Lazar et al., "Meditation Experience Is Associated"

63 **뇌섬엽(insula)이라는 부위의 조직도 증가**: 앞의 논문.

63 **좌우 반구**: 엄밀히 말하자면, 피질의 좌우 반구이다.

63 **언어와 이미지, 논리와 직감**: Fox et al., "Is Meditation Associated with Altered Brain Structure?"

63 **대개 빠른 회복**: Lutz et al., "Altered Anterior Insula Activation"

63 **감마파**: Lutz et al., "Long-Term Meditators Self-Induce" 고조된 감마파 활성은 수면 중에도 발견된다. Ferrarelli et al., "Experienced Mindfulness Meditators"

63 **실체인 대뇌피질에서 광범위한 영역**: '광범위한 영역(cortical real estate)'이라는 표현은 샤론 베글리(Sharon Begley)의 훌륭한 책 『달라이 라마, 마음이 뇌에게 묻다(Train Your Mind, Change Your Brain)』에서 나온 것이라고 안다.

63 **학습 능력 강화**: Uhlhaas et al., "Neural Synchrony"

63 **의도적인 자기-규율의 상태로부터**: Josipovic and Baars, "What Can Neuroscience Learn?"

64 **초월명상**: Mahone et al., "fMRI During Transcendental Meditation"

64 **기독교**: Newberg et al., "Cerebral Blood Flow"

64 **이슬람**: Newberg et al., "A Case Series Study"

64 **자비 및 친절 명상**: Hofmann et al., "Loving-kindness and Compassion Meditation"

64 **등등의 수련**: Cahn and Polich, "Meditation States and Traits"

64 **연구도 시간이 지남에 따라 개선**: 세상에는 많은 종류의 명상이 있고 그보다 더 많

은 종류의 정신적 훈련법이 존재한다. 그리고 그것들이 뇌에 미치는 영향이 서로 미묘하게 다를 것이란 점에는 이론의 여지가 없다. 다른 요소들 역시 틀림없이 어떤 역할을 할 터인데, 가령 개인적 기질, -태생적으로 더 고요한 사람이 애초에 명상에 매력을 느낄 가능성이 많다- 공동체, 관련된 종교적 배경, 문화, 그리고 도덕적 목적 등이 있겠다.

64 **감정 조절, 그리고 자기 감지** : Höolzel et al., "How Does Mindfulness Meditation Work?"

64 **지속적인 장기간의 수행은** : 골먼(Goleman) 그리고 데이비슨(Davidson), 『Altered Traits』.

64 **감사, 이완, 친절** : 예를 들면 다음을 참조. Baxter et al., "Caudate Glucose Metabolic Rate Changes" Nechvatal and Lyons, "Coping Changes the Brain" Tabibnia and Radecki, "Resilience Training That Can Change the Brain" Lazar et al., "Functional Brain Mapping" and Dusek et al., "Genomic Counter-Stress Changes"

64 **마음은 그 형태를 취한다** : 나는 이 말을 제임스 바라즈(James Baraz) 선생님으로부터 들었다. 맛지마 니까야 19. "자주 떠올리고 생각하는 것이면 무엇이든, 마음의 성향이 된다."

64 **당신의 뇌가 스스로의 형태를 취함** : 뉴런들 사이의 연결과 신경화학물질들의 분비 경향성을 포함한다.

64 **당신이 주의를 두는 바에 따라** : McGaugh, "Memory"

3장 마음을 견실하게 하다

77 **강을 따라 내려갈 때** : 두 사람의 번역을 참조했다. 존 아일랜드(John Ireland). https://www.accesstoinsight.org/tipitaka/kn/snp/snp.2.08.irel.html. 그리고 타니사로 비구(Thānissaro Bhikkhu) https://www.dhammatalks.org/suttas/KN/StNp/StNp2_8.html.

77 『**숫타니파타(Sutta Nipata)**』 **2.8** : 빨리어 Sutta는 산스크리트어 Sutra와 동의어이다. 종교적으로 중요한 문헌, 곧 경(經)이다.

집중의 힘

79 **미덕** : 때로 도덕률 또는 규제로 번역된다.

79 **미덕, 지혜 – 그리고 집중** : 빨리어로 sila, panna, samadhi. 이들 수행의 세 기둥을

필요할 때면 언제나 꺼낸다. 또한 천천히 계발할 수도 있다.

79 **초점을 만들어 해방의 통찰을 기른다**: 여기서는 초점을 사마디(samadhi)에 두는 것이다. 다른 면으로는 문제가 되는 경향성들을 정화하는 것, 마음의 이로운 자질들을 강화하여 점점 순도가 높은 형태로 만들기, 의식의 비일상적 상태가 있다.

79 **예리한 칼은 통찰**: 빨리어로 Vipassana.

79 **튼튼한 몽둥이가 집중**: 빨리어로 samatha. 마음을 견실하게, 통합되게, 집중되게 만드는 고요한 머묾이라는 의미이다.

79 **선정(jhanas)이라고 부르는**: 이 약식 묘사는 다음의 번역들을 참조한 것이다. 앤드류 올렌즈키(Andrew Olendzki), http://nebula.wsimg.com/bb54f2da6f46e24d19153 2b9ca8d1ea1?AccessKeyId=EE605ED40426C654A8C4&disposition=0&allow origin=1), 비구 보디(Bhikkhu Bodhi), 『In the Buddha's Words』, 그리고 헤네폴라 구나라타나(H. Gunaratana), "A Critical Analysis of the Jhānas in Theravāda Buddhist Meditation" Ph.D. diss., American University, 1980 (http://www.buddhanet.net/pdf_file/scrnguna.pdf).

핵심 단어들의 올바른 번역에 대해서는 몇몇 이견이 존재한다. 다음을 참조한다. 레이 브래싱톤(Leigh Brasington)(http://www.leighb.com/jhana_4factors.htm), Shaila Catherine (http://www.imsb.org/wp-content/uploads/2014/09/FiveJhanaFactors.pdf), 그리고 비구 아날라요(Bhikkhu Anālayo), 『명상가 붓다의 삶(A Meditator's Life of the Buddha)』.

특히 브래싱톤과 다른 이들은 '적용되어 지속되는 주의'(빨리어로 vitakka와 vicara)보다는 '생각과 검토'라고 번역함이 더 낫다고 여긴다.

80 **선정은 신비적이라기보다 심리학적인 용어로 묘사된다**: 심리학적 현상이라면, 분명 신경과 연관성이 있을 것으로 추정된다. 예를 들면, 레이 브래싱톤은 그의 가설을 여기에서 제공한다. http://www.leighb.com/jhananeuro.htm.

80 **'정지(cessation)'로 들어간다**: 레이 브래싱톤이 (사적으로) 친절하게 지적해 준 바에 따르면, 똑같은 영어 단어 cessation이 빨리어 경전에서는 여러 개의 의미와 용처로 사용된다고 한다. 여기서 내가 사용하는 의미는 일상적 의식의 종말, 정지로서 열반으로의 일종의 전이를 가능케 하는 것이다.

81 **정통한 스승의 인도**: 선정에 대해 더 알고 싶다면, 다음 스승들의 명상수련회와 책들을 권한다. 레이 브래싱톤(Leigh Brasington), 티나 라스머센(Tina Rasmussen), 스티븐 스나이더(Stephen Snyder), 샤일라 캐서린(Shaila Catherine), 그리고 리차드 샹크만(Richard Shankman).

81 **수많은 수련의 날들**: 전형적으로 명상 수련의 강력한 기반 또한.

불안정한 주의력

82   **"우리는 건망증의 시대를 살고 있다"** : 틱낫한(Thich Nhat Hanh), 『꽃과 쓰레기 (Understanding Our Mind: 50 Verses on Buddhist Psychology)』, Parallax Press, 2002, ch. 42, p. 208.

83   **"원숭이의 마음"** : 전통적으로 쓰이는 비유이다.

길러 내기

84   **길러 내기** : 이 단원은 나의 책 『행복 뇌 접속(Hardwiring Happiness)』에서 길게 논의되었던 내용의 요약이다.

84   **내면에 길러진 소양** : 고대의 가르침 이야기들로부터 현대의 심리학적 연구에 이르기까지, 인내심과 안전한 애착 같은 내적 자원의 배양은 매우 가치 있다 여겨졌다. 예를 들면 붓다께서는 다음의 **깨달음의 요소**들을 개발할 것을 독려했다. 마음챙김, 검토, 에너지, 지복, 평온, 집중, 그리고 평정이다. 이들 중 그 어느 것도 동화 속에 나올 법한 비현실적인 것은 없다. 각각 시간을 들여 길러 낼 수 있는 것이다.

85   **체계적인 훈련** : 달라이 라마(Dalai Lama) 그리고 하워드 커틀러(Cutler), 『달라이 라마 행복론(The Art of Happiness)』, p. 44.

뇌 안에서의 배움

85   **개발하고 싶은 것을 경험한다** : 대부분의 배움은 경험과 함께 시작된다. 가령 생각, 지각(감각을 포함해서), 감정, 욕망, 또는 행동의 느낌.

85   **지나가 버리는 상태들을 지속되는 특성(traits)으로 바꾸는 것** : 마음챙김 훈련 중의 이 과정에 대한 예를 원한다면 다음을 참조한다. Kiken et al., "From a State to a Trait"

86   **지속되는 얻는 바가 거의 없다** : 한 연구에서, 실험 조치에 대한 반응의 **평균 자체**는 대조군에 비해 유의미하게 증가하였지만, 실험군에 속한 많은 사람들에서 어떤 방법으로 측정해도 별다른 얻는 바가 없었다. 또는 경험적 상태는 점점 더 나아지고 있음에도 불구하고 상태에서 특질로 이행되는 비율은 그대로였다. 예를 들면, 지난 수십 년간 많은 새로운 개념들과 방법들이 정신치료에 도입되었지만, 치료 결과에 유의미한 개선이 이루어졌다거나 해당 질환의 이환율이 감소했다는 분명한 증거는 없다. 다음을 참고한다. Johnsen and Friborg, "The Effects of Cognitive Behavioral Therapy" 그리고 Carey et al., "Improving Professional Psychological Practice"

자신을 치유하기

Hypothesis" 그리고 Tully and Bolshakov, "Emotional Enhancement of Memory"

90 **유익한 것에 더욱 민감해지도록** : 예를 들면, 어떤 사람들은 유독 긍정적인 환경의 영향을 더 많이 받는다. 이들 개인적 차이는 부분적으로 후천적일 수 있다. - 오직 물려받거나, 타고났거나, 유전적인 요소만 영향을 미친다기보다 - 정신적인 훈련이나 기타 경험들에 의해서 말이다. 최근의 지견들을 참고하려면 다음을 보라. Moore and Depue, "Neurobehavioral Foundation of Environmental Reactivity"

90 **"가지를 늘 푸르게 유지하라"** : 이 표현은 노자의 것이거나 아니면 단순히 중국 속담일 수 있으나 출처를 찾을 수는 없었다.

90 **비구** : 승려를 지칭하는 빨리어 단어.

90 **아날라요** : 아날라요(Anālayo), 『명상가 붓다의 삶(A Meditator's Life of the Buddha)』, p. 29.

제자리 찾기

91 **이는 장소 기억(place memory)이 가능해졌다는 의미** : Quiroga, "Neural Representations Across Species"

91 **이 안전한 곳을 기반으로 삶에 뛰어들 수 있다** : '안전한 기반'이라는 용어는 애착 이론에서 특정한 의미를 갖는다. 여기서는 좀 더 넓은 의미로 사용하는 것이다.

견실한 마음의 다섯 요소
연습의 토대

96 **자신은 물론 다른 이들의 이로움을 위해** : 좀 더 정식으로 말하자면, 누군가의 수행에서 "그 공덕을 회향한다(dedication of merit)."라고 표현한다. 예를 들면, https://www.lionsroar.com/how-to-practice-dedicating-merit.

96 **집중할 특정 대상을 만드는 것** : 때로 이것을 집중의 '닻'이라고 표현한다.

96 **열린 의식(open awareness)** : 때로 '열린 주시'라고 한다.

97 **의식 자체를 경험하는 셈이다** : 다이애나 윈스턴 선생님(Diana Winston)은 이를 "자연스러운 의식"이라 부른다. 다이애나 윈스턴(Winston), 『The Little Book of Being』.

98 **이들 영역의 신경 활동 또한 줄어든다** : 1장에서도 언급되었다.

의도의 확립

99 **숨을 내쉴 때는 내쉬는 것에 마음을 둡니다** : 이것과 그 외 몇몇 제안들은 『입출식념경(Anapanasati Sutta)』에서 차용한 것들이다.

된다. 주의를 기울이고 유지하는 것 또한 선정의 요소이고, 여기에 하나로 모아진 마음이 포함된다. 규칙적인 명상 수행에서, 수행이 깊어짐에 따라 지복과 일심의 상태를 경험할 가능성은 얼마든지 있다. 이들 요소는 자체로 선정은 아니지만, 나의 경험상 말하건데 그것들은 좋은 기분을 느끼게 하고 마음을 견실하게 하는 데 도움이 된다.

4장 가슴을 따듯하게 하다

109 **"선의를 지닌 채"** : 이것은 『자애경』(숫타니파타 1.8)의 일부를 조금 다르게 표현한 것이다. 아래쪽에 좀 더 전체로 등장한다.

111 **"지혜롭다 할 수 없다"** : 다음의 번역에서 가져왔다. 아차리아 부다라키타(Acharya Buddharakkhita) https://www.accesstoinsight.org/tipitaka/kn/dhp/dhp.19.budd.html and 타니사로 비구(Thānissaro Bhikkhu), https://www.dhammatalks.org/suttas/KN/Ud/ud8_3.html.

111 **연민, 친절함, 그리고 타인의 행복** : 평정과 함께, 이것들은 **사무량심**(Brahmaviharas, 때로 측정할 수 없는 것들이라 칭한다.)이라고 한다. 이는 고양된 존재의 거처인 동시에 수행을 통해 우리 모두에게 열려 있다.

112 **자비와 친절을 함양** : Birnie et al., "Exploring Self-Compassion" Boellinghaus et al., "The Role of Mindfulness" 그리고 Fredrickson et al., "Positive Emotion Correlates"

112 **연관은 있으나 뚜렷이 구분되는 신경망(networks)** : Mascaro et al., "The Neural Mediators of Kindness-Based Meditation" 그리고 Engen and Singer, "Affect and Motivation Are Critical"

112 **육체적 즐거움의 경험들을 만들어 내는 데 도움을 주는 뇌의 영역들** : Lieberman and Eisenberger, "Pains and Pleasures of Social Life" 그리고 Eisenberger, "The Neural Bases of Social Pain"

112 **신경 보상 센터를 자극** : 여기에 피질하부의 **기저핵**(basal ganglia)에 위치한 **미상핵**(caudate nucleus)과 **복부선조체**(ventral striatum)가 포함된다. 이 주제에 대해 알아보려면 다음을 참조한다. Tabibnia and Lieberman, "Fairness and Cooperation Are Rewarding" 좀 더 일반적인 내용으로는 다음을 참조한다. Decety and Yoder, "The Emerging Social Neuroscience"

112 **육체적 아픔과 관련된 동일한 신경망** : Lieberman and Eisenberger, "Pains and

Pleasures of Social Life" 그리고 Eisenberger, "The Neural Bases of Social Pain"

112 **신경계에 각인되어야 한다** : Lippelt et al., "Focused Attention, Open Monitoring" 그리고 Lee et al., "Distinct Neural Activity"

112 **안와 전두 피질(orbitofrontal cortex)** : 그 외 영역으로 복부선조체가 있다. Engen and Singer, "Compassion-Based Emotion Regulation"

112 **낯선 사람의 얼굴을 쳐다볼 때 자신의 얼굴을 볼 때** : Trautwein et al., "Decentering the Self?"

113 **이는 타인에 대한 공감에 관련된다** : Leung et al., "Increased Gray Matter Volume"

자비와 친절

114 **자비란 존재가 고통 받지 않기를** : 여기서 내가 의미하는 자비의 좀 더 완전한 정의를 내려 보자면, 고통을 공감하고, 그 고통에 대해 자비심을 내고, 할 수 있다면 그것을 해소하려는 욕망을 내는 것이다. 배경 지식을 위해 다음을 참조한다. Gilbert, "The Origins and Nature of Compassion Focused Therapy"

114 **그들이 행복하기를 바라는 것이다** : 샤론 샐즈버그(sharon Salzberg), 『행복을 위한 혁명적 기술, 자애(Lovingkindness)』.

선의(Good Will)

114 **건전한 욕망** : 빨리어로 Chandha.

115 **뇌에서 다루는 부위가 각기 다르다** : Berridge and Kringelbach, "Pleasure Systems in the Brain"

달콤한 헌신

115 **메타(metta)를 주로 친절함으로 번역** : 종종 '자애심'으로 번역한다. 이 중요한 경전 『숫타니파타』 1.8의 전체 번역을 위해, 레이 브래싱톤은 무려 열아홉(!!) 개의 자료들을 검토하였다. http://www.leighb.com/mettasuttas.htm. 경전의 언급된 부분은 이 웹사이트의 번역으로부터 가져왔다. 특히 비구 보디와 타니사로 비구의 것을 중심으로 하였다.

고귀하게 만듦 기르기

117 **고귀한 자들의 진실(Truths of the Noble Ones)** : "Understand, Realize, Give Up, Develop: A Conversation with Stephen Batchelor, Christina Feldman, and

Akincano M. Weber" Tricycle, fall 2017, https://tricycle.org/magazine/understand-realize-give-develop.

117 **생각, 말, 그리고 행함의 의도** : 리처드 곰브리치(Richard Gombrich), 『곰브리치의 불교 강의(What the Buddha Thought)』.

117 **네 가지 고귀하게 만드는(Ennobling) 진실들** : 이들 진실들이 '고귀하게 만드는' 잠재력을 갖는다는 점에 대해 비구 아날라요도 비슷하게 지적한 바 있다. 아날라요 (Anālayo), 『명상가 붓다의 삶(A Meditator's Life of the Buddha)』, p. 143.

118 **탄력성, 건강한 인간관계, 그리고 영적인 수행** : 그 예로 다음을 참조하라. Sin and Lyubomirsky, "Enhancing Well-Being" 물론, 마음을 은근슬쩍 부추기는 – 아프거나 해로운 것은 그냥 흘려보내고, 즐겁고 유익한 것은 자연스레 흘러들어 오도록 하는 – 것은 단지 수행의 일부일 뿐이다. 대부분의 시간, 우리는 단순히 존재할 뿐.

모든 이를 위한 선한 소망

119 **당신에 반하는 적** : 때로는 '까다로운(difficult)' 사람이라 부른다. 내 친구 하나는 이 용어가 **선천적으로** 까다로운 누군가를 암시할 수도 있음을 지적했다. 그녀가 다른 용어를 쓸 것을 권했고, 그에 따라 내가 선택한 것이 반하는(challenging)이다.

119 **"진정 삶은 행복하리"** : 아차리아 붓다라키타의 번역에서 차용, https://www.accesstoinsight.org/tiptaka/KN/dhp.15.budd.html.

떳떳함의 축복

122 **당신의 아들 라훌라도 어느덧 어린 승려로서 수행에 참가** : 여기에는 중요한 뒷이야기가 있다. 우리가 아는 한, 나중에 붓다가 될 그 사람은 약 2,500년 전 북인도에서 자랐다. 그가 스물아홉 정도 되었을 무렵, 그의 아내 야소다라는 첫 아이를 낳았고, 바로 이 무렵 그는 출가하여 방랑 수도승이 되었다. 달리 방법이 없었던 것이다. 붓다의 수행의 길은 자신의 가족을 떠나면서 시작된다. 우리는 이를 현대의 기준에서, 그리고 당시의 기준에서 모두 고려해 볼 수 있다. 나는 그가 고심 끝에 자신의 선택을 정하는 한 인간으로 보이고, 바로 그 점이 그를 인간적으로 만들고 그의 가르침에 더욱 풍부한 느낌을 더하고 있다고 생각한다.

122 **경에 이르길** : 맛지마 니까야 61.

122 **"…깊은 통찰을 얻으려면"** : 텐진 빠모(Tenzin Palmo), 『텐진 빠모의 마음공부(Reflections on a Mountain Lake)』, p. 45.

123 **"지금 이 순간 사랑하고"** : Larry Yang, from "In the Moments of Non-Awakening"

〈Buddhadharma〉, spring 2019, p. 95. 강조를 위해 내가 조금 손을 보았다.

123 **미주 신경 복합체**(vagus nerve complex) : Porges and Carter, "Polyvagal Theory and the Social Engagement System"

123 **뇌간**(brain stem)**에서 시작하고** : 특히, 연수(medulla).

124 **더 쉽게 자신을 통제할 수 있게 된다** : 그리고 앞선 장에서 보았듯, 가슴을 따뜻하게 만드는 것 또한 옥시토신 활성을 높여, 두려움-기반의 반응을 진정시키는 효과를 보인다.

125 **"깨닫지 못하는 이들이 있다"** : 다음 번역에서 발췌. 아차리아 부다라키타(Acharya Buddharakkhita) https://www.accesstoinsight.org/tipitaka/kn/dhp/dhp.01.budd.html.

타인을 해치지 않기 -그리고 당신도

125 **팔정도에서 얘기하는 아래 실질적인 지침** : 나는 이것들을 빨리어 경전 속 다양한 구절들로부터 취합하고 요약해 만들었다. 이는 저 높은 곳으로부터 전해진, 어기면 죄가 될 계명이라기보다 우리가 해 나가야 할 훈련으로서 짜인 것이다.

우리는 어떤 식으로 스스로에게 상처 주는가

126 **아래 첫 번째 질문을 자신에게 던진다** : 이들 질문은 지혜로운 행위를 위주로 만들어졌으며, 거기에 다섯 가지 계율에 반하지 말라는 추가적인 경고가 포함된다.

베푸는 마음

127 **냉혹한 말투를 격려하고 칭찬하는 것으로 바꿀 수도 있다** : 틱낫한은 그의 다섯 가지 마음챙김 훈련 방법을 통해 이에 대한 아름답고 강력한 접근법을 개발해왔다. https://www.learnreligions.com/thich-nhat-hanhs-five-mindfulness-trainings-449601.

128 **그 흔적이 우리 유전자에 각인되어 있다** : 예를 보고 싶다면 다음을 참조한다. Trivers, "Evolution of Reciprocal Altruism" 그리고 Bowles, "Group Competition, Reproductive Leveling"

128 **"사람들도 안다면"** : 다음의 번역이다. 존 아일랜드(John Ireland), https://www.accesstoinsight.org/tipitaka/kn/iti/iti.1.024-027.irel.html.

128 **조금만 더 관대하게 대한다** : 물론, 이것이 **병적인 이타주의**(pathological altruism)로 가라는 의미는 아니다. 자신에게 해를 입히는 방법으로 남을 위하거나 다른 사람들에게 부적절한 의존성이 생기도록 하면 안 된다는 말이다. 그 예로 다음을 참조한다. 바

바라 오클리(Barbara Oakley) 외, 『Pathological Altruism』.

자기-연민

130 **새로운 것을 의욕적으로 시도하고 자신만만해진다** : 이에 대해 상세히 살피고 실용적인 제안들을 듣고 싶다면, Bluth and Neff, "New Frontiers" Neff and Dahm, "Self-Compassion: What It Is" Neff, 『Self-Compassion: The Proven Power』, 크리스토퍼 거머(Christopher K. Germer), 『오늘부터 나에게 친절하기로 했다(The Mindful Path to Self-Compassion)』, Allen and Leary, "Self-Compassion, Stress, and Coping" 그리고 Germer and Neff, "Self-Compassion in Clinical Practice"

130 **사사건건 너무 사적인 것으로 받아들인다** : 자비-집중 치료의 창시자인 폴 길버트(Paul Gilbert) 교수의 뛰어난 작품을 보라. "Introducing Compassion-Focused Therapy" 그리고 『자비중심치료(Compassion Focused Therapy: Distinctive Features)』.

130 **보편적 인간성(common humanity)이라는 느낌** : 크리스 거머와 크리스틴 네프(Kristin Neff)가 이를 강조해 왔다.

131 **"균열은 모든 것에 존재한다"** : Leonard Cohen, 'Anthem', The Future(앨범), Columbia Records, 1992.

자기 연민의 연습

132 **마음챙김 자기-연민 프로그램** : https://centerformsc.org.

한 명도 빠짐없이

135 **대개 그 구성원은 수십 명 정도였다** : Hill et al., "Co-residence Patterns in Hunter-Gatherer Societies" 그리고 Boyd et al., "Hunter-Gatherer Population Structure"

135 **유전자를 후대로 물려줄 수 있었다** : 진화에서 자연 선택이 사회적 집단 수준에서 어떻게 작동할 수 있는지 논의를 보고 싶다면 다음을 참조한다. Wilson and Wilson, "Rethinking the Theoretical Foundation of Sociobiology"

135 **지난 수백만 년에 걸쳐** : Dunbar, "The Social Brain Hypothesis" 그리고 Lieberman, "Social"

두 마리 늑대

135 **우화에 빗대어 말해보자면** : 출처는 https://www.firstpeople.us/FP-Html-Legends/TwoWolves-Cherokee.html. 다른 한편으로, https://crossing enres.com/you-know-

that-charming-story-about-the-two-wolves-its-a-lie -d0d93ea4ebff. 출처를 분명하
게 밝히는 게 불가능했기에, 특정 출처를 밝힘 없이 그냥 단순화해서 올렸다.

135 **그 녀석은 때로 유용한 면도 있다** : 예를 들면, 달라이 라마의 에세이 "Don't Let
Hatred Destroy Your Practice" in ⟨Buddhadharma⟩, spring 2019, pp. 58~71, 다음
에서 발췌. 달라이 라마, 『Perfecting Patience : Buddhist Techniques to Overcome
Anger』, trans. Thubten Jinpa. Shambhala, 2018.

136 **사회 체제적 권력에 의한 것도 포함된다** : Owens and Syedullah, 『Radical Dharma』.

136 **노르에피네프린을 이끌어 내어 보상받는 느낌을 준다** : Angus et al., "Anger Is
Associated" 그리고 Bersani and Pasquini, "The 'Outer Dimensions"

136 **양쪽 모두 화상을 입는다** : 다음에서 인용. 붓다고사(Buddhaghosa), 『청정도론(Path of
Purification)』, IX 21.

136 **나-너 와 나-그것** : Martin Buber, 『I and Thou』.

"우리"라는 동그라미 넓히기

137 **"저들"을 향해서는 의심과 적개심을 유발한다** : De Dreu et al., "The Neuropeptide
Oxytocin Regulates Parochial Altruism" De Dreu et al., "Oxytocin Motivates Non-
cooperation" 그리고 De Dreu, "Oxytocin Modulates Cooperation"

137 **"대지가 우리에게 먹을 음식(을 주고)"** : "Journeys: What About My Retreat?"
⟨Buddhadharma⟩, winter 2013. 다음도 참조 https://www.lionsroar.com/journeys-
what about - my - retreat.

138 **보상 느낌이 더 커짐에 따라, 타인을 더 잘 대우** : Preston, "The Rewarding Nature of
Social Contact" 그리고 Hung et al., "Gating of Social Reward"

5장 충만함 속에 거하다

143 **"길에 닿을 때"** : 다음 번역에서 차용. 타니사로 비구(Thānissaro Bhikkhu) (https://www.
dhammatalks.org/suttas/KN/StNp/StNp2_4.html) 그리고 삐야다시 장로(Piyadassi Thera)
(https://www.accesstoinsight.org/tipitaka/KN/snp/snp.2.04.piya.html). '세속의 길'이란 이익과
손해, 칭찬과 비판, 즐거움과 아픔, 그리고 지위와 지위의 상실 같은 것을 말한다('여
덟 가지 세속의 바람'이라 부르기도 하고, 때로 또 다른 단어를 쓰기도 한다.)

144 **고통 대부분의 깊은 원천** : 스티븐 배철러는 고통이 갈망을 유발할 수도 있다고 지적

했다. (그의 책 『After Buddhism』) 예를 들면, 만약 내가 거절로 인한 상처로 고통 받고 있다면, 그로 인해 안락함과 사랑을 갈구하게 됨은 충분히 이해할 수 있겠다. 긴장이나 감정적 흥분의 경험이 어떻게 갈망을 촉진하는가에 대해 주의 깊게 살펴보면 매우 유용하다. 갈망과 고통은 서로가 서로를 조장하며 이는 순환적이다. 이 장에서는 갈망이 고통에 선행하는 것에 초점을 맞출 것이다.

144 **네 가지 과제**(tasks) : 상윳따 니까야 56.11에서 일부 변형시켜 책에 넣었다. 또한 다음의 견해들도 참고 했다. 타니사로 비구(Thānissaro Bhikkhu), https://www.accesstoinsight.org/lib/study/truths.html. 그리고 스티븐 배철러의 『After Buddhism』.

마음의 지하실에서
당신이 어렸을 적

145 **대부분의 아기들의 경우 태어나기 전에 이미 완전히 자라 있기 때문** : 편도체(정확히는 한 쌍의 편도체)는 태아 발달상 8개월째에 해부학적으로 성숙을 마친다. Ulfig et al., "Ontogeny of the Human Amygdala"

145 **만 세 살** : 전체적인 내용을 보고 싶다면 다음을 참조한다. Semple et al., "Brain Development in Rodents and Humans"

145 **"일화 기억**(episodic memories) : 자전적 기억(autobiographical memories)이라고도 한다.

146 **도망가거나 얼어붙어 버리는 등의 회피 행위**(avoidance behaviors) : 이 발달상의 모습은 많은 왼손잡이들의 경우 좌우가 바뀌어 있다. 하지만 그 효과는 같다. 앨런 쇼어(Allan N. Schore), 『Affect Regulation and the Origin of the Self』.

146 **신경계가 특히 취약한** : Semple et al., "Brain Development in Rodents and Humans"

147 **몸이 기억한다** : 바벳 로스차일드(Babette Rothschild), 『내 인생을 힘들게 하는 트라우마(The Body Remembers)』.

147 **영적 우회**(spiritual bypass) : Welwood, "Principles of Inner Work"

147 **정신치료와 자립형 연습들** : 심리적 고통을 치료하기 위한 임상적 접근법으로, 프랜치네 샤피로(Francine Shapiro)가 개발한 안구 운동 탈감작 및 재처리(Eye Movement Desensitization and Reprocessing EMDR), 그리고 다른 형태의 **양측 자극**(bilateral stimulation), 폴 길버트(Paul Gilbert)의 자비-집중 요법, 피터 레빈(Peter Levine)의 체성 경험법(Somatic Experiencing), 브루스 에커(Bruce Ecker)의 일관성 요법(Coherence Therapy) 등이 있다. 미국 심리학회에서는 외상 후 스트레스 장애(PTSD)의 치료를 위해 '임상

적 실용 지침'을 개발해 왔는데, 다음과 같다. https://www.apa.org/ptsd-guideline/ 여기에는 개인 및 그 가족을 위한 자료 링크가 제공된다. 개인적 연습들로(때로 임상 작업을 위해 변형되는) 유진 겐들린(Eugene Gendlin)의 집중(Focusing), 데이비드 트렐리븐 (David Treleaven)의 외상-민감성 마음챙김(trauma-sensitive mindfulness), 그리고 수 존스 (Sue Jones)가 창안해 낸 팀보(TIMBo) 요가가 있다.

고통의 완화와 치환

147 **HEAL 과정**(98페이지)**에 나오는 연결**(Link) **단계**: 연결 단계에 요약된 일반적인 방법 은 임상적 환경과 개인 개발 연습들 모두에서 사용된다. 그리고 다른 상황과 필요들 에도 적용될 수 있다.

148 **재통합의 구간**(window of reconsolidation) : 재통합 구간의 기간은 딱히 정해져 있 지 않지만, 여섯 시간을 넘기는 않는 것으로 보인다. 다음을 참조한다. Nader et al., "Fear Memories" 그리고 Alberini and LeDoux, "Memory Reconsolidation" 임상 적용을 원한다면 이 뛰어난 평론을 참조한다. Ecker, "Memory Reconsolidation Understood"

148 **오직 긍정적인 정보들에만 이따금 다시 집중함** : 여기에 실은 것은 요약이다. 세 부 사항을 원한다면, 위에 제시된 참고 문헌들과 내 책 『행복 뇌 접속(Hardwiring Happiness)』에 링크된 자료들을 참고한다.

삶은 고통인가?

152 **모든 조건 지어진 것들은 고통이다**(All conditioned things are suffering) : 빨리어로 **Sabbe sankhara dukkha.**

153 **'인간의 모든 경험은 고통이다'** : 이는 신경계를 갖춘 모든 동물을 포함해 일반화할 수 있다.

155 **언제나 새로운 순간이 솟아오르기에** : 비구 아날라요도 의식의 모든 요소들이 언 제나 고통이라는 개괄적인 진술에 대해 비판적인 의견을 개진해 왔다. 아날라요 (Anālayo), 『명상가 붓다의 삶(A Meditator's Life of the Buddha)』, 16장.

갈망의 원인

158 **"쓰러진 나무에서 가지가 다시 나듯"** : 길 프론스달(Gil Fronsdal)의 번역, 『담마빠다』, Shambhala, 2006, p. 88.

갈망의 세 가지 원인

158 **안전하지 못한 애착** : https://en.wikipedia.org/wiki/Attachment_theory.

158 **초기불교의 언어** : 세부사항은, https://en.wikipedia.org/wiki/Pali.

세 가지 종류의 연습

161 **성별, 계급, 그리고 개인사** : 불교 안에 존재하는 승려 집단 자체를 비판하려는 의도
가 전혀 **아니다**. 무려 25세기 동안 불교를 살아 있게 유지해 온 승단의 전통에 오히
려 깊이 감사한다. 또한 나의 스승들이었던 모든 비구, 비구니들께 마찬가지로 깊이
감사드린다.

161 **자신의 연습에 아무것도 남기지 말라** : 이 글귀는 어느 선불교 일화로 들은 것인데
출처를 찾을 수는 없었다.

161 **"세상의 어떤 축복도"** : 타니사로 비구(Thānissaro Bhikkhu)의 번역, https://www.
dhammatalks.org/suttas/KN/Ud/ud2_2.html.

각인된 갈망

162 **원숭이, 생쥐, 도마뱀** : 이것은 그야말로 엄청난 양의 자료를 축약한 것이다. 이
에 대한 유용한 배경지식이 필요하다면, 켄트 베리지(Kent Berridge), 테리 로빈슨
(Terry Robinson), 그리고 모튼 크린겔바흐(Morten Kringelbach)의 논문들을 추천한
다. 예를 들면, Berridge and Robinson, "What Is the Role of Dopamine?" Berridge
et al., "Dissecting Components of Reward" 그리고 Kringelbach and Berridge,
"Neuroscience of Reward, Motivation, and Drive"

162 **갈망의 가장 근본적인 원인** : 물론, 인식 연습들은 지극히 유용하고, 뒤에 나올 장들
에서 그것에 많은 부분을 의지할 것이다.

162 **해로운 것을 피하고**(avoid), **보상을 구하고**(approach), **다른 이들에게 다가가는**(attach)
것 : 우리의 욕구를 충족시키는 이들 세 가지 방법들 -avoid, approach, attach- 은
또 다른 분류가 가능하다. 물러감, 들어감, 머묾(withdraw, enter, stay), 방해함, 증진함, 지
속함(prevent, promote, persist), 그리고 파괴, 창조, 보존(destroy, create, preserve).

162 **파충류 뇌간**(reptilian brain stem), **포유류 피질하부**(mammalian subcortex) : 뇌의 이 세
부분 간 해부학적, 기능적 경계는 필연적으로 모호할 수밖에 없다. 그 경계선은 어
느 정도 자의적일 수밖에 없고 따라서 논란이 따른다. 내가 피질하부라는 용어를 쓸
때, 거기에는 편도체, 해마체, 기저핵, 시상, 그리고 시상하부가 포함된다. 여기서 시
상하부를 제외하면, 피질하부의 나머지 부분들은 모두 쌍으로 이루어져 뇌의 양측

에 포진한다. 뇌의 기타 부위로 뇌교가 포함되는데, 이는 뇌간의 상부이고, 뇌교의
가장 윗부분에 복측피개부가 위치한다. 피질하부 외 다른 용어도 가끔 쓰일 터이지
만, 이 단어는 여전히 널리 쓰인다. 예를 들면, Keuken et al., "Large Scale Structure-
Function Mappings"

162 영장류/인간의 신피질(primate/human neocortex) : 맥락과 세부사항을 위해, 나의 책
『행복뇌 접속(Hardwiring Happiness)』 3장을 보라.

건강한 균형 상태

163 현출성 회로(salience network) : 현출성 회로의 주요 구성부는 다음과 같다. 신피질 내
의 전뇌선엽과 배전대상피질, 피질하부의 편도체와 중격측좌핵. 그리고 뇌간 최상
부의 복측피개부. 대충의 위치 파악을 위한 설명을 덧붙이자면 전 = 앞쪽, 후 = 뒤
쪽, 배(측) = 위, 복(측) = 아래, 내(측) = 중간, 그리고 외(측) = 바깥이다. Seeley et al.,
"Dissociable Intrinsic Connectivity Networks" 그리고 Menon, "Salience Network"

163 기저 상태 회로(default mode network) : 기저 상태 회로의 주요 구성부는 다음과 같
다. 내측 전전두엽 피질, 후 대상피질, 설전부, 그리고 해마체. Raichle et al., "Default
Mode of Brain Function" 그리고 Vago and Zeidan, "The Brain on Silent" 이 회로는
때로 "휴지기 회로" 또는 "내재 회로"로도 불린다.

163 실행 통제 회로(executive control network) : 실행 통제 회로의 주요 구성부는 다음과
같다. 배외측 전전두엽 피질 및 후외측 두정 피질. Habas et al., "Distinct Cerebellar
Contributions"

쾌감의 감도

164 쾌감 감도(hedonic tones) : 이것은 빨리어로 vedana라고 하며, 비록 이것이 감정 그 자
체에 대한 것은 아니나, 주로 '느낌(feeling)의 감도'라고 번역한다.

164 현대 심리학에서도 이야기하는바 : 예를 보려면, Laricchiuta and Petrosini,
"Individual Differences in Response to Positive and Negative Stimuli"

164 고통과 즐거움의 신경 기반 : Boll et al., "Oxytocin and Pain Perception" 그리고
Shiota et al., "Beyond Happiness"

갈망으로 욕구를 다루기

166 반응(reactive) 태세 또는 적색 지대 : 스티븐 배철러는 그의 책 『After Buddhism』(p.
121)에서 갈망과 동의어로 '반응성(reactivity)'을 언급했다.

166 **이런저런 방법으로**: 로버트 새폴스키(Robert Sapolsky)는 이 절묘한 표현을 그의 고전에 필적하는 스트레스에 관한 책, 『스트레스: 당신을 병들게 하는 스트레스의 모든 것(Why Zebras Don't Get Ulcers)』에 사용한 적이 있다.

166 **미래를 걱정하는 등**: 다음 장에서 정중 피질과 '함(doing)' 상태를 참조한다.

166 **몸과 마음을 소진시키고 좀먹는다**: 그리고 전전두엽 안에서 연결이 약해짐에 따라 점차적으로 판단이 흐려지고 자기-조절이 안 될 수 있다. Datta and Arnsten, "Loss of Prefrontal Cortical Higher Cognition"

갈망 없이 욕구를 다루기

168 **붓다께서 당신의 깨달음을 예비하며 기술한 것**: 빨리어 경전에서 엄선하여 잘 번역된 자료를 기반으로 붓다의 생애를 훌륭하게 요약한 내용을 보고 싶다면 다음을 참조한다. 여기에는 마음에 침습되지 않고 그대로 지나가는 경험들에 대한 언급이 포함된다(맛지마 니까야36). https://www.accesstoinsight.org/ptf/buddha.html.

168 **세 번째 고귀한 진실에서 말하는 고통**: https://www.stephenbatchelor.org/media/Stephen/PDF/Stephen_Batchelor-Pali_Canon-Website-02-2012.pdf, p. 18.

168 **"바위처럼 서서, 흔들리지 않는 마음"**: 타니사로 비구(Thānissaro Bhikkhu)의 번역, https://www.dhammatalks.org/suttas/KN/Ud/ud4_4.html.

녹색 지대에서 살기

169 **칭찬과 비난, 명성과 비방**: 앙굿따라 니까야 8.6.

169 **"첫 번째 화살"**: 상윳따 니까야 36.6.

일반적인 힘들의 성장

170 **자신의 대응을 선택할(choose) 자유**: 이 표현은 빅터 프랭클(Viktor Frankl)이 말한바와 약간의 연관이 있다. "자극과 반응 사이에는 모종의 공간이 있다. 그 공간 안에서 우리는 자신의 반응을 선택할 힘을 갖는다. 우리의 반응에 우리의 성장과 자유가 달려 있다." 하지만 실제로 이것은 스티븐 코베이(Stephen Covey)가 썼던 표현이고, 그는 자신이 프랭클의 어떤 책 속에서 그것을 읽은 적이 있다 생각했다. https://quoteinvestigator.com/2018/02/18/response/#note-17978-8.

170 **마음챙김의 네 가지 주춧돌**: 『대념처경』, 맛지마 니까야 10. 주춧돌(Foundation)은 'established'로 번역될 수도 있다.

170 **통증을 온 마음으로 관찰**: 육체적 통증에 대한 마음챙김이 만병통치약은 아니다. 하

지만 그것이 꽤 효과를 주는 경우가 많고, 특히 감정적인 부작용이 동반된 경우에 그 렇다. Hilton et al., "Mindfulness Meditation for Chronic Pain" 실제로 사용하길 원 한다면 비디야말라 버치(Vidyamala Burch)와 토니 베른하르트(Toni Bernhard)의 작품을 보라.

170 **경험들에 이름표를 다는 것** : '메모하기(noting)'라고도 한다.

171 **편도체를 진정시킴** : Creswell et al., "Neural Correlates of Dispositional Mindfulness" Burklund et al., "The Common and Distinct Neural Bases" 그리고 Torrisi et al., "Advancing Understanding of Affect Labeling"

욕구에 맞추어진 힘들의 성장

171 **특정 욕구에 알맞은 자원** : 이것은 간략한 요약이다. 다양한 상황에서의 체계적인 접 근법을 원한다면 나의 책『행복뇌 접속(Hardwiring Happiness)』과『12가지 행복의 법칙 (Resilient)』을 참조한다.

이미 충만한 느낌

174 **파충류** : 파충류라고 한 것은 조금 느슨한 표현이다. 뇌간으로 진화가 시작된 것은 최초의 파충류가 나오기 이전이다.

174 **포유류** : 이 또한 느슨한 표현이다. 몇몇 파충류에서는 포유류의 피질하부와 비 슷한 신경구조를 발견한다. Naumann et al., "The Reptilian Brain" 그리고 Pritz, "Crocodilian Forebrain"

175 **"더 큰 문제는 없다"** : 사적인 대화 중에 시안쿠안(Xiankuan, Donald Sloane)이 번역한 것이다. 그의 뛰어난 책을 참조한다.『Six Pathways to Happiness: Mindfulness and Psychology in Chinese Buddhism』, vol. 1, Outskirts Press, 2019.

175 **매우 긍정적인 효과** : 기본적인 내용을 위해 다음을 참조. Fredrickson, "What Good Are Positive Emotions?"

175 **교감신경계의 투쟁-도주 활성도** : 스트레스 관리를 포함해, 자율신경계의 유용성에 대해 알아보려면 다음을 참조. Kreibig, "Autonomic Nervous System"

175 **천연 마약(natural opioids)** : Shiota et al., "Beyond Happiness"

175 **통증을 줄이고** : Sneddon, "Evolution of Nociception in Vertebrates"

175 **미래의 즐거움을 갈망** : Berridge and Kringelbach, "Pleasure Stems in the Brain"

175 **사람들로부터 분리가 있다면** : Burkett et al., "Activation of micro-Opioid Receptors" Schweiger et al., "Opioid Receptor Blockade" 그리고 Eisenberger,

"Attachment Figures Activate"

175 **잘 알려진 이점이 있으니, 바로 타인과의 유대** : Shiota et al., "Beyond Happiness"

175 **고요하고 편안한 느낌을 주고, 불안을 낮추는** : 3장에 있는 옥시토신에 관한 토론을 참조한다. "견실한 마음의 다섯 가지 요소" 또한 다음을 참조한다. Sobota et al., "Oxytocin Reduces Amygdala Activity" 그리고 Radke et al., "Oxytocin Reduces Amygdala Responses"

175 **기회를 적극적으로 추구함** : De Dreu et al., "Oxytocin Enables Novelty Seeking"

6장 온전함으로 존재하다

185 **"봄날 피는 꽃"** : Wumen Huikai, in Judy Roitman, "Six Facts About Kong-ans" 〈Buddhadharma〉, fall 2018, p. 85.

내면의 극장
정중 피질 회로(MIDLINE CORTICAL NETWORKS)

187 **두 개의 부위로 느슨하게 나누어져 있다** : 이들 두 회로는 확연히 구분되며, 서로 거꾸로 연관되어 있다. 한쪽의 활성이 증가하면, 다른 한쪽의 활성은 감소한다. Josipovic, "Neural Correlates of Nondual Awareness"

188 **문제를 풀고, 임무를 수행하고, 계획을 짜는 데 관여한다** : Mullette-Gillman and Huettel, "Neural Substrates of Contingency Learning" 그리고 Corbetta et al., "The Reorienting System of the Human Brain" 정중 회로의 앞부분은 전전두엽 피질 양측면으로 출발하는 '실행 통제 회로'에도 관여한다(이전 장에서 논의한 바 있다).

188 **자기(self)라는 강력한 느낌** : Farb et al., "The Mindful Brain and Emotion Regulation" Northoff and Bermpohl, "Cortical Midline Structures and the Self" Brewer et al., "What About the 'Self' Is Processed?"
그 활성이 뒤쪽으로 전파되어 정중 피질의 '기저 상태' 부분으로 갈 때 외에도, 자기라는 느낌은 전두엽의 업무-지향적 부분 피질이 활성화될 때에도 나타난다. Christoff et al., "Specifying the Self"

188 **'기분, 느낌, 태도와 관련 있는'** : https://www.lexico.com/en/definition/affective.

188 **스스로를 조직화하는 역할** : Raichle, "The Restless Brain"

189 **창조적인 연결성과 희망적인 가능성들** : Smallwood and Andrews-Hanna, "Not All

Minds That Wander Are Lost"

189 **거기에는 대가가 따랐다** : 예를 들면, "frenetic restlessness of mental time travel that is characteristic of daily activity in the postmodern setting"(논의 부분의 첫 번째 단락, Vago and Zeidan, "The Brain on Silent")

189 **"나는 왜 이렇게 바보/못난이/비호감일까?"** : Farb et al., "Minding One's Emotions" 그리고 Cooney et al., "Neural Correlates of Rumination"

189 **마음은 온갖 장소를 서성일 수 있다** : Christoff et al., "Experience Sampling During fMRI"

189 **평균적으로 하루의 절반을 헤매는 마음** : Killingsworth and Gilbert, "A Wandering Mind"

189 **점점 더 부정적인 쪽** : 앞의 논문. 그리고 Vago and Zeidan, "The Brain on Silent"

외측 피질 회로(LATERAL CORTICAL NETWORKS)

189 **머리 바깥쪽의 외측(lateral) 회로의 활동이 증가한다** : Farb et al., "Attending to the Present" 그리고 Brewer et al., "Meditation Experience Is Associated"

189 **신체 내부의 감각과 '직감(gut feelings)'** : Craig, "How Do You Feel?"

분리되어 있다는 느낌

192 **근본적 수용(radical acceptance)** : 타라 브랙(Tara Brach), 『받아들임(Radical Acceptance)』.

함 그리고 존재함

195 **내측 회로는 '행위(doing)'를 위한 것** : 행위(doing)라는 용어는 전 정중 회로가 활성화될 때 특히 적용된다. 왜냐하면 우리가 어떤 업무에 임할 때 그것이 발동되기 때문이다. Josipovic, "Neural Correlates of Nondual Awareness" 뒤쪽으로 향하는 기저 상태의 회로가 적용되면 '행위'는 쓸모가 없어진다. 그럼에도 불구하고 백일몽이나 과거를 돌아볼 때 그것은 여전히 바삐 작동한다.

195 **정중 회로에 속하는지 아니면 뇌의 바깥 회로에 속하는지** : 예를 들면, '행위'에 해당되는 정신적 활동들이 정중앙과 가까운 곳의 신경 활동과 전적으로 연관되는 것은 아니다. Christoff et al., "Specifying the Self"

195 **확연히 다른 두 개의 모둠** : 다른 많은 이들 또한 이렇게 존재함과 함(행위)으로 구분한다. 이는 노자와 같은 고대의 스승들(Xiankuan, 『Six Path-ways to Happiness』)에서부터 현대의 학자와 치료사들에 이르기까지 그러하다. 존 티즈데일(John Teasdale), 진델 세

갈(Zindel Segal) 등(『마음챙김으로 우울을 지나는 법(The Mindful Way Through Depression)』), 마샤 리네한(Marsha Linehan)(『Cognitive Behavioral Treatment of Borderline Personality Disorder』), 그리고 스티븐 헤이스(Stephen Hayes)(『The Act in Context』).

195 **확연한 객체로서의 자아** : 8장에서 드러난 자아에 대해 깊이 있게 다룰 예정이다.

온전함의 감각
감각 집중

198 **뇌의 왼쪽(left) 편에 위치** : 이는 많은 왼손잡이들에서 반대이다.

198 **몸 안의 감각에 집중하면** : Farb et al., "The Mindful Brain"

198 **감정적 반응과 우울한 기분을 줄여 주는** : Farb et al., "Minding One's Emotions"

오직 모를 뿐

198 **단지 봄(seeing) 안에서 안식하는 느낌이 어떨 것 같은가?** : 이는 바히야의 일화와 공명한다. 거기 이런 지침이 나온다. "스스로 이와 같은 훈련이 필요할지니 보는 행위 중, 거기에는 오직 봄밖에는 없어야 한다."(『우다나(Udana)』 1.10, 번역 존 아일랜드(John Ireland), https://www.accesstoinsight.org/tipitaka/kn/ud/ud.1.10.irel.html). 이 내용은 8장에서 다룰 것이다.

198 **"오직 모를 뿐인 마음"** : 이는 한국의 선불교 전통에서 강조된 바 있다. 현각 스님 엮음, 『오직 모를 뿐(Only Don't Know)』, 그리고 리차드 슈로브(Richard Shrobe), 『Don't-Know Mind』.

마음을 그냥 두라

200 **서로 이어 붙이려 할 때 발생** : 한 친구에게서 이것을 들었고, 그 친구는 족니 린포체(Tsoknyi Rinpoche)로부터 들었다. 그런데 아뿔싸, 상세한 내용은 기억이 나지 않는다.

200 **"마음을 홀로 자연스럽게 놓아두라"** : 이 지침을 내가 들었을 때, 이는 티베트 쪽의 자료와 희미하게 연관이 있었다.

게슈탈트 의식

201 **이 알아챔을 자신의 마음상태로 옮기면** : 예를 들어, 『들숨 날숨에 대한 마음챙김 경』(맛지마 니까야 118)에서 마음챙김 부분을 보면, 이런 언급이 나온다. "숨을 들이마시며 몸 전체를 마음챙김한다… 숨을 내쉬며 몸 전체를 마음챙김한다."(아날라요 『명상가 붓다의 삶(Meditator's Life of the Buddha)』, p. 64). 내 경우 "왼쪽… 오른쪽… 양쪽을 함께"라

고 하는 리처드 밀러(Richard Miller)의 지침도 사용한다.

201 **"당신은 하늘이다"** : 이것은 광범위하게 인용되는 페마 초드론(Pema Chödrön) 선생님의 말이다. 그런데 이 말의 특정 출처는 찾을 수가 없었다.

평온(TRANQUILITY)

201 **깨달음의 일곱 가지 요소 중 하나** : 다른 여섯 가지는 마음챙김, 검토, 에너지, 지복, 집중, 그리고 평정이다. 깨달음의 요소들을 포함하여, 불교의 가르침의 핵심을 대단히 잘 요약한 자료를 원한다면 다음을 참조한다, 타니사로 비구(Thānissaro Bhikkhu), 『The Wings to Awakening』.

202 **"숨을 들이쉬며, 몸을 평온케 한다"** : 맛지마 니까야, 비구 보디(Bhikkhu Bodhi)와 나냐몰리(Nanamoli), 『The Middle Length Discourses』.

아무런 제약 없음
다섯 가지 제약

204 **피로와 나태함(Fatigue and laziness)** : 이것은 빨리어 **torpor and sloth**의 흔한 번역을 내가 적절히 변형시킨 것이다.

특정 제약을 위한 자원들

206 **핵심 자원들** : 여기에 뛰어난 의견들을 제시해 주었던 레이 브래싱톤(Leigh Brasington)에게 감사를 전한다.

207 **신선한 공기를 마시고 활기를 높인다** : 명상 중에 일어나는 졸음을 해결하기 위해 붓다께서 제시하신 빈틈없는(그리고 나에게는 매력적이기까지 한) 방법 목록을 보고 싶다면 다음을 참조한다. 『졸고 있음 경』, 앙굿따라 니까야 7.58 (https://www.accesstoinsight.org/tipitaka/an/an07/an07.058.than.html).

207 **티베트 전통에서 내려오는 자신을 돌아보는 글귀** : 정확한 출처는 알 수 없다.

208 **새로운 좋은 습관을 형성하는 데 도움이 된다** : 나의 책 『12가지 행복의 법칙(Resilient)』에서 '동기'와 '열망' 부분을 한번 보는 것도 좋다.

208 **"당신이 하고자 하는 것이 무엇인가"** : 메일 올리버(Mary Oliver) 'The Summer Day' 『The Selected Poems of Mary Oliver』, Penguin Press, 2017, p. 316.

209 **이것들은 꽤나 큰 주제들** : 포레스트 핸슨(Forrest Hanson)과 함께, 나의 책 『12가지 행복의 법칙(Resilient)』에서 이에 대해 썼다. 다른 보석 같은 책도 있다. 타라 브랙(Tara Brach) 『받아들임(Radical Acceptance)』.

210 정신적 확산(mental proliferation) : 빨리어로 Papanca.

온 마음의 존재

213 **온마음(mind as a whole)으로 현존하는 것** : 내가 마음(mind)이라는 단어를 쓸 때, 이는 대개 신경계 안의 모든 정보를 의미한다. 그리고 그 대부분은 무의식적이다. 하지만 "온 마음을 경험하라(experience mind as a whole)."라는 표현에서는, 마음에서 의식적 접속이 가능한 부분에 초점을 맞춘 것이다.

의식과 뇌

214 **열린 의식(open awareness)** : 열린 주시(open monitoring)라고도 한다.

214 **의식 자체를 의식할(be aware of awareness) 수 있다** : 대니얼 시겔(Daniel J. Siegel)은 자신의 의식의 수레바퀴 명상(Wheel of Awareness meditation)에서 이 방법에 대한 멋진 연습법을 제시한다. 그것은 의식의 네 가지 종류 모두를 망라하는 것이다. 참조하라. 대니얼 시겔(Daniel J. Siegel), 『알아차림(Aware)』.

214 **의식으로서(as awareness) 머무를 수 있다** : 3장에서 언급했듯, 다이애나 윈스턴(Diana Winston)은 이것을 '자연스러운 의식'이라 부른다.

214 **단순히 의식 그 자체로 존재하는 느낌** : 의식으로서 머묾은 다양한 방법으로 묘사될 수 있는데, 여기에 '불이의 의식(nondual awareness)'도 포함된다. 학술적인 탐구를 원한다면 다음을 참조한다. Josipovic, "Neural Correlates of Nondual Awareness" 개인적 수행을 목표로 한다면 다음을 참조한다. 존 프렌터개스트(John Prendergast)의 역작 『The Deep Heart』.

214 **의식 자체로서 머문다** : 다이애나 윈스턴(Diana Winston)은 이 과정을 대단히 명료하게 그려낸다. 『The Little Book of Being: Practices and Guidance for Uncovering Your Natural Awareness』.

214 **단순한 신경계만 갖춘 경우에까지도** : 단순한 동물들에서 조차 발견되는 의식의 기능들이 궁금하다면, 다음을 참조한다. Earl, "The Biological Function of Consciousness"

214 **파리는 자신의 다면적인 눈 위로 드리우는 빛과 그림자를 의식한다** : 파리가 자신의 경험에 대한 보고서를 쓸 수는 없으므로, 그들이 주위 환경을 원시적으로 의식함은 전적으로 반사적이고 무의식적이라고 생각할 수도 있다. 이 주제에 대한 제각각인 관점들에 대해 알고 싶다면 다음을 참조한다. Barron and Klein, "What Insects Can Tell Us" 그리고 Key et al., "Insects Cannot Tell Us"

하지만 개구리라면? 악어라면? 다람쥐라면? 개라면? 고릴라라면? 진화적 단계에서, 우리는 모종의 연속성을 알아차릴 수 있는데, 이는 인간으로부터 시작해서 고양이로 개구리로, 잠재적으로 결국 파리에게로까지 이어진다. 이는 의식의 신경적 기반을 고려할 때뿐만 아니라 의식의 행위적 시연(behavioral demonstration)을 생각해 볼 때도 그러하다. 인간과 인간을 제외한 동물들에 대한 흥미로운 연구 결과가 궁금하다면 다음을 참조한다. Boly et al., "Consciousness in Humans and Non-human Animals" 두족류(문어)의 의식을 탐구한 자료도 있다. Mather, "Cephalopod Consciousness"

215 **의식의 포괄적 작업 공간**(global workspace of consciousness) : Baars, "Global Workspace Theory" 우연히도, 그리고 나로서는 행복하게도, 바스 박사는 내 논문심사 위원회에서 핵심 조언자였다.

의식의 신경적 얼개에 대한 전반적인 사항들을 알고 싶다면 다음을 참조하라. 안토니오 다마지오(Antonil R. Damasio), 『The Feeling of What Happens』. 의식의 '상위 차원' 이론들에 대한 논의가 궁금하다면 다음을 참조한다. Wikipedia, https://en.wikipedia.org/wiki/Higher-order_theories_of_consciousness. 의식에 대한 과학적인 이론을 개발하는 데 마주치는 어려움들에 대한 개괄적이고 우아한 글을 보고 싶다면 다음을 참조한다. 애나카 해리스(Annaka Harris), 『Conscious』.

215 **의식의 신경상관성**(neural correlates of consciousness) : Koch et al., "Neural Correlates of Consciousness"

215 **경험의 소용돌이를 가능케 한다** : 소용돌이의 비유는 나중에 8장과 9장에서 다룬다.

215 **절대적이고 어떤 조건도 필요 없는 스스로 존재하는 무엇** : 존 프랜터개스트(John Prendergast)는 (사적인 대화 자리에서) Advaita Vedanta와 Tantric Shaivism 같은 몇몇 전통들에서는 의식(아마도 인간의)이 일상의 현실을 벗어나 확대되는, 조건 지어지지 않은 측면을 갖는다고 여긴다, 라고 지적했다. 이 가능성에 대해서는 9장에서 다룬다.

216 **"열려 있는 수용성의 자세"** : 아디야샨티(adyashanti), 『참된 명상(True Meditation)』, https://www.adyashanti.org/teachings/library/writing/subject/16#true-meditation.

의식으로서 머물기

217 **개인을 넘나들며** : transpersonal, 개인이라는 동일시를 넘어서는. https://en.wikipedia.org/wiki/Transpersonal.

7장 지금 이 순간을 받아들이다

221 **"누가 그보다 더 대단한 것을 줄 수 있겠는가"** : 윌리엄 스태포드(William Stafford), 『The Way It Is』 중 'You Reading This, Be Ready'.

222 **"생각이 일어나면 일어나자마자 자유롭게 지나가게끔 허용하는 법을 익혀야 한다"** : https://www.theatlantic.com/international/archive/2017/12/buddhism-and-neuroscience/ 548120/. 글의 약 4분의 1 지점에 나온다. 이 글은 다음 책에서 따온 것이다. 마티유 리카르(M. Ricard)와 볼프 싱어(W. Singer), 『Beyond the Self: Conversations Between Buddhism and Neuroscience』. MIT Press, 2017. 마티유 리카르의 다른 책 『Happiness』도 볼 것.

이 순간의 탄생

223 **그 순간 자신의 신경계의 활동** : 이는 다른 요소들의 영향을 받는다. 여기에는 관계, 사건, 문화, 자연 등등뿐만 아니라 육체 안의 다른 기관들도 포함된다.

이 순간의 물리학

223 **빅뱅** : 리차드 뮬러(Richard A. Muller), 『나우: 시간의 물리학(Now)』, pp. 293, 294, and 304.

224 **새로운 공간의 창조** : 예를 들면, 천문학자들의 관측 결과, 멀리 떨어진 은하들은 예외 없이 서로 떨어지는 방향으로 움직이고 있다고 한다.

224 **"잠시 동안"** : 위대한 선사 도겐은 13세기 전반기에 일본에서 살았다. 이 글귀는 그의 수필 「The Time Being」에서 가져왔고, 이 수필은 노먼 피셔(Norman Fischer)의 번역에서 따왔다. "For the Time Being" 〈NewYork Times〉, August 7, 2009, https://opinionator.blogs.nytimes.com/2009/08/07 /for-the-time-being/. 다른 번역은 다음을 참조한다. https://www.thezensite.com /ZenTeachings/Dogen_Teachings/Uji_Welch.htm.

깨어 있기(WAKEFULNESS)

225 **각성(vigilance) 상태를 확립함** : Langner and Eickhoff, "Sustaining Attention to Simple Tasks"

225 **뇌 전체로 노르에피네프린을 퍼뜨려** : Posner and Petersen, "The Attention System of the Human Brain" 그리고 Petersen and Posner, "The Attention System of the

Human Brain: 20 Years After" 연구자들은 내가 '각성(vigilance)'이라고 부르는 상태를 alerting이라는 단어로 표현한다. 또한 우측 반구에서 보이는 소견들은 많은 왼손잡이에서 반대쪽이라는 사실도 유념한다.

225 **뇌의 양편** : Corbetta et al., "The Reorienting System"

225 **상부주의회로(upper attention network)** : 여기에는 전두안운동야와 두정엽내구가 포함된다.

방향잡기(ORIENTING)

226 **어떤(what) 일이 일어났는지에 대한 앎이 생겨난다** : 단순화를 위해 '방향잡기' 하에 일어나는 일을 두 가지 분리된 기능으로 – 위치 확인 및 식별 – 구분했다.

226 **하부주의회로(lower attention network)** : 전전두엽 피질, 뇌섬엽, 그리고 측두두정 접합부에 있다.

226 **기저상태회로 또한 잠잠해진다** : 제임스 오스틴(James H. Austin), 『Zen and the Brain』

227 **"그들은 과거를 슬퍼하지도"** : 다음의 번역에서 따옴. Andrew Olendzki (https://www.accesstoinsight.org/tipitaka/sn/sn01/sn01.010.olen.html).

지금 여기에 존재하기
깨어 있기

230 **뇌의 오른편 회로들** : 이는 많은 왼손잡이들에서 왼편이다. 이제부터 더 이상 이 지적은 반복하지 않을 예정이다.

231 **"우리에게 이 순간이 없다면"** : 이는 이 장을 읽어보던 중 아내가 했던 제안이었다. 맥락에 꽤 잘 맞는다.

경계

232 **수용적이고 포괄적인 의식** : 제임스 오스틴(James H. Austin), 『Zen and the Brain』

232 **두 개의 주요 명상센터** : 통찰 명상 협회(The Insight Meditation Society) 그리고 배리 불교 연구소(The Barre Center for Buddhist Studies).

방향잡기

233 **때로는 들어오는 신호들을 걸러 낼 필요도 분명 있다** : Corbetta et al., "The Reorienting System"

경험을 이루는 부분들

236 **빨리어 경전에서 차용해 일종의 얼개를 하나 만들어** : 예를 들어 다음을 참조하라. 맛지마 니까야 18, 『꿀 과자의 경』(https://www.accesstoinsight.org/tipitaka/mn/mn.018.than. html). 이 얼개는 종종 다섯 가지의 '골재(aggregates)'라고 일컬어지기도 한다. 이는 빨리어 khandas의 번역이며 쌓아 놓은 '더미(piles or heaps)'를 의미하기도 한다. 나의 모형에서는, 얼개와 유사한 뜻으로 사용한 것과 그와 다른 뜻으로 사용한 것 모두를 볼 수 있을 것이다. 예를 들면, 형태(forms)와 지각(perceptions)이라고 말할 때, 나는 복수로 표현하는데, 이는 단지 그 편이 읽기 편하다고 생각하기 때문이다.

236 **1. 형태(forms)** : 형태라는 골재에 대한 몇몇 묘사는 물질 우주와 그에 대한 감각 경험 양쪽 모두를 포함한다. 여기 내 모형에서는 전적으로 경험에 관한 것만 다룬다.

236 **2. 쾌감 감도(hedonic tones)** : 5장에서 언급했듯, 이는 감정 자체에 대한 것이 아님에도 '느낌(feeling)의 감도'라고 종종 표현된다.

236 **3. 지각(perceptions)** : 처음 이 책을 구상할 때, 나는 지각을 이 목록의 두 번째에 놓았었다. 어떤 자극의 쾌감 감도는 종종 그것 본연의 상태에 대한 지각으로 결정되기 때문이다(그리고 이는 반쯤 의식적이고 자동화되어 있을 수 있다.). 길 위에 보이는 저것은… 뱀인가, 넝쿨인가? 지각에 불을 붙이거나 암시를 주는 행위가 자극에 대한 사람들의 쾌감 감도에 어떤 영향을 미치는가에 대한 수많은 연구들이 존재한다. 또한, 지각의 최초 순간, 거기에는 쾌감감도의 — 그리고 감정의 — 덩어리는 거의 없다. 그러므로 지각을 형태 형성 바로 직후에 둔다면 앞으로 우리가 연습해 나가고자 하는 방향과 잘 맞아 떨어지는 셈이다. 이렇듯, 신경심리학적 과정의 흐름 속에서 앞쪽에 위치한 형태와 지각에만 주로 초점을 맞춤으로써 상당한 양의 고통이 끼어들 시간적 여유를 주지 않게 된다.

한편, 어떤 경우에는 고통스럽거나 즐거운 쾌감 감도가 너무나 분명하고 즉각적이어서 지각이 역할을 시작하기도 전에 자극이 닿자마자 결정되는 경우가 있다. 예를 들면, 뜨거운 난로에 손이 닿자마자 통증이 느껴지는 경우가 있겠다. 게다가 붓다께서는 쾌감 감도가 지각 이전에 온다고 가르쳤었고, 이에 반해 레이 브래싱톤(Leigh Brasington) 같은 선생님들은 두 가지 경우 모두 가능하기에 상황별로 다르다는 쪽으로 생각하는 것이 수행에 유용하다고 주장한다. 이 모두를 고려해서, 빨리어 경전에 적힌 대로 순서를 가져가는 게 낫겠다고 결정했다.

236 **5. 의식(awareness)** : 종종 '의식(consciousness)'으로 번역된다(빨리어로 vinnana). 나는 awareness를 선호하는데, consciousness는 두 가지 다른 의미를 갖기 때문이다. 첫째, 단순히 awareness를 지칭할 수 있다. 가령, "지금 뭘 의식(conscious of)하고 있니?"

라고 할 때는 aware of로 사용되는 것이다. 둘째, consciousness는 awareness와 그 내용물 모두를 의미할 수 있다(예를 들어 의식의 흐름[stream of consciousness]이라고 할 때). 앞선 경험의 네 가지 부분은 그것들이 일어나는 '장(field)'과 분명히 구분되기 때문에, '의식(awareness)' 쪽이 좀 더 분명하고 적절하다고 판단된다. 추가로, consciousness는 형이상학적으로 함축된 의미를 가질 수 있다. 어떤 영원한 '우주적 의식(cosmic consciousness)'의 일면으로서 말이다. 또한 이전 장에서 언급했듯, 붓다께서는 vinnana가 의존적으로 일어난다고 언급하셨다. 이는 조건 지어진 현상의 테두리 밖의 것이 아니라는 의미다. 마지막으로, 'consciousness'라고 하면 특별하고 뭔가 인간만을 위한 것으로 보이는 반면, awareness는 우리가 다른 동물들과 공유하는 자연스러운 과정이라는 느낌을 준다. 내가 consciousness라고 쓸 때는, 두 번째 언급한대로, 즉 awareness와 그 내용물을 함께 지칭하는 의미로 쓰는 것이다.

부분들, 더 많은 부분들

238 **"모든 조건 지어진 것들은 무상하다"** : 길 프론스달(Gil Fronsdal)의 번역 『담마빠다』, Shambhala, 2006, p.72.

고통 이전(BEFORE SUFFERING)

238 **갈망도, 나라는 느낌도, 고통도** : 통증과 불쾌한 쾌감 감도의 다른 일면들이 있을 수 있겠지만, 경험의 복잡하고 감정적인, 그리고 자기-참고적인 차원은 아직 없다. 그리고 그것이 바로 고통의 주된 요소들이다.

239 **'무엇이 되려는 갈망'** : 『이띠웃따까(Itivuttaka)』 58.

239 **이에 대한 신경과학적 근거** : Bar, "The Proactive Brain" Manuello et al., "Mindfulness Meditation and Consciousness" 그리고 Friston, "The History of the Future of the Bayesian Brain"

239 **소뇌(cerebellum)를 포함한** : Sokolov et al., "The Cerebellum"

240 **기…대라는 과정** : 〈The Rocky Horror Picture Show〉에 경의를 표하며.

240 **자아의 느낌을 만들어/상상해 내는 데** : Seth et al., "An Interoceptive Predictive Coding Model"

240 **"과거는 없다"** : 내가 속해 있던 어떤 그룹에서 2019년 7월에, 로쉬 호겐 베이스(Roshi Hogen Bays)가 했던 말이다.

240 **운동 계획(motor planning)** : 이것은 움직임을 준비하는 뇌의 과정을 말한다.

안식처에서의 안식

243　모든 것이 먼지로 변하는 마당에 : Grabovac, "The Stages of Insight"

244　'존재하는 중' : Winnicott, "Primary Maternal Preoccupation" 위니코트에 대해 더 알고 싶다면, http://www.mythosandlogos.com/Winnicott.html.

244　대지를 만지고 평안과 힘을 되찾았다 : 예를 들면, B. O'Brien, "The Enlightenment of the Buddha: The Great Awakening", https://www.learnreligions.com/the-enlightenment-of-the-buddha-449789.

244　몸의 스트레스 반응계 : Esch and Stefano, "The Neurobiology of Stress Management"

245　"사실 우리는 오직 이 순간 여기에 있을 뿐이다" : 이 인용은 하워드 콘(Howard Cohn) 선생님의 것이지만, 특정 출처를 찾을 수는 없었다. 그에 대해 더 알고 싶다면 다음을 참조, http://www.missiondharma.org/our-teacher---howard-cohn.html.

245　그 밖의 건전한 자질들 : 예를 들면, 붓다의 마지막 가르침 중에서, 그는 사람들에게 마음챙김의 네 가지 토대를 계발함으로써 자신들을 위한 안식처가 되도록 만들라 하시었다. 아날라요(Anālayo), 『명상가 붓다의 삶(A Meditator's Life of the Buddha)』, pp. 168~69.

245　핵심적인 안식처들로 고려해 본다 : 이는 삼보라고 하는 불교적 얼개를 바탕으로 한 말이다. 삼보는 불·법·승(Buddha·dharma·sangha)이다.

246　도반(The Taught) : 상윳따 니까야에서(touching sutta passage [Samyutta Nikaya 45.2]), 붓다의 상좌(primary attendant)였던 아난다는, 가까운 승려들을 언급하며 함께 수행하는 것이 "성스러운 삶의 절반"이라고 말한다. 이에 붓다는 이렇게 대답한다. "그렇지 않다. 아난다여, 그렇지 않다. 그것은 실제로 성스러운 삶의 전부이니라."

마음과 물질의 본성

250　"통찰의 가장 심오한 형태" : https://tricycle.org/magazine/perfect-balance/. 길 프론스달(Gil Fronsdal)에 대해 더 알고 싶다면, https://en.wikipedia.org/wiki/Gil_Fronsdal. 우 판디타(U Pandita)에 대한 아름다운 추억을 원한다면, https://www.spiritrock.org/the-teachings/article-archive/article-sayadaw-u-pandita.

250　"불교 수행이란" : 이 점은 불교적 전통 외의 많은 길과 수행에까지 확대된다.

마음의 본성은 무엇일까?

251　또 다른 사물에 대한 정보 : 예를 들어, 심장에 대한 정보는 귀에 대한 정보와 분리되어야만 한다. 그렇지 않다면, 혼돈만이 지배할 것이다.

251 **방금모기가내려앉았다는사실** : 이 일이 실제 내게 수련회 명상 중에 일어났다.

252 **영원하고, 통일되어 있고, 자기-원인적인 본질** : 이 중요한 개념에 대해 풍부한 탐구를 원한다면 https://en.wikipedia.org/wiki/Śūnyatā.

252 **생각, 기쁨, 그리고 슬픔** : 어떤 것이 끝없이 나누어지는 부분들로 이루어졌다는 사실만으로, 그것이 존재하지 않는다는 의미가 되지는 않는다. 예를 들면, 거기 어떤 정수가 빠져 있다 할지라도, 눈앞에 보이는 푸른 초지의 광경은 존재한다. 이와 비슷하게, 그것이 분자에서 원자로, 그리고 양자로, 그렇게 끝없이 쪼개질 수 있을지라도, 물리적인 초지 자체 또한 여전히 거기 있다. 동일한 요점을 1장의 미주에서 찾아보라.

252 **어떤 특정 경험에도 해당되는 본성이다** : 마음은 체화되고, 내장되고, 확장되고, 일어난다(embodied, embedded, extended, enacted). 이를 4E 인지(4E cognition)의 관점이라 한다. A. Newen, L. De Bruin, and S. Gallagher eds., 『The Oxford Handbook of 4E Cognition』, Oxford University Press. 체화되고, 내장되고, 확장되고, 일어나는 마음 또한 무상하고, 혼합되어 있고, 상호의존적이고, 그리고 비어 있음은 똑같다.

뇌의 본성은 무엇일까?

253 **신경발생(neurogenesis)** : Kempermann et al., "Human Adult Neurogenesis"

253 **또 다른 뇌세포들은 자연적으로 죽는다** : Yuan et al., "Diversity in the Mechanisms of Neuronal Cell Death"

253 **새로운 시냅스가 형성** : Shors, "Memory Traces of Trace Memories"

253 **덜 쓰이는 시냅스는 시들어 없어진다** : Paolicelli et al., "Synaptic Pruning"

253 **개별 뉴런들이 1초에도 여러 번 발화하는 것** : Roxin et al., "On the Distribution of Firing Rates"

253 **지지하기 위한 1000억 개의 교세포(glial cells)들** : 이 추정은 아직도 발전 중이다. Herculano-Houzel, "The Remarkable, Yet Not Extraordinary" and Lent et al., "How Many Neurons"

253 **"상호의존성이란"** : 틱낫한(Thich Nhat Hanh), 『꽃과 쓰레기(Understanding Our Mind)』. ReadHowYouWant.com, 2008. 〈Buddhadharma〉, Summer 2019, p. 52에서 발췌.

254 **신경 활동은 교세포 안에서의 활동과 상호작용한다** : Dzyubenko et al., "Neuron-Glia Interactions in Neural Plasticity"

몸-마음 과정(THE MIND-BODY PROCESS)

255 "모든 것은 연결되어 있다": Lew Richmond, ⟨Tricycle⟩, fall 2018, p. 10.

소용돌이치는 흐름(SWIRLING STREAMING)

257 "조금 놓아 버리면": "No Ajahn Chah—Reflections", "Dhamma Garden", #101. See http://ajahnchah.org/pdf/no_ajahn_chah.pdf and https://www.abhayagiri.org/reflections/83-quotes-from-no-ajahn-chah.

8장 모든 것으로 열려 있다

263 "붓다의 길을 배운다 함은": 이것은 어느 유명한 구절에서 따온 것이다. 여기에는 다수의 영어 번역이 존재한다. 나는 고센 니시야마(Kosen Nishiyama)와 존 스티븐스(John Stevens)의 번역을 사용했다(『Dogen Zenji's Shobogenzo: The Eye and Treasury of the True Law』, 1975, www.thezensite.com). 다만 거기서 '불교도의 길'을 '붓다의 길'로 바꾸었다. 다른 번역자들의 표현을 참고할 때 그것이 더 일반적으로 보였기 때문이다. 아래 또한 참조 바란다. https://buddhismnow.com/2015/02/15/study - the self by- maezumi- roshi/ and http://www.thezensite.com/ZenTeachings /Dogen_ Teachings/GenjoKoan8.htm#mas4. 마지막 줄의 적합한 번역에 관해서라면, "자신을 (모든것)으로 인식하는"이라고 하는 대신, "(모든것)에 의해 실체화되는" 또는 "(모든 것)으로 인해 깨달음에 도달하는" 등의 번역이 흔하다. 이때 모든 것(all)은 "무수히 많음(myriad)"으로 번역되기도 한다. 개인적으로, 나라면 이렇게 번역하겠다. "자신을 잊는다 함은 모든 것으로 살아지는 것이다(to be lived by all things)."

개인이라는 과정

265 "바히야여, 스스로 이와 같은 훈련이 필요할지니": 『우다나(Udana)』 1.10, 다음의 번역에서 차용, 타니사로 비구(Thānissaro Bhikkhu) (https:// www.dhammatalks.org/suttas/KN/ Ud/ud1_10.html), 그리고 존 아일랜드(John Ireland) (www.leighb.com/ud1_10.htm), 여기에 추가적으로 레이 브래싱톤(Leigh Brasington)의 것을 집어넣었다. 그는 빨리어에서 the와 같은 관사를 사용하지 않는다는 점을 지적했다. 따라서 정확한 번역은 본문에 적은 것처럼 모든 관사를 뺀 형태가 될 것이다. 하지만 이렇게 하면 영어로서는 좀 당황스럽다. 해서 그는 관사를 빼버리는 대신 (the seen -) seen) 동명사로 바꿀 것을 제안했

다(seen -> seeing). 이렇게 하면 한 가지 이점이 더해지는데, 바로 이 연습도 어떤 경험적 흐름이라는 점을 상기시켜 주는 것이다. 그래서 최종적으로 그의 제안을 받아들여 책에 썼다.

개인이란 것이 존재하는가?

266 **나눌 수 없는(individual) 개인들(persons)은 존재한다** : 2장과 7장에서 논의하였듯, 나는 우리가 정말로 존재한다고 믿는다…비어 있는 상태로 말이다. 이 요점에는 중요한 미묘함과 차이가 존재한다. 나는 이를 정통파 불교로서 주장하는 것이 결코 아니다. 붓다께서, 존재냐 비존재냐를 따지는 개념적 논쟁에서 벗어나야 한다는 취지의 말씀을 하시는 것으로 보이는 경구는 다음을 참조한다, http://leighb.com/sn12_15.htm.

267 **"그것이 사라짐"** : 존 아일랜드(John Ireland)의 번역(https://www.accesstoinsight.org/tipitaka/kn/ud/ud.2.01.irel.html).

자아라는 것이 존재하는가?

268 **빠져나오는(disenchanted) 것** : 빨리어로 nibbida.

268 **대자연이 자신의 아이들에게 걸어 놓은 마법주문** : 생물학적 진화의 관점에서.

268 **드러나 있는 심리학적 자아** : 많은 다른 스승과 전통들에서 비슷한 권고를 한다. 예를 들면, Dahl et al., "Reconstructing and De-constructing the Self," particularly the section on the "deconstructive family" of meditation practices.

268 **많은 고통을 야기** : 마크 R. 리어리 (Mark R. Leary), 『나는 왜 내가 힘들까(The Curse of the Self)』.

268 **방어적이 되고, 소유욕이 더 많아지는** : Dambrun and Ricard, "Self - Centeredness and Selflessness"

268 **자아가 없으면, 문제도 없다** : 아남 툽텐(Anam Thubten), 『티베트 스님의 노 프라블럼 (No Self, No Problem)』. 다른 사람들로부터도 계속 들어온 말이다.

268 **서로 다른 문화권에서 각기 달리 묘사** : 로이 바우마이스터(Roy F. Baumeister), 『인생의 의미(Meanings of Life)』 그리고 Mosig, "Conceptions of the Self"

269 **"(자아란) 내면의 무엇이 아니다"** : J. Goldstein: "Dreaming Ourselves into Existence" 〈Buddhadharma〉, fall 2018, p. 69.

마음속 '자아'

270 **실제 경험 속에서 완전한 자아** : 스티븐 배철러는 그의 책 『Beyond Buddhism』(p. 95)

에서, "내면에서 자아라는 핵심을 찾을 수 없음(the unfindability of a core self within)"이라고 표현했다.

뇌 안의 '자아'

272 **자기-연관 경험들의 토대가 되는** : Gillihan and Farah, "Is Self Special?" 그리고 Legrand and Ruby, "What Is Self-Specific?"

"자아"는 유니콘 같다

274 **"심오한 각성은"** : 아날라요(Anālayo), 『명상가 붓다의 삶(A Meditator's Life of the Buddha)』, p. 50.

자아의 느낌을 대상으로 한 연습

275 **누구인지 아는 데 방해가 되는 터부** : 앨런 와츠(Alan Watts), 『당신이 누구인지 아는 데 방해가 되는 터부에 관한 책(The Book: On the Taboo Against Knowing Who You Are)』.

275 **죽음과 소멸의 공포에 빠져들기 쉽고, 그것 외에는 아무것도 없으리라 느낀다** : 이들 문제와 관련하여 다른 사람들을 도울 수 있는 – 그리고 자신을 위한 통찰도 얻을 수 있는– 책이 있다. Vieten and Scammell, 『Spiritual and Religious Competencies』.

276 **"누군가가 되어야만 한다"** : Engler, "Being Somebody and Being Nobody" 또 다음 도 보라. Also see http://blogs.warwick.ac.uk/zoebrigley/entry/being_somebody_and.

276 **거절이나 비판을 더 쉽게 다루게** : 지면 관계상 몇몇 중요한 주제들을 소개할 수가 없다. 가령 어린 시절 어떻게 안전한 애착과 건강한 자기-가치('개인-가치'?!)를 개발할 수 있을지, 부적절한 느낌의 치유는 어떻게 할지, 그리고 자기-정당화나 비열함 없이 자신과 타인을 위해 한 개인으로서 어떻게 당당히 일어설 수 있는지 같은 것들 말이다.

타인중심의 경험하기

279 **제임스 오스틴** : Austin, 『Selfless Insight』 그리고 『Zen and the Brain』. 오스틴 교수 는 친절하게도 이 책에 대한 나의 작업을 점검해 주셨고 몇몇 제안도 해 주셨다. 그것 들은 이 책에 온전히 적용되었다.

279 **세상이 완벽한 광휘에 휩싸여 전면에 나서는 듯 빛난다** : 선불교에서 말하는 견성 (kensho)이나 사토리(satori)처럼, 종교적이거나 영적인 어떤 테두리 안에서도 이들 '하나임(oneness)' 또는 '둘이 아님(non-dual)'이라는 경험이 일어날 수 있겠지만, 이 책

에서는 그런 맥락을 참조하지 않고 불이의 경험들을 탐구하고자 한다.

279 **불꽃놀이 같은 이들 절정** : Maslow, 『Religions, Values, and Peak-Experiences』.

279 **신비로운, 불이의**(non-dual), **또는 자기-초월의**(self-transcendent) : Yaden et al., "The Varieties of Self-Transcendent Experience" 발군의 논문이다.

279 **상호 공존하는 존재로 더욱 가슴을 열 수 있다** : 틱낫한의 아름다운 용어이다.

자기중심적 관점과 타자중심적 관점

280 **우리의 육체적 환경들과 연관된** : Zaehle et al., "The Neural Basis of the Egocentric and Allocentric"

280 **환경 전체의 이해** : Galati et al., "Multiple Reference Frames"

280 **자기중심적 처리 과정의 흐름은 뇌의 꼭대기를 따라 달리는데** : 배부(Dorsal)는 뇌의 꼭대기를 일컫는 전문 용어이다. 마치 상어의 등(dorsal)지느러미가 상어의 가장 꼭대기에 위치하듯 말이다.

280 **두정엽을 거쳐 전전두엽 피질을 향한다** : 단순화한 것이다. 세부적인 것은 오스틴 교수의 글을 보라.

281 **어떤 특정 육체로 존재한다는 체감각**(somatic sense) : Austin, 『Zen and the Brain』.

281 **타자중심 처리 과정의 흐름은 아래로 내려가 달리는데** : 복부(Ventral)는 뇌의 아래쪽에 있다는 말이다.

281 **달리는 경계-방향잡기 주의회로** : 7장에서 논의되었다. 앞의 책을 참고한다.

281 **오른편에 위치한 '존재함**(being)' **상태** : 6장에서 논의되었다.

점수, 돈오(GRADUAL CULTIVATION, SUDDEN AWAKENING)

282 **자아가 거의 또는 전혀 없는 현실을 경험** : Hood et al., 『The Psychology of Religion』, p. 4. 또한 다음을 보라. 잭 콘필드(Jack Kornfield), 『깨달음 이후 빨랫감(After the Ecstasy, the Laundry)』, Boyle, 『Realizing Awakened Consciousness』 그리고 Vieten et al., "Future Directions in Meditation Research"

283 **거기에는 더 이상 두려워 할 무엇도 없다** : https://en.wikipedia.org/wiki/James_H._Austin. The original source is J. H. Austin, 『Zen and the Brain : Toward an Understanding of Meditation and Consciousness』. MIT Press, 1999, p. 537.

283 **유사한 경험을 했던 다른 이들의 뇌 속에서는?** : Yaden et al., "The Varieties of Self-Transcendent Experience" 이들 경험의 뉘앙스는 저마다 다를 수 있다. 각자의 성격이 있고 또한 경험에 대한 해석이 주어진 문화 및 종교적 맥락에 따라 모양 지어지

기 때문이다. 불이론(non-dualism)에 대한 많은 철학과 신학이 존재한다. 여기 포함되는 수많은 세부사항과 논란들의 요약은 다음을 참조한다. https://en.wikipedia.org/wiki/Nondualism.

283 **타인중심적 관점이 풀려나며 급격하게 전면으로 나서게** : Austin, 『Zen-Brain Reflections』.

283 **모든 근원적 뿌리** : Austin, 『Zen and the Brain』, p. 7.

283 **오스틴은 이런 일이 일어날 수 있는 타당한 길을 짚는다** : 앞의 책, 특히 pp. 4 - 5.

283 **시상(thalamus)** : 시상은 두 개다. 양편에 하나씩.

284 **자아의 느낌을 만들어내는 데 일조하는 피질** : 언급하자면, 내측 그리고 배외측 전전두엽 피질, 후대상피질, 그리고 후뇌량팽대피질이다.

284 **근처의 몇몇 조직들** : 망상핵, 불확대, 그리고 전측 시개전핵.

284 **GABA** : gamma-aminobutyric acid의 약자이다. 핵심 길항 신경전달물질이다. https://en.wikipedia.org/wiki/Gamma-Aminobutyric_acid.

284 **시상 윗부분** : Austin, "How Does Meditation Train Attention?"

284 **흐름 속 자기중심적 지류** : 이와 관련된 요점들은 다음을 참조. Newberg and Iversen, "Neural Basis" and Newberg et al., "The Measurement of Regional Cerebral Blood Flow"

284 **일체성 및 연관된 신비 체험들** : 이는 두정엽의 일부와 관련 깊다. 자세한 사항은 다음을 참조. Newberg et al., "The Measurement of Regional Cerebral Blood Flow" Farrer and Frith, "Experiencing Oneself Versus Another Person" Azari et al., "Neural Correlates of Religious Experience" Beauregard and Paquette, "Neural Correlates of a Mystical Experience" 그리고 Johnstone et al., "Right Parietal Lobe-Related 'Selflessness.'"

284 **"어느 날 나는 절벽 위에 앉아"** : A와 B라는 익명으로, 사적인 대화.

285 **"어느 한 명상 기간 중에"** : Gil Fronsdal, in 『Realizing Awakened Consciousness』, ed. Boyle, p. 124.

285 **"앉는 그 순간"** : Shinzen Young, 같은 책, p. 25. 신젠은 깊은 수행을 거친 선생님이다. 그는 마음챙김을 배우고 수련하는 수많은 혁신적이고 효과적인 방법들을 개발해낸 바 있다. https://www.shinzen.org/ 그의 다양한 저서들 중 특히 다음을 참조. S. Young, 『The Science of Enlightenment: How Meditation Works』. Sounds True, 2016.

285 **공안(koan)** : 선불교 전통에서, 어떤 가르침의 목적을 지닌 질문 또는 이야기. 종종 도

발적이고 역설적이다.

전체성 안으로 기대기(LEANING INTO ALLNESS)

286 **기반이 되는 신경 과정** : 그렇다고 일상적 현실 바깥의 추가적인 요소가 배제되는 것은 아니다. 이 말의 의미는, 이 장에서 '자연적인 테두리' 안의 신경심리학적 요소들에만 집중하겠다는 얘기다.

286 **일체성, 현재성, 그리고 전체성의 신경회로들** : 연관된 가능한 신경심리학적 설명들로, 내가 제공하는 것과 상호배타적이지 않고 어느 정도 겹치는 부분도 있는 것으로 다음을 참조한다. Boyle, "Cracking the Buddhist Code" 또한 내측 전전두엽 피질과 후대상피질(기저상태회로를 구성한다.)을 중심으로 활성화되는 '서사적 자아(narrative self)'의 방해도 가능함을 고려해야 한다. 다음을 참조한다. Denny et al., "A Meta-analysis of Functional Neuroimaging Studies" 이는 '최소한의 현상적 자아(minimal phenomenal self)'가 가능하게끔 할 수 있다. 이는 전방 뇌섬엽, 측두-두정 접합부, 그리고 시상하부에서의 (그리고 기본적인 항상성 기능을 하는 다른 부위들) 활성화에 기반하여 경험적으로, 존재할 수 있다. 다음을 참조한다. Gallagher, "Philosophical Conceptions of the Self" and Damasio, 『Self Comes to Mind』.
내 직감으로는 전형적인 비이원적 또는 '자기-초월적' 경험들은 아마도 이들 기관 모두가 관여되는 것이 아닐까 싶다. 그럼에도 불구하고 아직 분명하지 않은 점은, 이러한 드라마틱한 심리학적 변화에 수반되는 드라마틱한 신경학적 변화가 어떻게 **촉발되는가**라는 것이다.

286 **깨달음의 경험 직전 명상 수련회** : 또 다른 사전 조건들에는 다음의 것들이 포함된다. 환각제, 비전 퀘스트, 종교의식, 그리고 요가와 같은 집중적 육체적 수련. 예를 보자면 다음을 참조. 마이클 폴란 (Michael Pollan), 『마음을 바꾸는 방법(How to Change Your Mind)』.

286 **환영받는 느낌을 이야기하기도 한다** : 이 서술에서 얀 오그렌(Jan Ogren)에게 감사를 표한다.

287 **"우리는 환영 속에 (산다)"** : 나는 이 인용구절의 또 다른 버전을 스피릿 록 명상 센터 감사의 오두막에서 본 적이 있다. 제임스 바라즈(James Baraz) 선생님께서 이 인용구의 약간 다르면서도 널리 받아들여질 수 있는 버전을 온라인으로 알려주셨다. - 이 책에 사용한 것이 그것이다 - 하지만 그 원 출처는 이제껏 찾을 수가 없었다. (개인적인 대화를 통해) 라마 팰든(Lama Palden)은 이것이 칼루 린포체와 달라이 라마의 책 내용의 변형일 수도 있다는 의견을 주었다. Kalu Rinpoche and the Dalai Lama, 『Luminous

Mind』.

287 **사상의 억제 노드(nodes)** : 또한 신경계의 다른 부분들도 함께, 진정시키고 위로하는 관련된 이로운 경험들을 동반하여.

288 **이는 자연스럽게 타인중심적 시각 처리 과정을 활성화한다** : Austin, 『Selfless Insight』.

임계점(THE TIPPING POINT)

289 **내부적으로 습관화된 과정을 기준 삼아** : Fazelpour and Thompson, "The Kantian Brain"

289 **모종의 놀람** : Austin, 『Selfless Insight』.

289 **선승(Zen nun) 무가이 뇨다이** : 치요노(Chiyono)라는 이름으로도 알려져 있다. https://en.wikipedia.org/wiki/Mugai_Nyodai. For a lovely collection of other stories of awakened women, see Caplow and Moon, 『The Hidden Lamp』.

289 **"이리저리 애썼건만"** : Mary Swigonski. See "Chiyone and the Bottom\-less Bucket," https://justalchemy.com/2014/03/17/chiyono-and-the-bottomless -bucket/.

289 **뇌에서 일체성의 회로** : 신경과학자 윌 커닝햄(Wil Cunningham), 사적인 대화에서.

290 **(의식은…) 마음의 하늘** : 나는 처음 이 구절을 아디 다(Adi Da) 선생님으로부터 들었고 레이 린치(Ray Lynch)의 동명의 음악앨범을 즐겨 들었다. 이에 대한 잭 콘필드(Jack cornfield)의 유도 명상을 들어볼 수도 있다. https://jackkornfield.com/a-mind -like-sky.

확장된 시야

291 **더 크게 자연, 그리고 우주를 함께 망라한다** : Leary et al., "Allo-inclusive Identity"

291 **"무엇이든 내키는 대로 하나를 골라 보라"** : 존 뮤어(John Muir), 『나의 첫 여름(My First Summer in the Sierra)』, p. 110. 뮤어의 인용 오류를 비롯한 몇 가지 배경지식을 원한다면 다음을 참조. https://vault.sierraclub.org/john_muir_exhibit/writings/misquotes. aspx#1.

비어 있음의 관점

292 **일체 모든 것** : 이 말을 쓰는 것에 살짝 망설임이 있었다. 우리 우주의 어떤 면은 영속하는 것처럼 보이기 때문이다. 가령 플랑크 상수 같은 것들 말이다. 하지만 적어도, 일체 모든 것은 빅뱅에 의해 조건 지어져 있다.

292 **목성 위의 폭풍**: https://en.wikipedia.org/wiki/Great_Red_Spot.

문화의 관점

293 **"당신은 유동적인 흐름"**: 틱낫한(Thich Nhat Hanh), 『Inside the Now』.

생명의 관점

294 **"현상이란 없다"**: 틱낫한(Thich Nhat Hanh), 『우리가 머무는 세상(The World We Have)』.

294 **승가**: 공동체.

우주의 관점

295 **"우리가 (현대 물리학에서) 깨달은 바"**: http://www.fritjofcapra.net/werner-heisenberg-explorer-of-the-limits-of-human-imagination/

295 **총알 같은 소행성이 지구를 강타**: 이 사건에 대한 놀라운 묘사를 보고 싶다면 다음을 참조. D. Preston, "The Day the Dinosaurs Died" New Yorker, April 8, 2019, https://www.newyorker.com/magazine/2019/04/08/the-day-the-dinosaurs-died.

296 **"모두 파동이고 따라서 물과 같다"**: Yogis, 『All Our Waves Are Water』.

9장 무시간성을 찾아내다

301 **"사물들은 나타났다 사라진다"**: 다음에서 발췌. 틱낫한(Thich Nhat Hanh), "Becoming Truly Alive" 〈Buddhadharma〉, winter 2009. 이 글에서 틱낫한은 빨리어 경전의 한 구절(맛지마 니까야)을 언급한다. 내용은 죽어가는 한 남자에게 가르침이 제공되는 장면이다. 나는 틱낫한의 말씀을 액면가 그대로 전하고 있는데, 그것이 원래 표현 그대로 보여지고, 맛지마 니까야143에 적혀 있는 내용의 재구성이 되게 하지 않기 위함이다.

마음, 물질 – 그리고 신비
열반(NIBBANA)

303 **붓다의 탐구**: 붓다의 생애와 그의 동기들에 대한 내용은 많은 버전이 존재한다. 핵심 요약은 맛지마 니까야 26, 『성스러운 구함 경』에서 찾을 수 있다. https://www.accesstoinsight.org/tipitaka/mn/mn.026.than.html.

304 "윤회를 벗어나는": Bodhi, 『In the Buddha's Words』, p.183.

305 붓다의 말씀(In the Buddha's Words) : Bodhi, 『In the Buddha's Words』.

305 특정 단어들을 떠올린다: 또 다른 요약은 다음을 참조, https://www.accesstoinsight. org/ptf/dhamma/sacca/sacca3/nibbana.html. 핵심 빨리어 단어들의 번역으로 인해 어떻게 그 피상적인 의미에 정말로 변형이 올 수 있는지 보려면, 스티븐 베철러(Steven Batchelor), 『After Buddhism』, chapter 5.

305 속박에 대한 지고의 안전 : Bodhi, 『In the Buddha's Words』, p.55.

305 욕정, 증오, 망상: 같은 책, p.364.

305 목적지로 이끄는 경로: 같은 책, p.365.

305 "오, 집짓는 자여": 아차리아 붓다라키타(Acharya Buddharakkhita)의 번역에서 가져왔다. 이 중요한 구절에 대해, 조건 지어지지 않은 것(the unconditioned)이라는 용어를 사용하지 않는 다른 대안적인 번역들이 존재한다. 그 중 하나로 다음의 번역을 참조한다, 타니사로 비구(Thānissaro Bhikkhu) (https://www.accesstoinsight.org/lib/authors/ Thānissaro/dhammapada.pdf): "집 짓는 자여, 이제 네가 보인다! 이제 다시는 이 집을 짓지 못하리. 서까래는 부러지고, 대들보는 산산이 흩어져, 흔적도 없나니, 그렇게 마음은 갈망의 소멸을 얻었노라"
길 프론스달(Gil Fronsdal)의 이 번역도 볼 만하다. "집 짓는 자여, 이제 네가 보인다! 이제 다시는 이 집을 짓지 못한다! 서까래는 부러지고, 대들보는 부서졌다. 마음은, 이제 지어진 바 없는 곳으로 가버렸으니, 갈망의 소멸에 도달했도다!'

306 "이것은 평화롭다": 다음의 번역으로부터 발췌, Piyadassi Thera. https://www. accesstoinsight.org/tipitaka/an/an10/an10.060.piya.html.

306 "태어남, 됨, 생산된": 다음의 번역으로부터 발췌. 타니사로 비구(Thānissaro Bhikkhu) 그리고 존 아일랜드(John Ireland), https://www.accesstoinsight.org/tipitaka/kn/iti/ iti.2.028 -049.than.html#iti-043 그리고 https://www.accesstoinsight.org/tipitaka/ kn/iti/iti.2.042-049x.irel.html.

자연의 테두리 바깥

307 "정확히 바로 그것이 있기에": 니사로 비구(Thānissaro Bhikkhu)의 번역에서 발췌. https://www.dhammatalks.org/suttas/KN/Ud/ud8_3.html.

308 연습에 포함되면 무의미하다 생각한다 : 예를 들면, 다음 책들을 참고한다. 스티븐 배철러(Stephen Batchelor), 『After Buddhism』, 『붓다는 없다(Buddhism Without Beliefs)』 그리고 『어느 불교 무신론자의 고백(Confession of a Buddhist Atheist)』. 또한 『Waking Up』

같은 샘 해리스(Sam Harris)의 작품도 보라.

308 **초월적인 것(something)의 참조 없이(without)** : 나는 여기서 어떤 '것(something)'을 가능한 최대한 광범위하고 엷은 의미로 쓴다. 일상적인 현실을 넘어선 그 무엇이 사물 같거나(thing-like), 명사 같거나(noun-like), 어떤 특정 물건 같다는(anything-in-particular-like) 인상을 최대한 피하고 싶기 때문이다.

308 **그것과의 연결 상태로 연습** : 이 후자에 속하는 접근법 중 하나가 '파스칼의 내기(Pascal's wager)'이다. https://en.wikipedia.org/wiki/Pascal%27s_wager.

308 **이 두 가지 입장에 속한 스승들 모두로부터** : 불교를 공부하는 사람들 사이에 왕성한 논쟁을 불러일으키는 주제를 하나만 꼽아보라면, 바로 이것일 터이다. – 이 논의는 초월적인 어떤 것에 대한 무신론자들과 신자들 사이의 토론과 궤를 같이 한다. 다음의 예를 보라. 리처드 도킨스(Richard Dawkins), 『만들어진 신(The God Delusion)』 그에 대한, Thomas Crean, 『God Is No Delusion』.

초월적인 것의 가능한 특징들

309 **초자연적인(supernatural) 것들** : 영적인 존재들(데바(devas) 같은)이나 전생 등 초자연적인 문제에 대한 언급은 빨리어 경전 전체에 걸쳐 수없이 나온다. 또한 빨리어 경전 자체가 종교적인 경전으로서 그리고 영적인 수행법으로서 전 세계에 퍼져 있다. 그리고 많은 사람들이 기묘한 경험을 했음을 보고하며, 이는 자신들에게 초자연적인 것의 증거로 받아들여진다. 예를 들면, 멕 매든(Meg Madden)은 사적인 대화에서 이렇게 말했다. "일종의 비국소적 지능이 모든 자연에 깃들어 있습니다. 명상 중에는 이것을 직접적으로 경험할 수 있어요. 그것은 사랑스럽고 의식이 있으며, 모든 지각 있는 존재들 안에 깃들어 있습니다. 거기에는 바위, 나무, 기타 우리가 상상할 수 있는 모든 것이 포함됩니다. 어떤 동물, 식물, 그리고 심지어 산은 이 지혜에 연결되어 있다는 면에서 실제로 일부 사람들보다 우월하다는 것을 경험하고 있습니다. 그것들을 깨달은 존재라고 부를 수도 있어요." 다음의 글도 참조한다. Vieten et al., "Future Directions in Meditation Research"

그럼에도 불구하고, 우리는 초자연적인 것이 실제로 존재하는지 질문할 수 있고, 또 초자연적인 것이 존재한다고 가정하는 것이 수행에 유용한지 물을 수 있다. 이성적인 사람들은 이들 문제에 대해 동의하지 않을 수도 있다. 나는 이 문제에 관한 스티븐 배철러와 로버트 서먼 간의 토론을 보며 여러 번 생각에 잠기곤 했다. Batchelor and Thurman, "Reincarnation: A Debate"

309 **첫째, 초월적인 것(the transcendental)이란** : 이것은 관사 the에 관한 것이다. 빨리어에

는 관사나 부정관사가 없다. 그러므로 기껏해야 the나 a/an이 들어가는 수밖에 없다 (이로 인한 부작용은 다음을 참조. https://palistudies.blogspot.com/2018/05/pali-pronouns.html). 번역할 때 가령 "조건 지어지지 않은 것(the unconditioned)"이라는 문장에서 정관사를 사용하는 것은 널리 행해지기는 하지만 부정확하다. 거기다가, '조건 지어지지 않은 것 (the unconditioned)' 또는 '초월적인 것(the transcendental)'이라고 말해 버리면 이것들이 사물 같은(thing-like) 것임을 암시할 위험이 있다. 그렇다 해도 몇몇 문장에서 the를 빼버리면 그 또한 어색하다. 그래서 나는 이 성가시고 작은 단어의 문제(the issues 또 나왔다!)를 인정하고 양해를 구하는 선에서 마무리 짓고, 이들 용어들에서 가능한 적게 the를 사용한다.

309 **조건 지어진 바 없고(unconditioned), 무시간적인**: 정말로 괜찮은 아이디어인데, 신경학자이자 작가인 리처드 멘디우스가, 빛의 속도에 가까워지면 시간이 느려진다는 사실을 나에게 상기시켜 주었다. 그러므로 광자라면, 그것은 빛의 속도로 움직이기에, 문자 그대로 거기에 시간이 있을 수가 없다. 그리하여 어떤 의미로는, 빛은 영원하다(timeless)… 역으로 영원함(무시간성 timelessness)은 빛으로 가득 차 있을지도!

309 **초월적으로 조건 지어짐 없는 것이라면 그 무엇이든**: 일상의 현실 속에서 비일상적으로 조건 지어지지 않은 −짜여 지지 않은, 지어지지 않은, 경도되지 않은− 마음의 상태와 구분한다. 이는 '조건 지어지지 않음'으로 넘어갈 수 있는 두 번째 방법이다.

310 **"나의 마음을 옮긴다"**: Berry, 「Sabbaths— 1982」, 『A Timbered Choir』. https://www.goodreads.com/work/quotes/141101- a timbered choir the sabbath- poems -1979- 1997.

310 **"너는 누구인가?"**: 토머스 머튼(Thomas Merton)은 불교에 깊은 관심을 보이는 트라피스트회 수도승이었다(https://en.wikipedia.org/wiki/Thomas_Merton). 이들 구절은 다음에서 가져왔다. 「In Silence」, Merton and Szabo, 『In the Dark Before Dawn』. 감동적인 그림이 곁들여진 그의 시 전체를 보고 싶다면, https://www.innerdirections.org/the-poetry-of-thomas-merton/

310 **실체화되기 위해서는**: 리처드 뮬러(Richard Muller), 『나우: 시간의 물리학(Now)』 또한, Schwartz et al., "Quantum Physics in Neuroscience and Psychology"

311 **"이 신성한 삶"**: 다음 번역에서 발췌, Bikkhu Bodhi, https://suttacentral.net/mn29/en/bodhi; Bikkhu Sujato, https://suttacentral.net/mn29/en/sujato, 타니사로 비구(Thānissaro Bhikkhu), https://www.dhammatalks.org/suttas/MN/MN30.html, 그리고 I. B. Horner, https://suttacentral.net/mn30/en/horner. 심재(heartwood)라는 비유는 하나 이상의 경에서 발견된다.

초월성을 향하여 돌아서다
조건 지어진 부분을 고요히 하기

314 **"완전히 꺼진(quenched) 지혜로운 자는 진실로"** : 이 구절은 불과 그 연료의 비유를 참고해야만 한다. 이것은 붓다의 시대뿐 아니라 오늘날에도 종교 의식에 자주 사용된다. 붓다 또한 '양분(nutriments)'(빨리어 ahara의 흔한 번역이다. '음식'의 의미도 지닌다.)이라는 단어에 대해 불과 연관된 비유를 자주 사용하셨는데, 이는 그가 살던 시대가 농경 및 목축 사회였음을 상기시킨다. 열반의 어원은 램프의 불꽃 같은 것이 '꺼지다(blown out)'이다. 여기서 '꺼짐(quenched)'이라는 비유가 나오는 것이다. 그 시대의 붓다와 그의 가르침의 뿌리와 그가 사용한 많은 단어들의 깊은 의미에 대해 알고 싶다면 다음을 참조한다. 리처드 곰브리치(Richard Gombrich), 『곰브리치의 불교 강의(What the Buddha Thought)』.

314 **"마음은 스스로 평화로 가는 길을 찾는다"** : 앤드류 올렌즈키(Andrew Olendzki)의 번역. Andrew Olendzki, https://tricycle.org/magazine/modest-awakening/

의식, 자신보다 더 깊은

316 **의식으로 머무는** : 3장과 6장에서 언급.

317 **Tat tvam asi** : https://en.wikipedia.org/wiki/Tat_Tvam_Asi.

오직 사랑뿐인 삶

318 **"과거도 놓고"** : 길 프론스달의 번역, 『법구경(The Dhammapada: A New Translation of the Buddhist Classic, with Annotations)』, Shambhala, 2006, p. 90.

깨달음의 순간

319 **깨달음의 순간들-** : 마크 콜먼(Mark Coleman) 선생님이 이 말을 툴쿠 우르겐 린포체(Tulku Urgyen Rinpoche)로부터 들었다고 한다.

흐름 속 소용돌이들

322 **'양자 거품'** : Wikipedia, https://en.wikipedia.org/wiki/Quantum_foam.

327 **철저하게 꿰뚫는 통찰들을 동반하며** : 예를 들면, Kraft, 『Buddha's Map』.

327 **또한 관련된 신경 활동들을 가져야만 한다** : 하지만 그 신경 관련성은 확실하지는 않다. 예를 들면 "형태 없는 상태는… 인지 신경과학에서 아직 분명하게 밝혀진 바가 없다." Vago and Zeidan, "The Brain on Silent"

327 **이들 단계에 대한 묘사** : 다음에서 발췌, Bodhi, 『In the Buddha's Words』, pp. 397~98. 2장에서 묘사 전체를 볼 수 있다.

327 **그리고 멈춤…** : 예를 들면, 앙굿따라 니까야 9.34, 『열반경』(https://www.accesstoinsight.org/tipitaka/an/an09/an09.034.than.html). 더 깊은 탐구를 원한다면, http://leighb.com/epractices.htm.

328 **"붓다의 길을 수행함을 통해"** : 비구 보디의 상윳따 니까야 번역 도입부.

329 **어쩌면 그것이 있는 그대로의 현실 그 자체** : 예를 들면, "결실의 순간, 길 위의 순간에 연이어 찾아오고 [그것은, 열반], 존재에 대한 뒤집힌 시각의 결과와 경험에 대한 올바른 이해" A. Khema (1994), in section 12, Path and Fruit, in "All of Us: Beset by Birth, Decay, and Death," 1994, https://www.accesstoin sight.org/lib/authors/khema/allofus.html. 이 에세이는 전체로 훌륭하고, 12장 부분에 열반에 대한 많은 언급이 포함된다.

330 **"마음을 직접 가리켜"** : 이것은 하쿠인 선사의 이름이 Jikishi ninshin, Kensho jobutsu라는 일본어와 함께 새겨진 어떤 두루마리 문서가 출처이다. 하쿠인에 대한 위키피디아 페이지를 보면(https://en.wikipedia.org/wiki/Hakuin_Ekaku), 이는 다음과 같이 번역되어 있다. "마음을 직접 가리켜, 그 본성을 보니 바로 부처니라."

10장 길이자 열매

339 **"만물은 결국 허물어진다"** : 이는 붓다의 마지막 말씀이라고 전해진다. 이 번역의 출처는 다음과 같다. 스티븐 배철러(Stephen Batchelor), 『After Buddhism』, p.102. Also see https://www.buddhistinquiry.org/article/the-buddhas-last word-care/. 다른 번역도 있다. 비구 보디의 아래 번역을 보자(사적인 대화였다.). "조건 지어진 것들은 언젠가 결국 사라지기 마련이다. 세심하게 주의를 기울임으로써 목표를 성취하라."

340 **"당신이 보았던 그것은 당신을 영원히 바꿔놓을 테지요"** : 스티브 암스트롱(Steve Armstrong)에 대해 더 알고 싶다면, http://vipassanametta.org/.

341 **길을 따라가며 열매도 얻을 수 있다** : 이는 티베트 격언이 틀림없다 생각하지만 특정 출처는 찾지 못했다.

내어줌(보시)
평정과 자비

346 **고르지 못한 길 위에서도 똑바로 걸을 수 있다** : 예를 들면, 상윳따 니까야 1.7. "담마
(Dhamma)가 깨끗한 이는… 고르지 못한 길 위에서도 똑바로 걸을 수 있다."

346 **하워드 서먼이 말했듯** : Schaper, 『40-Day Journey with Howard Thurman』.

347 **다만 그러할 뿐임과 앞으로도 다만 그러할 뿐임** : 이것을 참여 수행(enegaged practice)
이라고 부를 수도 있겠다(예를 들어, '참여불교'). 개인적 수준에서 대규모 사회 운동에
이르기까지, 전 세계적으로 많은 사람들과 단체가 이것을 하고 있다.

347 **"보살피는 법을 (가르쳐 주소서)"** : 「Ash Wednesday」 Eliot, 『Collected Poems 1909~
1962』.

원인을 돌보기

347 **과일을 좀 먹고 싶어졌다** : 이 예는 아잔 차(Ajahn Chah) 스님의 가르침으로부터 따왔
고, 내 책 『12가지 행복의 법칙(Resilient)』에도 언급되었다.

348 **붓다께서 말씀했듯, "성실하고"** : 『우다나(Udana)』 3.2.

349 **"내 손을 떠난 것이겠지"** : 내 책 『12가지 행복의 법칙(Resilient)』에서도 말했다.

우리의 집단적 보시(OUR COLLECTIVE OFFERINGS)

350 **남방불교, 티베트 불교, 선, 그리고 정토불교** : 이들 각각에 속한 서로 다른 학파들
까지 포함한다. 또한, 논란의 여지가 있지만 주요 형태는 네 개 이상일 수 있다. 특히
선종(Chan Buddhism)을 고려한다면 말이다(Wikipedia, https://en.wikipedia.org/wiki/Chan_
Buddhism).

350 **과학 및 그와 관련된 정신적·육체적** : 예를 들면, Wallace and Shapiro, "Mental
Balance and Well-Being"

351 **비-불교적 환경에서** : 우울증에 대한 마음챙김-기반 인지치료 같은 것. 진델 시걸
(Zindel Segal) 외, 『마음챙김 기반 인지치료(Mindfulness-Based Cognitive Therapy)』.

출가(Going Forth)

353 **'출가(gone forth)'** : 『숫타니파타』 3.1. 이 용어는 사람들이 승려의 삶을 선택할 때도
쓰인다.

단순함을 유지하라

354 **"썩 잘은 모르겠다만"** : 다음에서 발췌, D. Penick, "Love Passing Beneath Shadows," 〈Tricycle〉, Spring 2019. 이 글은 다시 다음을 참고함. 『Letters from Max : A Book of Friendship』, Sarah Ruhl and Max Ritvo, Milkweed Editions, 2018. 인용 자체는 선승 필립 왈렌(Philip Whalen)의 시 형태로부터 비롯되었다고 전해진다.

관점을 갖기

356 **세상풍파** : 칭찬과 비난, 즐거움과 고통, 이익과 상실, 명성과 악명.

여행을 즐기라(ENJOY THE RIDE)

357 **2조 개의 은하 중** : E. Siegel, "This Is How We Know There Are Two Trillion Galaxies in the Universe" Forbes.com, Oct. 18, 2018, https://www.forbes.com/sites/ startswithabang/2018/10/18/ this-is-how-we-know-there-are-two-trillion-galaxies-in-the-universe/#f512d625a67b.

358 **"계속 가는 거야"** : 이 이야기를 내 책 『12가지 행복의 법칙(Resilient)』에서도 했다.

참고 문헌

아디야샨티, The Deep Heart: Our Portal to Presence, J. J. Prendergast, Boulder, CO: Sounds True, 2019.

알베리니, C. M., and J. E. 르두. "Memory Reconsolidation" Current Biology 23, no. 17 (2013): R746–50.

앨런, A. B., and M. R. 리어리. "Self-Compassion, Stress, and Coping" Social and Personality Psychology Compass 4, no. 2 (2010): 107–18.

아날라요. A Meditator's Life of the Buddha: Based on the Early Discourses. Cambridge, UK: Windhorse Publications, 2017.

———. Mindfully Facing Disease and Death: Compassionate Advice from Early Buddhist Texts. Cambridge, UK: Windhorse Publications, 2016.

———. Satipaṭ.ṭ.hāana: The Direct Path to Realization. Cambridge, UK: Windhorse Publications, 2004.

앵거스, D. J., et al. "Anger Is Associated with Reward-Related Electrocortical Activity: Evidence from the Reward Positivity" Psychophysiology 52, no. 10 (2015): 1271–80.

암스트롱, G. Emptiness: A Practical Guide for Meditators. New York: Simon & Schuster, 2017.

오스틴, J. H. "How Does Meditation Train Attention?" Insight Journal 32 (2009): 16–22.

———. Selfless Insight: Zen and the Meditative Transformations of Consciousness. Cambridge, MA: MIT Press, 2011.

———. "Zen and the Brain: Mutually Illuminating Topics" Frontiers in Psychology 4 (2013): 784.

———. Zen-Brain Reflections: Reviewing Recent Developments in Meditation and States of Consciousness. Cambridge, MA: MIT Press, 2006.

아자리, N. P., et al. "Neural Correlates of Religious Experience" European Journal of Neuroscience 13, no. 8 (2001): 1649–52.

바스, B. J. "Global Workspace Theory of Consciousness: Toward a Cognitive Neuro\-science of Human Experience" Progress in Brain Research 150 (2005): 45–53.

바, M. "The Proactive Brain: Using Analogies and Associations to Generate Predictions" Trends in Cognitive Sciences 11, no. 7 (2007): 280–9.

바라즈, J. Awakening Joy: 10 Steps That Will Put You on the Road to Real Happiness. New York: Bantam, 2010.

배런, A. B., and C. 클라인. "What Insects Can Tell Us About the Origins of Consciousness" Proceedings of the National Academy of Sciences 113, no. 18 (2016): 4900–08.

배철러, S. After Buddhism: Rethinking the Dharma for a Secular Age. New Haven, CT: Yale University Press, 2015.

———. Buddhism Without Beliefs: A Contemporary Guide to Awakening. New York: Penguin, 1998.

———. Confession of a Buddhist Atheist. New York: Random House, 2010.

———, and R. 터먼. "Reincarnation: A Debate" Tricycle: The Buddhist Review, summer 1997: http://www. tricycle. com/feature/reincarnation-debate.

바우마이스터, R. F. Meanings of Life. New York: Guilford Press, 1991.

———, et al. "Bad Is Stronger Than Good" Review of General Psychology 5, no. 4 (2001): 323–70.

백스터, L. R., et al. "Caudate Glucose Metabolic Rate Changes with Both Drug and Behavior Therapy for Obsessive-Compulsive Disorder" Archives of General Psychiatry 49, no. 9 (1992): 681–9.

보르가트, M., and V. 파케트 "Neural Correlates of a Mystical Experience in Carmelite Nuns" Neuroscience Letters 405, no. 3 (2006): 186–90.

베글리, S. Train Your Mind, Change Your Brain: How a New Science Reveals Our Extraordinary Potential to Transform Ourselves. New York: Random House, 2007.

벤슨, H., and M. Z. 클리퍼. The Relaxation Response. New York: William Morrow, 1975.

베리지, K. C., et al. "Dissecting Components of Reward: 'Liking,' 'Wanting,' and 'Learning.' " Current Opinion in Pharmacology 9, no. 1 (2009): 65–73.

베리지, K. C., and M. L. 크린겔바흐 "Pleasure Systems in the Brain" Neuron 86, no. 3 (2015): 646–4.

베리지, K. C., and T. E. 로빈슨. "What Is the Role of Dopamine in Reward: Hedonic Impact, Reward Learning, or Incentive Salience?" Brain Research Reviews 28, no. 3 (1998): 309–69.

베리, W. A Timbered Choir: The Sabbath Poems, 1979–1997. Washington, DC: Counterpoint, 1998.

베르사니, F. S., and M. 파스퀴니. "The 'Outer Dimensions': Impulsivity, Anger/Aggressiveness, Activation" In Dimensional Psychopathology, edited by M. 비온디 et al., Basel: Springer, 2018, pp. 211–32.

버니, K., et al. "Exploring Self-Compassion and Empathy in the Context of Mindfulness-Based Stress Reduction (MBSR)" Stress and Health 26, no. 5 (2010): 359–71.

블루스, K., and K. D. 네프 "New Frontiers in Understanding the Benefits of Self-Compassion" Self and Identity 17, no. 6 (2018): 605–8.

보디, B. In the Buddha's Words: An Anthology of Discourses from the Pali Canon. New York: Simon & Schuster, 2005.

———, and B. 냐나몰리. The Middle Length Discourses of the Buddha: A Translation of the Majjhima Nikaya. Sommerville, MA: Wisdom Publications, 2009.

빌링하우스, I. F., et al. "The Role of Mindfulness and Loving-Kindness Meditation in Cultivating Self-Compassion and Other-Focused Concern in Health Care Professionals" Mindfulness 5, no. 2 (2014): 129–38.

볼, S., et al. "Oxytocin and Pain Perception: From Animal Models to Human Research" Neuroscience 387 (2018): 149–61.

볼리, M., et al. "Consciousness in Humans and Non-human Animals: Recent Advances and Future Directions" Frontiers in Psychology 4 (2013): 625.

보울스, S. "Group Competition, Reproductive Leveling, and the Evolution of Human Altruism" Science 314, no. 5805 (2006): 1569–72.

보이드, R., et al. "Hunter-Gatherer Population Structure and the Evolution of Contingent Cooperation" Evolution and Human Behavior 35, no. 3 (2014): 219–27.

보일, R. P. "Cracking the Buddhist Code: A Contemporary Theory of First-Stage Awakening" Journal of Consciousness Studies 24, no. 9–10 (2017): 156–80.

———. Realizing Awakened Consciousness: Interviews with Buddhist Teachers and a New Perspective on the Mind. New York: Columbia University Press, 2015.

브랙, T. Radical Acceptance: Embracing Your Life with the Heart of a Buddha. New York: Bantam, 2004.

———. Radical Compassion: Learning to Love Yourself and the World with the Practice of RAIN. New York: Viking Press, 2019.

———. True Refuge: Finding Peace and Freedom in Your Own Awakened Heart. New York: Bantam, 2012.

브람, A. Mindfulness, Bliss, and Beyond: A Meditator's Handbook. New York: Simon & Schuster, 2006.

브램햄, C. R., and E. 메사우디. "BDNF Function in Adult Synaptic Plasticity: The Synaptic Consolidation Hypothesis" Progress in Neurobiology 76, no. 2 (2005): 99–125.

브랜드마이어, T., et al. "The Neuroscience of Meditation: Classification, Phenomenology, Correlates, and Mechanisms" Progress in Brain Research 244 (2019), 1–29.

브레이버, T., and J. 코헨. "On the Control of Control: The Role of Dopamine in Regulating Prefrontal Function and Working Memory" In Control of Cognitive Processes: Attention and Performance 18, edited by S. Monsel and J. Driver. Cambridge, MA: MIT Press, 2000.

브레이버, T., et al. "The Role of Prefrontal Cortex in Normal and Disordered Cognitive Control: A Cognitive Neuroscience Perspective" In Principles of Frontal Lobe Function, edited by D. T. Stuss and R. T. Knight. New York: Oxford University Press, 2002.

브루어, J. The Craving Mind: From Cigarettes to Smartphones to Love? Why We Get Hooked and How We Can Break Bad Habits. New Haven, CT: Yale University Press, 2017.

브루어, J. et al. "Meditation Experience Is Associated with Differences in Default Mode Network Activity and Connectivity" Proceedings of the National Academy of Sciences 108, no. 50 (2011): 20254–59.

———, et al. "What About the 'Self' Is Processed in the Posterior Cingulate Cortex?" Frontiers in Human Neuroscience 7 (2013): 647.

브로트, et al. "Fast Track to the Neocortex: A Memory Engram in the Posterior Parietal Cortex" Science 362, no. 6418 (2018): 1045–48.

부다라키타, A., trans. The Dhammapada: The Buddha's Path of Wisdom. Kandy, Sri Lanka: Buddhist Publication Society, 1985.

버켓, J. P., et al. "Activation of μ-Opioid Receptors in the Dorsal Striatum Is Necessary for Adult Social Attachment in Monogamous Prairie Voles" Neuropsychopharmacology 36, no. 11 (2011): 2200.

버크룬드, L. J., et al. "The Common and Distinct Neural Bases of Affect Labeling and Reappraisal in Healthy Adults" Frontiers in Psychology 5 (2014): 221.

카힐, L., and J. L. 맥고흐. "Modulation of Memory Storage" Current Opinion in Neurobiology 6, no. 2 (1996): 237–42.

칸, B. R., and J. 폴리치. "Meditation States and Traits: EEG, ERP, and Neuroimaging Studies" Psychological Bulletin 132, no. 2 (2006): 180.

카플로우, F., and S. 문, eds. The Hidden Lamp: Stories from Twenty-Five Centuries of Awakened Women. Somerville, MA: Wisdom Publications, 2013.

케리, T. A., et al. "Improving Professional Psychological Practice Through an Increased Repertoire of Research Methodologies: Illustrated by the Development of MOL" Professional Psychology: Research and Practice 48, no. 3 (2017): 175.

셀리니, N., et al. "Sleep Before and After Learning Promotes the Consolidation of Both Neutral and Emotional Information Regardless of REM Presence" Neurobiology of Learning and Memory 133 (2016): 136–44.

쵸드론, P. When Things Fall Apart: Heart Advice for Difficult Times. Boulder, CO: Shambhala Publications, 2000.

크리스토프, K., et al. "Experience Sampling During fMRI Reveals Default Network and Executive System Contributions to Mind Wandering" Proceedings of the National Academy of Sciences 106, no. 21 (2009): 8719–24.

———, et al. "Specifying the Self for Cognitive Neuroscience" Trends in Cognitive Sciences 15, no. 3 (2011): 104–12.

클로패스, C. "Synaptic Consolidation: An Approach to Long-Term Learning" Cognitive Neurodynamics 6, no. 3 (2011): 251–7.

쿠니, R. E., et al. "Neural Correlates of Rumination in Depression" Cognitive, Affective, & Behavioral Neuroscience 10, no. 4 (2010): 470–8.

코베타, et al. "The Reorienting System of the Human Brain: From Environment to Theory of Mind" Neuron 58, no. 3 (2008): 306–24.

크레이그, A. D. "How Do You Feel? Interoception: The Sense of the Physiological Condition of the Body" Nature Reviews Neuroscience 3, no. 8 (2002): 655.

크린, T. God Is No Delusion: A Refutation of Richard Dawkins. San Francisco: Ignatius Press, 2007.

크레스웰, J. D., et al. "Alterations in Resting-State Functional Connectivity Link Mindfulness Meditation with Reduced Interleukin-6: A Randomized Controlled Trial" Biological Psychiatry 80, no. 1, (2016): 53–61.

———, et al. "Neural Correlates of Dispositional Mindfulness During Affect Labeling" Psychosomatic Medicine 69, no. 6 (2007): 560–65.

쿨라다사, et al. The Mind Illuminated: A Complete Meditation Guide Integrating Buddhist Wisdom and Brain Science for Greater Mindfulness. New York: Atria Books, 2017.

달, C. J., et al. "Reconstructing and Deconstructing the Self: Cognitive Mechanisms in Meditation Practice" Trends in Cognitive Sciences 19, no. 9 (2015): 515–23.

달라이 라마 and H. 커틀러. The Art of Happiness: A Handbook for Living. New York: Riverhead Books, 2009.

다마시오, A. R. The Feeling of What Happens: Body and Emotion in the Making of Consciousness. Boston: Houghton Mifflin Harcourt, 1999.

―――. Self Comes to Mind: Constructing the Conscious Brain. New York: Vintage Books, 2012.

댐브룬, M., and M. 리커드. "Self-Centeredness and Selflessness: A Theory of Self-Based Psychological Functioning and Its Consequences for Happiness" Review of General Psychology 15, no. 2 (2011): 138–57.

다스, R. Be Here Now. New York: Harmony Books, 2010.

다타, D., and A. F. 안스텐. "Loss of Prefrontal Cortical Higher Cognition with Uncontrollable Stress: Molecular Mechanisms, Changes with Age, and Relevance to Treatment" Brain Sciences 9, no. 5 (2019): 113.

데이비슨, J. M. "The Physiology of Meditation and Mystical States of Consciousness" Perspectives in Biology and Medicine 19, no. 3 (1976): 345–80.

데이비슨, R. J. "Well-Being and Affective Style: Neural Substrates and Biobehavioural Correlates" Philosophical Transactions: Biological Sciences 359, no. 1449 (2004): 1395−.1411.

데이비스, J. H., and D. R. 바고. "Can Enlightenment Be Traced to Specific Neural Correlates, Cognition, or Behavior? No, and (a Qualified) Yes" Frontiers in Psychology 4 (2013): 870.

도킨스, R. The God Delusion. New York: Random House, 2016.

데이, J. J., and J. D. 스웨트. "Epigenetic Mechanisms in Cognition" Neuron 70, no. 5 (2015): 813–29.

디세티, J., and M. 스베트로바. "Putting Together Phylogenetic and Ontogenetic Perspectives on Empathy" Developmental Cognitive Neuroscience 2, no. 1 (2011): 1–24.

디세티, J., and K. J. 요더. "The Emerging Social Neuroscience of Justice Motivation" Trends in Cognitive Sciences 21, no. 1 (2017): 6–14.

드 드루, C. K. "Oxytocin Modulates Cooperation Within and Competition Between Groups: An Integrative Review and Research Agenda" Hormones and Behavior 61, no. 3 (2012): 419–28.

―――, et al. "The Neuropeptide Oxytocin Regulates Parochial Altruism in Intergroup Conflict Among Humans" Science 328, no. 5984 (2010): 1408–11.

―――, et al. "Oxytocin Enables Novelty Seeking and Creative Performance Through Upregulated Approach: Evidence and Avenues for Future Research" Wiley Interdisciplinary Reviews: Cognitive Science 6, no. 5 (2015): 409–17.

―――, et al. "Oxytocin Motivates Non-cooperation in Intergroup Conflict to Protect Vulnerable In-Group Members" PLoS One 7, no. 11 (2012): e46751.

데니, B. T., et al. "A Meta-analysis of Functional Neuroimaging Studies of Self— and Other Judgments Reveals a Spatial Gradient for Mentalizing in Medial Prefrontal Cortex" Journal of Cognitive Neuroscience 24, no. 8 (2012): 1742–52.

데스포지토, M., and B. R. 포슬. "The Cognitive Neuroscience of Working Memory" Annual Review of Psychology 66 (2015): 115–42.

디트리히, A. "Functional Neuroanatomy of Altered States of Consciousness: The Transient Hypofrontality Hypothesis" Consciousness and Cognition 12, no. 2 (2004): 231–56.

딕슨, S., and G. 윌콕스 "The Counseling Implications of Neurotheology: A Critical Review" Journal of Spirituality in Mental Health 18, no. 2 (2016): 91–107.

던바, R. I. "The Social Brain Hypothesis" Evolutionary Anthropology: Issues, News, and Reviews 6, no. 5 (1998): 178–90.

던, J. "Toward an Understanding of Non-dual Mindfulness" Contemporary Buddhism 12, no. 1 (2011): 71–88.

두섹, J. A., et al. "Genomic Counter-Stress Changes Induced by the Relaxation Response" PLoS One 3, no. 7 (2008): e2576.

드쥬벤코, E., et al. "Neuron-Glia Interactions in Neural Plasticity: Contributions of Neural Extracellular Matrix and Perineuronal Nets" Neural Plasticity (2016): 5214961.

얼, B. "The Biological Function of Consciousness" Frontiers in Psychology 5, (2014): 697.

에커, B. "Memory Reconsolidation Understood and Misunderstood" International Journal of Neuropsychotherapy 3, no. 1 (2015): 2–46.

———, et al. Unlocking the Emotional Brain: Eliminating Symptoms at Their Roots Using Memory Reconsolidation. London: Routledge, 2012.

아이센버거, N. I. "The Neural Bases of Social Pain: Evidence for Shared Representations with Physical Pain" Psychosomatic Medicine 74, no. 2 (2012): 126.

———, et al., "Attachment Figures Activate a Safety Signal-Related Neural Region and Reduce Pain Experience" Proceedings of the National Academy of Sciences 108, no. 28 (2011): 11721–26.

엘리엇, T. S. Collected Poems 1909–1962. London: Faber & Faber, 2009.

엥겐, H. G., and T. 싱어. "Affect and Motivation Are Critical in Constructive Meditation" Trends in Cognitive Sciences 20, no. 3 (2016): 159–60.

———. "Compassion-Based Emotion Regulation Up-regulates Experienced Positive Affect and Associated Neural Networks" Social Cognitive and Affective Neuroscience 10, no. 9 (2015): 1291–301.

엥글러, J. "Being Somebody and Being Nobody: A Re-examination of the Understanding of Self in Psychoanalysis and Buddhism" In Psychoanalysis and Buddhism: An Unfolding Dialogue, edited by J. D. Safran. Boston: Wisdom Publications, 2003, pp. 35–79.

에릭슨, P. S., et al. "Neurogenesis in the Adult Human Hippocampus" Nature Medicine 4, no. 11 (1998): 1313–17.

에쉬, T., and G. B. 스테파노 "The Neurobiology of Stress Management" Neuroendocrinology Letters 31, no. 1 (2010): 19–39.

팝, N. A., et al. "Attending to the Present: Mindfulness Meditation Reveals Distinct Neural Modes of Self-reference" Social Cognitive and Affective Neuroscience 2, no. 4 (2007): 313–22.

———, et al. "The Mindful Brain and Emotion Regulation in Mood Disorders" Canadian Journal of Psychiatry 57, no. 2 (2012): 70–77.

―――, et al. "Minding One's Emotions: Mindfulness Training Alters the Neural Expression of Sadness" Emotion 10, no. 1 (2010): 25.

파레, C., and C. D. 프리스. "Experiencing Oneself Versus Another Person as Being the Cause of an Action: The Neural Correlates of the Experience of Agency" NeuroImage 15, no. 3 (2002): 596–603.

파젤포, S., and E. 톰슨. "The Kantian Brain: Brain Dynamics from a Neurophenomenological Perspective" Current Opinion in Neurobiology 31 (2014): 223–29.

페라렐리, F., et al. "Experienced Mindfulness Meditators Exhibit Higher Parietal-Occipital EEG Gamma Activity During NREM Sleep" PLoS One, no. 8 (2013): e73417.

플래너건, O. The Bodhisattva's Brain: Buddhism Naturalized. Cambridge, MA: MIT Press, 2011.

폭스, K. C., et al. "Is Meditation Associated with Altered Brain Structure? A Systematic Review and Meta-analysis of Morphometric Neuroimaging in Meditation Practitioners" Neuroscience & Biobehavioral Reviews 43 (2014): 48–73.

프레드릭슨, B. L. "The Broaden-and-Build Theory of Positive Emotions" Philosophical Transactions of the Royal Society of London, Series B: Biological Sciences, 359, no. 1449 (2004): 1367–77.

―――. "What Good Are Positive Emotions?" Review of General Psychology 2, no. 3 (1998): 300–19.

―――, et al. "Positive Emotion Correlates of Meditation Practice: A Comparison of Mindfulness Meditation and Loving-kindness Meditation" Mindfulness 8, no. 6 (2017): 1623–33.

프리스톤, K. "The History of the Future of the Bayesian Brain" NeuroImage 62, no. 2 (2012): 1230–33.

프론스달, G. The Dhammapada: A New Translation of the Buddhist Classic with Annotations. Boulder, CO: Shambhala Publications, 2006.

게일리엇, M. T., et al. "Self-Control Relies on Glucose as a Limited Energy Source: Willpower Is More Than a Metaphor" Journal of Personality and Social Psychology 92, no. 2 (2007): 325.

갈라티, et al. "Multiple Reference Frames Used by the Human Brain for Spatial Perception and Memory" Experimental Brain Research 206, no. 2 (2010), 109–20.

갈래거, S. "Philosophical Conceptions of the Self: Implications for Cognitive Science" Trends in Cognitive Sciences 4, no. 1 (2000): 14–21.

기어츠, A. W. "When Cognitive Scientists Become Religious, Science Is in Trouble: On Neurotheology from a Philosophy of Science Perspective" Religion 39, no. 4 (2009): 319–24.

젤혼, E., and W. F. 킬리. "Mystical States of Consciousness: Neurophysiological and Clinical Aspects" Journal of Nervous and Mental Disease 154, no. 6 (1972): 399–405.

거머, C. The Mindful Path to Self-Compassion: Freeing Yourself from Destructive Thoughts and Emotions. New York: Guilford Press, 2009.

―――, and K. D. 네프. "Self-Compassion in Clinical Practice" Journal of Clinical Psychology 69, no. 8 (2013): 856–67.

길버트, P. Compassion Focused Therapy: Distinctive Features. London: Routledge, 2010.

―――. "Introducing Compassion-Focused Therapy" Advances in Psychiatric Treatment 15, no. 3 (2009): 199–208.

―――. "The Origins and Nature of Compassion Focused Therapy" British Journal of Clinical Psychology 53, no. 1 (2014): 6–41.

길리한, S. J., and M. J. 파라. "Is Self Special? A Critical Review of Evidence from Experimental Psychology and Cognitive Neuroscience" Psychological Bulletin 131, no. 1 (2005): 76.

글레이그, A. American Dharma: Buddhism Beyond Modernity. New Haven, CT: Yale University Press, 2019.

골드스타인, J. The Experience of Insight: A Simple and Direct Guide to Buddhist Meditation. Boulder, CO: Shambhala Publications, 2017.

──────. Mindfulness: A Practical Guide to Awakening. Boulder, CO: Sounds True, 2013.

골먼, D., and R. J. Davidson. Altered Traits: Science Reveals How Meditation Changes Your Mind, Brain, and Body. New York: Penguin, 2017.

곰브리치, R. F. What the Buddha Thought. Sheffield, UK: Equinox, 2009.

그라보백, A. "The Stages of Insight: Clinical Relevance for Mindfulness-Based Interventions" Mindfulness 6, no. 3 (2015): 589–600.

그로스마크, A. D., and G. 버즈사키. "Diversity in Neural Firing Dynamics Supports Both Rigid and Learned Hippocampal Sequences" Science 351, no. 6280 (2016): 1440–43.

그로센바허, P. "Buddhism and the Brain: An Empirical Approach to Spirituality" Paper prepared for "Continuity + Change: Perspectives on Science and Religion," June 3–7, 2006, in Philadelphia, PA. https://www.scribd.com/document/283480254 /Buddhism-and-the-Brain.

그로스, R. M. Buddhism After Patriarchy: A Feminist History, Analysis, and Reconstruction of Buddhism. Albany: SUNY Press, 1993.

하바스, C., et al. "Distinct Cerebellar Contributions to Intrinsic Connectivity Networks" Journal of Neuroscience 29, no. 26 (2009): 8586–94.

핼리팩스, J. Standing at the Edge: Finding Freedom Where Fear and Courage Meet. New York: Flatiron Books, 2018.

햄린, J. K., et al. "Three-Month-Olds Show a Negativity Bias in Their Social Evaluations" Developmental Science 13, no. 6 (2010): 923–29.

한, T. N. Being Peace. Berkeley, CA: Parallax Press, 2008.

──────. Inside the Now: Meditations on Time. Berkeley, CA: Parallax Press, 2015.

──────. The World We Have: A Buddhist Approach to Peace and Ecology. Berkeley, CA: Parallax Press, 2004.

핸슨, R. Buddha's Brain: The Practical Neuroscience of Happiness, Love, and Wisdom. Oakland, CA: New Harbinger Publications, 2009.

──────. Hardwiring Happiness: The New Brain Science of Contentment, Calm, and Confidence. New York: Harmony Books, 2013.

──────, and F. 핸슨. Resilient: How to Grow an Unshakable Core of Calm, Strength, and Happiness. New York: Harmony Books, 2018.

핸소티아, P. "A Neurologist Looks at Mind and Brain: 'The Enchanted Loom.'" Clinical Medicine & Research 1, no. 4 (2003): 327–32.

하크니스, K. L., et al. "Stress Sensitivity and Stress Sensitization in Psychopathology: An Introduction to the Special Section" Journal of Abnormal Psychology 124 (2015): 1.

해리스, A. Conscious: A Brief Guide to the Fundamental Mystery of the Mind. New York: Harper, 2019.

해리스, S. Waking Up: A Guide to Spirituality Without Religion. New York: Simon & Schuster, 2014.

하이에스, S. The Act in Context: The Canonical Papers of Steven C. Hayes. New York: Routledge, 2015.

허큘라노-호우즐, S. "The Remarkable, Yet Not Extraordinary, Human Brain as a Scaled-Up Primate Brain and Its Associated Cost" Proceedings of the National Academy of Sciences 109, Supplement 1 (2012): 10661–68.

힐, K. R., et al. "Co-residence Patterns in Hunter-Gatherer Societies Show Unique Human Social Structure" Science 331, no. 6022 (2011): 1286–89.

힐튼, L., et al. "Mindfulness Meditation for Chronic Pain: Systematic Review and Meta-analysis" Annals of Behavioral Medicine 51, no. 2 (2016): 199–213.

호프먼, S., et al. "Loving-kindness and Compassion Meditation: Potential for Psychological Interventions" Clinical Psychology Review 31, no. 7 (2011): 1126–32.

휠즐, B. K., et al. "How Does Mindfulness Meditation Work? Proposing Mechanisms of Action from a Conceptual and Neural Perspective" Perspectives on Psychological Science 6, no. 6 (2011): 537–59.

──────, et al. "Investigation of Mindfulness Meditation Practitioners with Voxel-Based Morphometry" Social Cognitive and Affective Neuroscience 3 (2008): 55–61.

후드 R. W., et al. The Psychology of Religion: An Empirical Approach, 5th ed. New York: Guilford Press, 2018.

후, X., et al. "Unlearning Implicit Social Biases During Sleep" Science 348, no. 6238 (2015): 1013–15.

허버, D., et al. "Vasopressin and Oxytocin Excite Distinct Neuronal Populations in the Central Amygdala" Science 308, no. 5719 (2005): 245–48.

헝, L. W., et al. "Gating of Social Reward by Oxytocin in the Ventral Tegmental Area" Science 357, no. 6358 (2017): 1406–11.

헉슬리, A. The Perennial Philosophy. Toronto: McClelland & Stewart, 2014.

하이만, S. E., et al. "Neural Mechanisms of Addiction: The Role of Reward-Related Learning and Memory" Annual Review of Neuroscience 29, no. 1 (2006): 565–98.

자스트르젭스키, A. K. "The Neuroscience of Spirituality" Pastoral Psychology 67 (2018): 515–24.

욘센, T. J., and O. 프리보그 "The Effects of Cognitive Behavioral Therapy as an Anti-depressive Treatment Is [sic] Falling: A Meta-analysis" Psychological Bulletin 141, no. 4 (2015): 747.

존스톤, B., et al. "Right Parietal Lobe-Related 'Selflessness' as the Neuropsychological Basis of Spiritual Transcendence" International Journal for the Psychology of Religion 22, no. 4 (2012): 267–84.

존스, S. There Is Nothing to Fix: Becoming Whole Through Radical Self-Acceptance. Somerville, MA: LAKE Publications, 2019.

조시포비치, Z. "Neural Correlates of Nondual Awareness in Meditation" Annals of the New York Academy of Sciences 1307, no. 1 (2014): 9–18.

──────, and B. J. 바스. "What Can Neuroscience Learn from Contemplative Practices?" Frontiers in Psychology 6 (2015): 1731.

칼루 린포체 and 달라이 라마. Luminous Mind: The Way of the Buddha. Somerville, MA: Wisdom Publications, 1993.

캔델, E. R. In Search of Memory: The Emergence of a New Science of Mind. New York: W. W. Norton, 2007.

카를손, M. P., and L. M. 프랭크 "Awake Replay of Remote Experiences in the Hippocampus" Nature Neuroscience 12, no. 7 (2009): 913–18.

켈트너, D. Born to Be Good: The Science of a Meaningful Life. New York: W. W. Norton, 2009.

켐퍼만, G. "Youth Culture in the Adult Brain" Science 335, no. 6073 (2012): 1175–76.

———, et al. "Human Adult Neurogenesis: Evidence and Remaining Questions" Cell Stem Cell 23, no. 1 (2018): 25–30.

코이켄, M. C., et al. "Large Scale Structure-Function Mappings of the Human Subcortex" Scientific Reports 8, no. 1 (2018): 15854.

키, B., et al. "Insects Cannot Tell Us Anything About Subjective Experience or the Origin of Consciousness" Proceedings of the National Academy of Sciences 113, no. 27 (2016): E3813.

키켄, L. G., et al. "From a State to a Trait: Trajectories of State Mindfulness in Meditation During Intervention Predict Changes in Trait Mindfulness" Personality and Individual Differences 81 (2015): 41–46.

킬링스워스, M. A., and D. T. 길버트 "A Wandering Mind Is an Unhappy Mind" Science 330, no. 6006 (2010): 932.

코흐, C., et al. "Neural Correlates of Consciousness: Progress and Problems" Nature Reviews Neuroscience 17, no. 5 (2016): 307–21.

코크, B. E., and B. L. 프레드릭손. "Upward Spirals of the Heart: Autonomic Flexibility, as Indexed by Vagal Tone, Reciprocally and Prospectively Predicts Positive Emotions and Social Connectedness" Biological Psychology 85, no. 3 (2010): 432–36.

콘필드, J. After the Ecstasy, the Laundry. New York: Bantam, 2000.

———. A Path with Heart: A Guide Through the Perils and Promises of Spiritual Life. New York: Bantam, 2009.

크래프트, D. Buddha's Map: His Original Teachings on Awakening, Ease, and Insight in the Heart of Meditation. Grass Valley, CA: Blue Dolphin Publishing, 2013.

크랄, T. R. A., et al. "Impact of Short— and Long-Term Mindfulness Meditation Training on Amygdala Reactivity to Emotional Stimuli" NeuroImage 181 (2018): 301–13.

크라이빅, S. D. "Autonomic Nervous System Activity in Emotion: A Review" Biological Psychology 84, no. 3 (2010): 394–421.

크린겔바흐, M. L., and K. C. 베리지. "Neuroscience of Reward, Motivation, and Drive" In Recent Developments in Neuroscience Research on Human Motivation, edited by K. Sung-il et al. Bingley, UK: Emerald Group Publishing, 2016, pp. 23–35.

크리트먼, M., et al. "Oxytocin in the Amygdala and Not the Prefrontal Cortex Enhances Fear and Impairs Extinction in the Juvenile Rat" Neurobiology of Learning and Memory 141 (2017): 179–88.

랑그너, R., and S. B. 아이크호프 "Sustaining Attention to Simple Tasks: A Meta-analytic Review of the Neural Mechanisms of Vigilant Attention" Psychological Bulletin 139, no. 4 (2013): 870.

라리치우타, D., and L. 페트로시니. "Individual Differences in Response to Positive and Negative Stimuli: Endocannabinoid-Based Insight on Approach and Avoidance Behaviors" Frontiers in Systems Neuroscience 8 (2014): 238.

라자르, S. W., et al. "Functional Brain Mapping of the Relaxation Response and Meditation" Neuroreport 11, no. 7 (2000): 1581–85.

————, et al. "Meditation Experience Is Associated with Increased Cortical Thickness" Neuroreport 16 (2005): 1893–97.

리어리, M. R. The Curse of the Self: Self-Awareness, Egotism, and the Quality of Human Life. New York: Oxford University Press, 2007.

————, et al. "Allo-inclusive Identity: Incorporating the Social and Natural Worlds into One's Sense of Self" In Decade of Behavior. Transcending Self-Interest: Psychological Explorations of the Quiet Ego, edited by H. A. 웨이먼트 and J. J. 바우어. Washington, DC: American Psychological Association, 2008, pp. 137–47.

리, T. M., et al. "Distinct Neural Activity Associated with Focused-Attention Meditation and Loving-kindness Meditation" PLoS One 7, no. 8 (2012): e40054.

르그란트, D., and P. 루비. "What Is Self-Specific? Theoretical Investigation and Critical Review of Neuroimaging Results" Psychological Review 116 (2009): 252.

렌트, R., et al. "How Many Neurons Do You Have? Some Dogmas of Quantitative Neuroscience Under Revision" European Journal of Neuroscience 35, no. 1 (2012): 1–9.

룽, M. K., et al. "Increased Gray Matter Volume in the Right Angular and Posterior Parahippocampal Gyri in Loving-kindness Meditators" Social Cognitive and Affective Neuroscience 8, no. 1 (2012): 34–39.

리버만, M. D. Social: Why Our Brains Are Wired to Connect. New York: Oxford University Press, 2013.

————, and N. I. Eisenberger. "Pains and Pleasures of Social Life" Science 323, no. 5916 (2009): 890–91.

린달, J. R., et al. "The Varieties of Contemplative Experience: A Mixed-Methods Study of Meditation-Related Challenges in Western Buddhists" PLoS One 12, no. 5 (2017): e0176239.

리네한, M. Cognitive-Behavioral Treatment of Borderline Personality Disorder. New York: Guilford Press, 2018.

리펠트, D. P., et al. "Focused Attention, Open Monitoring and Loving Kindness Meditation: Effects on Attention, Conflict Monitoring, and Creativity—A Review" Frontiers in Psychology 5 (2014): 1083.

리우, Y., et al. "Oxytocin Modulates Social Value Representations in the Amygdala" Nature Neuroscience 22, no. 4 (2019): 633.

로이즈, J. J., et al., eds. Advances in Contemplative Psychotherapy: Accelerating Healing and Transformation. New York: Routledge, 2017.

뢰웰, S., and W. 싱어. "Selection of Intrinsic Horizontal Connections in the Visual Cortex by Correlated Neuronal Activity" Science 255, no. 5041 (1992): 209–12.

로이, D. Ecodharma: Buddhist Teachings for the Ecological Crisis. Somerville, MA: Wisdom Publications, 2019.

루피엔, S. J., et al. "Beyond the Stress Concept: Allostatic Load—A Developmental Biological and Cognitive Perspective" In Developmental Psychopathology, vol. 2: Developmental Neuroscience, 2nd ed., edited by D. 치체티 and D. 코헨. Hoboken, NJ: Wiley, 2006, pp. 578–628.

루츠, A., et al. "Altered Anterior Insula Activation During Anticipation and Experience of Painful Stimuli in Expert Meditators" NeuroImage 64 (2013): 538–46.

———, et al. "Long-Term Meditators Self-Induce High-Amplitude Gamma Synchrony During Mental Practice" PNAS 101 (2004): 16369–73.

매던, C. R. "Toward a Common Theory for Learning from Reward, Affect, and Motivation: The SIMON Framework" Frontiers in Systems Neuroscience 7 (2013): 59.

마하라지, N., et al. I Am That: Talks with Sri Nisargadatta Maharaj, translated by M. 프리드먼. Durham, NC: Acorn Press, 1973.

마혼, M. C., et al. "fMRI During Transcendental Meditation Practice" Brain and Cognition 123 (2018): 30–33.

마뉴엘로, J., et al. "Mindfulness Meditation and Consciousness: An Integrative Neuroscientific Perspective" Consciousness and Cognition 40 (2016): 67–78.

마틴, K. C., and E. M. 슈만. "Opting In or Out of the Network" Science 350, no. 6267 (2015): 1477–78.

마스카로, J. S., et al. "The Neural Mediators of Kindness-Based Meditation: A Theoretical Model" Frontiers in Psychology 6 (2015): 109.

매슬로우, A. H. Religions, Values, and Peak-Experiences, vol. 35. Columbus: Ohio State University Press, 1964.

마서, J. A. "Cephalopod Consciousness: Behavioural Evidence" Consciousness and Cognition 17, no. 1 (2008): 37–48.

마츠오, N., et al. "Spine-Type-Specific Recruitment of Newly Synthesized AMPA Receptors with Learning" Science 319, no. 5866 (2008): 1104–7.

맥도널드, R. J., and N. S. 홍. "How Does a Specific Learning and Memory System in the Mammalian Brain Gain Control of Behavior?" Hippocampus 23, no. 11 (2013): 1084–102.

맥고흐, J. L. "Memory: A Century of Consolidation" Science 287, no. 5451 (2000): 248–51.

맥마헌, D. L., and E. 브라운, eds. Meditation, Buddhism, and Science. New York: Oxford University Press, 2017.

메논, V. "Salience Network" In Brain Mapping: An Encyclopedic Reference, vol. 2, edited by A. W. 토가. Cambridge, MA: Academic Press, 2015, pp. 597–611.

머튼, T. In the Dark Before Dawn: New Selected Poems, edited by L. R. 스자보. New York: New Directions Publishing, 2005.

마이어-린덴버그, A. "Impact of Prosocial Neuropeptides on Human Brain Function" Progress in Brain Research 170 (2008): 463–70.

미첼, S. Tao Te Ching: A New English Version. New York: Harper Perennial Modern Classics, 1988.

무어, S. R., and R. A. 드푸에. "Neurobehavioral Foundation of Environmental Reactivity" Psychological Bulletin 142, no. 2 (2016): 107.

모시그, Y. D. "Conceptions of the Self in Western and Eastern Psychology" Journal of Theoretical and Philosophical Psychology 26, no. 1–2 (2006): 3.

뮤어, J. My First Summer in the Sierra. Illustrated Anniversary Edition. Boston: Houghton Mifflin Harcourt, 2011.

뮬러, R. A. Now: The Physics of Time. New York: W. W. Norton, 2016.

뮬렛-길먼, O., and S. A. 휴에텔. "Neural Substrates of Contingency Learning and Executive Control: Dissociating Physical, Valuative, and Behavioral Changes" Frontiers in Human Neuroscience 3 (2009): 23.

나델, L., et al. "Memory Formation, Consolidation and Transformation" Neuroscience & Biobehavioral Reviews 36, no. 7 (2012): 1640–45.

네이더, K., et al. "Fear Memories Require Protein Synthesis in the Amygdala for Reconsolidation After Retrieval" Nature 406, no. 6797 (2000): 722.

냐나몰리, B. The Path of Purification: The Classic Manual of Buddhist Doctrine and Meditation. Kandy, Sri Lanka: Buddhist Publication Society, 1991.

노이만, R. K., et al. "The Reptilian Brain" Current Biology 25, no. 8 (2015): R317–21.

네크바탈, J. M., and D. M. 리용. "Coping Changes the Brain" Frontiers in Behavioral Neuroscience 7 (2013): 13.

네프, K. Self-Compassion: The Proven Power of Being Kind to Yourself. New York: 윌리엄 모로우, 2011.

———, and K. A. 담. "Self-Compassion: What It Is, What It Does, and How It Relates to Mindfulness" In Handbook of Mindfulness and Self-Regulation, edited by B. D. 오스타핀 et al. New York: Springer, 2015, pp. 121–37.

뉴버그, A. B. "The Neuroscientific Study of Spiritual Practices" Frontiers in Psychology 5 (2014): 215.

———. Principles of Neurotheology. Farnham, UK: Ashgate Publishing, 2010.

———, et al. "A Case Series Study of the Neurophysiological Effects of Altered States of Mind During Intense Islamic Prayer" Journal of Physiology–Paris 109, no. 4–6 (2015): 214–20.

———, et al. "Cerebral Blood Flow During Meditative Prayer: Preliminary Findings and Methodological Issues" Perceptual and Motor Skills 97, no. 2 (2003): 625–30.

———, et al. "The Measurement of Regional Cerebral Blood Flow During the Complex Cognitive Task of Meditation: A Preliminary SPECT Study" Psychiatry Research: Neuroimaging 106, no. 2 (2001): 113–22.

———, and J. Iversen. "The Neural Basis of the Complex Mental Task of Meditation: Neurotransmitter and Neurochemical Considerations" Medical Hypotheses 61, no. 2 (2003): 282–91.

뉴웬, A., et al., eds. The Oxford Handbook of 4E Cognition. New York: Oxford University Press, 2018.

노르토프, G., and F. 베름폴. "Cortical Midline Structures and the Self" Trends in Cognitive Sciences 8, no. 3 (2004): 102–7.

오클리, B., et al., eds. Pathological Altruism. New York: Oxford University Press, 2011.

오, M., et al. "Watermaze Learning Enhances Excitability of CA1 Pyramidal Neurons" Journal of Neurophysiology 90, no. 4 (2003): 2171–79.

오트, U., et al. "Brain Structure and Meditation: How Spiritual Practice Shapes the Brain" In Neuroscience, Consciousness and Spirituality, edited by H. 왈라크 et al. Berlin: Springer, Dordrecht, 2011, pp. 119–28.

오웬스, L. R., and J. 시에둘라. Radical Dharma: Talking Race, Love, and Liberation. Berkeley, CA: North Atlantic Books, 2016.

패커드, M. G., and L. 카힐. "Affective Modulation of Multiple Memory Systems" Current Opinion in Neurobiology 11, no. 6 (2001): 752–56.

펠러, K. A. "Memory Consolidation: Systems" Encyclopedia of Neuroscience 1 (2009): 741–49.

팔모, A. T. Reflections on a Mountain Lake: Teachings on Practical Buddhism. Boulder, CO: Shambhala Publications, 2002.

판크셉, J. Affective Neuroscience: The Foundations of Human and Animal Emotions. New York: Oxford University Press, 1998.

파올리첼리, R. C., et al. "Synaptic Pruning by Microglia Is Necessary for Normal Brain Development" Science 333, no. 6048 (2011), 1456–58.

파사노, A., and A. 아마로. The Island. Redwood Valley, CA: Abhayagiri Monastic Foundation, 2009.

피터슨, S. E., and M. I. 포스너. "The Attention System of the Human Brain: 20 Years After" Annual Review of Neuroscience 35 (2012): 73–89.

폴란, M. How to Change Your Mind: What the New Science of Psychedelics Teaches Us About Consciousness, Dying, Addiction, Depression, and Transcendence. New York: Penguin Books, 2018.

포지스, S. W. The Polyvagal Theory: Neurophysiological Foundations of Emotions, Attachment, Communication, and Self-Regulation. New York: W. W. Norton, 2011.

——, and C. S. 카터. "Polyvagal Theory and the Social Engagement System" In Complementary and Integrative Treatments in Psychiatric Practice, edited by P. L. 거바그 et al. New York: American Psychiatric Association Publishing, 2017, pp. 221–39.

포스너, M. I., and S. E. 피터슨. "The Attention System of the Human Brain" Annual Review of Neuroscience 13, no. 1 (1990): 25–42.

프렌더가스트, J. The Deep Heart: Our Portal to Presence. Boulder, CO: Sounds True, 2019.

프레스톤, S. D. "The Rewarding Nature of Social Contact" Science 357, no. 6358 (2017): 1353–54.

프리츠, M. B. "Crocodilian Forebrain: Evolution and Development" Integrative and Comparative Biology 55, no. 6 (2015): 949–61.

퀴로가, R. Q. "Neural Representations Across Species" Science 363, no. 6434 (2019): 1388–89.

라트케, S., et al. "Oxytocin Reduces Amygdala Responses During Threat Approach" Psychoneuroendocrinology 79 (2017): 160–6.

레클레, M. E. "The Restless Brain: How Intrinsic Activity Organizes Brain Function" Philosophical Transactions of the Royal Society of London, Series B: Biological Sciences 370, no. 1668 (2015): 20140172.

——, et al. "A Default Mode of Brain Function" Proceedings of the National Academy of Sciences 98, no. 2 (2001): 676–82.

란가나스, C., et al. "Working Memory Maintenance Contributes to Long-Term Memory Formation: Neural and Behavioral Evidence" Journal of Cognitive Neuroscience 17, no. 7 (2005): 994–1010.

RecoveryDharma.org. Recovery Dharma: How to Use Buddhist Practices and Principles to Heal the Suffering of Addiction. 2019.

리카르트, M. Happiness: A Guide to Developing Life's Most Important Skill. London: Atlantic Books, 2015.

———. On the Path to Enlightenment: Heart Advice from the Great Tibetan Masters. Boulder, CO: Shambhala Publications, 2013.

———, et al. The Quantum and the Lotus: A Journey to the Frontiers Where Science and Buddhism Meet. New York: Three Rivers Press, 2001.

로스차일드, B. The Body Remembers: The Psychophysiology of Trauma and Trauma Treatment. New York: W. W. Norton, 2000.

록신, A., et al. "On the Distribution of Firing Rates in Networks of Cortical Neurons" Journal of Neuroscience 31, no. 45 (2011): 16217–26.

로진, P., and E. B. 로이즈만. "Negativity Bias, Negativity Dominance, and Contagion" Personality and Social Psychology Review 5, no. (2001): 296–320.

잔, S., and S. T. 천사. Only Don't Know: Selected Teaching Letters of Zen Master Seung Sahn. Boulder, CO: Shambhala Publications, 1999.

샐즈버그, S. Lovingkindness: The Revolutionary Art of Happiness. Boulder, CO: Shambhala Publications, 2004.

———. Real Love: The Art of Mindful Connection. New York: Flatiron Books, 2017.

사폴스키, R. M. Why Zebras Don't Get Ulcers: The Acclaimed Guide to Stress, Stress-Related Diseases, and Coping. New York: Holt Paperbacks, 2004.

새라, S. J., and M. 시걸. "Plasticity of Sensory Responses of Locus Coeruleus Neurons in the Behaving Rat: Implications for Cognition" Progress in Brain Research 88 (1991): 571–85.

샤퍼, D., ed. 40-Day Journey with Howard Thurman. Minneapolis: Augsburg Books, 2009.

쇼어, A. N. Affect Regulation and the Origin of the Self: The Neurobiology of Emotional Development. New York: Routledge, 2015.

슈바르츠, J. M., et al. "Quantum Physics in Neuroscience and Psychology: A Neurophysical Model of Mind-Brain Interaction" Philosophical Transactions of the Royal Society of London, Series B: Biological Sciences 360, no. 1458 (2005): 1309–27.

슈바이거, D., et al. "Opioid Receptor Blockade and Warmth-Liking: Effects on Interpersonal Trust and Frontal Asymmetry" Social Cognitive and Affective Neuroscience 9, no. 10 (2013): 1608–15.

실리, W. W., et al. "Dissociable Intrinsic Connectivity Networks for Salience Processing and Executive Control" Journal of Neuroscience 27, no. 9 (2007): 2349–56.

시걸, Z., et al. Mindfulness-Based Cognitive Therapy for Depression, 2nd ed. New York: Guilford Press, 2018.

셈플, B. D., et al. "Brain Development in Rodents and Humans: Identifying Benchmarks of Maturation and Vulnerability to Injury Across Species" Progress in Neurobiology 106 (2013): 1–16.

세스, A. K., et al. "An Interoceptive Predictive Coding Model of Conscious Presence" Frontiers in Psychology 2 (2012): 395.

쉬오타, M. N., et al. "Beyond Happiness: Building a Science of Discrete Positive Emotions" American Psychologist 72, no. 7 (2017): 617.

쇼스, T. J. "Memory Traces of Trace Memories: Neurogenesis, Synaptogenesis and Awareness" Trends in Neurosciences 27, no. 5 (2004): 250–56.

슈로브, R., and K. 우. Don't-Know Mind: The Spirit of Korean Zen. Boulder, CO: Shambhala Publications, 2004.

시겔, D. Aware: The Science and Practice of Presence, The Groundbreaking Meditation Practice. New York: Penguin, 2018.

———. The Mindful Brain. New York: W. W. Norton, 2007.

신, N. L., and S. 리우보미르스키. "Enhancing Well-Being and Alleviating Depressive Symptoms with Positive Psychology Interventions: A Practice-Friendly Meta-analysis" Journal of Clinical Psychology 65, no. 5 (2009): 467–87.

스몰우드, J., and J. 앤드류스-한나. "Not All Minds That Wander Are Lost: The Importance of a Balanced Perspective on the Mind-Wandering State" Frontiers in Psychology 4 (2013): 441.

스미스, H. "Is There a Perennial Philosophy?" Journal of the American Academy of Religion 55, no. 3 (1987): 553–66.

스네던, L. U. "Evolution of Nociception in Vertebrates: Comparative Analysis of Lower Vertebrates" Brain Research Reviews 46, no. 2 (2004): 123–30.

스네브, M. H., et al. "Mechanisms Underlying Encoding of Short-Lived Versus Durable Episodic Memories" Journal of Neuroscience 35, no. 13 (2015): 5202–12.

스나이더, S., and T. 라스무센. Practicing the Jhānas: Traditional Concentration Meditation as Presented by the Venerable Pa Auk Sayada. Boulder, CO: Shambhala Publications, 2009.

소보타, R., et al. "Oxytocin Reduces Amygdala Activity, Increases Social Interactions, and Reduces Anxiety-Like Behavior Irrespective of NMDAR Antagonism" Behavioral Neuroscience 129, no. 4 (2015): 389.

소엥, M. The Heart of the Universe: Exploring the Heart Sutra. New York: Simon & Schuster, 2010.

소퍼, O. J. Say What You Mean: A Mindful Approach to Nonviolent Communication. Boulder, CO: Shambhala Publications, 2018.

소콜로프, A., et al. "The Cerebellum: Adaptive Prediction for Movement and Cognition" Trends in Cognitive Sciences 21, no. 5 (2017): 313–32.

스폴딩, K. L., et al. "Dynamics of Hippocampal Neurogenesis in Adult Humans" Cell 153, no. 6 (2013): 1219–27.

스테포드, W. The Way It Is: New and Selected Poems. Minneapolis: Graywolf Press, 1999.

스지프, M., et al. "The Social Environment and the Epigenome" Environmental and Molecular Mutagenesis 49, no. 1 (2008), 46–60.

타빕니아, G., and M. D. 리버만. "Fairness and Cooperation Are Rewarding: Evidence from Social Cognitive Neuroscience" Annals of the New York Academy of Sciences 1118, no. 1 (2007): 90–101.

타빕니아, G., and D. 라데키. "Resilience Training That Can Change the Brain" Consulting Psychology Journal: Practice and Research 70 (2018): 59.

타프트, M. The Mindful Geek: Secular Meditation for Smart Skeptics. Oakland, CA: Cephalopod Rex, 2015.

타케우치, T., et al. "The Synaptic Plasticity and Memory Hypothesis: Encoding, Storage and Persistence" Philosophical Transactions of the Royal Society of London, Series B, Biological Sciences 369, no. 1633 (2014): 1–14.

탈미, D. "Enhanced Emotional Memory: Cognitive and Neural Mechanisms" Current Directions in Psychological Science 22, no. 6 (2013): 430–36.

탕, Y., et al. "Short-Term Meditation Training Improves Attention and Self-Regulation" Proceedings of the National Academy of Sciences 104, no. 43 (2007): 17152–56.

탄넨, D. You Just Don't Understand: Women and Men in Conversation. New York: William Morrow, 1990.

타를라치, S. "Why We Need Quantum Physics for Cognitive Neuroscience" NeuroQuantology 8, no. 1 (2010): 66–76.

테일러, S. E. "Tend and Befriend Theory" Chapter 2 of Handbook of Theories of Social Psychology, vol. 1, edited by P. A. M. Van Lange et al. London: Sage Publications, 2011.

테스데일, J., and S. 진델. The Mindful Way Through Depression: Freeing Yourself from Chronic Unhappiness. New York: Guilford Press, 2007.

타니사로, B. The Wings to Awakening. Barre, MA: Dhamma Dana Publications, 1996.

톰슨, E. Mind in Life: Biology, Phenomenology, and the Sciences of Mind. Cambridge, MA: Harvard University Press, 2010.

———. "Neurophenomenology and Contemplative Experience" In The Oxford Handbook of Religion and Science, edited by Philip Clayton. New York: Oxford University Press, 2006.

———. Waking, Dreaming, Being: Self and Consciousness in Neuroscience, Meditation, and Philosophy. New York: Columbia University Press, 2014.

툽텐, A. No Self, No Problem: Awakening to Our True Nature. Boulder, CO: Shambhala Publications, 2013.

토노니, G., et al. "Integrated Information Theory: From Consciousness to Its Physical Substrate" Nature Reviews Neuroscience 17 (2016): 450–61.

토리시, S. J., et al. "Advancing Understanding of Affect Labeling with Dynamic Causal Modeling" NeuroImage 82 (2013): 481–88.

트라우트바인, F. M., et al. "Decentering the Self? Reduced Bias in Self— Versus Other-Related Processing in Long-Term Practitioners of Loving-Kindness Meditation" Frontiers in Psychology 7 (2016): 1785.

트렐리브, D. A. Trauma-Sensitive Mindfulness: Practices for Safe and Transformative Healing. New York: W. W. Norton, 2018.

트리버스, R. L. "The Evolution of Reciprocal Altruism" Quarterly Review of Biology 46, no. 1 (1971): 35–57.

툴리, K., and V. Y. 볼샤코프. "Emotional Enhancement of Memory: How Norepinephrine Enables Synaptic Plasticity" Molecular Brain 3, no. 1 (2010): 15.

울하스, P. J., et al. "Neural Synchrony and the Development of Cortical Networks" Trends in Cognitive Sciences 14, no. 2 (2010): 72–80.

울피그, N., et al. "Ontogeny of the Human Amygdala" Annals of the New York Academy of Sciences 985, no. 1 (2003): 22–33.

언더우드, E. "Lifelong Memories May Reside in Nets Around Brain Cells" Science 350, no. 6260 (2015): 491–92.

바고, D. R., and F. 자이든. "The Brain on Silent: Mind Wandering, Mindful Awareness, and States of Mental Tranquility" Annals of the New York Academy of Sciences 1373, no. 1 (2016): 96–113.

바이쉬, A., et al. "Not All Emotions Are Created Equal: The Negativity Bias in Social-Emotional Development" Psychological Bulletin 134, no. 3 (2008): 383.

바렐라, F. J. "Neurophenomenology: A Methodological Remedy for the Hard Problem" Journal of Consciousness Studies 3, no. 4 (1996): 330–49.

———, et al. The Embodied Mind: Cognitive Science and Human Experience. Cambridge, MA: MIT Press, 2017.

비에텐, C., and S. 스캄멜. Spiritual and Religious Competencies in Clinical Practice: Guidelines for Psychotherapists and Mental Health Professionals. New York: New Harbinger Publications, 2015.

———, et al. "Future Directions in Meditation Research: Recommendations for Expanding the Field of Contemplative Science" PLoS One 13, no. 11 (2018): e0205740.

왈라크, H., et al. Neuroscience, Consciousness and Spirituality, vol. 1. Berlin: Springer Science & Business Media, 2011.

왈러스, B. A. Mind in the Balance: Meditation in Science, Buddhism, and Christianity. New York: Columbia University Press, 2014.

———, and S. L. Shapiro. "Mental Balance and Well-Being: Building Bridges Between Buddhism and Western Psychology" American Psychologist 61, no. 7 (2006): 690.

왓슨, G. Buddhism AND. Oxford, UK: Mud Pie Books, 2019.

와츠, A. W. The Book: On the Taboo Against Knowing Who You Are. New York: Vintage Books, 2011.

바인가스트, M. The First Free Women: Poems of the Early Buddhist Nuns. Boulder, CO: Shambhala Publications, 2020.

베커, M. "Searching for Neurobiological Foundations of Faith and Religion" Studia Humana 5, no. 4 (2016): 57–63.

웰우드, J. "Principles of Inner Work: Psychological and Spiritual" Journal of Transpersonal Psychology 16, no. 1 (1984): 63–73.

휘트록, J. R., et al., "Learning Induces Long-Term Potentiation in the Hippocampus" Science 313, no. 5790 (2006): 1093–97.

윌리엄스 A. K., et al. Radical Dharma: Talking Race, Love, and Liberation. Berkeley, CA: North Atlantic Books, 2016.

윌슨, D. S., and E. O. 윌슨. "Rethinking the Theoretical Foundation of Sociobiology" Quarterly Review of Biology 82, no. 4 (2007): 327–48.

위니코트, D. W. "Primary Maternal Preoccupation" In The Maternal Lineage: Identification, Desire, and Transgenerational Issues, edited by P. Mariotti. New York: Routledge, 2012, pp. 59–66.

윈스턴, D. The Little Book of Being: Practices and Guidance for Uncovering Your Natural Awareness. Boulder, CO: Sounds True, 2019.

라이트, R. Why Buddhism Is True: The Science and Philosophy of Meditation and Enlightenment. New York: Simon & Schuster, 2017.

시안쿠안 (도널드 슬로안). Six Pathways to Happiness: Mindfulness and Psychology in Chinese Buddhism, vol. 1. Parker, CO: Outskirts Press, 2019.

예이든, D., et al. "The Varieties of Self-Transcendent Experience" Review of General Psychology 21, no. 2 (2017): 143–60.

요기스, J. All Our Waves Are Water: Stumbling Toward Enlightenment and the Perfect Ride. New York: Harper Wave, 2017.

――――. Saltwater Buddha: A Surfer's Quest to Find Zen on the Sea. Somerville, MA: Wisdom Publications, 2009.

유안, J., et al. "Diversity in the Mechanisms of Neuronal Cell Death" Neuron 40, no. 2 (2003): 401–13.

젤레, T., et al. "The Neural Basis of the Egocentric and Allocentric Spatial Frame of Reference" Brain Research 1137 (2007): 92–103.

NEURODHARMA

뉴로다르마

2021년 9월 13일 초판 1쇄 발행

지은이 릭 핸슨(Rick Hanson) • 옮긴이 김윤종
발행인 박상근(至弘) • 편집인 류지호 • 상무이사 양동민 • 편집이사 김선경
책임편집 이상근 • 편집 김재호, 양민호, 김소영, 권순범, 최호승 • 디자인 쿠담디자인
제작 김명환 • 마케팅 김대현, 정승채, 이선호 • 관리 윤정안
펴낸 곳 불광출판사 (03150) 서울시 종로구 우정국로 45-13, 3층
　　　　대표전화 02) 420-3200 편집부 02) 420-3300 팩시밀리 02) 420-3400
　　　　출판등록 제300-2009-130호(1979. 10. 10.)

ISBN 978-89-7479-938-0 (03180)
값 20,000원